Dieter Bähr

ESMERALDA

Roman

Dieter Bähr
ESMERALDA
Ein Kinderbuch für Erwachsene

ORSO Verlag
Stuttgart

Die Deutsche Bibliothek – CIP-Einheitsaufnahme:
Bähr, Dieter:
Esmeralda : ein Kinderbuch für Erwachsene / Dieter Bähr. – 1. Aufl. –
Stuttgart : Orso Verl., 1997
ISBN 3-9805668-0-3

1. Auflage 1997
© ORSO Verlag, Stuttgart 1997
Alle Rechte vorbehalten.
Redaktion: Jutta Messelhäuser, Barbara Pflüger, Stuttgart
Lektorat: Anne Emmert, Creglingen
Umschlaggestaltung: Sabine Koch, Stuttgart
Fotosatz: Fotosatz Kaufmann, Stuttgart
Reproduktion: Günther Piltz, Stuttgart
Druck und Bindearbeit: Druckerei zu Altenburg GmbH, Altenburg
Printed in Germany
ISBN 3-9805668-0-3

Für Jutta

Inhalt

Hunger	9
Warum Esmeralda Häschen zum Fressen gern hat	13
Wer hat schon Angst vor Spinnen?	16
Die erste Wiesenüberquerung	20
Die ersten Menschen	22
Die letzten Menschen	26
Kuckuck	29
Unheimliche Begegnungen der vierten Art	34
Das Doppelnetz	43
Ausgefuchst	47
Die Gartenschlauchschlange	53
Siggi	64
Helfershelfer	71
Auf gute Nachbarschaft	79
Wie versteckt man eine Gartenschlauchschlange?	86
Netzbauübungen	89
Zwei sind beiden zu viel	93
Das Trampolinnetz	99
Johannes	104
Bussardo	113
Gandulf	118
Der Tierrat tagt	128
Zwei Spinnerinnen	143
Fuchsvater	146
Die Untermieterin	152
Neues Heim	155
Weg damit!	169
Von Tieren und Menschen	177
Wie man sich Freunde macht	191
Tod der Schnecke!	197
Ein fast normaler Morgen	207

Höllenfahrt	217
Seelensuche	231
Erziehungsberatungen	240
Wer ist schon normal?	245
Hasenball	252
Auf in den Kampf!	259
Von Tier zu Mensch	267
Ariadnefaden	277
Rin ins Vergnügen!	285
Nichts Gutes kommt von oben	293
Kampf um die Schnecke	307
Der Feind auf meinem Sofa	315
Menschenrettung	323
Tierfreunde	332
Aller guten Dinge sind drei	344
Kaminwärts	352
Ankunft der Gespenster	359
Immer drauf	365
Das Doppelgespenst	371
Ende gut	379

Hunger

Anfangs machten sich Esmeraldas Eltern überhaupt keine Sorgen. Im Gegenteil! Ihre Kinder sahen genauso aus, wie es sich für Spinnen gehörte: anmutig und wunderschön, sogar noch eleganter und liebreizender als alle anderen Spinnenkinder. Wie schlank und grazil waren ihre acht Beine, die durch die feinen weichen Härchen so richtig zur Geltung kamen. Ganz zu schweigen von ihrer Figur: Die üppige Brust ging in eine Wespentaille über, an die sich ein praller Hinterleib anschloss. Besser konnte man einfach nicht proportioniert sein. Und schließlich die liebreizenden Gesichtchen, die von acht Augen umstrahlt wurden!

Die Eltern konnten gar nicht anders, als ihre siebzig Kinderlein ständig voller Stolz anzuschauen. Auch wenn sie alle gleich lieb hatten, so wandten sich ihre Blicke doch immer öfter Esmeralda zu.

Das lag daran, dass sie wuchs. Das taten zwar alle Spinnenkinder, doch Esmeralda wuchs täglich ein ganzes Stück mehr als ihre Geschwister. Sie wuchs und wuchs und fraß und fraß. Nicht nur Fliegen, Käfer, Heuschrecken und Schmetterlinge. Esmeralda hatte alles zum Fressen gern.

»Wenn ich ein Wildschwein erlegen könnte, würde sie auch das fressen«, meinte ihr Vater und war sich nicht einmal sicher, ob er wirklich nur einen Scherz gemacht hatte.

Doch Esmeralda war nicht bösartig. Sie wäre nie auf die Idee gekommen, ihre Geschwister zu fressen, wie das in anderen Spinnenfamilien so üblich war. Es bekümmerte sie auch, wie grässlich sich ihre neunundsechzig Geschwister um die Reste stritten, die sie ihnen übrig ließ, und versuchte sie zu trösten: »Ich werde von meiner Portion auch nicht satt!«

Ihre Geschwister wollten jedoch kein Mitgefühl. Sie versprachen einander, Esmeralda brüderlich und schwesterlich zu teilen, und kamen von allen Seiten angekrabbelt. Doch ihre große Schwester hatte die längeren Beine.

Sie rannte zu ihrer Mutter und klagte bitterlich: »Niemand liebt mich!«

»Ich mag dich, dein Vater auch ... ziemlich, und sicher gibt es noch jemand«, versicherte ihr diese.

»Meinst du?«, schniefte Esmeralda und machte sich über den Käfer her, der gerade ins Netz geflogen war.

»Der war für deine Geschwister!«, erklärte ihre Mutter etwas verärgert.

»Wenn ich traurig bin, bekomme ich manchmal schrecklichen Hunger!«, entschuldigte sich Esmeralda.

»Du hast immer schrecklichen Hunger!«, wandte ihre Mutter ein.

»Deswegen bin ich auch immer so traurig«, schluchzte Esmeralda und weinte eine dicke Träne.

Spinnenmami seufzte und gab sich einen Ruck. »Von jetzt an musst du selber Netze bauen. Ich habe mit deinen Geschwistern alle Beine voll zu tun!«

»Aber dafür bin ich doch noch viel zu klein!«, entsetzte sich Esmeralda.

Die Mutter sah sie fragend an.

»Auf jeden Fall zu jung!«, korrigierte sich Esmeralda.

»Du schaffst es, da bin ich mir ganz sicher!«

»Ich brauche so viel Zeit und Kraft zum Fressen, da habe ich keine mehr fürs Netzbauen und Fangen übrig«, versuchte Esmeralda ihr Erwachsenwerden zu verhindern.

»Geh zu deinem Vater! Der weiß sowieso alles besser!«, sagte Spinnenmami, hörte neunundsechzig hungrige Mäuler und weg war sie.

Völlig verzweifelt krabbelte Esmeralda zu ihrem Vater, um sich Trost und Rat zu holen. Der strahlte gerade eine Fliege in seinem Netze an, die er vernaschen wollte. Esmeralda glaubte, das Strahlen und die Fliege seien für sie. Noch bevor ihr Vater das Missverständnis aufklären konnte, gab es nichts mehr aufzuklären.

»Außer dir will mir niemand was zu Fressen geben und meine Geschwister wollen mich verspeisen!«, beklagte sie sich und schluckte den letzten Bissen runter.

»Na und! Ich meine, wo liegt das Problem?« Spinnenpapi war nicht herzlos, er hatte sogar Mitleid – mit sich. Er sah seine handtellergroße Tochter an und fragte sich mal wieder, ob sie wirklich sein eigen Fleisch und Blut war. Wenn sein Weib nicht größer, stärker und schneller als er gewesen wäre, hätte er es zu bezweifeln gewagt. Aber schließlich war er nicht lebensmüde.

»Mami sagt, du sollst in Zukunft für meine Entwicklung sorgen!«, überbrachte sie nicht ganz wahrheitsgemäß die Botschaft ihrer Mutter.

»Ich soll was?« Spinnenpapi glotzte mit allen acht Augen.

»Ich werde auch immer lieb und brav sein und dir nie zur Last fallen!«, versprach sie ihm.

Bevor ihr Vater sich dazu äußern konnte, fiel sie doch zur Last, und zwar dem Netz. Ein Faden nach dem anderen machte peng!, und dort, wo Esmeralda gesessen hatte, entstand ein Loch. Durch das fiel sie hindurch, und ihr Vater hinterher. Die Ameise, die unglücklicherweise unter dem Netz entlangspazierte, dachte noch: »...« – zu mehr reichte es nicht. Spinnenpapi landete huckepack auf seiner Tochter.

»Ich geb dir auch ein Stück von ihr ab«, versuchte Esmeralda ihren Vater zu beruhigen.

»Wenn dir alles schmeckt, dann friss dich doch selbst!«, schrie er seine Wut heraus.

»Meinst du das wirklich?« Esmeralda war schockiert.

»Natürlich nicht«, brummte er. Seine Worte taten ihm schon wieder leid.

»Sag mal deinem Monster von Tochter, dass Spinnen keine Ameisen fressen!«, fuhr die nachfolgende Ameise Esmeraldas Papi an.

»Ich finde euch ekelhaft!«, versicherte er ihr.

Esmeralda lichtete derweil die Verkehrsdichte auf der Ameisenstraße; treuherzig blickte sie die entgegenkommenden Ameisen an und beschied ihnen schmatzend: »Aber ich mag dich und dich und ...« Vor lauter Liebesbezeugungen merkte sie nicht, dass ihr Vater von ihrem Rücken geklettert war und das Weite gesucht hatte.

Da saß sie nun, einsam, verlassen und vor allem ungefüttert. Die Kindheit war vorüber, und die Jugend hatte sie ereilt. Notgedrungen begann sie, Netze zu bauen. Die Ausbeute reichte kaum zum Leben. Hinzu kam das ständige Magenknurren. Es wurde mit der Zeit so laut, dass es alle Tiere vor ihrem Netz warnte. Sie musste es sich selbst überlassen, auch wenn das gegen jede spinnesische Vernunft sprach. Keine Spinne ist so blöde ihren Arbeitsplatz unbeaufsichtigt zurückzulassen. Schließlich wimmelt es überall nur so von Schmarotzerspinnen. Doch Esmeralda glaubte an das Gute in der Spinne und überbrückte die Wartezeit mit Spinnenbesuchen.

Normalerweise ist so was nicht ungefährlich. Spinnen haben sich nämlich zum Fressen gern. Bei Esmeralda war das anders. Wenn sie kam, spürten die Hausherren und -damen eine gewaltige Erschütterung im Netz und kamen in freudiger Erwartung herbeigeeilt. Bei Esmeraldas Anblick hielten sie abrupt inne. Man sah ihr beim besten Willen nicht ihre friedfertige Gesinnung an. Um ihnen die Angst zu nehmen, machte Esmeralda einen auf Smalltalk. »Ganz entzückende Tierchen haben Sie da gefangen!«, lobte sie ihre Artgenossen.

Die Netzbesitzer zeigten sich daraufhin von ihrer gastfreundlichsten Seite und boten ihr ausgesuchte Leckerbissen an. Esmeralda hätte eine solche Einladung nie abgelehnt. Dazu war sie viel zu gut erzogen.

Mit der Zeit nahmen ihre Besuche jedoch überhand. Der Spinnenrat rief eine Sondersitzung ein und Esmeralda musste vor ihm erscheinen.

»Das hat sie aus mir gemacht!«, wehklagte ein ehemals strammer Spinnerich, der ziemlich abgemagert aussah.

»Du bist selber schuld, wenn du mir alles gibst!«, verteidigte sich Esmeralda.

»Was hättest du gemacht, wenn ich es nicht getan hätte?«

»Nichts! Ich mache mir nichts aus Spinnen!«, gestand sie. Das hätte sie besser nicht sagen sollen. Ein Schrei der Entrüstung ging durch die Versammlung. Niemand lud sie mehr ein, und alle mieden sie. Noch einsamer, noch verlassener und, fast unvorstellbar, noch hungriger machte sich Esmeralda auf die Suche nach neuen Jagdgründen.

Warum Esmeralda
Häschen zum Fressen gern hat

Nach all den erlittenen Enttäuschungen suchte Esmeralda einen Ort, an dem sie in Ruhe und Frieden ihr kärgliches Dasein fristen konnte. Sie begab sich dorthin, wo Fuchs und Hase einander Gutenacht sagen. Genaugenommen sagt das der Fuchs, bevor er dem Hasen das Genick durchbeißt.

Sogleich baute sie ein riesengroßes Netz, fing jedoch rein gar nichts – und die alleinige Schuld daran trug das Häschen!

Esmeralda hatte gerade ein Riesenradnetz fertiggestellt, döste vor sich hin und wartete auf ihr Abendessen. Ein wunderschöner Sonnenuntergang tauchte die Natur und ihr Hinterteil in Rot. »Hau ab!«, murmelte sie der Sonne zu. Sie zog die Nacht vor. Da bemerkten die meisten Flieger ein Spinnennetz erst dann, wenn sie bereits drinhingen.

In der Ferne sah Esmeralda den Fuchs einen Hasen verfolgen, um ihm Gutenacht zu sagen. Doch der Hase wollte noch nicht ins Bett. Esmeralda beachtete die beiden nicht weiter, bis sich Meister Möhre ihrem Netz näherte. »Verschwinde!«, rief sie ihm zu. »Du vertreibst mir die ganze Kundschaft!«

Das Häschen blickte überrascht zu ihr hoch, sah aber weder Esmeralda noch das Netz, sondern der Sonne voll ins Gesicht. Als nächstes spürte der Möhrenkiller, wie ihm eine Zwangsjacke angelegt wurde. Er sah aus wie ein Hase im Schlafrock.

»Schön, dass du dich bettfertig gemacht hast!«, schmunzelte der Fuchs und betrachtete voller Vorfreude sein Betthupferl. Doch der Hase wollte sich weder zur letzten, noch zu sonst einer Ruhe darniederlegen, sondern hoppelte, so gut es eben ging, von dannen. Dadurch kam der Fuchs dem Häschen sehr, sehr nahe und bekam sein Stummelschwänzchen zu fassen. Zugegeben, er hatte sich schon etwas mehr erhofft, aber: »Das war erst der Anfang!«, schrie er dem davonjaulenden Mümmler hinterher. Wer weiß, wie stolz Hasen auf ihr Bonsaischwänzchen sind, kann verstehen, dass Hasi beim Mümmelgott schwor, sich am Fuchs und an der vermaledeiten Spinne zu rächen.

Esmeralda brauchte fast den ganzen Tag, um ein noch größeres Netz zu bauen. Ungeduldig sehnte sie die nächste Nacht herbei. Endlich tauchte sie fern am Horizont auf. Fuchs und Hase trieben ihr Gutenachtspiel als wäre nichts geschehen. »'n bisschen schneller. Wir werden wohl alt!«, mümmelte Hasi.
»Nicht so alt, wie du gleich aussiehst!«, keuchte der Fuchs.
Esmeralda sah mit Entsetzen, wie der Hase auf ihr Netz zusteuerte. »Spielt woanders!«, rief sie den beiden zu.
»Ich will mir nur dein neues Netz ansehen«, grinste der Hase und meinte nach dem nächsten Hoppler: »Schön ist es geworden!«
»Wage ja nicht durchzurennen!«, schrie sie ihm zu.
»Ist gebongt!«, erklärte es sich einverstanden und schlug unmittelbar davor einen Haken. An seiner Stelle rannte der Fuchs hindurch.
Der sah aus, als wäre ihm ein riesengroßer Kaugummi im Gesicht zerplatzt. Bis er erkennen konnte, dass er auch noch gegen eine Eiche gerannt war, hatte das Häschen schon eine Möhre verdrückt.
»Jetzt seid ihr quitt, also verschwindet!«, forderte Esmeralda die beiden auf. Die nickten einander sportlich zu und nahmen ihren Abendsport wieder auf. Esmeralda schwante Böses.
Dennoch blieb ihr nichts anderes übrig, als ein noch größeres Netz zu bauen. Das war sie ihrem Hunger einfach schuldig. Wieder wurde es Abend, wieder schlug der Hase einen Haken und der Fuchs wieder keinen.
Esmeralda baute in den nächsten Tagen an den entlegensten Stellen ihre Netze auf. Doch das Häschen fand sie alle. Täglich erhielt der Fuchs eine neue Gesichtsmaske. »Warum tust du mir das an?«, fragte sie das Möhrenmonster verzweifelt.
»Nimm's nicht persönlich!«, tröstete sie der Hase. »Das ist eine ganz private Geschichte zwischen dem Rothaardackel und mir!«

»Dann nimm's auch nicht persönlich, wenn ich dich fressen werde. Das ist eine ganz persönliche Geschichte zwischen mir und meinem Magen!«, antwortete Esmeralda.

»Geht in Ordnung!«, erklärte sich der Hase einverstanden, während er wartete, bis der Fuchs wieder so einigermaßen den Durchblick hatte.

Esmeralda versuchte dem Fuchs klarzumachen, dass er gegen den Hasen keine Chance hatte. Doch der wusste natürlich alles besser – und Esmeralda nicht mehr weiter. Sie war am Verhungern, doch die Wut hielt sie am Leben. Sie schwor, ihr restliches Leben der Hasenjagd zu widmen. Und dann »Gute Nacht!«

Wer hat schon Angst vor Spinnen?

Die Güte der Menschen ist groß, wie wir aus der Geschichte vom verlorenen Sohn wissen. Aber die Güte der Spinnen, das lehrt uns die Geschichte der zurückgekehrten Esmeralda, ist noch viel größer. Ihre Eltern freuten sich fast uneingeschränkt, sie wieder zu sehen.

»Du hast abgenommen!«, stellte Mami fest und machte ein besorgtes Gesicht.

»Aber es steht dir!«, meinte Papi und betrachtete ehrfurchtsvoll den gewaltigen Rest.

Alle Familienmitglieder arbeiteten zwei Nächte und einen Tag ohne Pause, damit sich Esmeralda mal wieder so richtig den Bauch vollschlagen konnte. Anschließend schlief sie sich aus, wachte auf und war – glücklich? Guter Laune? Frohen Muts? Nichts von alledem. Hungrig war sie!

Esmeralda baute jedoch kein Netz, sondern suchte die besonders erfolgreichen Spinnen auf. Zum Erstaunen aller fraß sie ihnen diesmal so gut wie nichts weg, sondern fachsimpelte mit ihnen über Fangtechniken. Mit den Netzspinnen diskutierte sie über Netzformen, Knüpftechniken und Fadenstärken. Und sie testete jede Netzvariante durch, indem sie sich hineinplumpsen ließ. Anschließend mussten die Eignerinnen ihre Netze stets generalüberholen. Nein, so würde sie nie und nimmer einen Hasen fangen!

Sie begab sich zu den Jagdspinnen, die ihren Opfern auflauern, sie anspringen, lähmen und ... eben das übliche, und ließ sich in die Kunst des Bespringens einweisen. Anfangs ging's daneben, später traf sie und drückte alles platt. Esmeralda schöpfte Hoffnung. So könnte sie zu ihrem Hasenbraten kommen. Ein Sprung, ein Biss, eine Portion Gift – und es hatte sich ausgehoppelt.

Da sie jedoch klug und vorsichtig war, fragte sie eine Ratte, ob sie sich für eine Generalprobe zur Verfügung stellen würde. Die erklärte sich im Tausch gegen einen Hasenschlegel dazu bereit.

Zur Ehrenrettung der Ratte muss gesagt werden, dass sie einige Jahre zur See gefahren war und Abenteuer über alles liebte. Gut, sie hatte auch Alkoholprobleme, ihr Lover war in einem Fässchen Rum ertrunken und auch sonst war ihr Leben ziemlich verkorkst ...

Wie auch immer – der Tag der Generalprobe brach an. Esmeralda kletterte auf eine Sonnenblume, die neben dem Rattenloch stand, und legte sich auf die Lauer. Nichts tat sich. Wo blieb bloß dieser Penner? Sie sehnte sich nach einem Netz. Da konnte sie wenigstens beruhigt ein Nickerchen machen. Wer sich verfing, der hing. Kaum war sie eingeschlafen, da schrie die Ratte zu ihr hoch: »Jetzt stich mich endlich!«

Ansatzlos ließ sich Esmeralda auf ihren Rücken fallen. »Nichts für ungut, aber ich werde dich jetzt töten!«, verkündete sie ihr.

»Nur zu!«, freute sich die Ratte.

Esmeralda suchte den Sprung in der Rattenschüssel, um ihr Gift hineinzuspritzen. Die Ratte kicherte: »Iii, das kitzelt!«

Trotz aller Bemühungen gelang es ihr nicht, die Haut zu durchdringen. Doch die Ratte wusste Rat. »An meinem Hinterteil ist sie dünner.« Da auch völlig Verwirrte gelegentlich Lichtblicke haben, folgte Esmeralda dem Rat und machte sich über den Allerwertesten des Nagers her.

»Tut das gut!«, jauchzte die Ratte. »Mehr!«

Esmeralda konnte es nicht fassen. »Gleich bist du tot!«, rief sie ihr zu.

»Du turnst mich an, Baby!«, lallte die Ratte und bat sie inständig: »Mach's noch mal, Schatz!«

Esmeralda tat ihr den Gefallen. Daraufhin begann die Ratte durch die Gegend zu schwanken und schweinische Möwenlieder zu singen. Als sie dann auch noch Blindschleichensonette vortrug, machte sich Esmeralda aus dem Staub. Auch wenn sie nicht wusste, was »high« war – eines wusste sie: Dieses Viech war es!

Traurig krabbelte sie nach Hause und klagte ihr Leid. »Niemand fürchtet sich vor mir.«

Ihre Eltern schauten einander an. Das war ja wohl ein Witz. »Und was ist mit den Wespen und den Maikäfern?«, fragte ihre Mutter entgeistert. Sie hätte noch viele andere Tiere aufzählen können, die vom Aussterben bedroht waren.

»Ich meine, niemand Richtiges«, verbesserte sich Esmeralda.

»Wen meinst du mit ›Richtiges‹?«, fragte ihr Vater misstrauisch.

Erst druckste sie ein bisschen herum, dann rückte sie mit der Sprache raus. »Na ja, zum Beispiel Hasen.«

»Hab ich richtig gehört – Hasen?« Die Augen des Vaters wölbten sich in erschreckendem Maße nach außen. »Ich hab dir schon immer gesagt, dass sie total verrückt ist!«, schrie er fassungslos seine Frau an.

Die bewahrte zum Glück die Fassung. »Vor uns fürchtet sich kein Tier, das größer ist als wir, geschweige, dass wir eines erlegen könnten«, erklärte sie ihrer Tochter.

»Mit einer Ausnahme!«, widersprach Spinnenpapi.

Esmeralda stockte der Atem. »Welcher?«, stieß sie hervor.

»Der Mensch!«

»Was sind Menschen?«

»Es gibt zwei Sorten von ihnen«, sprach Frau Spinne. »Die eine schreit, zittert und rennt davon, wenn sie eine Spinne sieht. Das sind Menschenweibchen.«

»Und die Menschenmännchen jagen uns mit allem, was du dir vorstellen kannst. Wenn sie eine Spinne erschlagen haben, dann werden sie von den Weibchen als Helden gefeiert«, ergänzte ihr Mann mit bitterer Stimme.

»Wieso haben sie Angst vor uns?«, wollte Esmeralda wissen.

»Gute Frage! Die habe ich mir auch schon oft gestellt!« Mehr konnte ihr Vater dazu auch nicht sagen.

»Und je größer sie werden – und sie werden viele tausend Mal so groß wie wir – umso mehr Angst haben sie vor uns«, fügte die Mutter hinzu.

»Vielleicht sind sie einfach blöde?«, versuchte es Esmeralda mit der plausibelsten Erklärung.

»Nein!« Das wusste der Vater genau. »Sie gelten als die

klügsten, stärksten und brutalsten Wesen in der Natur!«

Esmeralda war ganz aufgeregt. »Vielleicht haben wir eine Geheimwaffe, die nur sie, aber nicht wir kennen?«

»Ich weiß von nichts.« Der Vater schaute seine Frau an, die ebenfalls den Kopf schüttelte.

»Habt ihr sie gefragt?«

»Ideen hast du!«, meinte die Mutter nur. Ihr Vater beendete das Gespräch mit einem ziemlich hausbackenen Spinnenratschlag: »Benimm dich wie eine anständige Spinne und bau dir ein Netz!«

Esmeralda konnte in dieser Nacht nicht schlafen und kaum was essen, so aufgeregt war sie. Ununterbrochen musste sie an die Menschen denken. Sie waren der Schlüssel zum Erfolg.

Ihr Entschluss stand fest: Auf zu den Menschen!

Die erste Wiesenüberquerung

Natürlich hatte Esmeralda Angst, als sie zur Wiese krabbelte, hinter der die Menschen wohnten. Sie atmete dreimal tief durch. »Dann wollen wir mal!«, sprach sie sich Mut zu und nahm die Überquerung in Angriff. Gerade erwachten die Nachtschwärmer, und die Sonnenanbeter verstummten. Kurzum, es wurde mal wieder Abend. Einen Moment lang dachte sie daran, dass das die Zeit war, in der der Fuchs dem Häschen seine Gute-Nacht-Geschichte zu erzählen pflegte. Ab morgen gibt's jeden Tag Häschen im Schlafrock, dachte sie vergnügt und beschleunigte ihr Tempo. Doch es war Heute. »Ich hab dich vermisst! Wo ist das Netz?«, rief ihr das Häschen schon von weitem zu.

»Morgen!«, versprach sie ihm.

»Schade!«, sagte Hasi und schlug vor ihr einen Haken, dafür der Fuchs keinen. Er kam mit ausgefahrenen Klauen auf sie zugeschlittert. Da Esmeralda nicht als Spinnengeschnetzeltes enden wollte, sprang sie im letzten Moment hoch und landete auf seinem Hals. Der Fuchs kümmerte sich nicht weiter um sie, sondern nahm die Verfolgung wieder auf. Esmeralda fand in seinem Fell keinen richtigen Halt. Jedes Mal, wenn er die Richtung änderte, drohte sie abzurutschen. Sie kletterte zu seinem Unterkiefer hoch, steckte jeweils ein Bein zwischen zwei Zähne und hielt sich auf diese Weise fest. Woraufhin der Fuchs Notiz von ihr nahm. »Verschwinde!«, hechelte er ihr zu.

»Halt an!«

»Dann ist der Hase weg!«

»Wenn du mich zu den Menschen bringst, gebe ich dir von meinem Hasen was ab!«, versprach ihm Esmeralda.

»Du kannst Hasenställe öffnen?«, fragte der Fuchs ungläubig. Da waren einige Richtigstellungen angesagt. »Ich werde ihn fangen und töten!«

»Du willst was?« Erst gluckste der Fuchs, dann prustete er los und schließlich brüllte er: »Ich lach mich tot!«, warf sich auf den Rücken und strampelte mit den Beinen. Esmeralda kletterte runter, setzte sich ins Gras und war beleidigt. »Wart's ab!«, sagte sie schnippisch.

Der Fuchs johlte: »Ich weiß, wie du es machst: Du bringst das Häschen dazu, dass es sich totlacht!«

Esmeralda war jetzt so beleidigt, dass sie überhaupt nichts mehr sagte.

Inzwischen hatte sich der Hase zu ihnen gesellt und forderte den Fuchs auf, sich endlich wieder an die Arbeit zu machen. Doch der konnte nicht. Als er eine Lachpause einlegte, erzählte er dem Häschen von Esmeraldas Vorhaben. Und schon lagen beide schmerzverkrümmt auf dem Boden und hielten sich die Bäuche.

Zum Glück wusste Esmeralda, wer zuletzt lacht und so weiter und ärgerte sich über sich selbst. Warum hatte sie bloß ihr Geheimnis nicht für sich behalten können? Spätestens morgen wussten alle Tiere, was sie vorhatte. Wenn sie nicht mit einer Wunderwaffe zurückkam, würde sie zum Gespött aller werden. Die Menschen waren ihre letzte Hoffnung!

Die ersten Menschen

Als Esmeralda das Ende der Wiese erreicht hatte, gelangte sie an eine Straße und begann sie zu überqueren. Plötzlich kam ein riesiges Monster auf sie zu geeilt. Es hatte zwei grell leuchtende, schrecklich weit aufgerissene Augen. Esmeralda erstarrte und erwartete ihre Verspeisung. Das Ungeheuer warf sich zwar auf sie, war aber im nächsten Moment schon wieder entschwunden. Das einzige, was von ihm blieb, war sein grässlicher Gestank. Was fraß es wohl? Menschen? Ihr kam ein furchtbarer Gedanke: Vielleicht war das die Spinne, vor der die Menschen solche Angst hatten? Nein, so schlimm konnten Spinnen nicht degenerieren. Den nächsten Gedanken fand sie viel ermutigender: Die Menschen hatten versucht sie abzuschrecken. Aber nicht mit ihr!

Sie krabbelte weiter und gelangte an einen Gartenzaun. Dahinter sah es recht heimelig aus. Bäume, Sträucher – alles wuchs kreuz und quer, das Gras stand hoch, und es summte, brummte und krabbelte, dass ihr das Wasser im Mund zusammenlief. »Erst die Arbeit, dann ein Häppchen!«, rief sie sich zur Disziplin und krabbelte weiter, bis sie zu einem großen Felsblock gelangte. Er war quadratisch und hatte viele eckige Löcher. Sie kletterte hoch und sah durch eine der Öffnungen. Der Stein war hohl! In ihm befanden sich Gegenstände, die ihr allesamt fremd waren. Außerdem waren da zwei Wesen, die so eigenartig aussahen, dass es sich nur um Menschen handeln konnte. Den einen sah sie ganz, den anderen nur im Profil.

Beide waren schlank, saßen in Sesseln, trugen eine Brille, lasen ein Buch und spielten dabei an sich herum. Der eine an seinem Bart, die andere an ihren Haarspitzen. Nur wenn sie fast gleichzeitig die Buchseiten umblätterten, ließen sie das Spielen sein. Klar, ein paar Unterschiede gab es schon. Er hatte keinen Busen und weniger Haare, sie dafür keinen Bart.

Als Herr Kernicke beim Umblättern einen Blick gen Nachthimmel warf, hielt er mitten im Blickewerfen inne. »Bleib ganz ruhig! Auf dem Fensterbrett sitzt eine Spinne«, flüsterte er seiner Frau zu und tat so, als würde er weiterlesen.

»Ich sitze ganz ruhig!«, stellte sie entschieden fest. Dabei versuchte sie, ihre Augen ganz nach außen zu drehen, um zu sehen, was rechts vor sich ging. Doch ihr Blickfeld reichte nur bis zum Fensterrahmen.

»Sie ist extrem groß«, schluckte Herr Kernicke.

»Willst du, dass ich wie von der Tarantel gestochen hochspringe?« Frau Kernicke flüsterte jetzt auch, aber ziemlich wütend.

»Nein! Du sollst einfach ganz ruhig sitzen bleiben.«

Frau Kernicke versuchte Fassung zu bewahren.

»Nehmen wir mal an, ich säße ganz ruhig da.«

»Das wäre ausgezeichnet!« Herr Kernicke beruhigende Worte zeigten Wirkung.

»Und was gedenkst du nun zu tun?« Sie sah ihn prüfend an.

»Ich?! Ich ... ich würde ... werde sie vertreiben.« Herr Kernicke war sich nicht sicher, ob er dazu überhaupt in der Lage war. Momentan hatte er das Gefühl, saft-, kraft- und obendrein auch noch beinlos zu sein. »Mit dem Atlas«, fügte er hinzu und schielte zum Bücherregal.

»Mit welchem Erdteil?«, fragte Frau Kernicke. Sie fand ihren Scherz selbst nicht besonders lustig. Doch sie wollte ihrem Mann zeigen, dass sie höchstens genauso viel Angst hatte wie er.

»Mit Asien, da gibt's die höchsten Berge«, setzte er noch einen drauf.

Weil er sich jedoch nicht von der Stelle rührte, nahm Frau Kernicke die Sache in die Hand. »Nimm mein Buch, das ist sowieso ziemlich mies.«

»Ist zu gefährlich!« Herr Kernicke schüttelte entschieden den Kopf.

»Ich habe immer gedacht, Spinnen seien zu 99,99% völlig ungefährlich.« Frau Kernicke klappte ihr Buch ganz sachte zu.

»Sind sie auch«, bestätigte Herr Kernicke. »Nur, ich glaub's nicht so recht.«

»Das ist unlogisch«, bemerkte seine Gattin.

»Das sagst du nur, weil du die Spinne noch nicht gesehen hast«, verteidigte er sich.

Frau Kernicke nahm allen Mut zusammen, wendete ihren Kopf so weit, dass sie Esmeralda sehen konnte, und drehte ihn dann ganz langsam in seine alte Position zurück. »Ist die groß!«, krächzte sie. »Wenn die nicht zu den 0,01% gehört, dann ...«

»Ziemlich unwahrscheinlich. Bei uns gibt es überhaupt keine, die gefähr...« Herr Kernicke sah Esmeralda noch mal an. »Meiner Meinung nach gehören alle Spinnen zu den 0,01%.«

»Da könntest du verdammt Recht haben«, stimmte seine Frau ihm zu und spürte, wie ihr der Schweiß den Rücken runterlief. »Zudem haben Spinnen überhaupt nichts mit Logik zu tun. Auf jeden Fall bleibst du genauso ruhig sitzen wie ich«, flüsterte sie und schlug ihr Buch wieder auf.

Esmeralda ärgerte sich. Die beiden Menschen machten keinerlei Anstalten ihr zu zeigen, warum ihnen Spinnen solche Angst einjagten.

»Vielleicht sollte ich gefährlicher dreinschauen?«, überlegte sie. »Den Mund ganz weit aufreißen und die Augen so richtig hervorquellen lassen. Dann erschrecken sie bestimmt! Genauso hat Tante Holunda geglotzt, als sie mich zum ersten Mal sah. Hat die mich mit ihrem Geschrei erschreckt! Gemein war nur, dass sich Mami und Papi um sie und nicht um mich kümmerten. Bloß weil sie ohnmächtig dalag.«

Andererseits, wenn das Aussehen ihre gefährlichste Waffe wäre, würde sie das Häschen nie bekommen. »Schau'n wir mal«, dachte sie und krabbelte aufs Fensterbrett. Das bewirkte jedoch überhaupt nichts. Jetzt stellten sich die beiden tot.

Plötzlich ging die Zimmertür auf und ein Mädchen kam herein. »Habt ihr was?«, wollte Beate von ihren Eltern wissen.

»Bleib stehen!«, gab ihr Vater ein gehauchtes Lebenszeichen von sich.

»Brauchst keine Angst zu haben, ich tu' dir nichts«, beruhigte ihn Beate und ging zu ihrer Mutter.

Die deutete vorsichtig zum Fenster und flüsterte: »Eine Spinne!«

Beate sah kurz hin und wandte sich wieder ihrer Mutter zu: »Machst du mir die Matheaufgaben?«

»Bring dich in Sicherheit!«, flehte ihre Mutter sie an.

»Vor der?«, fragte Beate und ging zum Fenster hin. Ihre Eltern schrien auf.

»Siehst du witzig aus!«, meinte Beate, und mit einem Blick auf ihre Eltern: »Ihr aber auch!« Sie packte Esmeralda vorsichtig am Rücken, setzte sie auf den Außensims und schloss das Fenster. Darauf wandte sie sich wieder ihren Eltern zu. Die starrten erst verschämt den Boden an, wagten es dann aber doch, ihrer Tochter ins Angesicht zu sehen. »Du hättest uns etwas dezenter als Idioten hinstellen können!«, meinte ihre Mutter.

»Dafür darfst du auch Mathe für mich machen!«, bot ihr Beate an.

»Und ich vielleicht das Abendessen?«, zeigte sich Herr Kernicke von seiner dankbarsten Seite und erhob sich vorsichtig aus seinem Sessel, nicht ohne einen Sicherheitsblick zum Fenster zu werfen.

Verwirrt und enttäuscht krabbelte Esmeralda derweil die Hauswand runter. Hoffentlich waren nicht alle Menschen so!

Die letzten Menschen

Esmeralda krabbelte durch den Garten und gelangte an einen Gartenzaun. Ihr wurde speiübel. Die Holzstreben stanken noch schlimmer als die Straße. Vielleicht sollte die Umzäunung ein gar fürchterliches Wesen daran hindern auszubrechen? Ihr Instinkt sagte ihr, dass sie auf dem richtigen Weg war. Sie kroch schnell unter dem Zaun hindurch und gelangte in eine fremde Welt. Solche Pflanzen und Sträucher hatte sie noch nie gesehen. Und erst das Gras! Die Hälmchen waren klein und gedrungen, eines so groß wie das andere. Nichts dazwischen, keine Blume, kein Kraut. Was mussten diese Grashalme bloß für Egoisten sein, dass sie niemanden neben sich duldeten.

Im Schutz der Sträucher krabbelte Esmeralda auf das riesengroße Haus zu, das hinter der Magerwiese stand. Plötzlich kamen zwei riesige Menschen herausgewatschelt. Die sahen vielleicht eigenartig aus! Hätte sie es nicht mit eigenen Augen gesehen, sie hätte es nie geglaubt.

Die Hinterläufe des größeren Menschen waren so dünn wie junge Fichtenstämme, mussten aber einen kugelrunden Bauch tragen. Mit so einem Vorbau musste man auf zwei Beinen gehen – auf allen vieren würde er auf dem Boden schleifen und weggescheuert werden.

Die Hinterläufe des anderen Menschen hatten den Umfang eines hundert Jahre alten Baumes, waren aber viel schwabbeliger. Und das, obwohl sein Bauch kleiner war. Dafür wölbten sich darüber zwei weitere Bäuche.

»Mit den Menschen hat's die Natur wirklich nicht gut gemeint!«, bedauerte Esmeralda die Krone der Schöpfung. Nicht einmal eine geschmackvolle oder wenigstens unauffällige Tarnfarbe war ihnen geschenkt worden – nein, ihre Haut war weißrosa! Eines wusste Esmeralda schon jetzt. Lieber starb sie vor Hunger als sich an einem Menschen zu vergreifen.

»Komm zu mir auf die Hollywoodschaukel!«, forderte Alfons Künkelin seine Frau Hilde auf und schenkte zwei Gläser ein.

»Lass uns auf unser neues Heim anstoßen!«

Sie nahm das Glas, trank einen Schluck und blickte in die Dunkelheit. Als ein Käuzchen rief, zuckte sie zusammen und sah ihren Mann an. »Ob es hier wilde Tiere gibt?«

Der lachte und tätschelte ihren Schenkel. »Hier gibt's nur ein wildes Tier, und das bin ich!«

Zwei schrille Schreie drangen aus dem Wald.

»Was ist das?«, rief Hilde völlig verängstigt und verschüttete vor Schreck ihren Wein.

»Was weiß ich?«, brummte Alfons. »Da hat irgendein Viech ein anderes umgebracht. Recht so, dann ist wenigstens Ruh!«

»Blödsinn!«, dachte Esmeralda, »ein Iltismann hat eine Iltisfrau neckisch im Genick gepackt. Reines Liebesspiel!«

»Vielleicht hätten wir uns doch lieber ein Haus in der Stadt kaufen sollen?«, fragte sie zaghaft.

Energisch schüttelte er den Kopf. »Wer es sich leisten kann, wohnt im Grünen. Zudem schafft die Natur Frieden und Entspannung!« Im nächsten Moment schlug er sich ins Gesicht, sie tat's ihm nach.

»Warum tun die so was?«, fragte sich Esmeralda.

Der Mann gab ihr die Antwort. »Morgen kaufe ich Insektenspray! Dann ist Schluss mit der Plage!«, und ohrfeigte sich gleich noch einmal.

»Da ist was auf deinem Bauch«, unterbrach Hilde seine Selbstkasteiung.

Alfons sah an sich runter und entdeckte eine winzige Spinne, die gerade den höchsten Punkt des Gebirges erklommen hatte.

»Sag bloß, du fürchtest dich vor ihr«, schmunzelte er.

»Auf jeden Fall sieht sie ekelhaft aus. Mach sie weg!« Seine Frau schüttelte sich angewidert.

»Wird erledigt!«, meinte Alfons und auf seinem Bauch machte es »klatsch!«

Esmeralda zuckte zusammen. Von so einem Schlag bekam man nicht nur Kopfweh. Wenn der Mann die Spinne wenigstens gefressen hätte! Aber einfach töten: So was macht man nicht!

»Ob es hier auch große Spinnen und Schlangen gibt?«, fragte sie und starrte angeekelt auf seinen Bauch.

»Blödsinn! Hier gibt's nur kleine Störenfriede und die auch nicht mehr lange!«

Den Schluss des Satzes hatte er lauter gesprochen, weil die Frösche Schlaflieder sangen. Die Quaker hatten ihn entweder nicht gehört oder machten sich nichts aus seiner Drohung. Jetzt stimmten auch noch die Kröten mit ihrem Bass vollmundig in den Chorgesang ein.

»Ich geh' ins Bett!«, sagte sie und stand auf.

»Ich komm' auch gleich. Mach nur noch 'ne Runde durch den Garten – die Natur genießen.« Alfons erhob sich ebenfalls.

Während sie in das Haus zurückging, schritt er durch den Garten. Ab und an blieb er stehen und bückte sich ächzend. »Wahrscheinlich guckt er nach, ob die Grashalme auch ja gleichmäßig wachsen«, dachte Esmeralda.

Aber nein! Er hatte ein winziges kleines Heilkraut entdeckt und riss es aus der Erde. Dann erblickte er in seinem Soldatenrasen noch etwas, was ihm missfiel. Im Elfengang, um seine Soldatengräser ja nicht zu verletzen, walkürte er über den Rasen und blieb vor einem Maulwurfshügel stehen.

»Da hört sich doch alles auf«, wetterte er, klatschte auf seinen Bauch, blickte zwischen Fröschen und Maulwurfshügel hin und her und donnerte: »Ich werde hier schon noch für Ordnung sorgen!«

Kuckuck

Esmeralda war sich sicher: Der Mann war genau der Richtige für eine Spinne, die ihre Gefährlichkeit entdecken wollte. Der würde sie angreifen und bestimmt als erstes ihre gefährlichste Stelle auszuschalten versuchen. Dann wüsste sie endlich, wie sie zu ihrem Hasenbraten kam. Sie krabbelte auf die Wiese. Alfons sah in der Dunkelheit lediglich, dass sich etwas bewegte, und trat einen Schritt näher. Er erstarrte.
»Mein Gott«, flüsterte er, »ist das ein grässlicher Balg. Wenn Hilde den sieht, ist's aus.« Er atmete tief durch, pumpte Luft in seinen Bauch und bekam einen roten Kopf. »Du machst mir das Leben in der Natur nicht kaputt!«, zischte er Esmeralda zu.

So schnell ihn seine Beinchen trugen, rannte er hinter das Haus und kam mit einem Spaten wieder.

Esmeralda blickte ihm enttäuscht nach, weil sie dachte, er wolle fliehen. Für einen ganz kurzen Moment freute sie sich, als sie ihn wieder auftauchen sah. Aber wirklich nur für einen ganz kurzen Moment.

Denn schon fuhr die Stahlkante des Spatens knapp neben ihren linken Beinen in den Boden.

»Was ist an denen bloß so gefährlich?«, wunderte sie sich, um sich gleich darauf dieselbe Frage für die restlichen Beine zu stellen. Als sie nach oben blickte und sah, dass sie sich die Frage gleich für ihren ganzen Leib stellen musste, machte sie vorsichtshalber einen Satz nach vorne und krabbelte so schnell sie konnte davon.

Der Mann folgte ihr mit dem Spaten, der kurz darauf haarscharf hinter ihren Spinndrüsen die Erde traf. Die Grassoldaten machten daraufhin einen ziemlich geknickten Eindruck. Esmeralda blieb keine Zeit, sie zu bedauern. So langsam schwante ihr, dass der Kerl nicht bloß gegen einen bestimmten Körperteil was hatte, sondern sie insgesamt nicht mochte. So viel Missachtung hatte sie nicht erwartet. Jeder Schlag tat ihr nicht am Leibe, aber tief in der Seele weh.

Im oberen Stockwerk ging das Licht an und ein Fenster wurde geöffnet. »Alfons, was machst du da?«, rief Hilde.

Es dürfte für jeden schwierig sein, eine beruhigende Antwort auf diese Frage zu geben, wenn man gerade mit erhobenem Spaten dasteht. »Ich ... ich jage einen Maulwurf«, nahm Alfons vorweg, was er sich für morgen vorgenommen hatte.

»Pass auf dich auf!«, ermahnte ihn Hilde mit ängstlicher Stimme.

»Wird gemacht. Geh wieder ins Bett!«, beruhigte er sie.

Esmeralda war derweil ins Haus gekrabbelt, um sich dort zu verstecken.

»Nicht auch das noch!«, stöhnte Alfons und rannte ihr hinterher. Er blickte sich im Wohnzimmer um. Von der Spinne keine Spur. Er ergriff einen Brieföffner und schlich in Meuchelhaltung durchs Erdgeschoss.

Esmeralda hatte sich hinter einem Sofakissen versteckt und wiegte sich in Sicherheit – war jedoch falsch gewogen. Im Vorbeigehen hob Alfons die Sofakissen hoch. Erst als er sie alle wieder hingeworfen hatte, meldete ihm sein Gehirn, dass unter dem letzten Esmeralda saß.

Mit einer Beweglichkeit, die ihm niemand zugetraut hätte, warf er sich herum und stieß die Klinge durch das Sofakissen, tiefer und tiefer, bis der Brieföffner feststeckte.

»Jetzt hab ich dich!«, rief er aus und versuchte, den Brieföffner mitsamt dem aufgespießten Opfer herauszuziehen. Doch der steckte, und zwar fest. Alfons zog mit aller Kraft. Plötzlich lockerte sich der Dolch und Alfons flog rückwärts über den Couchtisch. Vor sich hielt er den Brieföffner mit dem aufgespießten Sofakissen. Während er stöhnte, fluchte und das Kissen zerfledderte, suchte sich Esmeralda ein besseres Versteck. Aus der Wand wuchs ein eigenartig geformter Ast. Zu dem kletterte sie hoch.

Alfons war währenddessen aus dem Zimmer gerannt und kam kurz darauf mit einer Kleinkaliberpistole zurück.

Der Ast schloss mit einem Holzkranz ab. Hinter dem versteckte sich Esmeralda und beobachtete, wie Alfons mit gezückter Pistole durch die Wohnung tigerte. Plötzlich erwachte der Ast zum Leben. Ein winzig kleiner Kuckuck kam heraus und rief »Kuckuck!«

Esmeralda war völlig baff. Dass der Kuckuck in der Baumhöhle verschwand, war nichts Besonderes. Doch dass das Ästchen, auf dem er saß, sich mit ihm zurückzog und wieder erschien, schon. Das Allerungewöhnlichste aber war das Türchen vor dem Loch, das ständig auf- und zuging. »Total degeneriert!«, dachte sie und bat den Kuckuck inständig, die Klappe zu halten. Für einen Moment tat er ihr auch den Gefallen, aber schon im nächsten erschien er wieder und schrie »Kuckuck!«

»Wirst du wohl ruhig sein«, schimpfte Esmeralda.

Aber nichts da: »Kuckuck!« zum Dritten.

Esmeralda wusste, wenn ein Kuckuck erst mal anfängt zu tirilieren, hört er so schnell nicht wieder auf.

»Was machst du denn hier?«, versuchte sie ihn in ein Gespräch zu verwickeln.

»Kuckuck!«, gab er zur Antwort.

»Sonst nichts?«

Nein, sonst nichts! »Kuckuck!«

Er fand es auch nicht langweilig, sich zum siebten Mal zu wiederholen.

Alfons hielt in seiner Suche inne und blickte unwirsch zum Kuckuck hoch. »Du nervst«, schrie er, nahm einen Pantoffel und warf ihn nach ihm. Daneben.

Doch der Kuckuck war einer von den Hartgesottenen und nannte zum achten Mal seinen Namen. Esmeralda musste handeln.

Sie kauerte sich hinter der Brüstung zusammen und wartete, bis der Störenfried wieder zum Vorschein kam. Während sie sich mit den Hinterbeinen an der Brüstung festhielt, umklammerte sie mit den vorderen den Kuckuck. Sie biss ihn ins Genick, um ihm ein Beruhigungsmittel zu spritzen.

Dabei stieß sie jedoch auf zwei Probleme. Das erste: Der Kuckuck hatte ein so hartes Federkleid, dass sie seine Haut nicht durchdringen konnte. Das zweite: Er schrie unbeeindruckt weiter und zog sich in seine Höhle zurück. Esmeralda hatte alle Beine voll zu tun, um nicht selbst mit hineingezogen zu werden.

Jetzt hatte sie endgültig genug! Bei seinem nächsten Auftritt besprang sie ihn und umklammerte sein Maul. Mit halbem Erfolg – er schaffte nur noch ein »Kuck«

Alfons, der ihnen den Rücken zugekehrt hatte, wandte sich um. Irgendwas stimmte hier nicht. Esmeralda lockerte vor Schreck ihren Griff. Das reichte dem Kuckuck, um das fehlende »kuck« zu röcheln.

Alfons verstand die Aufforderung und guckte genauer hin. Er hob die Pistole und ließ dem Kuckuck keine Chance, sich ein zwölftes und letztes Mal kundzutun. Ein Pistolenschuss, und der Ast verschwand unbesetzt im Innern des Stammes. Der nächste Schuss durchschlug das Gehäuse und das Geschoss flitzte geradewegs zwischen zwei von Esmeraldas Beinen hindurch. Alfons kam näher; ein teuflisches Grinsen umspielte seinen Mund. Er spannte gerade den Abzug, da ging das Licht im Treppenhaus an, und Hilde kam die Treppe runter. Er schob die Pistole in seine Badehose.

»Was war das?«, fragte Hilde mit Panik in der Stimme.

»Was ... was meinst du?«, stotterte er.

»Ich habe Pistolenschüsse gehört!«

»Du ... musst geträumt haben«, sagte Alfons und kam ihr entgegen, um sie auf dem Treppenabsatz abzufangen. Doch auch von dort aus war das zerfledderte Sofakissen zu sehen. Mit zittriger Hand deutete sie darauf.

Alfons suchte nach einer harmlosen und einleuchtenden Erklärung. »Maulwurf!« war alles, was ihm einfiel.

Hilde hatte bislang nur gewusst, dass Maulwürfe Maulwurfshügel bauen. Das eine Wort erweiterte ihr Wissen in einem schrecklichen Maße: Sie waren lebensgefährlich!

»Ich will hier weg«, jammerte sie und hielt ängstlich Ausschau nach der Bestie aus dem Untergrund.

Alfons hätte sich ohrfeigen können. Statt sie zu beruhigen, hatte er ihre Schlangenangst und Spinnenphobie um eine Maulwurfspanik erweitert. Beide erschraken fast zu Tode, als die Kuckucksuhr ihren letzten Halt verlor und zu Boden fiel.

Hilde sah hin, wieder weg und fuhr sich mit der Hand über die Augen, als wollte sie einen Alptraum wegwischen. Dann begann sie zu schwanken. Alfons konnte sie gerade noch auffangen. »Was hast du?«, fragte er besorgt.

»Wo sind die Schlangen?«, sagte Hilde tonlos.

»Wieso Schlangen?«

»Wo Maulwürfe und Spinnen sind, können Schlangen nicht weit sein.«

Alfons, der Esmeralda hinter dem Wohnzimmerschrank verschwinden sah, erwiderte mit sanfter Stimme »Das bildest du dir ein. Hier gibt es keine Spinnen.«

»Doch dort!« Sie deutete angeekelt auf die Kuckucksuhr.

Er nahm sie an der Hand und führte die sich wehrende Hilde zum Kuckuck. »Da ist nichts. Du hast dir das nur eingebildet.«

Sie schaute hin, sah nichts, wirkte ein klitzekleines bisschen erleichtert und lehnte sich gegen ihn. Alfons, der nicht wollte, dass sie seinen Hoseninhalt spürte, versuchte die Pistole unauffällig beiseite zu schieben. Währenddessen sprach er beruhigend auf sie ein. »Du brauchst keine Angst zu haben. Hier gibt es nur völlig harmlose Tiere, die uns nichts, aber auch gar nichts anhaben können.«

»Ehrlich?«, fragte Hilde.

»Ehrlich!«, versicherte er ihr. Dabei passierte ihm das Malheur: Die Pistole fiel runter.

»Alfons«, Hildes Stimme zitterte, »lass uns noch heute Nacht von hier wegziehen. Du verträgst die Natur genauso wenig wie ich!«

Unheimliche Begegnungen der vierten Art

Alfons war nicht von ungefähr Fabrikbesitzer und Herr über 2000 Arbeiter. Er hatte sich immer durchgesetzt, jeden Konkurrenten aus dem Weg geräumt. Und jetzt sollte er vor winzigen Nichtsnutzen kapitulieren? Nicht Alfons! »Wir bleiben!«, entschied er.

Hilde wusste, wenn Alfons in diesem Ton sprach, dann griff er durch. Sie fürchtete die Tiere, aber noch mehr mussten die sich vor Alfons fürchten.

Dennoch blickte sie ängstlich durchs Wohnzimmer und wandte sich mit flehenden Augen ihrem Gatten zu. Der nahm sie in die Arme, drückte sie fest an sich und tröstete sie mit einer Stimme wie Stahl: »Was ich beginne, führe ich zu Ende. Du kennst mich!«

Leider kannte ihn die kleine Stechmücke nicht, die sich nahe seines Bauchnabels niederließ. Sie lernte ihn auch nicht mehr allzu gut kennen; ihre Bekanntschaft beschränkte sich auf den Händedruck, mit dem sich Alfons von ihr verabschiedete. Ein »Platsch!« erschütterte seinen Bauch, den fortan der Abdruck seiner eigenen Lebenslinie zierte. Die wurde nur dort unterbrochen, wo das Leben der Stechmücke endete. Am liebsten wäre Alfons vor Schmerzen in die Knie gegangen. Aber Hilde brauchte seine Stärke.

»Geh'n wir ins Bett!«, entschied er, schob sie die Treppe hoch und folgte ihr, seinen Bauch massierend.

Eins wusste Esmeralda sicher: So einem Schläger ging sie lieber aus dem Weg. Also nach Hause? Ohne hinter das Geheimnis ihrer Gefährlichkeit gekommen zu sein? Nein, so schnell gab sie nicht auf!

Die Frau wirkte viel sensibler. Der würde sie ihren Körper vorführen. Und dann brauchte sie nur noch darauf zu achten, bei welchem Teil sie am meisten ausflippte.

Sie krabbelte den beiden hinterher. Die Schlafzimmertür war nur angelehnt. Esmeralda schielte durch den Türspalt und machte acht große Augen. Hier musste es noch eine Spinne geben! Ein Teil von Hildes Körper war mit einem Seidengespinst überzogen, das von den beiden oberen Bäuchen bis zu ihren Ponyschenkeln reichte. Ohne sich an dem Netz zu stören, legte sich Hilde ins Bett und schloss die Augen.

Alfons entledigte sich gerade seines einzigen Schmuckstücks, des knallig bunten Streifens. Darunter kamen zwei weiße Gebirge zum Vorschein, die von einer gewaltigen Einkerbung unterbrochen wurden. Ob das auch diese Spinne gewesen war? Musste die über Kräfte verfügen, dass sie jemandem eine so klaffende Wunde zufügen konnte!

Alfons schien keinerlei Schmerzen zu verspüren. Er ließ sich rückwärts auf sein Schlaflager plumpsen, so dass Hilde einen Hoppler machte. Beide wünschten sich eine gute Nacht, dann wurde es dunkel im Zimmer. Der Mond ließ alle Gegenstände wie Schatten ihrer selbst erscheinen.

Esmeralda kletterte zur Decke hoch, befestigte oberhalb von Hildes Kopf einen Faden und ließ sich daran zu Hildes Gesicht hinab. Mit einem Bein kitzelte sie das linke Nasenloch.

Hildes Nase zuckte kurz. Sonst tat sich nichts. Esmeralda nahm sich das rechte Nasenloch vor. Hilde wischte sich übers Gesicht. Plötzlich drehte sich Alfons mit einem gewaltigen Satz von der einen auf die andere Seite. Hilde hob es so vom Bett, dass sie mit ihrer Nase Esmeraldas Unterleib berührte. Die Nase zuckte. Das war auch schon alles.

Esmeralda überlegte gerade, was sie jetzt tun könnte, als Hilde zu stöhnen begann und sich im Bett herumwälzte. Sie murmelte »nein!«, »weg!« und wiederholte diese Wörter immer lauter, bis sie mit einem geschrienen »Nein!« hochschnellte und Esmeralda dabei mit dem Kopf einen solchen Stoß versetzte, dass sie ans Fußende des Bettes flog.

Alfons fragte verschlafen »Was ist?«

Hilde setzte sich auf, schlug die Hände vor's Gesicht und schluchzte. »Ich hab geträumt, mir säße eine riesige Spinne auf dem Gesicht. Es war so furchtbar!« Ihr Körper schüttelte sich.

Von der einen auf die nächste Sekunde war Alfons wach. Er knipste seine Nachttischlampe an, richtete sich auf und sah sich im Zimmer um.

Hildes Augen kamen hinter ihren Händen zum Vorschein und beobachteten Alfons' Tun. »Was ist?«, fragte sie mit angstzersetzter Stimme.

»Was?«, stammelte Alfons und tat völlig verwirrt. Er hatte die offene Schlafzimmertür bemerkt, und ihm war klar geworden, dass Hildes Traum womöglich gar keiner war. »Quatsch, so langsam werde ich selbst hysterisch!«, dachte er, schloss aber zur Vorsicht die Tür und legte sich wieder ins Bett. »Solange ich hier bin, kann dir nichts passieren!«, tröstete er Hilde, streichelte ihr über den Rücken und löschte das Licht. Beide tauchten wieder in die gräulichschwarze Schattenwelt ein.

Esmeralda wartete, bis Ruhe eingekehrt war, und setzte ihre Befragungsaktion fort. Sie krabbelte zwischen Hildes Beinen hoch, sprang, als es zu eng wurde, auf den linken Oberschenkel und wanderte dort weiter. Sie war gerade beim Seidennetz angelangt, als Hilde ihr Bein schüttelte und murmelte: »Lass das, ich will schlafen!«

Alfons, der nicht bloß schlafen wollte, sondern schlief, gab keine Antwort.

Esmeralda prüfte derweil die Netzqualität. Gute Knüpftechnik, aber zu unelastisch und überhaupt nicht klebrig, befand sie, und setzte ihre Wanderung fort. Da das Netz zwischen den beiden Oberbäuchen endete, tippelte sie vorsichtig auf der Haut weiter.

»Lass das!«, fuhr Hilde Alfons an und gab ihm einen Schubs.

»Ich hab' überhaupt nicht geschnarcht!«, verteidigte der sich schlaftrunken und kuschelte sich an sie ran. »Du weißt genau, was ich meine«, meckerte Hilde und drehte sich von ihm weg. Sie zog die Bettdecke bis zum Kinn hoch und drückte Esmeralda damit an ihre Brust. Die versuchte verzweifelt, sich aus der Umklammerung zu befreien. Hilde mochte das überhaupt nicht. »Wenn du denkst, dass mich dein Gefummle beruhigt, dann täuschst du dich!«, fuhr sie Alfons an.

Der schlug die Augen auf. Da seine Hände zusammengefaltet auf seinem Bauch lagen, wusste er sofort, wer da fummelte.

Ihm brach der Schweiß aus. Er musste dieses Biest töten, bevor es Hilde tötete. Also zugreifen, die Spinne packen und sie zermalmen! Mit bloßen Händen? Bei aller Liebe – das konnte niemand von ihm verlangen! Ihm fiel ein, dass er in der Nachttischschublade seine Lederhandschuhe aufbewahrte. Ganz vorsichtig holte er sie heraus und streifte sie sich über. Als Hilde wieder eingeschlafen war, streckte er ganz langsam seine rechte Hand nach ihr aus.

Doch Hildes Schlaf war nicht der beste. Sie wachte auf, ihr Atem, Blut, Herz stockte. Was ihren Körper betatschte, fühlte sich überhaupt nicht nach Alfons an. Sie war außer Stande, etwas zu sagen oder zu tun.

Esmeralda merkte sofort, dass sie nicht mehr allein war. Die Riesenspinne war zurückgekehrt! »Wahrscheinlich, um weiter an ihrem Seidennetz zu bauen«, dachte sie. Aber wieso verhielt sich die Frau so ruhig? Die Spinne musste sie gelähmt haben. Vorsichtshalber zog sich Esmeralda zurück.

Alfons schwitzte inzwischen so an den Händen, dass die Fingerhauben seiner Handschuhe unter Wasser standen. Es quietschte jedes Mal, wenn er Hilde berührte. Hilde wusste, dass sie gleich in den beruhigenden Zustand des Wahnsinns überwechseln würde. Doch das Gegenteil geschah! Plötzlich verschwanden alle widrigen Gefühle. Es gab keine Angst mehr, die sie lähmte. Wieso auch? Die Situation war doch im Grunde ganz amüsant. Alles, was die Spinne tat, war, sie zu kitzeln. War das lustig! Ach was: Es war zum Totlachen! Während sie die ersten Lacher noch einstimmig rausschrie, klangen die folgenden wie ein gemischter Seniorenchor, der überlagert wurde von rückwärts gespielten Strawinsky-Melodien in Technosound.

Alfons wusste jetzt, dass die Spinne zugestochen hatte und das Gift in Hildes Körper wütete.

Er gab seine Zurückhaltung auf und fuhr wie ein Berserker über Hildes Körper. So was kann auch Panik erzeugen. Aber normalerweise kitzelt es bloß saumäßig. Hilde hielt es vor Freude nicht mehr aus. Sie packte die Spinne mit beiden Händen und versuchte reinzubeißen. Wie die sich wehrte! Es war völlig lächerlich. Sie erwischte ein Bein und biss genussvoll hinein. Es schmeckte ledern. Sie verstärkte den Druck und durchtrennte die Haut. Eine Flüssigkeit spritzte in ihren Mund. Die Spinne schrie auf! Alfons ebenfalls. Verflixt, war das lustig! Hilde lachte eine Bis-Dur-Tonleiter unter Einbeziehung aller Vierteltonschritte rauf, biss noch mal zu und lachte die Tonleiter wieder runter.

Alfons fand nichts, aber rein gar nichts zum Lachen. Er wehrte sich mit allen ihm zur Verfügung stehenden Kräften gegen die Amputation seiner Finger und schrie voller Jammer: »Hör auf! Ich bin's, dein Alfons!« Er zog und zerrte. Doch das Wahnsinnsgift verlieh Hilde übermenschliche Kräfte. Sie lachte einen Ges-Moll-Akkord, der jeden Vampir zum überzeugten Vegetarier bekehrt hätte, und versuchte, alle Zehne auf einmal abzubeißen.

Alfons blieb nicht mehr viel Zeit, wollte er auch in Zukunft eine Doppelrückhand spielen können. Er zog, zerrte, schrie und versprach, sie würden sich noch diese Nacht im Obergeschoss eines Wolkenkratzers einmieten, wenn sie nur seine Hände in Ruhe ließe.

Doch Hilde erhörte ihn nicht. Alfons versuchte Licht ins Dunkel zu bringen, um seine Notlage zu erhellen. Er entriss Hilde seine Linke, tastete sich zur Nachttischlampe vor und erreichte auch den Sockel. Doch jetzt hatte Hilde seine Rechte fest im Griff. Es gelang ihr sogar, sich alle Fünfe in den Mund zu stecken. Nein! Und nochmals nein! Alfons mobilisierte seine letzten Kraftreserven. Der Schwung war so groß, dass er mitsamt der Lampe auf den Boden fiel und bäuchlings darauf landete.

Hilde war mit einem Schlag wieder bei Sinnen. Die Spinne machte sich gerade über ihren Alfons her. Sie folgte ihm und warf sich der Länge nach auf seinen Rücken.

Alfons war das gar nicht recht. Zum einen drückten sich die kleinen Glassplitter der Glühlampe noch tiefer in seinen Bauch. Zum anderen spürte er Stromschläge.

Er versuchte seine gewaltige Leibesfülle anzuheben. Infolge mangelnder Rückenmuskulatur und Hildes Gewicht verließen ihn aber alsbald die Kräfte und er sackte wieder auf die Lampe zurück.

Stromstößen werden ja ganz unterschiedliche Wirkungen zugeschrieben. Manche behaupten, man könne damit Verrückte heilen. Die meisten dagegen halten Strom für ungesund. Bei Alfons trafen beide Theorien zu. Die Schläge wurden immer heftiger, und sein Körper begann zu zittern. Die Zuckungen breiteten sich über den ganzen Körper aus. Alfons benahm sich wie ein störrischer Esel.

»Alfons«, wehklagte Hilde und klammerte sich an ihn. »Tut es weh?«

Alfons wollte ihr die Wahrheit nicht verheimlichen. Aber wegen seines Zähneklapperns brauchte er ziemlich lange, bis er ein »Jjjjjjj ... aaaaaaaa!« herausbrachte.

Hilde machte sich noch ein bisschen schwerer, um die Spinne zu Tode zu quetschen. Zudem hoffte sie so Alfons' Zuckungen Einhalt zu gebieten. Schließlich war er nicht mehr der Jüngste.

Für einen kurzen Augenblick lag Alfons auch ganz ruhig da, bis sich so viel Spannung in ihm angestaut hatte, dass sie ihn mitsamt Hilde in die Höhe katapultierte und sie neben der Lampe wieder zum Liegen kamen. Für eine Weile hörte man nur Atmen, Ächzen und Stöhnen. Sonst nichts. Alfons versuchte Hilde seine Bedürfnisse mitzuteilen. »Rr ... uuu ... nnnn ... tttttttt ... errrrrr!« stotterte er.

Hilde wusste besser, was er gerade brauchte. »Bleib ganz ruhig liegen. Alles wird wieder gut!«, tröstete sie ihn. Doch Alfons Lunge gab ihm zu verstehen, dass er mit dieser Last in spätestens zwei Minuten auf dem letzten Loch pfeifen würde. Er rammte Hilde die Ellbogen so in die Rippen, dass sie vor Schmerz runterrollte und ebenfalls die Maikäferstellung einnahm. So blieben sie ein ganzes Weilchen nebeneinander liegen. Endlich fanden beide die Kraft, sich ins Gesicht zu sehen. So hohlwangig, bleich und ausgelaugt wie sie aussahen, musste das Spinnengift ihrer beider Leben bald ein Ende bereiten.

Alfons wollte nicht, dass Hilde starb. Er wankte zum Nachttisch, griff zum Telefon und wählte den Notruf.

»Polizeirevier 7, Hauptwachtmeister Gruber«, meldete sich eine Stimme.

»Künkelin. Schicken Sie sofort einen Notarztwagen in den Rosenweg 5. Meine Frau wurde von einer giftigen Spinne gebissen«, krächzte Alfons in den Hörer.

»Welche Symptome liegen vor?«, wollte Gruber wissen.

»Wie geht es dir?«, fragte Alfons Hilde voller Mitgefühl.

»Das Spinnengift hat schon sein Gehirn zersetzt«, dachte Hilde und schrie in Richtung Hörer: »Nicht mich, ihn hat sie gebissen. Helfen Sie ihm!«

»Sie halluziniert!«, teilte Alfons dem Hauptwachtmeister das Ergebnis seiner Halbleichenbeschau mit.

»Und Ihnen ist nichts widerfahren?« In Grubers Stimme schwangen Zweifel mit.

»Nichts außer Bisswunden und Stromschlägen!«, lautete Alfons' ehrliche Antwort.

»Das ist alles?« Des Polizisten Stimme klang überrascht. »Um was für eine Spinne handelt es sich?« Alfons wurde es langsam zu viel. »Bin ich Botaniker oder was?!«, brüllte er ins Telefon. »Wenn Sie nicht augenblicklich einen Krank...«

»Helfen Sie ihm doch, bevor jede Hilfe zu spät kommt!«, kreischte es aus dem Hintergrund.

Die Pflicht gebot Gruber weiter zu fragen. »Wie groß ist sie?«

»Ich hatte zufällig meinen Meterstab nicht mit im Bett«, regte sich Alfons auf.

Hilde, die noch zu schwach für den aufrechten Gang war, krabbelte zu Alfons und entriss ihm den Hörer.

»Kommen Sie sofort!«, heulte sie ins Telefon. »Die Spinne hat ihn grässlich zugerichtet.«

Das ging zu weit. Alfons griff sich den Hörer und jaulte hinein: »Mich? Meine Frau! Sie ist noch mehr hinüber als sonst!«

Hilde durfte sich das nicht gefallen lassen. »Sie werden selbst sehen, wer von uns beiden wie ein geschlachtetes Wildschwein aussieht!«

»Haben Sie das gehört?«, brüllte er. »Ich werde Sie vielleicht noch als Zeuge brauchen.«

Doch Gruber war nicht blöde. »Tut mir Leid, es war gerade eine Störung in der Leitung. Was sagten Sie, wie sie aussieht?«

Alfons konnte es ihm nicht mitteilen, weil Hilde ihm den Hörer streitig machte. Es entbrannte ein wilder Kampf um das Telefon. Da keiner gewann, änderten beide ihre Taktik und teilten Gruber gleichzeitig Geheimnisse ihres Ehelebens mit, die auch einen Eheberater vor eine große Aufgabe gestellt hätten.

Gruber, der die menschliche Natur in all ihren Facetten kennengelernt hatte, wurde es langweilig. Deshalb fällte er ein Urteil, das Salomon zu Ehren gereicht hätte. »Wenn Sie sich darauf geeinigt haben, wer von Ihnen mehr spinnt, melden Sie sich wieder!«, sagte er und legte auf.

Beide sahen erst den tutenden Hörer, dann einander an.

»Du hast mir beinahe meine Finger abgebissen!«, beklagte sich Alfons.

Doch Hilde hörte ihm nicht zu. Sie war zu sehr mit sich beschäftigt. Der Rausch war vorüber und die Ernüchterung schrecklich. Es schüttelte sie vor Ekel. Wieso hatte sie der Spinne Blut schlürfen, noch schlimmer, sie mit Haut und Haaren vernaschen wollen? Wenn nur nicht dieser ekelhafte Geschmack in ihrem Mund gewesen wäre. Es schmeckte, als hätte sie Urgroßvaters einziges Paar Lederschuhe gekaut. Gerade wollte sie sich übergeben, als sie Alfons' Hände gewahr wurde. Genauer, der Lederhandschuhe. »Wieso trägst du die?«, fragte sie entgeistert.

»Weil ich dich vor der Spinne retten wollte! Und zum Dank hast du mir in den da gebissen!«, bedauerte er sich und zeigte ihr seinen malträtierten Zeigefinger.

»Du wolltest mich zu Tode erschrecken!«, ließ Hilde ihren düstersten Vermutungen freien Lauf.

Alfons war entsetzt. »Glaubst du das wirklich?«

»Zeig mir die Spinne!« Hilde erhob sich und verfolgte mit stoischer Miene, wie Alfons, einen Pantoffel in der erhobenen Linken, mit der rechten Hand das Unterste nach oben kehrte. Nichts.

»Hab ich mir's doch gedacht!«, war ihr ganzer Kommentar.

»Ich wollte dein Leben retten!«, beteuerte er.

»Dann wären wir nie in die Natur gezogen!«, schleuderte sie ihm entgegen und fügte ein entschiedenes »Ich verlasse dich!« hinzu. Sie bestellte ein Taxi, ging zum Schrank, holte einen Koffer heraus und begann zu packen.

Alfons ging zum Fenster, öffnete es und sog die Naturluft tief in seine Lungen. Als er sich so einigermaßen beruhigt hatte, wandte er sich seiner Gemahlin zu und entdeckte Esmeralda. Sie hatte sich auf Hildes Allerwertestem versteckt. Den Ort hielt sie selbst nicht für optimal. Aber finde mal einen besseren in einem Schlafzimmer mit Einbauschränken.

Um Hilde nicht zu erschrecken, schlich sich Alfons von hinten an. Er holte aus, schlug – und traf. Nicht Esmeralda. Dafür war er zu langsam. Aber einen gewichtigen Teil von Hilde. Esmeralda flitzte derweil zum Fenster und sprang kopfüber in die Nacht. Alfons wollte ihr hinterher. Doch er kam nicht dazu. Hilde holte aus und verewigte die Lebenslinie ihrer Rechten so auf Alfons Bauch, dass sie sich mit seiner kreuzte. »Ich verlasse dich für immer!«, deutete sie die Kreuzung ihrer Schicksale.

Alfons wusste, er brauchte nur mitzufahren, und alles wäre wieder in Ordnung. Aber er konnte nicht. Er musste den Kampf gegen seine natürlichen Feinde aufnehmen, sich ihnen stellen. Das war er sich einfach schuldig. »Wir sehen uns sehr bald wieder!«, versprach er ihr zum Abschied.

Das Doppelnetz

Es ging abwärts mit Esmeralda. Nach kurzem Flug gen Wäscheplatz fiel sie direkt in das linke Bein einer altrosafarbenen Strumpfhose, die zwischen zwei Wäscheseilen zum Trocknen aufgespannt war. Die Strumpfhose zappelte kurz, dann war erst mal Ruhe. Esmeralda tastete ihre Umgebung ab und spürte eine Unmenge Fäden, die waagrecht und senkrecht verliefen. Ihr Herz schlug wie wild: Sie war in ein Spinnennetz gefallen, und es hatte gehalten! Esmeralda machte ein paar Streckübungen und es hielt immer noch. Noch nie in ihrem Leben hatte Esmeralda ein so stabiles Netz gefühlt! Sie blickte nach oben. Wo blieb die Besitzerin? Sie musste doch die Erschütterung bemerkt haben! Esmeralda stellte sich auf ziemlichen Ärger ein. Doch sie vertraute auf ihr Geschick. »Ich lass sie toben, dann entschuldige ich mich und frag sie, wie man so ein Wahnsinnsnetz baut.«
    Doch niemand kam. Sie nickte ein und träumte vom Häschenfang. Plötzlich zuckte es. Sie öffnete die Augen und sah nichts. Doch das Zucken blieb. Es dauerte ein Weilchen, bis sie bemerkte, dass sie in einem ihrer Beine einen Krampf hatte. Sie brauchte Bewegung. Also kroch sie das eine Bein der Strumpfhose hoch und entdeckte das andere Strumpfbein, genauer gesagt die genialste Erfindung der Welt: das Doppelnetz!
    Ihr kam der verwegenste Gedanke der Spinnengeschichte. »Ich klau' es!«, dachte sie und musste ob ihrer Verworfenheit dreimal schlucken. In Windeseile kletterte sie zur Wäscheleine hoch und sah nach links. Nichts! Nach rechts. Auch nichts! Oben, unten – die Luft war rein! Dafür entdeckte sie ein zweites Doppelnetz, das neben dem ihren hing. Es war pechschwarz. Sie entschied sich für das altrosafarbene. Kein Häschen würde denken, dass eine Spinne so blöde wäre ein Netz in einer so ausgefallenen Farbe zu bauen.

Esmeralda suchte die Stellen, an denen das Doppelnetz befestigt war, und entdeckte Hasenohrenimitate, die es gegen einen dicken Faden pressten.
Jetzt war sich Esmeralda sicher, die Häschenfalle schlechthin gefunden zu haben. Wenn die Hasen versuchten, es mit solchen Totems zu bannen, dann musste es todsicher sein. Sie kümmerte sich nicht weiter um diesen Bann, sondern biss das Doppelnetz kurzerhand ab.
Bei jedem Biss machte es »psenngg!« und Esmeralda lernte das Eigenleben von Laufmaschen kennen. Anfangs sah sie ihnen verwirrt nach. Als sie bemerkte, dass sie die Strumpfhose auflösten, schritt sie ein, fing jede Laufmasche mit einem Bein auf und knotete sie mit zwei anderen an einem Querfaden fest. Endlich fiel das Doppelnetz zu Boden. Obwohl leicht ramponiert, war es in seiner altrosa Pracht das schönste aller Netze.

Dann begann der mühevolle Nachhauseweg. Im Rückwärtsgang zog Esmeralda das Netz hinter sich her. Oft blieb sie an Ästchen, Dornen und Blumen hängen und musste den davonstürzenden Laufmaschen hinterherjagen und sie einfangen.
Sie hatte schon fast die Wiese überquert, als das Malheur mit dem Maulwurf passierte.
Gerade zog sie das Doppelnetz über einen Maulwurfshügel, als der Hausherr aus seinem Bau kam, um nach dem Rechten zu sehen. Wie üblich sah er überhaupt nichts, sondern spürte nur, wie ihm ein Netzhemd übergestülpt wurde. »Was soll'n das?«, maulte er.
Wäre Esmeralda vor Müdigkeit nicht so trandösig gewesen, hätte sie ihm niemals »Mach, dass du rauskommst!« zugerufen. Sie wusste doch, dass Maulwürfe immer das Gegenteil von dem tun, was man ihnen sagt.
Und genau das tat er. Der Maulwurf quaddelte mit seinen riesigen Schaufelarmen weiter in den Strumpf hinein.
»Hör sofort auf, du machst mir meine Hasenfalle kaputt!«, schrie Esmeralda voller Entsetzen, als sie mit ansehen musste, wie sich Scharen von Laufmaschen auf den Weg machten. Sie hatte alle Beine voll zu tun, um sie einzufangen und festzuknoten. Der Maulwurf quaddelte weiter.

»Ich muss das Gegenteil sagen. Das Gegenteil! Was ist das bloß? Richtig! ›Quaddle noch mehr!‹ Aber dann macht er alles kaputt! Ich bin doch nicht bescheuert! ... Aber er!« All das dachte Esmeralda in einer halben Sekunde.

»Wie toll du quaddeln kannst!«, nuschelte sie, weil sie jetzt auch noch den Mund zum Laufmaschenfangen benötigte.

Sofort ließ der Maulwurf das Quaddeln sein und sagte schwer atmend: »'ne Pause muss sein!«

Esmeralda überlegte sich, was sie sagen musste, um ihn aus dem Doppelnetz zu bekommen.

»Das Netz steht dir!«

»Altrosa? Igitt!« Verächtlich zog er seine Mundwinkel nach unten.

»Es sitzt wie angegossen!«

»An der Hüfte wirft es Falten!«

»Ich mach's dir weiter!«

»Es ist schon recht!«

Esmeraldas Kopf begann zu schwirren. »Du machst mich verrückt!«, schrie sie den Maulwurf an.

»Du wirkst sehr beruhigend auf mich!«, lautete seine Antwort, und um es ihr zu beweisen, legte er sich auf den Bauch und breitete seine Schaufelarme aus.

So langsam reichte es Esmeralda. »Ich hol's mir morgen!«, sagte sie und krabbelte los.

»Hiergeblieben!«, schrie der Maulwurf hinter ihr her und quaddelte in Windeseile aus dem Netz. »Und nimm ja die Strumpfhose mit!« Er mochte keine Strumpfhosen. Wie oft schon hatten sie seine Türme kaputtgesessen und -gelegen.

»Das ist ein Doppelnetz und keine Strumpfhose!«, verbesserte ihn Esmeralda, die zurückgekrabbelt kam und sich wieder ans Abschleppen machte.

»Das sind die Schlimmsten«, rief ihr der Maulwurf hinterher, »die einem ständig widersprechen!«

Abrupt hielt Esmeralda inne. So viel Frechheit war ihr noch nie begegnet. Dem musste sie einfach die Meinung sagen. Aber mach mal einen an, wenn du dazu Loblieder flöten musst. Lieber schwieg sie und machte sich von dannen.

Zwei Stunden und viele Laufmaschen später kam sie endlich

zu Hause an und spürte nur noch Hunger. Sie ließ das Doppelnetz fallen und kletterte in ihr Netz. Nur zwei Fliegen! Davon war die eine an Altersschwäche gestorben und ziemlich zäh. Die andere stank entsetzlich nach menschlicher Abfallhalde.

Aber der Hunger, der Hunger! Esmeralda entschuldigte sich vorab bei ihrem Magen und – schwups! – weg waren sie. Sie warf noch einen glückseligen Blick auf ihr Doppelnetz und schlief ein.

Ausgefuchst

Am nächsten Morgen packte Esmeralda ihr Doppelnetz und zog es in den Wald hinein. Und wer musste ihr über den Weg laufen? Natürlich ihre Mutter!
»Was hast denn du da?«, wollte sie wissen.
»Das ist ... das ist eine Strumpfhose.« Die Wahrheit würde sie noch früh genug erfahren.
»Eine was?«
»Strumpfhose!«, sagte Esmeralda laut und deutlich.
»Und was ist eine ... Strumpfhose?«
»Eine Strumpfhose ist ...« Mehr wusste sie auch nicht. »Das weißt du doch am besten. Schließlich bist du meine Mutter!« So, jetzt hatte sie den Dreck! Wer dumm fragt, und so weiter!
Die Mutter sagte erst mal gar nichts. An irgendeiner Stelle hatte Esmeralda sie reingelegt. Nur, an welcher? Egal, Eltern müssen aus pädagogischen Gründen alles besser wissen. Erst sah sie Esmeralda durchdringend an, dann donnerte sie los: »Das ist keine Strumpfhose, Strumpfhosen sind gelb!« Dazu nickte sie dreimal heftig mit dem Kopf.
»Oh verdammt, ich hätte daran denken müssen, dass Maulwürfe blind sind!«, warf sich Esmeralda vor.
»Also, was ist es?«
»Ein Doppelnetz!«, gab Esmeralda kleinlaut zu.
Die Mutter machte ein entsetztes Gesicht. »Willst du damit sagen, ...?«
»Genau!«, bestätigte Esmeralda.
»Ich weiß doch noch gar nicht, was du sagen willst!«, schimpfte Spinnenmami.
»Doch, dass du recht hast!«
Da jetzt alles gesagt war, packte sie ihr Netz und krabbelte weiter. Kaum war sie verschwunden, kam Spinnenpapi und sah seine Frau völlig aufgelöst dasitzen. »Haste was?«

»Siehst du das nicht?«
»Doch!«
»Warum fragst du dann?«
Spinnenpapi wusste, er könnte sich jetzt aufregen und mit seiner Gemahlin Streit bekommen. Aber bitte nicht heute Morgen. Deshalb fragte er ganz ruhig: »Was ist los?«
»Esmeralda hat ein Doppelnetz!«
»Ein was?«
»Hörst du schlecht? Ein Doppelnetz!«
»Du meinst, sie hat ein Doppelnetz?« Er verstand immer noch nichts.
»Genau!« Endlich hatte er sie verstanden. Spinnenmami begann sich zu beruhigen.
»Und wieso regst du dich so auf?«
Das hätte er nicht fragen sollen!
Sie begann zu toben und schrie, sie rege sich überhaupt nicht auf, woraufhin er fragte, wieso sie dann so schreie. Diese Frage fand sie wiederum zum Kreischen.
Spinnenpapi gab endgültig seine guten Morgenvorsätze auf. »Wenn hier jemand schreit, dann ich!« Das konnte sich seine Gemahlin nun wirklich nicht gefallen lassen. »Du spinnst wohl!«, sagte sie. Doch das ging entschieden zu weit ... Kurzum, das Doppelnetz sorgte für einen Doppelkrach, der sich gewaschen hatte. Erst nach einer Stunde hatten sich die beiden wieder beruhigt.

»Was ist eigentlich so schrecklich daran, wenn Esmeralda zwei Netze nebeneinander baut?«, wollte Spinnenpapi wissen.
Spinnenmami verdrehte vier ihrer Augen. »Glaubst du, deswegen würde ich mich aufregen? Das ist ein Netz mit zwei Öffnungen, das man mit sich rumschleppen kann!«
Er runzelte die Stirn. »Du meinst, es ist ein Fertignetz?«
»Genau! Wenn ich es nicht mit meinen eigenen acht Augen gesehen hätte, würde ich es selbst nicht glauben.«
Papi machte ein sehr nachdenkliches Gesicht. »Das stammt sicher von Spinnen, die jenseits des Meeres leben. Gegen die haben wir keine Chance. Bevor wir unsere Netze gebaut haben, sind ihre schon fertig und sie fangen uns alles weg!«
»Vielleicht gibt es nur eins und Esmeralda hat es ihnen weg-

genommen?«, hegte Mami ein klein wenig Hoffnung.
»Lass uns Esmeralda suchen!«, schlug der Vater vor.

Esmeralda hatte inzwischen den Pfad erreicht, den der Fuchs und das Häschen regelmäßig nahmen. Sie suchte sich eine Stelle aus, an der links und rechts des Wegs zwei Bäume standen. An denen befestigte sie den Leibteil der Strumpfhose so, dass er weit aufgespannt war. Anschließend versteckte sie sich hinter einem Baum.

Kurze Zeit später hörte sie den Fuchs keuchend dem Häschen hinterherrufen, es solle sich mal was anderes einfallen lassen, als immer nur wegzurennen.

Während sie Wetten mit sich abschloss, ob das Häschen das linke oder das rechte Bein vorziehen würde, kam das Jagdgespann immer näher.

Plötzlich durchfuhr sie ein abgrundtiefer Schreck. Sie hatte nicht bedacht, dass sie dem Fuchs das Häschen auf dem Servierteller präsentieren würde. Und für sie ließ der sicher nichts übrig. In Windeseile sauste sie zu den Fäden, mit denen das Netz an den Bäumen befestigt war, um sie durchzubeißen. Aber es war zu spät. Die beiden kamen immer näher. Esmeralda kletterte auf das Netz und schrie: »Pass auf, das ist ein Doppelnetz!«

»Ein was?«, japste das Häschen.

»Ein ganz tolles Doppelnetz!«

»Ich nehm's trotzdem!«, entgegnete es und verlangsamte seinen Lauf, um dem Fuchs eine Freude zu bereiten.

»Bitte schlag einen Haken!«, bat sie es inständig.

Das Häschen schaute sie erstaunt an. »Willst du mich nicht mehr?«

»Doch, natürlich!«, antwortete Esmeralda wahrheitsgemäß.

Eigentlich hatte das Häschen dem Fuchs den Vortritt lassen wollen. Doch die Spinne brauchte mal wieder eine Demonstration seiner Stärke. Deshalb sprang es in das Netz hinein und kam auch wieder raus. Nur anders als erwartet. Durch den Aufprall dehnten sich die Fäden, bis sie genug hatten, und katapultierten es dem Fuchs vor die Füße. Der stolperte über den Hasen und landete an seiner Stelle im Netz. Seine Vorderpfoten verhakten sich in den Hosenbeinen, und der Leibteil umschloss seine Schnauze. Der Fuchs schüttelte den Kopf, so gut das mit dem Maulkorb ging, und besah sich verwundert seine neuen Handschuhe. Er konnte Altrosa auf den Tod nicht ausstehen und wollte sich sogleich von diesem Modefummel befreien. Er drückte und drückte ... sich den Kopf platt.

Esmeralda, die sich ihm aufs Haupt gesetzt hatte, versuchte ihn zu beruhigen. »Ganz cool! Ich befreie dich!«, sagte sie mit sanfter Stimme.

Doch er wollte sich partout selbst befreien und versuchte es weiterhin im Vorwärtsgang.

»Du siehst einem Schwein so was von ähnlich!«, bemerkte das Häschen, das es sich direkt vor seiner Nase bequem gemacht hatte.

»MmhaMmmm«, sagte der Fuchs.

»Hör auf ihn zu ärgern!«, bat Esmeralda Meister Hase. »Du machst alles nur noch schlimmer!«

Das Häschen zuckte mit den Löffeln und betrachtete sich eingehend das Stillleben. »Ihr seid ein schönes Paar. Du stehst ihm ausnehmend gut, Esmeralda!«

Dem Fuchs war es in der Zwischenzeit gelungen, seine Lefzen hochzuziehen und mit einem Zahn ein Loch in die Strumpfhose zu reißen. Mit Hilfe der Laufmaschen vergrößerte es sich so, dass er seinen Kopf hindurchstecken konnte. »Warte nur, bis ich dich kriege!«, knurrte er das Häschen an.

»Selbst mit deinem Tarnjanker erwischst du mich nicht. Du bist einfach zu langsam, du oller Geck.« Es machte einen winzigen Hops auf den Fuchs zu und sagte kokett: »Ich komm' dir entgegen, jetzt bist du dran!«

Der Fuchs warf sich nach vorne. Noch hielt das Netz.

»Ich glaube, du willst mich nicht mehr!«, kommentierte Hasilein die Zurückhaltung des Fuchses.

Der schäumte und scharrte wie ein Stier, aber der Abstand verringerte sich nur unwesentlich.

»Wer nicht will, hat gehabt!«, Das Häschen pfiff sich eins und hoppelte davon.

Esmeralda konnte sich auf dem Kopf des Fuchses kaum festhalten, so wild gebärdete der sich. Sie hüpfte zu Boden und versuchte ihn zu besänftigen. »Frisst du mich, wenn ich dich freilasse?«

Schweratmend hielt der Fuchs inne und besann sich auf seinen Ruf als kluger und beherrschter Jäger. »Niemals!«, versprach er und schaffte es, Esmeralda gequält anzulächeln. »Du kommst ganz leicht raus. Du musst nur rückwärts gehen!«

Entgegen seiner Gewohnheit folgte der Fuchs dem Rat. »Mein Kompliment, dein Netz ist Extraklasse!«, lobte er sie, als er ihr gegenüberstand.

»Ehrlich?« Esmeralda war geschmeichelt.

Im gleichen Moment sprang er los. Pfeilschnell zog sich Esmeralda an einem Sicherheitsfaden in die Höhe. »Du hast versprochen, mich nicht zu fressen«, beschwerte sie sich.

»Ich wollte dich auch nur in tausend Stücke reißen«, jaulte der Fuchs vor Enttäuschung. »Glaubst du, ich fresse so ein ekelhaftes, hässliches, stinkendes Monster wie dich?«

Esmeralda sah an sich runter, befand aber alles in Ordnung. »Weißt du«, versuchte sie die blöde Geschichte aus der Welt zu räumen, »mein Netz ist auch nicht mehr das, was es mal war.« Dabei sah sie wehmütig ihr ziemlich lädiertes Doppelnetz an. »Meiner Meinung nach sind wir quitt!«

Der Fuchs bekam vor Wut weiche Knie. Er glotzte erst Esmeralda, dann das Netz an. Wenn schon nicht die Spinne, dann eben ihr Spielzeug. Er raste los, direkt in das Netz hinein. Für die Fäden gab es kein Halten mehr. Sein Schwung war so groß, dass er nicht mehr rechtzeitig abbremsen konnte und einen steilen Abhang runterkugelte.

Den kamen gerade Esmeraldas Eltern heraufgekrabbelt. Sie sahen verwundert ein altrosa Knäuel an sich vorbeirollen und blieben stehen.

»Das ist es!«, sagte die Mutter und blickte hinterher.

»Das Doppelnetz?« Spinnenpapi machte ein überraschtes Gesicht. »Scheint 'ne ziemlich komplizierte Fangtechnik zu sein.« Je länger er dem Netz hinterherblickte, umso verwirrter schaute er drein.

»War da nicht ein Fuchs drin?«, fragte er seine Gattin entgeistert.

»Kam mir auch so vor«, sagte sie und schüttelte den Kopf.
»Esmeralda hat nie was davon erzählt, dass sie auch Füchse jagt.«
»Hat sie nicht von mir«, meinte Papi.
»Von mir auch nicht«, entgegnete seine Gemahlin spitz.
»Aber Esmeralda ist nun mal was Besonderes!«
»In was für einer Welt leben wir eigentlich? Wenn es so weitergeht, fangen die Ameisen bald an, Wildschweine zu erwürgen«, philosophierte Spinnenpapi und machte ein bedenkliches Gesicht.
»Du übertreibst mal wieder maßlos!«, entgegnete seine Frau, und beide kletterten weiter.

Esmeralda kam ihnen im Sauseschritt entgegen. Zu mehr als einem »Hallo Mami, hallo Papi!« hatte sie keine Zeit. Sie wollte von ihrem Netz retten, was noch zu retten war.

Als sie es erreicht hatte, war der Fuchs schon entschwunden und das wunderschöne Doppelnetz so gut wie. Es lag in seinen letzten Zuckungen; nur ein paar Laufmaschen versuchten sich noch in Sicherheit zu bringen.

Esmeraldas Hoffnungen waren fürs Erste dahin. Das Netz hatte nichts gehalten, am allerwenigsten das, was sie sich davon versprochen hatte. Andererseits: Einmal war keinmal. Und schließlich gab es noch das schwarze Doppelnetz. Sie machte sich sogleich wieder auf den Weg zu den Menschen.

Die Gartenschlauchschlange

Alfons fühlte sich einsam. Er wälzte sich durchs Doppelbett und suchte den Schlaf, fand ihn aber nicht. Allzu viel ging ihm im Kopf umher. Vor allem Hilde und die Spinne. Er verspürte Wehmut und Stinkewut zugleich. Und für einen solchen Gefühlsmischmasch gibt es keine Einschlafstellung. Seufzend ergab er sich in sein Schicksal und wollte die Nachttischla... Ach ja! Er stand auf, schwankte zum Lichtschalter, knipste das Licht an und erblickte nichts als Leere. Für einen Moment wollte er sich Leid tun. Aber dann besann er sich seines Naturells und das hieß Kampf. In Ermangelung einer besseren Idee entschied er sich für einen Gang um sein Haus.

Ungekämmt und nur mit Shorts bekleidet tapste er auf nackten Füßen die Treppe runter. Im Kampf Mensch gegen Natur war für Weichlichkeiten fürwahr kein Platz.

Als er den Garten betrat, fröstelte ihn allüberall mit Schwerpunkt an den Füßen. Er blickte auf seine nackten Beinchen und empfand Mitleid mit ihrer ach so zarten Hilflosigkeit. Er war ein Kämpfer, aber sie mussten es erst noch lernen. Die Vorstellung, mit nackten Füßen einen Regenwurm oder gar eine Schnecke zu zerquetschen, ekelte ihn nachgerade. Zudem wollte er sie nicht der Gefahr aussetzen, einer Spinne zum Opfer zu fallen. Deshalb zog er sich vorsichtshalber Gummistiefel an. Sie erhöhten nicht gerade seinen Sexappeal, dafür seine Fußsicherheit.

Auch seine Hände meldeten sich mit der Bitte um Gleichbehandlung: Sie wollten dicke Lederhandschuhe. Nicht dass sie nicht zupacken konnten. Seine Sekretärinnen konnten eine Oper davon zwitschern. Aber im Gegensatz zu ihnen sagte eine Spinne nicht »Aber nein!«, oder kündigte. Die schlug zurück! Mit Gift! Da sein einziges Paar im Kampf zu Grunde gerichtet worden war, nahm er als Ersatz die Hacke.

Als er um die Hausecke bog, hielt er abrupt inne.

Die Dunkelheit verbarg zwar vieles, doch was er da in Umrissen sah, ließ sein Herz arhythmisch schlagen. Wenige Meter entfernt schwebte ein unheimliches Tier in der Luft. Fliehen – kam nicht in Frage! Er schlich sich näher und umklammerte die Hacke mit beiden Händen.

Wahrscheinlich ist es bloß eine Fledermaus, versuchte er sich zu beruhigen. Er kannte sich nicht so genau mit diesen Viechern aus, aber was er wusste, trug nicht zu seiner Beruhigung bei. Fledermäuse hatten irgendwas mit Vampiren zu tun, waren ihre Haustiere oder so.

Dennoch wagte er sich näher. Das Biest hing an einem Wäscheseil, hatte zwei winzig kleine Köpfe, lange Hälse und einen dicken Leib. Es musste sich um ein Urtier handeln. Ein Drache? Hier und heute? Blödsinn! Andererseits war die Spinne auch kein Blödsinn. Vielleicht gab es in seinem Garten ein Nest mit Endzeitbestien? Alfons spürte einen Hauch von Angst, schob sie aber beiseite. Das Ungetüm bewegte sich nicht. Jetzt war er ganz dicht dran. Er holte mit der Hacke weit aus, schlug zu und traf die Eisenquerstange. Es gab ein grässliches Geräusch. Durch den Schwung verlor er sein Gleichgewicht und fiel vornüber, genau zwischen den beiden Hälsen durch, auf die Nase. »Aua!«, dachte er ganz kurz. Aber was ist Schmerz, wenn man den Tod erwartet?!

Nichts tat sich. Kein Nackenbiss, Stille! »Aliens, wo seid ihr?«, dachte Alfons und blieb bewegungslos liegen.

Nach wenigen Minuten begann er vor Kälte zu zittern. Seine Zähne klapperten. Er hob seinen Kopf und erblickte – eine Strumpfhose seiner Gattin. Er richtete sich auf und drückte sein Gesicht gegen Hildes Wäschestück. Sehnsucht überkam ihn. Er fühlte sich als ganzer Kerl, aber als halber Mann.

Jetzt erinnerte er sich genau. Hilde hatte gestern zwei Strumpfhosen hier aufgehängt. Wo war die andere? Sie hätte ganz bestimmt beide mitgenommen. Außer Untieren gab es hier also auch noch Diebe!

In was für ein Sodom war er geraten? Er würde hier Ordnung reinbringen. Aber nicht mehr heute. Dazu war er zu müde. Er nahm die schwarze Strumpfhose ab, das einzige, was ihm noch von Hilde blieb, und wankte hoch ins Schlafzimmer.

Im Morgengrauen erreichte Esmeralda den Wäscheplatz. Das Netz war weg! Ob die Superspinne es woanders aufgehängt hatte? Sie machte sich sogleich auf die Suche und hinter der nächsten Hausecke eine Entdeckung, die ihr ganzes Leben verändern sollte.
Blindschleichen waren bisher das längste an Schlange gewesen, was sie gesehen hatte. Aber diese hier schlängelte sich und schlängelte sich um eine dicke Blechtrommel.
»He, du da!«, rief sie ihr zu. Keine Antwort. Lauter. »Schlafmütze!« Keine Regung. »Du falsche Schlange du!« Stoisch ließ die Schlange alles über sich ergehen. Esmeralda näherte sich vorsichtig dem Ungetüm, berührte es sachte und spürte Eiseskälte. Das überraschte sie nicht sonderlich, weil Schlangen nun mal so sind.

Alfons hatte tief, aber viel zu kurz geschlafen. Als er erwachte, wusste er weder wo, noch wer er war. Ihn fröstelte. Er fühlte etwas an den Beinen, das er noch nie gefühlt hatte. Die Spinne? Mit einem Ruck zog er die Bettdecke weg und erblickte die Gummistiefel. Sein Blick fiel auf die Strumpfhose, die neben ihm auf Hildes Kopfkissen lag. Zorn durchflutete ihn. Der Kampf hat gerade erst begonnen, dachte er und eilte in den Garten.
Seine Feinde hielten sich versteckt. Alfons stöberte sie dennoch auf, aber seine Ausbeute war bedauerlicherweise gering. Ein paar zerdrückte Ameisen, eine Schnecke, zwei Käfer. Bei einem Marienkäfer war er sich unschlüssig, ob er zu den Freunden oder Feinden zählte. Er beobachtete ein Weilchen, wie er sich reinigte. Dann entschied er sich gegen ihn und schnipste ihn vom Blatt. Der arme Kerl fiel in den Dreck und konnte mit dem Putzen wieder von vorne anfangen.

Herr Kernicke rüstete sich ebenfalls zum Kampf. Den ersten hatte er schon verloren – der Wecker hatte mal wieder gesiegt.
Er stand vor dem Spiegel und betrachtete sich voller Anteilnahme. Gleich würde er in die Kälte hinausgehen, schlagartig einen frischen Kopf und gute Laune bekommen. Manchmal nervte ihn das geradezu. Er würde in einen Dialog mit der Na-

tur treten, sich eins pfeifen und freudig der Arbeit entgegensehen. »Aus mir wird nie ein rechter Melancholiker!«, bedauerte er sich, während er die Haustür öffnete.

Er wollte sich gegen die gute Laune wehren. Doch sie war mal wieder stärker. Schulterzuckend nahm er sie hin, erblickte einen Vogel, grüßte ihn mit »Hallo Spatz!«, überlegte sich, was er tun würde, wenn er ein Vöglein wäre, entschied sich für das Normalste, nämlich den ganzen Tag vögeln, fand seinen Scherz schrecklich und wusste, dass die gute Laune obsiegt hatte.

Er trat auf den Gehweg, gelangte zu Alfons' Garten und erblickte den Hausherrn.

Alfons hielt überhaupt nichts von guter Nachbarschaft. Vor allem nicht mit so einem Kerl. Dem sah er sofort an, was für einer er war. Der gehörte zu der Sorte Künstler mit geringer Durchsetzungskraft, schrägen Lebensvorstellungen und liberaler Geisteshaltung. In seinem Betrieb bekäme der sofort Hausverbot.

Herr Kernicke streckte seine Hand aus. »Sie sind sicher unser neuer Nachbar!«, sagte er. »Ja«, erwiderte Alfons. Das war's auch schon.

Herr Kernicke betrachtete neugierig Alfons' Aufmachung und fragte strahlend: »Gartenliebhaber?«

Alfons blickte zum Nachbargrundstück hinüber, das im Gegensatz zu seinem der Natur allzu viele Rechte einräumte, sagte »Nur von gepflegten!«, und fügte hinzu: »Haben Sie Ungeziefer?« Herr Kernicke blickte an sich runter und strahlte. »Ja!« Er hatte einen kleinen Marienkäfer an seinem Hosenbein entdeckt. »Schenke ich ihnen zur Begrüßung!«, verkündete er und setzte ihn vorsichtig auf ein Blatt in Nachbars Garten. Alfons' Stirn bekam steile Falten. »Was soll ich damit?«, fuhr er Herrn Kernicke an.

»Fressen Läuse!«

Alfons betrachtete den Käfer misstrauisch.

Herr Kernicke sah auf die Uhr und wünschte Alfons noch einen schönen Tag. Zur Antwort erhielt er ein Knurren. Nach ein paar Schritten hielt er inne. Er hatte auf dem Gehweg eine Schnecke entdeckt, die auf die Straße zu kroch. Er bückte sich und nahm sie in die Hand. »Du Dummerchen!«, sagte er. »Wie

oft muss ich dir noch sagen, dass du nicht auf die Straße darfst. Entweder endest du als Matsch oder als Dörrfleisch.« Er trug sie zu Alfons hin, setzte sie vor ihn auf den Boden und sagte. »Hier ist sie wieder!«
Alfons blickte ihn entgeistert und die Schnecke entsetzt an. Als er sich von seinem Schock erholt hatte, trat er mit seinem Gummistiefel zu.
Jetzt war es an Herrn Kernicke, entsetzt zu schauen. »Das war aber nicht sehr nett!« Mehr fiel ihm vor lauter Schreck nicht ein.
Alfons hob den Fuß und zum Vorschein kam nichts Schönes. Er blickte es angewidert an, schenkte dann denselben Blick Herrn Kernicke und sagte: »Schädlinge haben bei mir nichts verloren!«
Herr Kernicke war der Harmonie sehr zugetan, Mitmenschlichkeit und Verständnis waren für ihn hohe Werte. Das Böse kannte er hauptsächlich aus dem Fernsehen und der Zeitung. Jetzt stand er ihm gegenüber und wußte nicht, was er sagen sollte. Also sagte er nichts, drehte sich um und war gerade dabei, in eine melancholische Stimmung zu verfallen, als ihm Beate einfiel. Sie würde an Alfons noch viel Freude haben. Und von einem zum anderen Ohr grinsend schritt er zur Haltestelle.
Alfons dagegen blieb seiner miesen Laune treu. Er beschloss, seine Nerven zu beruhigen und den Rasen zu sprengen.

Esmeralda vernahm Schritte. Sie drehte sich um und sah Alfons auf sich zukommen. »Nicht schon wieder!«, dachte sie und suchte ein Versteck. Da es im Zentrum der Gefahr am sichersten ist, verbarg sie sich in der Blechtrommel, um die sich die Schlange gewickelt hatte.
Alfons bemerkte sie nicht. Er war viel zu sehr mit der Schlange beschäftigt. Er packte sie mit einem Griff am Hals und zog sie ein Stück hinter sich her, warf sie auf den Boden und verschwand. »Ist der mutig!«, dachte Esmeralda.
Plötzlich kam Leben in die Schlange und sie begann sich zu bewegen. Und dann sah Esmeralda etwas Unglaubliches. Aus ihrem Mund schoss ein dicker Giftstrahl.
Alfons kam wieder. Das Gift schien ihn zufrieden zu stellen.

Er packte das Ungetüm am Hals und begann die Pflanzen abzusprühen. Esmeralda empfand tiefes Mitleid mit ihnen. Nicht so Alfons. Rasensprengen war eine seiner Leidenschaften. Aber einfach bewässern war nicht seine Sache. Am liebsten besprühte er Käfer, Würmer und anderes Kleingetier – eben alles, was weg musste.

Gerade hatte er mit Entzücken eine Raupe von einem Blatt gefegt und suchte den nächsten Schädling, als er Beate erblickte.

Er wusste sofort, das war nicht bloß ein verzogenes Gör. In diesem Balg steckte der Teufel. So, wie die daherkam, hatte sie sicher noch nie rechte Prügel bekommen. Und Kindern, denen die fehlen, fehlt Entscheidendes.

Was Alfons vollends in Rage brachte, war, dass Beate eine altrosa Strumpfhose trug. Sicher, es gibt Zufälle. Doch als Beate an ihm vorüberging und ihn mit einem freundlichen »Guten Tag, Herr Nachbar« begrüßte, sah er, dass ihr die Strumpfhose viel zu groß war.

Beate hatte in dieser Nacht von einer altrosa Strumpfhose geträumt und dies als Botschaft verstanden, dass sie an diesem Tag unbedingt eine anziehen sollte. Sie besaß zwar keine, dafür ihre Mutter.

Frau Kernicke hatte lediglich ein Auge geöffnet, als Beate sie gefragt hatte, wo die Strumpfhose sei, gemurmelt »Am Pla...« und es dann wieder geschlossen. Sie war noch mal kurz wach geworden, als Beate hinausging. »Wofür brauchs...!«

»Anziehen!«, hatte Beate geantwortet.

»Richtig! Anzi...!« Frau Kernicke hatte kurz genickt und dann wieder abgedunkelt.

Alfons kam gleich zur Sache. »Wo hast du die Strumpfhose her?«, fuhr er Beate an.

Die blickte ihn an und fragte ihn freundlich: »Möchten Sie sich auch eine kaufen?«

»Brauch' ich nicht, weil ich die schon gekauft habe!«, sagte er mit gespitzten Lippen.

»Sie haben die Strumpfhose meiner Mutter geschenkt?« Beate glaubte es ihm nicht.
»Von Schenken kann keine Rede sein!«
»Worüber möchten Sie dann reden?«, fragte ihn Beate, die mit Erwachsenen viel Geduld hatte.
»Werd nicht frech!«, sagte Alfons mit äußerst bedrohlicher Stimme. »Und zieh sofort die Strumpfhose aus!«
Beate schüttelte den Kopf. »Finden Sie ihre Tour nicht selbst ein bisschen zu plump?«
Alfons blieb die Luft weg. »Wenn du sie nicht sofort ausziehst, dann ...«
Beate sah ihn nachsichtig an. Sie wusste, ein Schrei von ihr und ihre Mutter stünde umgehend da. Man sah es ihr nicht an, aber sie war mal tierisch gut in asiatischem Kampfsport gewesen.
»Ganz cool!«, sagte Beate. »In Ihrem Alter bekommt man leicht einen Herzinfarkt!« Sie fügte noch ein »Schön, Sie kennengelernt zu haben!« hinzu und ging ihres Wegs, wobei sie leider stilwidrig ihre Strumpfhose heraufziehen musste.
Alfons sah ihr mit offenem Mund nach. Noch nie war ihm jemand begegnet, den er nicht hatte einschüchtern können. Eine ohnmächtige Wut stieg in ihm auf. Er musste was tun. Er versuchte es mit Spritzen und hielt den Strahl auf jedes Tier, das ihm in die Quere kam. An einem Baumstamm entdeckte er eine kleine Spinne. Doch das feige kleine Minimonster krabbelte immer genau dorthin, wo er mit dem Strahl nicht hinkam. Er verfolgte sie um den Baum herum. Nach drei Runden hatte er sie endlich erwischt.
»Was diese blöde Schlange alles mit sich machen lässt«, dachte Esmeralda verwundert.
Sie ließ aber doch nicht alles mit sich machen. Alfons hatte auf dem Rasen einen Regenwurm entdeckt. Er zog an der Schlange. Doch die hielt sich am Baum fest und verweigerte ihm sogar ihr Gift.
Alfons nahm sich nicht die Zeit, sie zu entwinden, sondern rannte zu dem Regenwurm hin und hüpfte drauf. Er erwischte zwar nur sein Schwänzchen, aber so was tut ja auch weh.
Alfons hatte eine neue Entspannungstechnik entdeckt. Er

sprang ein-, zwei und kreuzbeinig auf alles, was sich bewegte. Tanztechnisch betrachtet war es eine Mischung aus Square Dance, Can-Can, Polka und Twist.

Als Frau Kernicke zur Haustür hinausging, war sie beeindruckt. »Was für ein fröhlicher, dynamischer Mann!«, dachte sie und rief freundlich »Guten Tag, Herr Nachbar!« über den Zaun.

Alfons hielt abrupt inne. Erstens war es ihm peinlich, dass ihm jemand bei seiner Morgengymnastik zusah, und zweitens kam ihm dieser Gruß mehr als bekannt vor. Er brauchte diese Schnepfe nur anzusehen und wusste, dass der Teufelsbraten aus ihrem Backrohr stammte. Und wenn die Kleine schon ein Satansbraten war, dann stand ihre Mutter in verwandtschaftlicher Beziehung mit des Teufels Großmutter. Ohne ein Wort eilte er ins Haus, stellte sich unter die Dusche und dachte nach.

Er würde heute im Betrieb den finalen Machtkampf üben. Wozu hatte man schließlich seine Angestellten. Dann würde er seinen Bruder Siggi darum bitten, sein Anwesen in Augenschein zu nehmen. Wenn einer weder Skrupel noch Angst kannte, dann er. Und vorsichtshalber würde er einer Anzeige wegen unsittlicher Belästigung zuvorkommen. Er trocknete sich ab und rief die Polizei an.

»Hauptwachtmeister Gratzke!«, meldete sich eine Stimme.

»Künkelin. Ich möchte eine Anzeige aufgeben. Mir wurde eine altrosafarbene Strumpfhose gestohlen.«

»Wie bitte?« Hauptwachtmeister Gratzke schien etwas überrascht zu sein. »Wo wurde sie Ihnen gestohlen?«

»Rosenweg 5. Sie befand sich hinterm Haus auf der Wäscheleine.«

»Also Hintern, ich meine ...« Man hörte ein Prusten, dann war Stille, atemlose Stille.

Nach einem Weilchen meldete sich eine andere Stimme. »Hier spricht Wachtmeister Gruber. Mein Kollege wurde gerade zu einem wichtigen Termin abberufen.«

Alfons hörte im Hintergrund eigenartige Geräusche, die ihn an Lachen erinnerten.

»Wann haben Sie die Strumpfhose zuletzt getra... sehen?«,

fragte Wachtmeister Gruber mit um Fassung bemühter Stimme.
»Sie wissen wohl nicht, mit wem Sie sprechen!«, sagte Alfons scharf. »Ich will mal eins klarstellen. Es handelt sich um die Strumpfhose meiner Frau!«
»Genau!«, sagte Gruber. »Haben Sie einen Verdacht?«
»Selbstverständlich habe ich einen Verdacht!«
»Dann muss ich Sie bitten, herzukommen und eine Anzeige aufzugeben!«, sagte Wachtmeister Gruber.
»Das werde ich, das werde ich!«, meinte Alfons und knallte den Hörer auf.

Esmeralda wollte die Schlange kennen lernen und näherte sich ihr vorsichtig. So einen Kopf hatte sie noch nie gesehen. Er bestand aus Eisen und sah schlichtweg bescheuert aus.
Doch Esmeralda hatte keine Vorurteile. »Wieso lässt du dir das alles gefallen?«
Der Kopf machte keinen Mucks. Esmeralda konnte hochnäsige Tiere nicht ausstehen. Sie gab ihm einen kleinen Schubs. Nichts. Noch einen. Mit der konnte man wirklich alles machen.
Das hätte sie nicht tun sollen. Aus dem Mund der Schlange schoss ein Schwall Gift und spülte Esmeralda fort. »Du hinterhältiges gemeines Stück Schei...«, hätte sie geschrien, wenn ihr Mund nicht voller Gift gewesen wäre. »Gleich ist's aus!«, dachte sie voller Selbstmitleid, das sofort in Wut überging. »Wenn ich schon sterben muss, dann musst du auch daran glauben!« Furchtlos biss sie in den Schlangenleib und benetzte ihn mit ihrem Lösungsmittel. Die Schlange rächte sich, indem sie mit Gift spritzte. Esmeralda bohrte weitere Löcher in das Biest. Jedes Mal spritzte die Schlange sie voll.
Jetzt bin ich genug vergiftet, dachte sie und zog sich zum Verscheiden in die Blechtrommel zurück. Vergebens wartete sie auf ihr Ende. Es gehört wohl zu den langsam wirkenden Giften, dachte sie und wartete weiter.

Als Alfons gestylt und gedresst aus dem Haus trat, traute er seinen Augen nicht. Aus dem Schlauch schossen viele kleine Wasserfontänen. Er ging zum Hahn und drehte das Wasser ab. Dann setzte er sich ins Auto und fuhr davon.

Esmeralda hatte schon wieder einer Demonstration von Alfons' Macht beigewohnt. Eine Handbewegung und die Schlange hörte sofort mit dem Giftspritzen auf. Sie musste sehen, wie er das gemacht hatte.

Als sie beim Schlangenende angelangt war, wurde sie schon wieder überrascht. Entweder hatte die Schlange zwei Münder und war gerade dabei, ein Eisenrohr zu verschlingen. Oder ihr Schwanz war aus Eisen und endete im Boden. Sinnierend betrachtete sie das Tier. Wieso war sie eigentlich immer noch nicht tot? War das Biest etwa ungefährlich? Esmeralda war sauer. Man versetzt andere nicht nur so zum Spaß in Todesangst. Sie wollte der Schlange das Mark aussaugen. Doch was kam zum Vorschein? Nichts! Die Schlange war so was von hohl – das gab's überhaupt nicht. Jemand hatte sie schon ausgesaugt. Das konnte niemand anders als die Superspinne gewesen sein. Plötzlich sah sie alles klar. Die Superspinne ernährte sich von Schlangenmark. Das gab ihren Spinnfäden die besondere Qualität, um Doppelnetze bauen zu können. Vielleicht war das des Rätsels Lösung: die richtige Ernährung! In Ermangelung des Marks versuchte sie sich an der Haut. Sie schmeckte abscheulich und ihr Magen protestierte. Aber nichts da! Sie verspeiste die widerliche Mahlzeit und ruhte sich anschließend ein Weilchen aus, während sie die Schlange rülpsend verdaute.

Kaum war sie wieder wach, wollte sie sogleich ihre Theorie erproben. Links und rechts des Weges, der zum Haus führte, standen zwei kleine Bäume. An denen befestigte sie einen Halterungsfaden. Derweil kam eine Elster angeflogen und versuchte die Düse vom Schlauch zu picken. Als ihr das nicht gelang, ließ sie sich auf einem der Bäumchen nieder und quatschte Esmeralda an. »Wenn du mir das Metall gibst, spieße ich dich nicht auf!« Elstern gehören nicht gerade zu den einfühlsamsten Vögeln, dafür sind sie geradeheraus.

»Was willst du mit einem Schlangenkopf?«, fragte Esmeralda erstaunt.

»Bist du so blöde oder tust du nur so?«, wollte die Elster wissen.

»Ich tu' nur so!«

»So siehst du aber nicht aus!«, sagte die Elster höhnisch.
»Was wäre, wenn ich so aussehen würde?«, fragte Esmeralda voller Neugierde.

Die Elster versuchte mit der Frage klarzukommen. Es wollte ihr aber nicht gelingen. »Was für eine DIN-Norm hat denn die Düse?«, fragte sie deshalb.

Auf so einen Trick fiel Esmeralda schon lange nicht mehr herein. »DIN hin, DIN her, auf jeden Fall gehört die Düsenschlange mir!«

»Willst du damit sagen, dass du so blöde bist und nicht weißt, dass das ein Gartenschlauch ist?«

»Natürlich weiß ich, dass das eine Gartenschlauchschlange ist«, erklärte Esmeralda schnippisch.

»Würdest du endlich mit dieser bescheuerten Schlangennummer aufhören!«, fuhr die Elster Esmeralda an.

»Hast du einen Schwall Gift abbekommen oder ich?«, beharrte Esmeralda auf ihrer Schlange.

»Das war kein Gift, sondern Wasser!« Die Elster war am Ende ihrer Geduld angelangt.

»Hab ich mir gleich gedacht, dass das eine Wasserschlange ist«, sagte Esmeralda.

Die Elster erwiderte nichts mehr, sondern setzte zum Sturzflug an.

»Scherz beiseite, du bekommst den Metallkopf!«, lenkte Esmeralda ein und krabbelte zu der Schlange hin.

Siggi

Genau in dem Moment kam Siggi in seinem Cabrio vorgefahren. Er war jünger, größer, schlanker, trug mehr Goldkettchen und das Hemd offener als Alfons. Er arbeitete in den Branchen, in denen wenig Steuern anfallen, es jedoch von Vorteil ist, wenn man über schnelle Schlagkraft und eine große Waffensammlung verfügt.

Siggi blieb erst einmal in seinem Cabrio sitzen und nahm die Umgebung in Augenschein. An diese Grundregel hielt er sich immer.

»Wuff!«, machte Theodor, Siggis treu ergebene Kampfmaschine. Wenn es einen Rasseklasse-Kampfhund gab, dann war es Theodor.

»Miau!«, antwortete Eleonore. Sie machte immer »Miau«, wenn Theodor »Wuff« sagte. Als Siamkatze von Rang und Stammbaum war sie sich das einfach schuldig.

Theodor konterte mit einem lauteren »Wuff«, woraufhin Eleonore noch kläglicher miaute und so weiter. Normalerweise beendete Siggi das Spiel, indem er »Fresse!« schrie und anschließend beiden über den Kopf streichelte.

Dieses Mal ertönte schon nach dem ersten Schlagabtausch ein »Fresse!« Siggi war gerade mit Nachdenken beschäftigt. Er war nicht so recht aus dem schlau geworden, was Alfons ihm erzählt hatte. Irgendwas von Spinnen und Spinnern. Er hatte Alfons noch nie so durcheinander erlebt, sogar den Eindruck gehabt, als würde er sich ängstigen. Ausgerechnet Alfons! Er blickte sich um und sah nichts als friedvolle Natur.

Siggi war ein Naturliebhaber, stand mit ihr auf Du und Du. Im Freien saufen, Frauen flachlegen, zwischendurch ein Motocross oder im Cabrio durch die Natur düsen – es gab nichts Schöneres!

Er sprang elegant aus dem Wagen, wobei er Eleonore auf

dem Arm trug. Theodor folgte ihm auf dem Fuß. »Nicht übel!«, dachte er, als er Alfons' Grundstück betrat. Wenn die Natur irgendwo in Ordnung war, dann hier. »Alfons, so langsam wirst du alt und senil!«, grinste er sich einen.

Leichtfüßig schritt er aus, bis er etwas an seinem Schienbein spürte. Da er nichts sah, machte er einen weiteren Schritt. Im nächsten Moment wurde sein Bein zurückkatapultiert, er verlor das Gleichgewicht und landete auf dem Bauch.

Vor Schreck machte Theodor »Wuff!«, Eleonore »Miau!« Der Schlagabtausch dauerte eine ganzes Weilchen, weil Siggi etwas Zeit brauchte, bis er »Fresse!« brüllen konnte: Er war ins Erdreich gefallen und hatte den Mund voller Dreck. Zudem hatte sich ein vorwitziges Ästchen in seiner Nase verhakt.

Er setzte sich auf den Hintern und blickte sich um – alles schien in Ordnung zu sein. Dann sah er die Elster.

Elstern sind ausgesprochen neugierige Tiere. Deshalb hatte sie einen Platz in der ersten Reihe eingenommen und sich auf die Querverstrebung von Esmeraldas Netz gesetzt. Für Siggi sah es so aus, als sitze sie bewegungslos in der Luft.

Er glaubte nicht an Übernatürliches. Irgendjemand spielte ihm einen Streich. Er warf sich nach vorne, um die Elster zu fassen, war aber viel zu langsam. Darob erschrak seine geliebte Eleonore so, dass sie sich mit gesträubtem Fell und ausgefahrenen Krallen an ihm festklammerte. Er brauchte ein ganzes Weilchen, um sich ihrer zu entledigen und sie zu beruhigen.

Esmeralda war überglücklich. Sie hätte nie gedacht, dass die Fäden so elastisch und haltbar waren. »Das ist doch was, oder?«, fragte sie die Elster, die sich neben sie ins Gras gesetzt hatte.

Doch die interessierte sich nur für den Metallkopf. »Beeil dich!«, fuhr sie Esmeralda an.

»Fertig!«, rief diese kurz darauf erschöpft und am Rande ihrer Lösungsmittel aus.

Sogleich packte die Elster den Schlangenkopf und flog damit gen Himmel. Doch nach wenigen Metern merkte sie, dass Esmeralda ihr einen Streich gespielt hatte: Sie hatte Düse und Schlauch mit einem der neuen Fäden verbunden. Und der war plötzlich zu Ende. Die Elster spürte ein starkes Gegengewicht,

als der Schlauch sich langsam in die Lüfte erhob.
Nun gehören Elstern zu den Lebewesen, für die der Spruch gilt: »Gebe, gebe nimmer her!« Also verdoppelte sie ihre Anstrengungen und flog immer höher, dicht gefolgt von dem Schlauch.

Theodor wurde der Verfolgungsjagd els erster gewahr und machte »Wuff!«, Eleonore als zweite, wobei sie vor Schreck gleich zweimal miaute.

Siggi wollte gerade sein »Fresse!« ertönen lassen, als er nach oben blickte und sein Blut in den Adern stockte. Eine unendlich lange Luftschlange verfolgte einen Vogel – nicht im Kino, nein, direkt hier vor seiner Nase.

»Luftschlange! Luftschlange!«, dachte sein Gehirn und suchte eine vernünftige Erklärung für dieses Schauspiel. Siggi kannte Luftschlangen. Bloß woher? Richtig – Fasching! Jucheissassa! Aber das hier war ganz und gar kein Fasching. Das war tödlicher Ernst. Entsetzt verfolgte Siggi den unheimlichen Zweikampf.

Die Elster wurde vom Schlauch nach unten gezogen, bis sie wieder genügend Kraft hatte, aufzusteigen. So wogte der Kampf hin und her, bis die Elster aufgrund ihrer schwindenden Kräfte etwas Außergewöhnliches tat. Sie ließ die Düse los! Dann ging sie in einen Sturzflug über und versuchte, den Verbindungsfaden zu durchtrennen. Das gelang ihr auch. Was sie leider nicht mehr schaffte, war, die Düse im Flug aufzufangen.

Die fiel auf Siggis Kopf, und die Schlange hinterher. Siggi ging zu Boden und blieb starr liegen, um die Schlange ja nicht zu provozieren.

Theodor roch, sein Herrchen brauchte Hilfe. Nur sah er keinen Gegner. Bellen hilft immer, dachte er und sprang um Siggi herum. »Fresse!«, flüsterte der, während ihm der Schweiß den Körper runterlief. »Bitte berühr nicht die Schlange!«, betete Siggi. Er wurde nicht erhört. Theodor wollte ihm übers Gesicht lecken. Dabei verhedderten sich seine Füße im Gartenschlauch, was Siggi zu einer Fehlinterpretation veranlasste. »Die Schlange bewegt sich!«, dachte er voller Entsetzen und kreischte, als habe sein letztes Stündlein geschlagen. Er schlug mit Armen und Beinen um sich, schrie »Weg! Weg!« und versuchte, selbst dieser Aufforderung nachzukommen. Doch der Gartenschlauch gebot ihm Einhalt.

Esmeralda sah dem Kampf aus einem Mäuseloch zu. Die Elster saß wieder auf dem Bäumchen und wartete auf einen günstigen Moment, um ihre Düse zurückzubekommen.

Verzweifelt versuchte Siggi, den Kopf der Schlange zu ergreifen, um wenigstens nicht gebissen zu werden.

Genau in diesem Moment kam Beate am Garten vorbei. Sie hatte noch nie einen Mann mit einem Gartenschlauch kämpfen sehen. Es war phantastisch. Siggi erblickte Beate und schrie: »Hol sofort Hilfe!«

Beate betrat den Garten, um dem Ärmsten beizustehen. Wäre es seinem Herrchen nicht so schlecht gegangen, hätte Theodor sie nie reingelassen. Zudem roch das Mädchen nicht nach Gefahr, sondern irgendwie nett. Das brauchte sie aber nicht zu wissen, deshalb kläffte er sie an. »Halt's Maul!«, sagte Beate freundlich. Theodor wäre gerne ruhig gewesen, weil ihm so langsam der Hals weh tat. Aber solange niemand »Fresse!« rief, konnte er nicht. Also bellte er weiter. Beate musste deshalb ziemlich laut schreien, um ihn zu übertönen. »Sie brauchen keine Angst vor dem Gartenschlauch zu haben. Er tut Ihnen nichts!«, versuchte sie Siggi zu beruhigen. Doch Siggi wollte nicht hören. Er war viel zu sehr damit beschäftigt, sein Leben zu retten.

»Hilfe!«, schrie er. »Hilfe!«

Beate hoffte auf die reinigende Wirkung des Wassers. Sie lief zum Wasserhahn und drehte ihn auf.

Just in diesem Moment war es Siggi gelungen, den Kopf der Schlange zu ergreifen. Das Gift warf ihn auf den Rücken und lähmte ihn. Beate stellte das Wasser ab, eilte zu ihm hin und zog den Schlauch weg. »Ich habe den Gartenschlauch. Sie brauchen jetzt keine Angst mehr zu haben!«, sagte sie mit beruhigender Stimme.

Ganz langsam richtete sich Siggi auf und fasste vorsichtig die Giftschlange an. Das war ein Gartenschlauch – und er war nass, erschöpft und ein Trottel.

»Wie geht es Ihnen?«, fragte Beate teilnahmsvoll. Siggi blickte zu ihr hoch und genierte sich. »Verschwinde!«, fauchte er sie an.

»Ich muss Sie also nicht mehr vor dem Schlauch schützen?«, fragte sie voller Mitgefühl.

»Wenn du nicht sofort die Flatter machst, setzt es was!«, spuckte Siggi Gift und Galle.

Beate warf ihm ein Kusshändchen zu und hüpfte fröhlich auf das Gartentor zu.

Das konnte sich Siggi natürlich nicht gefallen lassen. »Gleich gibt's 'ne Tracht Prügel!«, schrie er, rappelte sich in Windeseile hoch und holte Beate am Gartentor ein. Er packte sie an den Schultern und drehte sie zu sich hin. »Jetzt gibt's was auf den Arsch!«, verkündete er ihr. Beate versuchte sich herauszuwinden, aber Siggis Griff war stärker.

Siggis Lebensphilosophie war einfach und klar: Meine Fresse oder deine Fresse. Einer bekam immer eine drauf.

Esmeralda wollte dem netten Mädchen unbedingt helfen. Den Kerl fesseln? Das würde zu lange dauern. Also befestigte sie einen Sicherheitsfaden am Baum und näherte sich ihm hinterrücks. Als sie Siggi erreicht hatte, krabbelte sie ihm am Hosenbein hoch.

Der hatte gerade zum ersten Schlag ausgeholt, als Beate die Spinne entdeckte. »Da sitzt eine große Spinne!«, schrie sie.

»Du glaubst doch nicht, dass ich auf so eine billige Nummer hereinfalle!«, antwortete Siggi, warf aber zur Vorsicht einen Blick auf sein linkes Bein. Nichts. Er holte wieder aus.

»Auf dem anderen!«, rief Beate, machte sich jedoch schon mal auf den Schmerz gefasst.

Siggi dreht den Kopf so weit es ging nach hinten und sah, dass Beate die Wahrheit gesagt hatte.

Nicht dass er vor Spinnen Angst gehabt hätte. Aber so ein Monstrum hatte er noch nie gesehen. Er ließ Beate los und schüttelte sich voller Ekel. Ohne Erfolg.

Für einen kurzen Moment dachte Siggi daran, die Spinne zu erschlagen. Aber mit bloßen Händen? Esmeralda hatte es sich inzwischen auf seinem Hintern bequem gemacht. Verzweifelt rief Siggi nach Theodor. »Fass!«, schrie er und deutete auf Esmeralda.

Theodor schaute ausgesprochen verwirrt drein. Sein Herrchen hatte ihn noch nie auf sich selbst gehetzt. Er konnte sich nicht vorstellen, dass das ohne Prügel abging. Ganz langsam setzte er sich in Bewegung.

»Hierher!«, schrie Siggi, kam ihm im Rückwärtsgang entgegen und streckte ihm sein Hinterteil hin. »Fass endlich!«, brüllte er in höchster Not. Theodor schnupperte an Esmeralda, konnte aber nichts Auffälliges entdecken.

»Beiß!«, kreischte Siggi.

Theodor schloss die Augen und tat's – unmittelbar, nachdem sich Esmeralda wegkatapultiert hatte.

Ein jämmerlicher Schrei durchdrang die Mittagsruhe.

Beate, die inzwischen nach Hause gerannt war und von ihrem Fenster aus dem Spektakel zusah, grinste.

Irgendwie kam Theodor die Stimme bekannt vor. Andererseits wusste er nicht, wie Spinnen schreien. Um den Lärm endlich abzustellen, biss er noch etwas kräftiger zu.

Er spürte einen heftigen Schlag auf seinem Kopf.

»Du verdammter Schweinehund hast mich gebissen!«, jammerte Siggi und schlug gleich noch mal zu.

»Hab ich's doch gewusst!«, dachte Theodor voller Wehmut und öffnete das Maul. Wo war die Spinne? Er blickte sich um, sah nichts, verspürte lediglich einen heftigen Tritt im Hintern. Beleidigt lief er zum Haus. Siggi folgte ihm voller Wut und Schmerz. Er musste sich abreagieren und holte gewaltig mit dem Fuß aus. Doch Theodor war nicht blöde. Siggi traf nur die Luft, verlor das Gleichgewicht und fiel auf den Rücken. Der Schmerz war übermächtig.

Da lag er nun. Sein Kampf gegen die Natur hatte maximal fünfzehn Minuten gedauert und ihm das Gefühl vermittelt, um ebenso viele Jahre gealtert zu sein. Jetzt verstand er Alfons.

Ächzend und stöhnend rappelte er sich hoch und wankte ins Haus. Im Flur kam er an einem Spiegel vorbei und erschrak.

Während er im Badezimmer notdürftig seine Verwundungen behandelte, dachte er darüber nach, ob er nicht einfach die Fliege machen sollte. Aber im Grunde war ja nichts passiert, jedenfalls nichts, was er irgendeinem Menschen jemals erzählen würde.

Siggi wankte ins Wohnzimmer und setzte sich aufs Sofa. Eleonore kam und kuschelte sich auf seinen Schoß. Während er sie streichelte, fielen ihm die Augen zu.

Plötzlich schreckte er hoch. Was war das für ein Geräusch? Es kam vom – er seufzte – vom Telefon.

»Ja«, meldete er sich.

»Wie läuft's?«, fragte Alfons.

Siggi zögerte einen etwas zu langen Augenblick, bevor er ein lockeres »Alles unter Kontrolle!« in den Telefonhörer log.

Alfons kannte seinen Bruder. »Was hast du unter Kontrolle?«, fragte er ihn eindringlich.

»Was man so unter Kontrolle hat«, sagte Siggi mit scherzhafter Stimme. »Die Weiber, Spinnen, Nachbarn, Schlangen ...«

»Schlangen! Was für Schlangen?«, wollte Alfons wissen. Er spürte einen Knoten im Bauch. Sein Bruder würde nie einfach so über Schlangen reden.

»Das war ein Scherz. Ich meine deinen Gartenschlauch!«

Siggi machte nie Scherze und am allerwenigsten über Gartenschläuche. »Ich kann also zurückkommen!?«, fragte Alfons hinterlistig.

»Nein, noch nicht!«, sagte Siggi etwas zu heftig. »Ich melde mich!«, und legte auf.

Alfons hielt den Hörer in der Hand und dachte nach. Irgendwas war vorgefallen. Ob die Spinne Siggi gebissen hatte? So, wie der daherredete, konnte das gut sein. Alfons musste hinfahren und nach dem Rechten sehen.

Helfershelfer

Esmeralda war überglücklich. Das Material war nicht nur gut, es war grandios. Die Gartenschlauchschlange würde ihr fortan täglich einen Hasen frisch auf den Tisch servieren. Es gab nur noch ein kleines Problem. Alfons würde den Schlauch niemals freiwillig rausrücken. Sie musste ihn klauen und verstecken.
Sie begann kleine Stückchen abzutrennen und sie in Mäuselöcher zu stopfen. Da es bei Alfons so gut wie keine gab, wich sie in Kernickes Garten aus. Aber alles ging viel zu langsam. Sie brauchte Unterstützung. Da außer Siggis beiden Begleitern niemand da war, mussten die ihr helfen.

Siggi mixte sich einen Drink, trat ins Freie, trank einen Schluck, ließ seinen Blick schweifen und trank noch einen. Die Natur zeigte sich von ihrer natürlichsten Seite. Er setzte sich in die Hollywoodschaukel, Theodor zu seinen Füßen, Eleonore auf dem Schoß, und schlief ein.
Esmeralda näherte sich ihnen vorsichtig. Vom Hund konnte sie keine Hilfe erwarten. Aber vielleicht von der Katze. Nur brauchte sie zuerst mal einen Ort, von wo aus sie geschützt mit ihr reden konnte. Katzen haben nämlich eine sehr eigenwillige Auffassung vom Spielen. Sie bringen dich mit einem Pfotenhieb auf Trab und dann entfernen sie dir ein Körperteil nach dem anderen, um zu sehen, wie du damit zurechtkommst.
Weil sie nichts Besseres fand, krabbelte Esmeralda auf Theodors Kopf. Dort würde Eleonore sie sicher nicht angreifen. Theodor jaulte und bellte. Aber ein Tritt in die Flanke und ein gemurmeltes »Fresse!« ließen ihn wieder ruhen.
»Ich hab' was für dich!«, begrüßte Esmeralda Eleonore.
»Ich rede nicht mit dir!«, erklärte Eleonore hochnäsig.
»Aber gerade redest du doch mit mir«, machte Esmeralda sie auf den Widerspruch aufmerksam.

»Ph!« war alles, was Eleonore dazu sagte. Sie wandte sich ab und machte einen auf Maniküre.

Esmeralda schritt zu Plan B. Sie teilte den restlichen Schlauch in ein langes und ein kürzeres Stück. Das lange verband sie mittels eines dicken Fadens mit Theodors Schwanz. Das kürzere bekam Eleonore angebunden.

Jetzt musste sie die beiden nur noch dazu bringen, dass sie losrannten, und zwar in die richtige Richtung. Esmeralda zog den Eleonorefaden immer mehr an. Die sah verwundert, wie ihr Schwanz sich nicht mehr anmutig ringelte, sondern immer mehr straffte, und versuchte ihn wieder um sich zu schlingen. Doch er wollte nicht. Im Gegenteil! Esmeralda zog ihn kerzengerade.

Das war zu viel. Viel zu viel. Eleonore war eine Lady durch und durch, voller Liebreiz und Anmut – bis dato gewesen. Sie beschloss, etwas sehr Vernünftiges zu tun, nämlich sich vom Ort des Schmerzes zu entfernen.

Kreischend, mit gesträubtem Fell und alle Viere von sich streckend sprang sie mit einem Satz von Siggis Schoss in der Hoffnung, dadurch ihren Schwanz wieder für sich zu gewinnen.

Doch wie groß war ihr Entsetzen, – Panik, Hilfe, Tod und Teufel – als sie merkte, dass die Schlange sie verfolgte und ihn ebenfalls haben wollte. Sie raste auf die Freiheit zu, sprich zum Gartentor. Weg! Einfach nur weg!

Theodor blickte ihr nach. Er liebte Eleonore nicht gerade, hätte sich aber, wenn sie unter eine Dampfwalze gekommen wäre, pietätvoll abgewendet. Er hielt sie für selbstständig genug, um zu wissen, unter welches Auto sie rennen wollte. Von daher hätte er sich ihretwegen nie und nimmer von seinem Ruheplatz weg bewegt. Was ihn aufspringen ließ, war Esmeralda.

Die hatte sich an den Verbindungsfaden zwischen Eleonores Schwanz und dem Gartenschlauch gehängt, um ihn am rechten Ort kappen zu können.

Fresse hin, Arschtritte her, dieses elendigliche Biest hatte nicht nur einen, es hatte unendlich viele Tode verdient.

Kläffend stürmte Theodor los. Als er spürte, dass mit seinem Schwanz etwas nicht in Ordnung war, hielt er kurz inne. Er sah zwar, dass ihm eine Schlange folgte, konnte sich aber nicht erklären, was sie mit seinem Schwanz zu tun hatte. Und für Erklärungen war momentan sowieso keine Zeit.

Siggi schreckte aus dem Schlaf hoch und öffnete die Augen. Alptraumbilder zogen an ihnen vorüber. Was er sah, konfrontierte ihn mit einer entscheidenden Frage: Gibt es doch Gartenschlauchschlangen? Egal, wie die Antwort ausfiel – Fakt war, dass zwei gerade seinen Allerliebsten ans Leder wollten. »Eleonore, Theodor!«, rief er und rannte los. »Sofort hierher! Hierher!«, brüllte er mit Donnerstimme, um im nächsten Moment zu flöten: »Schatzilein, brauchst keine Angst zu haben! Ich komme!« Doch er fand kein Gehör. Die beiden rannten, was das Zeug hielt.

Alfons erreichte just in dem Moment sein Haus, als Theodor nebst Verfolger die Straße überquerte und im Feld verschwand.

Alfons hatte sich bislang noch nicht viele Gedanken darüber gemacht, wie die letzten Stunden der Menschheit aussehen würden. Aber dass sie nun gekommen waren, dessen war er sich sicher. Eine Riesenschlange verfolgte Theodor. Wo war Siggi? War er schon der Schlange zum Opfer gefallen? Aber wie er aus Tierfilmen wusste, hätte man dann seine Rundungen in ihrem Körper sehen müssen.

Das alles überstieg Alfons' Fassungsvermögen und seine Kräfte. Die Polizei musste her. Alfons rief sie von seinem Autotelefon aus an.

Hauptwachtmeister Gratzke war am Apparat. Als sich Alfons mit »Künkelin!« meldete, musste Gratzke erst einmal die Zähne zusammenbeißen. Dennoch prustete er ein wenig.

»Ist was?«, fragte Alfons ziemlich unwirsch.

»Das wollte ich gerade Sie fragen«, entgegnete Gratzke.

»Schicken Sie sofort eine Streife. Bei uns treibt eine Riesenschlange ihr Unwesen.«

Außer einem Prusten hörte Alfons nichts, bis sich mal wieder Wachtmeister Gruber meldete. »Mein Kollege ist ziemlich erkältet!«, entschuldigte er ihn.

Gruber war schon informiert, weil Gratzke Vertraulichkeit groß schrieb und seine Kollegen per Lautsprecher mithören ließ.

»Wie ich höre, haben Sie eine Riesenschlange zu Besuch!«
»Von Besuch kann keine Rede sein!«, tobte Alfons. »Das Viech jagt gerade den Hund meines Bruders.«
»Können Sie mir sagen, um welche Marke, äh, Sorte es sich handelt?«
»Um irgendeinen Kampfhund!«
»Die Schlange meine ich!«
»Wollen Sie mir eine botanische Prüfung abnehmen, bevor Sie kommen, oder was?«, schrie Alfons ins Telefon.
»Ich frage nur, damit wir die richtigen Maßnahmen einleiten. Welche Farbe hat die Schlange?«
»Jetzt reicht's aber!« Alfons war aus dem Häuschen. »Wenn Sie nicht augenblicklich kommen, dann wird das Folgen haben!«
»Selbstverständlich kommen wir!«, sagte Gruber, der diesen Irren unbedingt kennen lernen wollte.

Alfons war im Begriff, noch etwas Energisches ins Telefon zu brüllen, aber da sah er seinen Bruder am Wiesenrand entlanglaufen und nach Eleonore schreien. Er stieg aus und lief ihm entgegen.

»Geh nicht rein, da drin treibt sich eine Riesenschlange herum!«, rief er ihm zu.

»Ich weiß!«, entgegnete Siggi und schrie: »Eleonore, Schatzilein!« Dabei rannte er weiter die Straße auf und ab. Alfons folgte ihm. Als Siggi sich in die Wiese wagen wollte, hielt Alfons ihn fest. »Bleib hier! Die Polizei kommt. Ich habe sie verständigt.«

Siggi blieb abrupt stehen. »Spinnst du?! Vielleicht hat ihnen ja doch jemand einen Gartenschlauch an den Schwanz gebunden?«, meldete sich der letzte Rest gesunden Menschenverstands.

»Weil sich Theodor von jedem so einfach einen Gartenschlauch an den Schwanz binden lässt!«, wandte Alfons ein. Darüber musste Siggi nachdenken. Währenddessen musterte Alfons seinen Bruder. In einem solch jämmerlichen Zustand hatte er ihn noch nie erlebt.

»Was ist passiert?«, fragte er und fügte halb scherzend hinzu »Hat dich die Schlange gebissen?«

Bei dem Wort »Biss« zuckte Siggi zusammen. Es erinnerte ihn

an sein schmerzendes Hinterteil. Unwillkürlich fasste er mit einer Hand hin.

»Was hast du da?« Alfons wandte sich Siggis Allerwertestem zu.

»Ich erklär's dir später. Erst muss ich die beiden retten!«, sagte Siggi und wollte losrennen.

»Vor einem Gartenschlauch?« Alfons hielt ihn an der Hose fest und entdeckte dabei einen blutdurchtränkten Mullverband.

»Wer war das?«, fragte er ihn eindringlich.

»Theodor!«, gab Siggi kleinlaut zu.

»Hat er die Tollwut?«

»Ich hab's ihm befohlen!«, gestand Siggi kleinlaut.

Alfons fasste sich ans Herz. »Du musst sofort ins Krankenhaus. Du hast die Tollwut!«

»Die Spinne saß dort und er sollte sie töten!«, versuchte Siggi Alfons von der Sinnhaftigkeit seines Tuns zu überzeugen.

»Und?«, fragte Alfons hoffnungsfroh.

»Daneben!«, musste Siggi zugeben.

In dem Moment kam das Polizeiauto angebraust. Gruber und Gratzke stiegen aus und begaben sich zu den beiden Herren.

»Herr Künkelin?«, fragte Gruber. Alfons nickte. Die Herren stellten sich gegenseitig vor.

»Wo ist denn nun die Riesenschlange?«, fragte Gruber und rieb sich erwartungsfroh die Hände.

Ja, wo war sie? Esmeralda hätte es ihnen erzählen können, aber sie hatte momentan keine Zeit dafür. Sie hatte gehofft, Eleonore würde auf dem kürzesten Weg das Weite suchen, aber vor lauter Schreck lief sie kreuz und quer. Noch schlimmer. Plötzlich rannte sie wieder auf das Haus zu. Esmeralda kletterte auf ihren Rücken und schrie ihr ins Ohr: »Wenn du zum Waldrand rennst, lass ich deinen Schwanz wieder frei!«

»Bist das etwa du?«, fragte Eleonore hechelnd und sträubte das Fell.

»Meinst du mich?«, fragte Esmeralda vorsichtshalber.

»Ja, diesen Abschaum von vorhin!«

»Nein, das ist dein Kumpan!«, erklärte ihr Esmeralda. »Der kommt dir im übrigen gerade entgegen. Kann es sein, dass er dich fressen möchte?«

Eleonore konnte diese Frage leider nicht mit einem klaren Nein beantworten. Diesem verzüchteten Kläffer war nicht zu trauen. So wild, wie der aussah, war es besser, sich davonzumachen. Sie änderte schlagartig die Richtung und rannte auf einen Baum zu. Theodor kam immer näher. Gerade noch rechtzeitig erreichte Eleonore den Baum und kletterte hoch, höher und höher. Der Gartenschlauch erwies sich als gelenkige Baumschlange und folgte ihr. Als auch er im Baum verschwunden war, kappte Esmeralda den Verbindungsfaden.

Eleonore merkte es erst, als sie den Gipfel des Baumes erklommen hatte, wo ja bekanntlich Ruhe herrscht.

Theodor sprang wie wild am Baum hoch. Esmeralda konnte dieses Getobe nicht brauchen. Dadurch erfuhren die Menschen, wo sie nach ihr und vor allem dem Schlauch suchen mussten. Sie versuchte Theodor zu beruhigen, indem sie »Fresse!« rief. Doch wie ein jeder Hundekenner weiß, lassen sich Hunde nicht von jedem anquatschen.

Sie griff zu einer anderen Taktik und krabbelte um den Baumstamm herum. Theodor folgte ihr und der Schlauch ihm – bis er den Baum im Würgegriff hatte und der Hund nicht mehr weiterkam. Esmeralda ließ sich auf seinen Rücken herab, um das Bindeglied zwischen Hund und Schlange zu trennen. Theodor dachte, sie wolle ihn zureiten und gebärdete sich wie ein Verrückter.

Eleonore war überglücklich. Ihr Schwanz gehörte wieder ihr alleine. Dann blickte sie nach unten, sah Esmeralda und wollte nur noch eins: Hackfleisch aus ihr machen. Augenblicklich sprang sie ebenfalls auf Theodors Rücken, wobei sie schon in der Luft zum finalen Prankenhieb ausholte.

Mittels eines Hechtsprungs rettete Esmeralda ihr Leben und befreite nebenbei auch noch den Gartenschlauch.

Theodor hasste es, Eleonores Lastesel zu sein, und jagte wie von der Tarantel gestochen von dannen. Eleonore rammte ihm ihre Krallen ins Fell und hielt sich fest.

Das Gekreische der allerliebsten Haustierchen war bis an den Wiesenrand zu vernehmen. Es hörte sich an, als wären die Schlangen gerade dabei, sie zu verschlingen. Siggis Liebe kannte kein Halten mehr. »Gestatten Sie, dass ich meinen Hund und meine Katze suche?«, fragte er die beiden Polizisten dennoch mit ausgesuchter Höflichkeit. Er wusste, wie man sich seinen natürlichen Feinden gegenüber benahm, wenn man der Schwächere ist.

»Wegen der Schlange?«, fragte schlau und listig Gratzke.

»Nein!«, versicherte Siggi. »Nur mag Theodor, mein Hund, Eleonore, meine Katze, nicht allzu sehr.«

»Wieso lassen Sie sie dann frei herumspringen?«, wollte Gruber wissen.

»Sie spielen so gern miteinander!«

»Haben Sie nicht eben gesagt ...?«

»Die sind wie ein altes Ehepaar! Oder so ähnlich. Verstehen Sie?« Siggi war völlig durcheinander.

Die beiden Polizisten sahen sich an und waren sich einig: Das lag in der Familie.

»Wissen Sie, die folgen mir aufs Wort!«, glaubte Siggi noch hinzufügen zu müssen.

In dem Moment kam das Hunde-Katzen-Gespann angerast. Als Siggi seine beiden Lieben sah, brüllte er aus Leibeskräften: »Theodor! Eleonore! Hierher!«

Theodor schoss auch auf ihn zu. Inzwischen war er halb irre von den Schmerzen, die Eleonore ihm zufügte. Siggi kniete sich auf den Boden und breitete seine Arme aus. Nur gelang es Theodor nicht mehr rechtzeitig abzubremsen. Er überrannte Siggi, wendete, raste zu seinem Herrchen zurück, was Siggis Versuch, sich aufzurichten, sogleich wieder zunichte machte. Erst nach der nächsten Wendung gelang es Siggi, sich auf seine beiden Schätze zu werfen und sie unter sich zu begraben.

Eleonore bekam im ersten Moment nicht mit, dass es ihr Herrchen war, und versuchte sich mit spitzen Krallen von ihm zu befreien. Das gelang ihr zwar nicht ganz, wohl aber verpasste sie Siggi einige ordentliche Striemen. In einem Crescendo aus gebrülltem »Fresse!« und gesäuseltem »Ich bin's!« versuchte Siggi ihnen Orientierung und Sicherheit zu geben.

Die drei Umherstehenden blieben, wo sie waren. Hundebisse und Katzenkratzer sind nichts, was man sich freiwillig antut. Fasziniert sahen sie dem Spektakel zu.

Endlich gelang es Siggi, seine Liebsten einigermaßen zu beruhigen. Er erhob sich ächzend, musste aber mit dem ersten Schritt so lange warten, bis seine Gliedmaßen das Gezittere einstellten. Dann wankte er mit Eleonore auf dem Arm und Theodor an seiner Seite zum Auto.

Kein elegantes Hineinschwingen mehr – Siggi hatte sogar Mühe, Theodor reinzuhieven. Bevor er losfahren konnte, musste er Eleonore ganz fest an sich drücken, sonst wäre das arme Tier vor lauter Zittern auseinandergefallen.

Während er so dasaß und bedachte, was ihm heute angetan worden war, spürte er den seit seiner Kindheit nicht mehr erlebten Wunsch, lange zu weinen.

Das hatte er seinem Bruder zu verdanken. Jetzt verstand er Kain. Ohne ein Wort des Abschieds fuhr er los. Eines wusste er: In die natürliche Natur würde er sich so schnell nicht mehr begeben. Sein Metier war die viel ungefährlichere vermenschlichte Natur.

Die drei sahen ihm nach.

»Hat schlimme Zeiten hinter sich!«, meinte Gratzke erschüttert.

Auf gute Nachbarschaft

Die Polizisten hielten mit Alfons noch ein Weilchen Ausschau nach der Schlange. Dann verabschiedeten sie sich. Hauptwachtmeister Gruber ließ das Wagenfenster runter und sagte zu Alfons: »Wenn Ihre Gartenschlauchschlange wieder auftaucht, könnten Sie sie dann bitte auf Video aufnehmen? Das würde uns bei den weiteren Ermittlungen sehr helfen.« Gratzke legte darauf einen Schnellstart hin, und bis das Fenster wieder geschlossen war, drangen heulende, quiekende Jauchzer aus dem Fahrzeug.

Da stand Alfons nun – einsam und verlassen inmitten der freien Natur. Er atmete tief durch, schüttelte den Kopf und sah sich um. Die Wiese grünte vor sich hin und der dahinterliegende Wald wirkte ruhig und vertraut. Sollte er sich getäuscht haben, Hirngespinsten aufgesessen sein? Zweifel stiegen in ihm hoch. Sie hielten aber nur so lange an, bis er seinen Garten betrat.

Um seine Nerven zu beruhigen, wollte er ein wenig Tiere spritzen. Doch sein Gartenschlauch war verschwunden. Ihm kam ein schrecklicher Gedanke: Hinter all dem steckten seine grässlichen Nachbarn, die keinen neben sich duldeten.

Der Gedanke verdichtete sich, wurde zur Wahrheit, und Alfons' Wut stieg ins Unermessliche. Darunter hatte ein Regenwurm zu leiden, der gerade sein Köpfchen aus der Erde streckte, um nach dem Rechten zu sehen. Doch er bekam nichts dergleichen zu Gesicht, sondern nur Alfons' Schuh zu spüren.

Um seine Wut ein wenig abzureagieren, trampelte Alfons jedes Löchlein in Grund und Boden. Dabei kam ein kleines Stück Gummischlauch zum Vorschein. Er war sich jetzt sicher, dass Beate hinter allem steckte. Diesmal würde er keine Polizei einschalten, sondern die Sache selbst regeln.

Er kletterte über den Zaun in Nachbars Garten, suchte nach

weiteren Beweisstücken und wurde fündig. Aus mehreren Mäuselöchern zog er Teile seines Schlauches. »Hab ich's doch gewusst!«, zischte er und brüllte: »Dafür werdet ihr mir büßen!«

Beate, die auf ihrem Bett gelegen und gelesen hatte, ging in den Garten um nachzusehen. Sie begrüßte Alfons freundlich und fragte ihn: »Suchen Sie Ihre Strumpfhose?«

Alfons hielt ihr vier Schlauchstücke vor die Nase.

»Weißt du, was das ist?«

»Gummi?«, mutmaßte Beate.

»Und weißt du, wem es gehört?«, setzte Alfons die Fragerunde fort.

»Was bekomme ich für eine richtige Antwort?«, wollte Beate wissen.

Alfons riss sich zusammen. »Wie kommt das in die Mäuselöcher?«

»Vielleicht machen die Mäuse Safer Sex?«, vermutete Beate, die frühzeitig aufgeklärt worden war.

»Für diese Frechheit gehört dir ...« Alfons sprach nicht weiter, aber das war auch nicht nötig.

»Würden Sie jetzt bitte wieder unseren Garten verlassen!«, forderte Beate ihn auf.

Ohne ein Wort machte er kehrt und ging auf den Zaun zu. Da sah er eine Spinne im Gras sitzen. Nicht Esmeralda, aber dennoch! Alfons versuchte sie totzutreten. Daneben. »Lassen Sie das!«, bat ihn Beate. Doch er wollte nicht hören. Als er ansetzte, der Spinne den Todestritt zu versetzen, gab ihm Beate einen Schubs, so dass er das Gleichgewicht verlor und sich auf den Hosenboden setzte.

»Dafür wirst du mir büßen!«, brüllte er.

Beate wusste, mit dem Typ war nicht zu reden. Sie wandte sich um und ging ins Haus.

Alfons rappelte sich hoch, dachte »Rache ist Blutwurst!« und kehrte zu seinem Anwesen zurück.

Nachdem er mit seinem Anwalt gesprochen und den Rat erhalten hatte, von einer Anzeige abzusehen, weil er sonst mit einem Stoß Gegenanzeigen zu rechnen habe, entschied sich Alfons, der Mutter dieses Görs einzuheizen, damit sie wusste, mit wem sie es zu tun hatte. Vernunft war bei solchen Leuten nicht angebracht.

Solche und weniger nachsichtige Gedanken beschäftigten ihn, während er dasaß und auf Frau Kernicke wartete. Endlich kam sie, und sogleich machte er sich auf den Weg. Energisch drückte er die Klingel.

»Ich komme!«, rief eine freundliche Stimme und Frau Kernicke öffnete die Tür.

»Schön, Sie zu sehen, Herr Nachbar!«, sagte sie und streckte ihm die Hand entgegen.

Alfons übersah die Geste und blickte die Frau an. Der sah man die Emanze sofort an. Die stand viel zu aufrecht und streckte die Nase zu weit in die Luft.

Frau Kernicke zog ihre Hand zurück und fragte: »Womit kann ich Ihnen helfen?«

»Wie kommt mein Gartenschlauch in Ihren Garten?«, fiel Alfons gleich mit der Tür ins Haus.

Frau Kernicke ärgerte andere Menschen nur im äußersten Notfall. Wenn es aber mal nötig war, benutzte sie die infamste aller Methoden: Sie stellte tiefenpsychologische Fragen. Der Erfolg war garantiert – auf Dauer macht man damit jeden verrückt.

»Welche Beziehung haben Sie zu Ihrem Schlauch?«, wollte sie von Alfons wissen.

Der antwortete leicht irritiert: »Er gehört mir!«

»Und welche Gefühle empfinden Sie ihm gegenüber?«

»Wollen Sie mich vergackeiern?«, fragte Alfons, der sich wieder gefangen hatte.

»An was erinnert es Sie, wenn Sie vergackeiert werden?«, wandte sich Frau Kernicke Alfons Vergangenheit zu.

»Daran, dass Ihre Tochter die Strumpfhose meiner Frau gestohlen und obendrein die Frechheit besessen hat sie anzuziehen!«, tobte Alfons.

»Gab es auch schon frühere Situationen, in denen Sie dieses Gefühl hatten?«, hakte Frau Kernicke nach.

Doch Alfons wollte nicht an seine Kindheit erinnert werden.

»Sie sind ein Haufen gemeingefährlicher Idi...!« Er sprach das Wort nicht aus, weil er wusste, was Beleidigungen kosten. »Sie Schneckenretter und Spinnenliebchen Sie!«
»Welche Bedeutung haben Schnecken und Spinnen in Ihrem Leben?«
»Ihnen geht's wohl nicht besonders?« Alfons blickte sie so verächtlich er konnte an.
»Was bedeutet mein Wohlergehen für Sie?«, blieb sich Frau Kernicke treu.
»Es interessiert mich einen Scheißdreck!« Alfons wandte sich entnervt ab. Solche Leute musste man in ihre Schranken weisen. Er wusste zwar noch nicht wie, aber er würde es schon schaffen. Ohne ein weiteres Wort trat er den Heimweg an.

Frau Kernicke hatte in ihrem Leben schon einige Kotzbrocken kennen gelernt. Aber einen so grässlichen wie den hatte sie bislang noch nicht zu Gesicht bekommen. Am besten, man ging ihm aus dem Weg. Aber was macht man, wenn einen so einer verfolgt? Fliehen, an sein Gewissen appellieren, um Gnade flehen? Frau Kernicke fand nichts davon befriedigend. Sie überlegte, was Beate tun würde, und musste lächeln. Beate hatte zu solchen Menschen eine alttestamentarische Einstellung: Wie du mir, so ich dir!

Frau Kernicke schüttelte den Kopf. Natürlich ging das nicht. Wobei sie sich nicht sicher war, ob sie diese Einstellung aus moralischen Gründen ablehnte oder ob sie inzwischen zu schlechte Nerven dafür hatte. Sie musste mit Beate reden, sonst würde die sich mit dem anlegen, sportlich fair und streng darauf achtend, dass sie die Regeln des Footballs einhielt. In ihrer jetzigen Stimmung hätte sie Beate glatt geholfen, einen teuflischen Schlachtplan zu entwerfen.

Am besten, sie ließ sich erst einmal von ihrem Gemahl besänftigen. Überhaupt, solche Gespräche gehörten eindeutig zu den Vaterpflichten. Zudem war er mit seiner humanistischen Einstellung genau der Richtige dafür. Sie machte sich wieder an ihre Arbeit.

Als Herr Kernicke nach Hause kam, war er froh, in eine Stätte des Friedens zurückzukehren. Er hatte tagsüber noch einige

Male an die arme Schnecke denken müssen. Und auch an deren Mörder. Aber nur ganz kurz. Das Bild war einfach zu schrecklich gewesen.
Er betrat den Flur und rief: »Friede. Schalom!«
Seine Gattin vernahm mit Unwillen diesen Beschwörungsruf. Wenn er ertönte, dann hatte sich ihr Gemahl geärgert und benötigte viele Streichel- und Kuscheleinheiten.
Gut, sollte er zwei oder drei erhalten, aber dann musste er ran. »Schön, dass du da bist!«, sagte sie und gab ihm einen Kuss. »Wie war dein Tag?«
»Reden wir über was Schönes!«, sagte er und drückte sie fest an sich. »Wie war dein Tag?«
Frau Kernicke wollte nicht mit der Tür ins Haus fallen und suchte nach einem neutralen Thema.
»Herr Steinhilber hat sich meinen Lippenstift ausgeliehen.«
Herr Kernicke mochte Tratsch und Klatsch, solange es nicht um ihn ging.
»Welchen?«, fragte er interessiert.
»Den violetten.«
»Ich finde nicht, dass violett ihm steht«, sagte er nach kurzem Nachdenken.
»Das liegt daran, dass du ziemlich konservativ bist.«
»Findest du?«
»Ja.«, sagte sie.
»Was macht Beate?«, lenkte er ab.
»Ich glaube, sie hatte heute einen schönen Tag!«, sagte Frau Kernicke, die froh war, zu ihrem eigentlichen Thema überleiten zu können.
»Wieso, war schulfrei?«
»Sie sitzt oben und sinnt auf Rache!«
Herrn Kernicke schwante Schlimmes. Wenn seine Frau begann, in Rätseln zu reden, dann war die Lösung meist irgendein Problem.
»Sie hat unseren neuen Nachbarn geärgert«, beantwortete sie sein Schweigen.
»Fein!«, rutschte es ihm raus.
Frau Kernicke sah ihren Gatten überrascht an. »Er war da und hat sich bitter über sie beschwert.«

Herr Kernicke strahlte. »Da hat sie sich doch glatt eine Taschengeldaufbesserung verdient!«
»Was ist denn mit dir los?«, fragte sie.
»Er bringt Schnecken um. Kannst du dir das vorstellen?«
Frau Kernicke, die um die Schneckenliebe ihres Gatten wusste, verstand ihn. »Trotzdem musst du mit ihr reden!«
»Gerne!«, sagte er. »Ich rede mit ihr übers Taschengeld. Alles andere ist deine Sache.«
»Ich würde sie zu unmoralischen Taten anleiten«, gestand sie.
»Wenn du mir nicht sagst, zu welchen, komme ich gut damit klar!«, erteilte ihr Herr Kernicke im Voraus Absolution.
»Nix da!«, eiferte sich seine Gattin. »Du bist der Mann! Du bist zuständig für mitmenschliches Verständnis.«
In dem Moment kam Beate, gab ihrem Vater einen Kuss und setzte sich auf seinen Schoß.
»Herzlichen Glückwunsch!«, sagte er und drückte sie an sich. »Deine Mutter möchte dir was sagen!«
Beate sah ihre Mutter an.
»Der Nachbar war da und hat sich über dich beschwert!«
Beate grinste.
»Den Rest erfährst du von deinem Vater!«, sagte Frau Kernicke und verschränkte die Arme.
Herr Kernicke räusperte sich. »Tu ihm nichts, was ich nicht auch tun würde!«, sagte er so streng er konnte.
»Ist gebongt!«, erklärte sich Beate mit dem Rüffel einverstanden.
»Dann ist ja alles in Ordnung!«, zeigte sich Herr Kernicke zufrieden.
»So geht das nicht!«, fuhr seine Frau ihn an. »Wir dürfen nicht unsere moralischen Grundsätze aufgeben, wenn sie anfangen, unangenehm zu werden.«
»Von welchem Grundsatz sprichst du?«, stellte sich ihr Gatte dumm.
»Meine Mutter hat immer gesagt: ›Einem bösen Hund wirft man zwei Knochen hin!‹«, erklärte ihm seine Frau.
»Damit er Verstopfung bekommt?«, fragte Beate hoffnungsfroh.

»Nein, um ihn versöhnlich zu stimmen«, gab sie etwas genervt zur Antwort.
»Und was macht man, wenn er immer mehr Knochen will?«, wollte Beate wissen.
»Dann soll er sie in Gottes Namen haben!«, sagte Herr Kernicke verbissen. Es fiel ihm nicht leicht, aber das gehörte nun mal zu den Pflichten eines Erziehers.
»Und wenn er nie genug kriegt?«, wollte Beate wissen.
»Du bist aus dem Fragealter raus!« Frau Kernicke fiel leider keine pädagogisch wertvolle Antwort ein.
»Dann stopf' ich ihm so viele rein, wie es geht!«, sagte Herr Kernicke, wobei seine Stimme einen sadistischen Unterton annahm.
»Also doch Verstopfung!« Beate hatte es gewusst.
»Vergiss den Hund!«, sagte Frau Kernicke, die merkte, dass dieses Gleichnis Schwachstellen hatte. »Was ich dir damit sagen wollte, ist ...«
»Schlag einen Gegner mit seinen eigenen Waffen!«, brachte es Beate auf den Punkt.
»Hat sie das nicht schön gesagt?«, meinte Herr Kernicke und sah erwartungsfroh seine Gemahlin an.
Frau Kernicke war sich nicht sicher, ob sie mit dieser moralischen Unterweisung zufrieden sein konnte. Aber im Moment fiel ihr auch nichts Besseres ein.

Wie versteckt man eine Gartenschlauchschlange?

Esmeralda war hin- und hergerissen. Einerseits wollte sie sich gleich auf die Hasenjagd begeben, andererseits brauchte sie ein sicheres Versteck für ihre Gartenschlauchschlange. Die Riesenspinne und der nicht weniger gefährliche Mensch suchten sicher schon nach ihrer wertvollen Beute. Nur – versteck' mal so ein großes Teil!

Doch schon nahte Hilfe aus dem Untergrund. Der Maulwurf kam aus dem Boden gequaddelt. Sie begrüßte ihn freundlich, worauf er sein Haupt in die entgegengesetzte Richtung drehte.

»Bin ich froh, dass es dich nicht gibt!«, erinnerte sich Esmeralda daran, wie man mit dem Herrn der Unterwelt zu reden hatte.

»Mindestens hundertmal mehr als dich!«, ließ der von der Spitze seines Hügels verlauten. Der Kontakt war hergestellt. Jetzt musste sie ihn nur noch dazu bringen, dass er sich trollte. Freiwillig würde er ihr sein Labyrinth nicht als Versteck zur Verfügung stellen. »Es gibt nichts Schöneres als im Dreck zu wühlen!«, gab sie ihm zu bedenken.

»Du bist auch nicht schlecht!«, gab Maulwurf zur Antwort.

Esmeralda versuchte es anders. »Da unten hast du alles, was dein Herz begehrt.«

»Nichts gibt's da, überhaupt nichts!«, erklärte er ihr voller Stolz.

»Nichts ist gut!«, stimmte ihm Esmeralda zu.

»Ist es nicht!«, widersprach er ihr.

»Was dann?«

»Alles!«

»Du meinst, alles ist nichts?«, fragte Esmeralda ungläubig.

Der Maulwurf schüttelte überheblich seinen Kopf. »Nichts ist alles!«

Eine Minute Maulwurf, und Esmeralda schwirrte der Kopf. Sie wollte sich keinesfalls auf eine Diskussion über die Grundlagen von Hegels Wissenschaft der Logik einlassen, sondern war schlicht darauf aus, dass er die Fliege machte. Und zwar sofort. Sie musste direkter vorgehen. »Bleib doch, wo du bist, du Nichts!«, schrie sie ihn an.
»Komm doch, dann mach ich dich alle!«, konterte er.
Esmeralda machte zwei Krabbler auf ihn zu. Der Maulwurf schien Angst zu bekommen. Er verschwand im Erdreich, tauchte kurz darauf mit einem »Nichts geht mehr!« neben ihr auf und schlug mit einer Schaufel zu. Esmeralda machte einen Satz rückwärts und schrie ihn an. »Komm!« Er blieb. »Verschwinde!« Er blieb. »Bleib!« Er blieb auch weiterhin.
»He, das gilt nicht!«, fegte sie ihn an.
»Und ob!«, widersprach ihr der Maulwurf.
»Das ist gegen die Spielregel!«
»Ist es nicht. Ich habe das Gegenteil von dem getan, was du erwartet hast!«, erklärte er ihr.
Schluss! Aus! Der war für vernünftige Argumente einfach nicht zugänglich. Dann eben unvernünftig. »Du bist ein Nichts! Von dir wollte ich nie ein Kind!«, bellte sie ihn an.
Der Maulwurf schwieg erst einmal und sagte dann mit tiefer Stimme: »Ich aber von dir!«
»In deinem Bau!«, schlug sie vor.
»Wie wär's hinter dem Baum!«, machte er einen Gegenvorschlag.
»Keinesfalls!!«, entrüstete sie sich.
Sogleich kam er ihr entgegengewatschelt.
Darauf hatte Esmeralda nur gewartet. Fadenspinnend umrundete sie ihn in einem fort und schrie dabei: »Ich komme! Ich komme!« Kurz darauf war der Maulwurf ein straff verschnürtes Päckchen.
»Ist nur vorübergehend!«, beruhigte sie den völlig verdattert dreinschauenden Maulwurf und stopfte den Schlauch, der um den Baum gewickelt war, in seine Röhre.
»Du bist nicht nur ein Nichts, sondern ein ...« Im Vergleich zu des Maulwurfs nachfolgenden Worten klang eine Alfonssche Hasstirade wie eine frömmelnde Predigt.

»Von deiner Warte aus betrachtet befreie ich deine Röhre gerade von einer Schlange!«, erläuterte Esmeralda dem Maulwurf ihr Tun.

»Dafür werde ich dir auch tausendmal das Leben schenken!«, versprach er ihr.

»Ist nett!«, bedankte sie sich, stopfte das Ende vollends hinein und befestigte es mit einem besonders dicken Faden am Baum. Dann verabschiedete sie sich von ihrem Gastgeber. »Das alles war doch nichts!«

Der Maulwurf stimmte ihr zu. »Es bedeutet überhaupt nichts, wenn du alle bist!«

»Ich finde es schön, dass ein Nichts dein Alles ist!«, rief ihm Esmeralda zu und entfernte sich, hielt aber mithilfe eines Fadens weiter Kontakt zu ihm. Als sie sich in Sicherheit wähnte, zog sie daran, und die Fesseln lösten sich. Schnurstracks begab sich der Maulwurf zum Eingang des Reichs der Finsternis und begann zu heulen. »Das habe ich verdient!«, wehklagte er ein ums andere Mal, grub sich ein neues Loch und verschwand in den Tiefen des Erdreichs.

Netzbauübungen

Eigentlich wollte Esmeralda sogleich ihr Hasennetz kreieren, aber ihr Magen knurrte so bedrohlich, dass sie ihn zuerst besänftigen musste. So baute sie mit ihrem Superfaden ein ganz schlichtes Spinnennetz, um es von netzerprobten Kleinfliegern testen zu lassen. Trandösig zog sie ihre Runden. Kaum hatte sie das Netz vollendet, war sie auch schon eingeschlafen.

Ein Zucken im Fangfaden weckte sie kurze Zeit später wieder auf. Sie krabbelte durch das Netz, fand aber lediglich ein paar Härchen und einen Flügel. »Ich muss wohl geträumt haben«, dachte sie und begab sich wieder zu ihrem Schlafplatz. Gerade hatte sie alle acht Augen geschlossen, vibrierte das Netz von neuem. Dieses Mal hingen zwei Mückenflügel drin. »Seit wann fliegen die denn alleine?«, wunderte sich Esmeralda und wollte wieder schlafen krabbeln, als vom Boden her wildes Geschimpfe zu ihr hochklang. Eine Mücke und eine Wespe zeterten, was das Zeug hielt.

»Flügelausreißen, so eine Gemeinheit!«, zeterte die Mücke.

»Ganz meine Meinung!«, gab ihr die Wespe recht. »Fressen und gefressen werden! Alles andere ist unmoralisch!«

»Genauso ist es!«, bestätigte die Mücke. »Aber lieber von einem Vogel als von einer Spinne. Der macht schnapp – und weg biste. Spinnen dagegen! Erst hängst du im Netz, dann pieksen sie dich, und du musst warten, bis du gelähmt bist. Das dauert doch alles viel zu lange!«

»Und dann fressen sie dich noch nicht mal in voller Pracht und Schönheit, sondern saugen dich aus. So was gehört sich einfach nicht!«

»Genau! Und diese oberperverse Spinne reißt auch noch Flügel aus!«

Esmeralda fegte die beiden an: »Ihr seid selbst schuld: Andere Flieger bleiben ja auch vollständig im Netz hängen!«

Den beiden verschlug es die Sprache. Die Mücke fand sie zuerst wieder und zischte: »Wollte ich auch. Aber es klebt nicht!«

»Um korrekt zu sein«, fügte die Wespe hinzu, die zum Netz hinaufblickte und ihre Flügel sah, »es klebt nicht richtig.«

»Sag' ich doch«, erläuterte die Mücke. »Dein Scheißnetz taugt nichts!«

Das hätte sie besser nicht sagen sollen. Sogleich war sie gelähmt.

»Du verträgst auch überhaupt keine Kritik«, meinte die Wespe. Das stimmte nicht, obwohl sie kurz darauf gleichfalls bewegungsunfähig war. Esmeralda hätte sie auch dann fressfertig zubereitet, wenn sie nichts gesagt hätte.

Sie wollte sich gerade über sie hermachen, als ein entfederter Sperling neben ihr landete. Er hüpfte auf dem Boden herum und schimpfte: »Du siehst dir wohl gerne kleine nackte Sperlinge an!«

»Das warst du selber!«, wehrte sie sich.

»Glaubst du, ich reiße mir aus reiner Freude die Federn raus?«, schrie der Sperling und hopste aufgeregt im Kreis herum.

Dabei entdeckte er seine Vorgänger, und – schwupps! – ging der Wunsch der Fliege nach einem Schnapptod doch noch in Erfüllung.

»Das war aber nicht nett!«, beklagte sich Esmeralda.

»Ich werde dich gleich trösten!«, versprach ihr der Sperling und öffnete den Schnabel.

Esmeralda hielt nicht viel von dieser Art der Seelentröstung. Sie besprang ihn und biss ihm in eine entblößte Stelle. Der Sperling fühlte sich erst schwindelig, dann müde und schrie schließlich theatralisch: »Ich bin tot!«

»Dann bleib auch stehen und hüpf nicht so herum!«, meinte Esmeralda, die an seiner Brust hing und abwartete.

Doch der Sperling hopste weiter, erst kreuz und quer und dann mit Pirouetteneinlagen, nach denen er immer »Ich bin tot!« schrie. Er schien sehr langsam zu sterben. Esmeralda, der es zu blöd wurde, ließ von ihm ab; sie hörte seinen Sterbensruf noch, als er schon längst aus ihrem Gesichtsfeld gehopst war.

Irgendwas stimmte nicht mit ihrem Netz. Sie wollte gerade

hochklettern, als sich vor ihren Augen eine ganz ungewöhnliche Verwandlung zutrug: Ein Schmetterling, um genau zu sein ein Bärenspinner, landete mit der Flügeloberseite im Netz und fiel farblos zu Boden. Dort, wo er aufgeprallt war, erstrahlte das Netz in buntem Glanze.

»Dann fliege ich in Zukunft als Kohlweißling«, erklärte er hochmütig, nachdem er sich die Bescherung angesehen hatte.

»Macht's dir wirklich nichts aus?«, wollte Esmeralda wissen.

»Besser ein Kohlweißling, als so aussehen wie du!« Dabei blickte er sie angewidert an.

»Als Raupe warst du auch ein ziemlich hässlicher Balg«, erinnerte sie ihn an früher.

»Aber es ist was Wunderschönes rausgekommen, oder? Wenn du dagegen dein Kleid abstreifst, kommt immer dasselbe raus. Das muss doch auch für dich ein grässlicher Schock sein!«, sagte er voller Abscheu.

»Ihr seid ja bloß sauer, weil ihr mit dem Netz nicht zurechtkommt!«, wandte Esmeralda ein.

»Das ist doch die Höhe!«, rief der Ex-Bärenspinner und flatterte los. »Bloß weil du zu doof bist, ein richtiges Netz zu bauen, sollen wir uns in Zukunft auch noch selber fangen!« Als er genug an Höhe gewonnen hatte, rief er ihr zum Abschied zu: »Du bist so doof wie hässlich!«

Esmeralda blickte zu ihm empor und wusste: Wer sauer ist, lügt. Deshalb regte sie sich auch überhaupt nicht auf.

Immer, wenn sie zum Netz hochklettern wollte, kam irgendwas Gutes von oben geflogen. So blieb sie für den Rest des Tages auf dem Boden sitzen und verwöhnte ihren Magen mit allerlei Leckerbissen. Ein Hase war zwar nicht dabei, dafür aber ein Rotkehlchen. Das prallte so unglücklich gegen Esmeraldas Netz, dass es als Kehlchen unten aufkam – all seine schönen roten Federn waren hängen geblieben.

»Ich sehe aus wie ein gerupftes Huhn«, wehklagte es.

»Dazu bist du viel zu klein«, versuchte Esmeralda es zu trösten.

»Hast du schon mal ein gerupftes Huhn gesehen?«, wollte das Kehlchen wissen.

»Nein«, gab Esmeralda wahrheitsgemäß zu.

»Dann lass es dir gesagt sein: Ich seh' so aus!«

Esmeralda stutzte. »Du meinst, dass Hühner ohne Federn so klein aussehen wie du?«

»Natürlich nicht. Ich habe ja schließlich auch noch die meisten meiner Federn«, fuhr ihr das Kehlchen über den Mund.

»Ich meine, so wie du ohne Federn?«

Das Kehlchen seufzte über so viel Beschränktheit: »Ohne Federn sehe ich natürlich auch etwas kleiner aus! Bist du vielleicht schwer von Begriff!«, fügte es noch hinzu.

Esmeralda befragte ihren Magen, was er von einem frechen, vorlauten Kehlchen hielt. »Probieren geht über Studieren!«, antwortete dieser. Doch das Kehlchen war schneller und entkam.

Als nichts mehr in ihren Magen hineinpasste, unterzog sie das Netz einer genauen Inspektion und fand schnell heraus, warum keines der Tiere im Netz hängengeblieben war. Die Fäden waren klebrig, jedoch so elastisch, dass alle Tiere wieder weggeschleudert wurden.

War das ein Erfolg oder ein Misserfolg? Wenn man es genau nahm, keins von beidem, sondern eine wichtige Erfahrung. Esmeralda wusste zwar nicht, was für eine, aber das würde sie auch noch herausfinden! Auf jeden Fall fühlte sie sich bereit für den Hasenfang. Doch zuerst musste sie sich neuen Baustoff einverleiben.

Zwei sind beiden zu viel

Vorsichtig näherte sich Esmeralda ihrer Vorratskammer. Von der Riesenspinne und Alfons war weit und breit nichts zu sehen. Noch mehr fürchtete sie den Herrn des Untergrunds, obwohl der Wühler überhaupt keinen Grund hatte auf sie böse zu sein. Schließlich hatte sie ihn dazu gebracht neue Wege zu gehen. Im Grunde war es auch egal, Hauptsache das Versteck war sicher.

Zuerst inspizierte sie den Baum. Die Schlange hing noch genauso, wie Esmeralda sie verlassen hatte. Doch als sie den Maulwurfshügel abtrug, machte sie eine schreckliche Entdeckung. Der Schlauch war weg.

Sie schrie in die Röhre: »Bleib du Dreckskerl bloß weg!« Keine Antwort. Esmeralda begann, alle Maulwurfshügel abzuklappern. Vorsichtig lugte sie in jede Röhre, sah aber nur gähnende Leere.

Bis, ja bis Esmeraldas Ruf »Ist da jemand?« erhört wurde. Die Luft wurde dicker, die Erde bebte. Und dann war sie da: eine Maulwürfin von ätherischer Gestalt tauchte an der Spitze eines Maulwurfshügels auf.

»Hallo!«, begrüßte Esmeralda die Dame.

»Bist du eine ekelhafte Kröte!«, erwiderte diese ohne Vorwarnung.

»Sie verwechseln mich!«, stellte Esmeralda klar. »Ich heiße Esmeralda und bin eine wunderschöne Spinne!«

»Sagte ich doch, eine ekelhafte Kröte.«

»Es tut mir Leid, dass Sie so schlecht hören und sehen!«, schrie Esmeralda und krabbelte näher heran.

»Wenn ich blind bin, dann bist du eine Drommeldrossel!«, sagte die Maulwürfin indigniert.

»Wieso eine Drommeldrossel?«, fragte Esmeralda verwundert.

»Wieso nicht?«, entgegnete sie.

Esmeralda wusste darauf auch keine Antwort. »Kennen Sie den Maulwurf vom Waldesrand?«, fragte sie stattdessen.

»Maulwurfmänner sind alle gleich!«, erklärte die Maulwürfin weise.

»Er auch?«

»Ganz besonders!«

»Sie kennen ihn persönlich?«

»So eine Unverschämtheit! Was denkst du eigentlich, was für eine ich bin!«, empörte sie sich.

Esmeralda hätte es nicht für möglich gehalten, aber es gab eine gerechte Strafe für des Maulwurfs ungeheuerliches Benehmen, und die saß vor ihr.

»Für Sie ist das Beste gerade gut genug!«, raspelte sie Süßholz.

Die Maulwürfin zögerte kurz. Das hatte sich nicht allzu schlecht angehört. Dennoch. »Du denkst wohl, man kann mich leicht zufrieden stellen?«

»Natürlich nicht!«, versicherte Esmeralda ihr nachdrücklich.

»Du hältst mich für unersättlich, du Wüstling!«, schrie sie mit schriller Stimme.

»Keinesfalls!«, beteuerte Esmeralda. Die Maulwürfin sah sie an. Esmeralda wusste, dass sie jetzt genau das Richtige sagen musste. »Ehrlich gesagt, ich finde, er ist eine taube Nuss!«

»Schämst du dich nicht, so über Maulwürfe zu reden!«

Esmeralda wusste, sie war auf der richtigen Spur. »Er bringt's nicht, weder beim Buddeln noch sonst wo. Er ist ein totaler Versager!«

»So was sagt man nicht über vom Schicksal gebeutelte Maulwürfe. Man muss ihnen mit Liebe begegnen!«, sagte sie mit all der Liebe, deren sie fähig war – ihre Stimme klang wie eine verrostete Schalmei.

»Aber er ist eine völlige Nulpe!«

»Dafür entschuldigst du dich bei ihm!«

»Ich denke nicht daran!«

»Hab' ich mir doch gedacht, du Rüpel. Dann werde ich mich für dich bei ihm entschuldigen!«

»Wenn Sie so blöd sind, bitte. Die Krücke treibt sich mal wieder irgendwo herum!«, sagte Esmeralda.

»Er hat sich verloren. Ich werde ihn finden!«, entsetzte sich die Maulwürfin und machte sich unterirdisch auf die Suche. Esmeralda folgte ihr oberirdisch.

Nach kurzer Zeit hatte die Maulwürfin den Maulwurf aufgestöbert. »Ich freue mich, Ihre Bekanntschaft zu machen!«, flötete sie ihn mit schriller Stimme an. Er erschrak aufs Heftigste. »Hau bloß ab!«, grüßte er zurück. Weiber schockten ihn so, dass er alles verkehrt machte – also richtig.

»Schön haben Sie es hier!«, stellte sie anerkennend fest und blickte sich in der Röhre um.

»Gehabt, du Schreckschraube!«, verlieh der Maulwurf seiner Junggesellengesinnung Ausdruck.

Ihr Herz blühte auf. Endlich mal ein Maulwurf, der wusste, was Maulwürfinnen lieben. Mit dem man reden konnte und ... Ein Schauer durchfuhr ihren Körper. Sie war die Sittsamkeit in Person – gewesen. »Haben Sie eine große Röhre!«, staunte sie.

»Zu klein für uns beide!«, entgegnete er ungerührt und knapp.

»Alles eine Frage des Wollens!«, meinte sie nur und rückte ihm auf den Leib.

Wenn der Maulwurf eines nicht leiden konnte, dann so was. Entsetzt wich er zurück.

Esmeralda, die auf einem Maulwurfshügel gelauscht hatte, konnte sich das Lachen nicht mehr verkneifen. Jetzt wusste der Maulwurf, wem er diese Schnepfe zu verdanken hatte. Wie ein Wilder kam er an die Oberfläche gequaddelt und Esmeralda wurde in die Luft geschleudert. Sie kam dicht neben ihm wieder auf und genauso knapp verfehlte sie sein Schaufelschlag.

Vorsichtshalber ergriff Esmeralda die Flucht. Sie war sich sicher, dass er sie nicht darum bitten würde, ihr Trauzeuge zu sein.

Der Maulwurf war so in Rage, dass er sie unterirdisch verfolgte und immer wieder durch die Erde stieß. Sein Gespür war genial. Der Abstand zwischen ihnen wurde immer geringer. Gleich würde er sie haben.

»Was sind Sie doch für ein starker Kerl!«, feuerte ihn die Maulwürfin voller Bewunderung an.

Im letzten Moment fiel Esmeralda ein, dass sie eine Spinne

war. Sogleich begann sie spiralförmig Kreise zu ziehen. Von unten erweckte es den Anschein, als stecke sie in einer tiefen Krise. Von oben gesehen baute sie ein Netz.

Dem Maulwurf wurde es nicht nur schwindelig, sondern auch bald zu blöde. Er wartete darauf, dass sich Esmeralda wieder beruhigte. »Du schwitzt ja!«, sorgte sich die Maulwürfin um ihn. »Pass auf, dass du dich nicht erkältest!«

»Wenn mich jemand krank macht, dann du!«, säuselte er. Wahrscheinlich hätte er noch weiter mit ihr geflirtet, aber Esmeralda bewegte sich nicht mehr. Er lauschte, spannte all seine Muskeln an und katapultierte sich durch die Erde. Daneben. Esmeralda hatte sich still und heimlich an den äußeren Rand des Netzes zurückgezogen. Im Mittelpunkt steckte jetzt der Kopf des Maulwurfs. Er kam weder vor noch zurück.

»Wo ist der Schlauch?«, fragte ihn Esmeralda und zog den Faden um seinen Hals enger.

Die Maulwürfin sah es mit Entsetzen. »Du bringst meinen Zukünftigen um!«, beklagte sie schreiend ihr Schicksal.

»Das geht nur uns beide was an!«, wandte Esmeralda ein.

»Wirst du Witwe oder ich?«, schrillte sie.

»Zieh zu!«, lauteten die ersten beiden Worte des Maulwurfs.

Die Maulwürfin quaddelte zu ihm hin und hechelte voller Mitgefühl: »Ich küsse deine Wunden!«

»Zieh endlich zu!«, bat er Esmeralda verzweifelt.

Doch die hatte einen besseren Vorschlag. »Deine Freiheit gegen den Schlauch!«

Wenn er die Umstände berücksichtigte, hatte der Maulwurf noch nie ein besseres Angebot erhalten. Wenn er sie jedoch nicht berücksichtigte, überkam ihn die kalte Wut.

»Du zitterst ja!«, stellte die Maulwurfsdame erschrocken fest und drückte sich wärmend an ihn.

Da sich der Maulwurf nicht weiter äußerte, wandte sich Esmeralda ihr zu. »In seiner Röhre steckt ein langer Schlauch!«, erklärte sie ihr.

»Bist du vulgär!«, meinte diese pikiert und schüttelte sich voller Ekel. »Stimmt das?«, fragte sie ihn und streichelte mit ihrer linken Vorderquaddel an seinem Hinterlauf entlang.

»Du bekommst ihn!«, schrie er voller Entsetzen. Esmeralda

war sich unschlüssig, ob er sich direkt oder indirekt ausgedrückt hatte. Sie wandte sich sicherheitshalber der Maulwürfin zu. »Wenn du mir den Schlauch bringst, lass ich ihn frei!« Diese schüttelte entschieden den Kopf und drückte sich noch enger an ihn ran. »Sein Schlauch gehört mir!«
Dem Maulwurf drohten die Sinne zu schwinden.
»Ich meine den Gartenschlauch, den er unter der Erde versteckt hat!«, bemühte sich Esmeralda erneut um Klarheit.
Endlich verstand sie und verschwand in den Tiefen des Erdreichs.
»Erdrossle mich!«, flehte der Maulwurf Esmeralda an.
Die war verwirrt. »Meinst du das wirklich?«
»Ja!« lautete die knappe und entschiedene Antwort.
»Heißt das nun ja oder nein?«, wollte Esmeralda wissen.
»Nein, ja, ich meine ...« Der Maulwurf kam nicht mehr dazu, das sprachphilosophische Rätsel zu lösen, denn die Maulwürfin schob das Schlauchende ans Tageslicht. Esmeralda war überglücklich. Während sie den Schlauch ins Freie zog, begab sich die Maulwürfin zu ihrem Liebsten und tröstete ihn.
»Gleich sind wir für immer vereint!«
»Ja!« schrie er voller Emphase, was sie mehr als nur glücklich machte.
»So siehst du aber gar nicht aus!«, stellte Esmeralda fest.
»Selbstverständlich sieht er so aus!«, antwortete seine Zukünftige für ihn.
So langsam bekam Esmeralda Mitleid mit ihm. »Sag mir, was ich für dich tun kann!«
»Freiheit für sie, Zwang für mich!«, bat er sie inständig.
Esmeralda hatte genug vom Rätselraten. Sollten die beiden das doch untereinander ausmachen. Sie kappte seine Halsschlinge und zog sich vorsichtshalber auf den Baum zurück. Der Maulwurf verschwand blitzartig in seinem Bau und begann sich in Richtung Erdmittelpunkt vorzuarbeiten.
»Ich liebe Versteckspielen!«, rief ihm die Maulwürfin hinterher. »Eins, zwei, drei – ich komme!«, und dann war auch sie entschwunden. Noch ein Weilchen hörte Esmeralda eine Mischung aus wollüstigen Brunftrufen und entsetzten Angstschreien. Dann kehrte endlich Ruhe ein. Sie begann die Schlan-

ge in kleine Stücke zu zerteilen und zog sie auf den Baum hinauf. Natürlich bis auf das Stück, das sie sich einverleibte. Morgen war es soweit!

Das Trampolinnetz

Lange Zeit zermarterte sich Esmeralda den Kopf, wie sie das Hasennetz bauen sollte. Das Resultat: Kopfschmerzen! Jede Netzkonstruktion machte den Fuchs zum Nutznießer. Entweder wurde das Häschen zurückgeschleudert und er brauchte nur noch sein Maul aufzusperren. Oder das Häschen blieb stecken und der Fuchs konnte es von hinten vernaschen.

Es schien alles so aussichtslos – bis sie auf die wahnsinnigste aller Ideen kam, nämlich das Netz waagrecht zu bauen. Genauer gesagt verhalf ihr ein Bussard dazu. Der hatte wohl zu viel Holundernektar geschlürft und war gegen ihr Versuchsnetz geprallt. Normalerweise hätte er sich in eine Schleiereule mit Gesichtsnetzchen und wallender Schleppe verwandelt und wäre schimpfenderweise weitergeflogen. Doch das Netz hielt! Er blieb zwar nicht darin hängen, weil die Ästchen, an denen es befestigt war, umknickten. Aber er stieß doch so gewaltig gegen die Maschen, dass er einen Doppelsalto machte und gehörig ins Trudeln kam.

Esmeralda rief ihm hinterher: »Du Rüpel!«

»Wer und vor allem was war das?«, tobte der Bussard. Esmeralda zog es nicht nur aus Bescheidenheit vor zu schweigen.

Als er sich verdünnisiert hatte, sah sie sich die Bescherung an. Zuerst betrübt, denn mit einem waagrechten Netz kann man nur Sturzflieger fangen und die sind selten. Dann voller Entzücken. Es war die perfekte Hasenfalle: Das Häschen würde hochgeschleudert werden und sie konnte es mit einer Schlinge in Empfang nehmen. Und abgehangene Häschen – darin sind sich alle Feinschmecker einig – schmecken am besten!

In der folgenden Nacht wartete sie, bis alle schliefen. Dann begann sie klammheimlich, ihr Wunderwerk zu erschaffen. Sie war mittendrin, als ihre Eltern auftauchten. »Was macht ihr

denn noch so spät unterwegs?«, fragte Esmeralda unwirsch.
»So was dürfen nur Eltern ihre Kinder fragen, nicht umgekehrt!«, rügte ihre Mutter sie.
»Wir müssen mit dir reden«, kam Spinnenpapi sogleich zum Thema. »Und zwar über das Doppel…« Erst jetzt nahm er Esmeraldas Konstruktion wahr. »Warst du am Holundernektar?«
»Wieso?«
»Dein Netz ist völlig schief!«
»Um nicht zu sagen waagrecht schief!«, bestätigte Spinnenmami.
Er betastete es. »Wo hast du das Material her?«
»Ihr wolltet mit mir über ein Doppel reden!«, versuchte Esmeralda sie abzulenken.
»Woher hast du das Material?«, fragte ihr Vater streng, nachdem er festgestellt hatte, dass es alles Dagewesene übertraf.
»Nur eine Frage der Ernährung!«
Ihre Mutter interessierte etwas ganz anderes. »Was ist los mit dir, Kind? Du bist ja völlig schief gewickelt!«, jammerte sie und schüttelte ob des Netzes immer wieder den Kopf.
»Meinst du?«, fragte Esmeralda und kratzte sich gleich mit zwei Beinen am Hinterkopf.
»Ja!« kam es wie aus einem Munde.
Esmeralda sah ihr Netz traurig an.
»Jetzt schlaf mal drüber!«, tröstete ihre Mutter sie.
»Und denk darüber nach!«, ergänzte ihr Vater.
Esmeralda versprach es und blickte ihren davonwackelnden Eltern hinterher.
»Du hättest sie mehr unter deine Fittiche nehmen müssen!«, warf der Gatte seinem Weib vor.
»Und du sie weniger unter deine!«, gab sie es ihm zurück.
Gedankenversunken trotteten sie nach Hause.
Esmeralda wartete, bis sie außer Sichtweite waren, und baute weiter.
Doch von nun an hatte sie keine Ruhe mehr. Ein Nachtschwärmer nach dem anderen kam auf einen Plausch vorbei. Jeder eröffnete das Gespräch mit demselben Satz: »Dein Netz ist schief!«
»Zuviel Holundernektar! Spaß muss sein!«, beendete sie es.

Als der Tag anbrach, war das Netz fertig. Es fehlte nur noch die Schlinge. Aber bis das Gespann auftauchte, würde es noch einige Zeit dauern. Irrtum. Just kam das Häschen angehoppelt und fragte: »Ist das für mich?«
»Was machst denn du schon hier?«, überging Esmeralda die Frage.
»Alles spricht darüber!«, sagte es und deutete auf das Netz.
»Ist es nun für mich?«
»Nein!«
Hasi sah sie mit einem Blick an, der nicht mehr, aber auch nicht weniger sagte als »Für wie bescheuert hältst du mich eigentlich?«
»Es ist für dich!«, gab Esmeralda klein bei.
»Dann lass uns mal überlegen, wie wir dem Fuchs damit eine Freude bereiten könnten!«, schlug das Häschen vor.
»Außer dir kommt mir da niemand rein!«, verwehrte sich Esmeralda gegen dieses Ansinnen.
»Am besten, ich teste es mal!«, schlug das Häschen vor, sprang trotz Esmeraldas Protest hinein und entdeckte die Freuden des Trampolinspringens. Hoch-, Quer- und Seitensprünge, das Häschen probierte alles aus.
Esmeralda bekam schier die Motten. Der Misthoppler hörte überhaupt nicht mehr auf, so genoss er das Springen.
Vier Stunden später kam der Fuchs vorbei. »Wo bleibst du denn?«, machte er Hasi an.
»Die nächste Zeit auf jeden Fall hier!«, erwiderte Hasi und schlug einen Salto.
»Ist ja gut, aber jetzt komm!«, drängte ihr Verfolger.
»Komm doch du!«
»Ich habe keine so missgebildeten Latschen wie du! Mit meinen geht das nicht!«
»Pech!«, sagte Hasi und machte eine Pirouette.
»Heute erwische ich dich bestimmt!«, versprach er ihm. Hasi schüttelte nur den Kopf und sprang weiter.
Esmeralda reichte es. Sie begann ihr Netz wieder abzubauen.
»Lass das ja sein!«, mümmelte das Häschen wütend.
»Erstens gehört es mir und zweitens ist das kein Spielplatz!«, schimpfte Esmeralda.

Eine Drossel hatte sich auf einem Ast niedergelassen und beobachtete, wie der Hase immer wieder angeflogen kam.
»Schön was?!«, meinte sie.
»Der reine Wahnsinn!«, gab ihr Hasi recht.
»Ich sage immer, wer nicht fliegen kann, ist ein Krüppel!«
»Halt du dich raus!«, fuhr Esmeralda die Drossel an.
»Reg dich doch nicht so auf!«
»Was würdest du sagen, wenn ich dein Vogelnest als Sonnenhut benutzen würde?«, schrie Esmeralda zu ihr hoch.
»Also das ist nun wirklich was anderes!«, antwortete die Drossel und flog davon.
Esmeralda krabbelte auf einen Ast, machte eine Schlinge und seilte sich langsam ab. Noch ein paar Zentimeter, dann war es soweit.
Doch der Fuchs kam ihr zuvor. Mitten im Auerbach des Häschens sprang er los, um es im Fluge zu erwischen. Daneben – wenn man davon absah, dass sich die Schlinge um seinen Hals legte. Da hing er nun und seine Augen traten ihm aus den Höhlen. Das hinderte das Häschen nicht daran, den abgestandensten aller Witze anzubringen: »Was glotzt du so blöde?«
Der Fuchs gab keine Antwort, nicht nur, weil ihm die Lust, sondern auch, weil ihm die Luft dazu fehlte.
Da Esmeralda es sich nicht noch mehr mit ihm verderben wollte und zudem keine abgehangenen Füchse mochte, zerbiss sie den Faden. Der Fuchs traf mit dem Hinterteil auf dem Netz auf, wurde wieder hochgeschleudert, machte eine halbe Drehung und landete mit dem Kopf voraus zwischen den Maschen.
Hasi schüttelte ob solchen Unvermögens nur den Kopf und sprang weiter. Jedes Mal, wenn es auf dem Netz aufkam, drückte es die Schnauze des Fuchses in den Boden. Um den Aufprall zu mildern, fraß der sich immer tiefer ins Erdreich, so dass all seine Sätze unvollendet blieben: »Das zahl' ich dir ... mampf, spuck! Wenn ich dich ... schnapp, keuch, aua!«
»Du bringst ihn um!«, stellte Esmeralda fest und bat das Häschen mit dem Gehopse aufzuhören.
»Frag ihn doch mal, was er von mir will. Ganz sicher keine Ostereier!«, entgegnete es gleichmütig.

Der Fuchs biss sich in einer Wurzel fest und ließ sie nicht mehr los. Dem Häschen war das überhaupt nicht recht. Es begann auf seinem Hintern rumzuhüpfen.

Esmeralda hatte inzwischen eine neue Schlinge so weit abgeseilt, dass sie über Hasis Haupt hing. Doch wieder machte ihr der Fuchs den Erfolg zunichte. Seine Kiefer machten schlapp. Er ließ die Wurzel los, katapultierte das Häschen zur Seite und seinen Schwanz in die Schlinge hinein.

Das Häschen nutzte auch diese Notlage aus. Jedes Mal, wenn es hochsprang, versetzte es dem Fuchs einen Tritt, so dass er zu schwingen begann. Er geriet an den Rand des Wahnsinns. »Ich mache Hackfleisch aus dir!«, brüllte er in ohnmächtiger Wut.

»Das erledige ich für dich!«, versuchte Esmeralda ihn zu trösten.

»Aus dir, aus dir!«, kreischte er mit überschlagender Stimme.

»Wenn dem so ist!«, meinte sie, kappte den Faden und schloss die Augen, als er auf dem Boden aufkam. Der Fuchs brauchte ein ganzes Weilchen, bis er all seine Knochen gezählt hatte. »Damit du es weißt«, wandte er sich an das Häschen, »mit unserer Feindschaft ist's vorbei. Such dir jemand anderen, der dich jagt. Ich bin mir dafür zu schade!« Ohne ein weiteres Wort machte er sich von dannen.

»Ist doch mir egal!«, rief ihm Hasi hinterher. »Was ich brauche, habe ich!«, und machte eine Riesenschraube.

Esmeralda sah dem davonhumpelnden Fuchs hinterher und überlegte sich, ob sie Mitleid mit ihm haben sollte. Dann wurde sie all der Tiere gewahr, die auf ihr Netz zuströmten und brauchte von nun an all ihr Mitleid für sich selbst.

Johannes

Es kamen nicht nur Hinz und Kunz, Katz und Maus, Hase und Igel – alle kamen, insbesondere Kreti und Pleti, und vor allem die Honoratioren des Waldes. Und wenn jemand seine Aufwartung machen musste, dann Familie Eber. Sie steckte ihre Nasen sowieso in alles rein. Obereber Johannes musste dieses Netz nachgerade in Augenschein nehmen. Schließlich war er der König des Waldes. Sein Reich umfasste alle Tiere, die langsamer oder schwächer waren als er, und die sich nicht in einem Schlupfloch verstecken konnten. Seine Leibesfülle drückte Wohlstand und gute Ernährung aus, weshalb fast alle Tiere zu schnell und die meisten Löcher zu eng für ihn waren. So hielt sich die Schar seiner getreuen Untertanen in eher bescheidenem Rahmen. Seine Freunde riefen ihn Jo oder Jonny, seine Feinde ebenfalls. Lediglich Terroristen und Staatsfeinde wagten es, ihn mit »Du dicke Sau!« oder »Fettes Schwein« anzureden. Jonny nahm's gelassen. Nur seinen Untertanen zuliebe tat er so, als würde er sich darüber aufregen.

Ihm zur Seite trabte Elisabeth, seine Lieblingssau, die First Lady des Waldes. Sie hatte einen Arsch wie ein Brauereigaul, ein Maul wie ein Fischweib, und sie heizte Jonny tagtäglich so ein, dass er selten nur unter Dampf stand. Meistens kochte er.

Die Ebers näherten sich dem Trampolinnetz: Jo vorneweg, die Kleinen irgendwo und Elisabeth hinterher.

»Gut siehst du aus, Majestät!«, begrüßte Eugen sein Oberhaupt. Eugen war ein alter Haudegen von einer Wildsau, der wusste, was sich gehörte und wer die mächtigeren Hauer besaß.

»Dieses Jahr gibt es große Kartoffeln, Majestät!«, versuchte sich ein Wiesel bei ihm einzuschmeicheln. Das Ärmste litt so an Gicht, dass es kaum noch gehen konnte.

»Seid gegrüßt, mein Volk!«, nahm Jonny hoheitsvoll die Treuebekundungen entgegen.

»Tag, Matjestät!«, kläffte Bello, der bis vor kurzem bei einem Herrchen gelebt hatte. Doch er hatte es nicht mehr ausgehalten – Unfallversicherung hin, Halskette her, Schläge sind das eine und Freiheit das andere.

»Du bist neu hier in meinem Reich!«, ließ sich Jonny zu einem Plausch herab.

»Ja, genau, danke Matjestät!«, stammelte Bello und war überwältigt von der Ehre, die ihm zuteil wurde.

Jonny überlegte kurz, ob er diesem Köter wegen Matjes... Majestätsbeleidigung einen Hieb versetzen sollte, ließ aber Gnade vor Recht ergehen. Er beendete den Gedankenaustausch mit einem Nicken und trabte weiter auf das Netz zu.

Dort herrschte Hochbetrieb. Jo musste sich Platz schaffen, um an das Netz zu gelangen.

»Bleib bloß weg, du Fettarsch!«, piepste ihn jemand an.

»Wer war das?« Jonny sah sich zornig um.

»Ich!«, teilte ihm ein Eichhörnchen mit, ließ sich von einem Ast auf das Netz fallen und dann zu einem anderen Ast hinaufkatapultieren.

»Du weißt wohl nicht, mit wem du redest?«, brüllte Jo.

Als Antwort ließ das Eichhörnchen eine Eichel fallen, die Jonnies Nase traf, und sagte zur Verdeutlichung: »Mit Doofkopf Nimmersatt!«

»Das war eindeutig eine Majestätsbeleidigung!«, röhrte Jo los und blickte sich um. Er sah in drei entsetzte und ansonsten beifällig nickende Gesichter. Eigentlich hätte er jetzt etwas Gemeines oder außergewöhnlich Bescheuertes, eben etwas richtig Majestätisches tun müssen. Aber solange die Eichel vor ihm lag, ging das nicht. Jonny wusste, dass es nicht den besten Eindruck machen würde, aber er musste sie einfach fressen. Es gab nichts Schlimmeres, als Nahrung verkommen zu lassen. Mampfend blickte er den Baum hoch, ob das Eichhörnchen vielleicht noch einmal ... Nein, tat es nicht.

Notgedrungen machte sich Jo an die Staatsarbeit und beschnupperte das Netz. Es roch zäh! Trotzdem musste er einen Knabberversuch wagen.

»Du hast sie wohl nicht alle!«, machte ihn das Häschen an, das wie toll auf dem Netz herumhüpfte.

Doch Jo hatte momentan keine Zeit für Plänkeleien. »Wer hat das verbrochen?«, wollte er lautstark wissen.

»Ich!«, meldete sich Esmeralda.

»Erzähl keinen Scheiß!«, meinte Jonny. »Doch nicht du Missgeburt.«

»Wenn ich eine bin, was bist dann du?«, hielt sie dagegen.

Jonny rang nach Luft und Worten. »Elisabeth!« stieß er in Ermangelung letzterer hervor.

»Was ist denn?«, rief diese entnervt, weil sie sich entweder verzählt oder eines der Kleinen sich wieder mal verlaufen hatte.

»Jetzt bleibt mal stehen!«, brüllte sie die Frischlinge an.

»Immer meckern!«, maulten diese, folgten aber dem nicht sehr mütterlich klingenden Ton.

»Elisabeth! Wo bleibst du!«, wehklagte Jonny.

»Sofort! Sechs, sieben, alle. In eine Reihe. Marsch!«, sagte sie und gesellte sich zu ihrem Gatten. Der stand unter dem Baum und starrte mit blutunterlaufenen Augen zu Esmeralda hinauf, die über ihm thronte. »Was ist denn?«

»Diese Missgeburt hat gesagt, ich sei eine Missgeburt!«, tobte Jonny.

»Das sag ich dir doch schon lange!«, meinte sie lakonisch.

»Du fällst mir in den Rücken?!«, entsetzte sich Jo.

»Beruhige dich und walte deines Amtes!«, entgegnete sie nur. Das half meistens. Jonny nahm augenblicklich eine würdige Haltung ein und blickte hoheitsvoll drein.

»Jetzt sag schon was!«, forderte Elisabeth ihn auf.

Jonny büßte ein bisschen von seiner Würde ein und fragte unsicher: »Was?«

»Sag ihr, dass das Netz weg muss!«

»Das Netz muss weg!«, verkündete er.

Die Frischlinge begannen zu quieken. »Wir wollen aber springen!«

Jonny, der als Herrscher grausam, aber als Vater eine Seele war, flüsterte ihnen zu: »Sag' ich doch bloß so!«

Esmeralda stellte eine Frage, die schon als solche eine Majestätsbeleidigung war. »Wieso?«

»Weil ich es so will!«, verkündete Jonny.

»Spinnst du?«, raunte ihm sein Weib zu.

»Wieso?«, fragte Jonny.
»Du weißt, was das Kleinvieh mit dir macht, wenn du dich wie ein Diktator aufführst!«
Johannes zuckte zusammen. Deren Beleidigungen steckte er locker weg. Aber dass sie ihn mit Nichtessbarem bewarfen und sich von ihm verfolgen, aber nicht fangen ließen, das tat weh. Und mit dem Kopf ständig gegen Steine und Baumhöhleneingänge zu rennen noch viel mehr. »Ein richtiger Herrscher macht immer das, was das Volk nicht will, sonst ist er keiner!«, beharrte Jonny auf seiner Meinung.
Elisabeth erteilte ihm eine kurze Lektion in moderner Führungslehre. »Aber er macht es so, dass es das Volk nicht merkt!«
»Was soll ich denn dann sagen?«, fragte er sie hilflos.
»Das Netz muss weg, weil es für alle das Beste ist!«, sagte Elisabeth ziemlich laut.
»Jetzt hast du es gesagt!«, beklagte sich Jonny.
»Ist doch egal!«, meinte sie.
»Ist es nicht!«, beharrte er.
»Macht endlich die Startbahn frei!«, schrie jemand. »Aber ein bisschen plötzlich!«
Jonny stand kurz davor zu explodieren. Glücklicherweise gab es ein sicheres Mittel ihn zu beruhigen. Ohne Vorabsprache stimmten alle in eine Laudatio ein: »Heil dir, Johannes! Unser König! Er lebe hoch! Dreimal hoch!« Und alle ließen einen fahren. Jonny hörte es immer wieder gerne. Es versöhnte ihn mit der Schwere seines Amtes.
Doch die Phase des Glücks dauerte nicht lange. Die Kleinen nölten. »Wir wollen springen!«
»Einer nach dem anderen!«, machte Jo einen auf Vater.
»Du spinnst wohl!«, fuhr ihn Elisabeth an. »Das ist viel zu gefährlich!«
Jonny blickte sie verständnislos an.
»Ich glaube nicht, dass ein Spinnennetz sie hält!«
»Das hält sogar mich aus!«, versicherte ihr Jonny.
»Das will ich sehen!«
»Du kannst es mir glauben!«
»Sehen!«
»Esmeralda, das hält mich doch aus?«, rief Jo in die Höh.

Was für eine Frage!«»Na klaro!«
»Hast du das gehört?«, triumphierte er.
»Sehen!«
Jo wusste, er war zwar der Herrscher, aber gegen Elisabeth hatte er keine Chance. Deshalb rief er: »Eugen!«
Alle Tiere warteten gespannt darauf, wie Jonny sein Herrscheramt ausfüllen würde. »Ich erteile dir das Vergnügen, mein Vorspringer sein zu dürfen!«, verkündete er Eugen voller Wohlwollen.
»Mir ist heute gar nicht so nach Vergnügen!«, entgegnete dieser mit aller gebotenen Vorsicht.
»Du vergnügst dich, und zwar sofort!«, brüllte Jo.
»Ich breche mir sicher den Hals!«, wehklagte Eugen.
»Dann bekommst du ein Staatsbegräbnis!«, versicherte ihm sein Herrscher.
»Das ist doch nicht nötig!«
»Ist dir deine Vaterlandsliebe nicht diesen kleinen Dienst wert?« Jonny sah ihn scharf an.
»Um ehrlich zu sein, ich habe mich mit meinem Vater nie so richtig verstanden«, gestand Eugen.
Jonny war erstaunt. »Das habe ich nicht gewusst. Erzähl mal!«
»Jonny!« Mehr brauchte Elisabeth nicht zu sagen.
Jo nahm augenblicklich wieder seine Majestätshaltung ein. »Wir unterhalten uns ein anderes Mal darüber«, sagte er voller Anteilnahme, um im nächsten Moment wie eine gesengte Sau loszudonnern. »Spring, und zwar sofort!«
Eugen wusste, sein letztes Stündlein hatte geschlagen.
»Du wirst doch wohl nicht diesen Dödels gehorchen!«, mischte sich das Eichhörnchen ein.
»Hast du schon mal seine Hauer im Arsch gehabt?«, fragte Eugen voller Ingrimm.
»Der kommt ja keinen Baum hoch!«, entschuldigte es sich.
»Dann halt dich raus!«, waren Eugens letzte Worte.
Mit dem Mut eines Selbstmörders nahm er Anlauf, sprang ab, schloss die Augen, zog die Beine an, flog über das Netz hinweg und landete auf dem Bauch. Er quiekte wie ein Frischling und rutschte noch ein ganzes Stück weiter.

»Das Ganze noch mal!«, brüllte Jonny.
Eugen öffnete die Augen, erhob sich, blickte seinen Gebieter entschuldigend an und machte sich aus dem Staub.
»Das ist Dessert! Darauf steht Todesstrafe!«, schrie Jonny hinter ihm her.
»Das ist Dissertation!«, korrigierte ihn eine Hummel.
Eugen blieb bei seinem Entschluss. Zudem war Jonny zwar ein Schwein, aber nicht übermäßig nachtragend. »Ich hol' mir nur schnell was zum Fressen!«, rief er zurück.
Jonny wollte augenblicklich hinter ihm her.
»Du springst!«, donnerte Elisabeth.
Jonny fügte sich notgedrungen in sein Schicksal, nahm Anlauf, sprang ab, zog die Beine an und ließ sich in das Netz plumpsen.
Sicher war es das tollste Netz aller Zeiten; daran gab es keinen Zweifel. Aber Jonny war eine fette Sau, und niemand hätte auch nur einen Pfifferling auf das Netz gewettet. Doch es hielt! Lediglich die Halterungen, mit denen es an den Bäumen befestigt war, rissen. Jonny fiel auf den Bauch – platsch, plumps!
Die Tiere waren entsetzt. Achs und Ojemines machten die Runde und seine Kinder begannen zu heulen.
»Keine Angst, wahrscheinlich werde ich es sogar überleben!«, versuchte Jonny sie zu beruhigen, obwohl ihn seine Bauchschmerzen schier umbrachten.
»Du hast das Netz kaputtgemacht!«, jammerten seine Nachkömmlinge.
»Hab' ich's dir nicht gleich gesagt!«, zeterte Elisabeth.
»Sie ist schuld!«, schrie Jo und deutete mit der Schnauze in Richtung Esmeralda. »Sie hat gepfuscht!«
Niemand hätte ihm eine solch feinsinnige Analyse zugetraut. Alle blickten zu Esmeralda hoch. Der wurde es unbehaglich zumute. Was sollte sie tun? Ihr wertvolles Netzmaterial für Spielplätze vergeuden? Sie war doch nicht blöde. Andererseits, allein gegen alle ist ein hartes Leben und macht schnell graue Beinhaare. Über die Unbilden des Schicksals fluchend begann sie das Netz zu reparieren.
»Aber dieses Mal etwas besser!«, herrschte Jonny sie an.
»Noch einen Ton, und du kannst es selber machen!«

»Das hör' ich mir nicht länger an!«, befand Jonny und wollte entschwinden.

»Du springst noch mal!«, befand seine Gemahlin.

»Du hast einen Liebhaber und willst, dass ich mir den Hals breche!« Jonny gingen gleich zehn Kronleuchter auf.

»Nicht schon wieder!« Elisabeth schickte einen Seufzer gen Himmel und wackelte mit den Hüften. Auch wenn Jonny nervte, so schmeichelte es ihr doch, dass er es ihr immer noch zutraute. »Und wer ist es dieses Mal?«

»Ich werde ihn finden, und wenn es das Letzte ist, was ich tue!«, schrie er, scharrte mit den Füßen und wollte sich augenblicklich auf die Suche machen.

»Erst springst du!«

»Damit er dich bespringen kann!«, konterte Jo und war selbst überrascht, zu welch ausgefeilten Wortspielen er in der Lage war. Elisabeth ebenfalls.

»Ich bin's, der deine Alte bumst! Sie sagt, so gut wie du bin ich allemal!«, stellte sich der Feuersalamander und verschwand unter einem Stein. Jonny holte sich eine große Beule, und zwar genau an der Stelle, an der er sich erst neulich gestoßen hatte. So was tut vielleicht weh!

Es war mal wieder Zeit für eine Laudatio: »Heil dir, Johannes! Unser König! Er lebe hoch, dreimal hoch!«

Esmeralda hatte inzwischen ihre Super-Stabilo-Haltekonstruktion fertig gestellt. Jonny trottete mit hängenden Schultern auf das Netz zu.

»Lass dich nicht von deinem Weib unterkriegen! Bespring sie! Zeig's uns!«, schlug ihm das Eichhörnchen vor.

Jo steckte in einer Zwickmühle. Er konnte unmöglich seinen Untertanen nachgeben, aber genauso wenig seiner Frau. Andererseits konnte er ihr unmöglich nicht nachgeben. Also was tun? Da kam ihm die Erkenntnis. »Ich springe freiwillig!«, verkündete er hoheitsvoll.

»Wenn du das machst, hau' ich dir die Hucke voll!«, drohte ihm das Eichhörnchen.

Jonny war verblüfft. »Du willst was?«

»Hörst du schlecht?«, brüllte es und kletterte den Baumstamm runter, bis es sich auf Jonnys Kopfhöhe befand.

Ohne Vorwarnung startete er einen Überraschungsangriff. Es traf genau das ein, was alle erwartet hatten: Der Baum erzitterte unter seinem Aufprall. Der Schmerz war so groß, dass er sich gegen den Stamm lehnen musste, um nicht umzufallen. Aber es hatte sich gelohnt.

Mit dieser Ansicht befand er sich jedoch allein auf weiter Flur. »Das nächste Mal schlag ich dich k.o.!«, kündigte ihm das Eichhörnchen von oben an.

Jonnys trübe Augen suchten bei seinem Volk Hilfe und Unterstützung. Aber was sie sahen, ließ sie noch trüber werden. Niemand schien es zu interessieren, dass der größte aller Herrscher beinahe einem Attentat zum Opfer gefallen wäre. Die ganze Brut tollte auf dem Trampolin herum und hatte dabei ein höllisches Vergnügen.

Niemand durfte so mit ihm umspringen. Rache ist Blutwurst! Das Netz musste weg! Und wenn es die letzte Heldentat war, die er in Erfüllung seines Amtes vollbrachte. Jos Körper straffte sich, er rannte mit Karacho auf das Netz zu und sprang darauf. Es ächzte und stöhnte, hielt aber stand und schleuderte ihn nach vorne. Zugegeben, die Landung war nicht allererste Sahne. Doch seine Hauer fingen das meiste auf. Jo wäre auch nicht zum Zahnarzt gegangen, wenn er einen gehabt hätte. Dazu war keine Zeit. Seine Wut war zu übermächtig.

Beim nächsten Sprung tauchte er noch tiefer in das Netz ein und wurde noch höher geschleudert. Bis zur Unterseite eines Astes. Geschickt fing er den Aufprall mit dem Kopf ab. »An der Stelle hatte ich noch nie eine Beule!«, dachte er. Das Netz nahm ihn mit offenen Armen auf, stieß ihn aber alsbald wieder von sich. Für seine Landung hätte er auf der nach oben offenen Richterskala sicher eine 4.8 bekommen.

»Was für ein Netz!«, stellte Esmeralda nicht ohne Stolz fest.

»Es ist schlichtweg Scheißdreck!«, tat Jonny seine Gefühle kund und machte sich auf, es zu beweisen.

Anfänglich sahen alle Tiere Jonny fasziniert zu. Wann sieht man schon mal eine Wildsau doppelte Salti schlagen? Doch bald machte sich Furcht breit. Nicht vor oder um Jonny, sondern davor, dass er das Netz doch schaffen könnte. Deshalb war es mal wieder Zeit für einen Lobgesang. »Heil dir, Johannes ...!«

Die Huldigung zeigte Wirkung. Jo nahm bei seinem Abgangssalto eine majestätische Haltung ein und kam mit dem Hintern auf. Auch wenn es nicht so aussieht, aber auch Fettärsche empfinden Schmerzen. Doch Jonny ignorierte sie ebenso wie das Gekreische seiner Alten, er solle sofort herkommen. Schließlich stand er in der Pflicht: Er musste das Netz vernichten!

Die Tiere stellten sich auf Jonnys neuen Regierungsstil ein und folgten ihm im Gänsemarsch. Immer wenn Jo – inzwischen beherrschte er die linksgedrehte Schraube – das Netz verließ, sprangen sie. Jo tobte und drohte, ihnen allen den Garaus zu machen, wenn sie ihn bei seinem Staatsakt weiterhin störten. Niemand nahm es ihm krumm.

Mit jedem Sprung flog der Herrscher des Waldes höher und höher und höher …

Bussardo

Bussardo war nicht gerade das, was man einen Sympathieträger nennt. Das lag nicht nur an seinem Aussehen, sondern auch an seinem Charakter. Er war ein Klugscheißer und Schwätzer, zudem machtlüstern und hinterfotzig. Man sollte nicht unerwähnt lassen, dass diese Beschreibung von seiner Mutter stammte, die ihn über alles liebte.
Bussardo brachte also alle Voraussetzungen für einen erfolgreichen Politiker mit und fühlte sich daher zu Höherem berufen. Er wollte, ja er musste Herrscher über alle Tiere werden. Nicht aus Machtgelüsten. Liebe war seine Triebfeder. Er wollte sein weiteres Leben der Liebe widmen. Alle mussten ihn lieben, alle! Und wenn ihn jemand nicht lieben sollte? Der Gedanke war so unerträglich, dass er auf Herz und Flughöhe drückte. Dennoch schaute er reichlich verwundert drein, als er plötzlich einer Wildsau ins Auge sah, die ihn fragte: »Was glotzt du so blöde?«
Schlagfertig, wie Bussardo nun mal war, entgegnete er: »Da ich weder glotze, noch blöde ...« Den Rest seiner Antwort konnte er sich sparen, denn das Viech war schon wieder entfleucht.
Bussardo folgte ihm im Sturzflug. »Was machst du in meinem Revier?«, wollte er von Jonny wissen.
»Dein Revier, dass ich nicht lache! Ha!«
Eigentlich hatte Jonny weiterlachen wollen. Aber auf einem Ast landen und gleichzeitig lachen – das schafft keiner. Er ließ sich fallen, landete zum Glück im Netz und wurde noch mal hochgeschleudert. Wieder gebot ihm besagter Ast Einhalt, dieses Mal von oben. Endlich landete er so auf dem Netz, dass er hinausgeschleudert wurde. Da so eine Flugnummer Kraft kostet, blieb Jonny erst einmal auf dem Boden liegen und verschnaufte.

Bussardo, der sich auf einem Ast in seiner Nähe niedergelassen hatte, blickte das Trampolin verwirrt an. Zugegeben, andere Länder, andere Sitten – aber gleich solche? »So lernst du nie fliegen!«, klärte er Jonny auf.

Jonny öffnete ein Auge. So ein dummes Geschwätz verdiente nur eine Antwort. »Hau ab!«

Das hatten Bussardo zwar schon viele, aber noch niemand ungestraft gesagt. Da er gerade auf Liebespfaden wandelte, riss er sich zusammen. »Ich bin Bussardo, König der Lüfte!«, stellte er sich vor.

»Und ich Jonny, König des Waldes!«, hielt Jo dagegen.

Jo kam dieser Staatsbesuch ziemlich ungelegen. In Zeiten voller Rebellion und Attentaten gab es Wichtigeres zu tun als von König zu König zu plauschen. »Esmeralda!«, schrie er.

»Bussardo, B U S S A ...«, buchstabierte Bussardo.

Doch Jo blieb dabei: »Esmeralda!«

»Was is'n?!«

»Sofort baust du das Netz ab!«, forderte Jonny.

»Ich bin doch nicht jeck!«

»Das ist mir egal! Das Netz kommt weg! Ich befehle es dir!«, brüllte Jonny.

»Vorhin wolltest du, dass ich es repariere!«

»Na und?«

»Glaubst du wirklich, dass ich so bescheuert bin!?«

»Seinem Herrscher zu gehorchen ist nicht bescheuert, sondern oberste Untertanenpflicht!«, stellte Jonny klar.

»Wer seinen Herrscher nicht liebt, ist krank!«, fügte Bussardo hinzu.

Esmeralda blickte den Neuankömmling verwundert an. »Was ist denn das für eine Schleiereule?«, fragte sie Jo.

»Staatsbesuch, lenk nicht ab!«, antwortete der. »Und jetzt zack, zack!«

»Du nervst! Ich gehe fressen!«, verabschiedete sich Esmeralda und verzog sich.

»Soll ich ...?«, bot sich Bussardo an und sperrte den Schnabel auf.

»Das erledige ich selbst!«, tobte Jo, und unter Ausnutzung seines Gesamtgewichts sprang er so heftig in das Netz, dass er

auf einen sehr hohen Ast hochkatapultiert wurde. Bussardo flog zu ihm rauf und fragte: »Was hast du vor?«
»Ich werde beweisen, dass das Netz gemeingefährlich ist!«, verkündete er, warf jedoch blöderweise einen Blick in die Tiefe und jammerte kläglich: »Elisabeth!«
»Was ist?«, erscholl Elisabethanisches Gekreische.
»Hol mich hier runter! Mir ist schwindelig!«
»Mach die Augen zu und spring!«, schlug sie ihm vor. »Papi, springen!«, stimmten seine Kleinen in freudiger Erwartung mit ein. Selbst Jonnys real existierendes Volk wollte seinen Führer bei sich haben und stimmte einen Jubler auf ihn an. »Heil dir, Johannes! Er lebe hoch, dreimal hoch! Sprin-gen, sprin-gen!!« Doch alle Aufforderungen konnten Jo nicht überzeugen. Das letzte Quäntchen Entscheidung nahm ihm Bussardo ab. Er wollte an Jonnys statt von dessen Volk geliebt werden und schnäbelte so heftig in Jonnys Hinterteil, dass dieser vor Schreck das Gleichgewicht verlor und in die Tiefe stürzte.

Lassen wir den Sprung mit dem dreifach rechtsgedrehten Rittberger beiseite. Lassen wir auch jenen Ast unberücksichtigt, der kurzfristig Jonnys Flug verlangsamte. Beschränken wir uns auf das Wesentliche. Jonny kam auf dem Netz auf. Und die allerwichtigste Frage kann jetzt beantwortet werden. Es hielt! Jonny wurde noch mal hochgeschleudert, dann ging es endgültig abwärts mit ihm. Beinahe wäre er auf dem Rücken seines Weibes gelandet. Doch momentan stand ihm der Sinn nicht nach Frivolem und er schlug direkt neben Elisabeth ein. Auch das drückt eine ganze Menge Verbundenheit aus.

Elisabeth beugte sich über ihren Gemahl. »Jo!«, flüsterte sie ihm besorgt ins Ohr.
»Was ist?«, murmelte er.
»Das möchte ich von dir wissen!«, hauchte sie.
»Sag du es mir!«, bat er sie.
»Dass du mir ja nie mehr auf dem Netz herumspringst! Wir gehen, und zwar sofort!«, fuhr sie ihn an und machte sich ungeachtet des Gejammers aller Familienangehörigen auf den Weg. Alle folgten ihr im Gänsemarsch, wobei Jonny das Schlusslicht bildete. Ein Staatsgeschäft musste Jonny noch erledigen. »Esmeralda!«, brüllte er. »Wenn ich noch ein Netz von dir sehe,

dann...!« Der Rest blieb ungesagt, weil jeder wusste, was Jonnys Drohungen zu bedeuten hatten. Alle sangen ihm ein Abschiedsständchen und ließen einen ganz besonders lauten fahren, was Jonny ein wenig mit seinen Schmerzen versöhnte.

Bussardo sah seine Stunde gekommen. Er setzte sich neben das Netz und lächelte den Tieren zu. Doch seine Klauen und sein Gesicht stellten nicht gerade vertrauensbildende Maßnahmen dar. Deshalb machte er einen auf Hilfe und kommentierte ihre Sprünge mit »Gut so!« oder »Noch ein bisschen mehr die Beine strecken!«

»Halt den Schnabel!«, machte Hasi ihn an.

Ehe er sich versah, hielt Bussardo ihn in seinen Klauen. Doch statt Hasengeschnetzeltes aus ihm zu machen, ermahnte er ihn nur: »Mehr strecken, habe ich gesagt!«, und ließ Hasi fallen. Daraufhin machten immer mehr Tiere den Abgang.

»Bleibt doch, ich zeige euch jetzt, wie man richtig springt!«, kündigte Bussardo die Hauptattraktion des Tages an. Er stieg in die Höhe und ließ sich wie ein Pfeil auf das Netz fallen. Seine Haltung beim Aufprall war mustergültig. Nur gehören Bussarde zu den Greifvögeln und so ein Instinkt ist ausgesprochen stark. Er bekam das Netz zu packen und ließ es nicht mehr los. Niemand hatte bis dato einen geschüttelten Bussard gesehen und niemand wusste, wie es unter dessen Federkleid aussieht. Nach diesem Lifeact wussten es alle.

»Gerade habe ich euch gezeigt, wie man es nicht machen darf. Jetzt zeige ich euch, wie man richtig springt!«, erläuterte Bussardo seine Vorführung.

Sein nächster Sprung übertraf an Höhe und Eleganz alles bislang Dagewesene. Ich sage nur Greifreflex: Bussardos Organe machten Freudensprünge. Er spürte seine Leber auf der Zunge und hatte solches Ohrensausen, dass er das Gelächter der Tiere kaum vernahm. Er gelangte zu der Erkenntnis, dass das Netz nichts taugte! Und was Jonny nicht geschafft hatte, Bussardos Schnabel gelang es. Ein Faden nach dem anderen riss. Die Tiere sahen es mit Entsetzen. »Hör auf!«, flehten sie Bussardo an.

»Ist das Beste für euch!«, sorgte er sich um seine zukünftigen Untertanen.

Die Tiere besahen entsetzt das Werk der Zerstörung. »Esmeralda, du musst uns ein neues bauen!«, flehten sie. Doch die antwortete nicht. Die Kleinen trollten sich, nicht ohne Bussardo aus ihren Verstecken unmissverständlich mitzuteilen, was sie von ihm hielten.

Bussardo musste zu seinem Bedauern feststellen, dass dieses Volk noch nicht reif war für die weisen Entscheidungen ihres Herrschers.

Doch die wahrhaft Schuldige war Esmeralda. Sogleich machte er sich auf die Suche nach ihr und entdeckte sie in einer Baumhöhle. Da er sie nicht herausholen konnte, und sie nicht freiwillig kommen wollte, ließ er Gnade vor Recht ergehen. »Als König der Lüfte befehle ich dir: In Zukunft baust du keine Netze mehr! Ist das klar?«, schrie er so laut, dass es alle hören konnten.

»Ist gebongt!«, sagte Esmeralda untertänigst.

Zufrieden schwang sich Bussardo zu einem Rundflug über sein Reich auf und freute sich, so schnell eine untertänigste Untertanin gewonnen zu haben. »Ist erst einmal der Anfang gemacht, dann ist auch die Mitte nicht weit!«, malte er sich seine herrschaftliche Zukunft aus. Dieser Gedanke beflügelte ihn so, dass er wie ein Pfeil in die Höhe schoss – bis ihn der Faden, den ihm Esmeralda ans Bein geheftet hatte, wieder nach unten riss. Bussardo musste selbst zugeben, dass ein Netz seinen Aufprall sicher etwas abgemildert hätte.

»Jetzt weißt du, wofür Spinnennetze gut sind!«, belehrte ihn Esmeralda und trollte sich. Bussardo blickte ihr ungläubig hinterher. Er fasste den unwiderruflichen Beschluss, sie nie und nimmer als Untertanin in seinem Reich aufzunehmen. »Zumindest habe ich schon eine Staatsfeindin!«, versuchte er sich zu trösten.

Gandulf

Esmeralda baute an einer entlegenen Stelle ein neues Trampolinnetz. Irgendwie würde es ihr schon gelingen, das Häschen dorthin zu locken. Doch alsbald hatten es alle Wald- und Wiesenbewohner entdeckt und es wurde zum großen Freizeithit. Ein jeder sprang, was das Zeug hielt. Kein Tier nahm Rücksicht darauf, ob es auf ein anderes drauf, ihm in die Quere oder danebensprang. Die Jucheirassas, Ohhs und Ahhs hielten sich mit dem Geschimpfe in etwa die Waage.

Plötzlich legte sich ein großer Schatten über das Netz. Er stammte von Gandulf. Wenn ein Zwölfender jemals vollständig dem Ruf eines Zwölfenders entsprach, dann war er es. Wenn einer jemals zum Herrscher geboren ward, dann ebenfalls er. Und wenn einer jemals zurecht als weise und gütig gerühmt wurde, dann ganz sicher Gandulf.

Sein Schatten wurde deshalb auch keine hunderttausendstel Sekunde lang als Vorbote einer Bedrohung verstanden, sondern als Schutz vor der Sonne genossen.

Gandulf liebte sein Volk und verabscheute Gewalt. Die ästhetische Erziehung der Tierheit war sein Lebenswerk, Anmut, Würde und Veredelung der Sinne die Inhalte seiner Lehre. Er lehrte nicht nur, sondern lebte auch diese Grundprinzipien der entwickelten Tierheit vor. Kein Tier hatte ihn jemals schmatzen hören. Und seine Sprache hatte sich noch nie zu den Niederungen des Leibes herabgelassen, sondern sich stets auf der Höhe des Geistes entfaltet.

Seinen Untertanen war's egal. Sie begrüßten ihn mit lustvollem Gestöhne. »Gandulf, mach's mir!«, schrie Eleva, ein auf den ersten Blick scheues und anmutiges Rehlein, das alle Eigenschaften besaß, um in einem Disneyfilm groß rauszukommen. Selbst auf den zweiten Blick sah man ihr nicht an, dass sie ein reichlich verdorbenes Flittchen war. Ebenso Schneckchen,

das Gandulf ekstatisch anhechelte: »Nimm mich! Ich bin dein!«
»Heute bin eindeutig ich dran!«, reklamierte die Libelle und umschwirrte in eindeutiger Absicht Gandulfs Nase. »Mach mit mir, was du willst!«, summte sie ihm zu.

Gandulf schmunzelte über diese naive Ausdrucksweise tierischer Zuneigung und sprach voller Güte: »Ich danke euch für eure tiefe Verbundenheit!«

»Lass sie mich ganz tief spüren!«, stöhnte Schneckchen und nahm eine aufreizende Pose ein.

»Ich könnte dir zeigen, wie tief meine Zuneigung geht!«, erbot sich ein Jungiltis.

Doch wie üblich ging Gandulf auf kein Angebot ein. Keinem Tier war es bislang gelungen, das Geheimnis seiner Sexualität zu lüften. Es gab Gerüchte, die behaupteten, es gäbe überhaupt kein Geheimnis, denn wo nichts ist, gibt es auch nichts zu verbergen. Doch das waren wie gesagt Gerüchte. Seine Untertanen wären schon glücklich gewesen, ihn mal aus seiner gottähnlichen Rolle fallen zu sehen. Doch Gandulf war in seiner Ruhe und Gelassenheit unerschütterlich.

Er stellte sich neben das Netz und sah voller Wohlwollen, wie sich die jungen und alten Springinsfelde in der Kunst des Bespringens übten. Als es auf dem Netz so wimmelte, dass niemand mehr springen konnte, schlug er vor: »Springt doch nacheinander!«

Alle fanden diese Idee ausgezeichnet, zwar nicht für sich, aber für die anderen. So sah sich Gandulf genötigt, seinem Herrscheramte zu obliegen und dem Wohle der Allgemeinheit zur Durchsetzung zu verhelfen. Da nicht alle vom Netz weichen wollten, schob er sie mit seinem Geweih ganz vorsichtig runter.

»So ist's gut, fester!«, stöhnte Schneckchen, als sich Horn sieben unter sie schob.

»Stimmt es, dass du es nur in tiefster Nacht bei Mondfinsternis treibst?«, fragte ihn ein Wiesel, das von seiner Leidenschaft, dem Salto rückwärts, nicht hatte lassen wollen und jetzt auf Horn vier saß.

»Alles zu seiner Zeit!«, erwiderte Gandulf, und schüttelte ihn vorsichtig von seinem Geweih.

»Und was machst du, wenn eine rallige Alte am Tage zu dir kommt und es auch ohne Mondfinsternis unbedingt braucht?«

»Ein wahres Tier zeichnet sich dadurch aus, dass es zwischen seinem Streben und dem eines anderen unterscheiden kann«, klärte ihn Gandulf über das Wesen tierischer Willensfreiheit auf.

Das Wiesel sah ihn verständnislos an. »Was gibt es da zu entscheiden?«

Gandulf seufzte. »Du machst erst dann von deinem Willen Gebrauch, wenn du in der Lage bist, deinen Bedürfnissen zu widerstehen!«

»Sag mir einen Grund, warum ich so bescheuert sein sollte?«, fragte ihn das Wiesel und reihte sich kopfschüttelnd in die Warteschlange ein.

Die Tiere stellten sich diszipliniert in Dreierreihen auf und sprangen hintereinander. So kam zwar ein jeder dran und es gab auch keine größeren Unglücksfälle mehr, aber es war so was von langweilig. Solange jedoch Gandulf sie mit seiner Anwesenheit nervte, wagte es niemand, aus der Reihe zu tanzen.

»Wenn du dich nicht trollst, dann tu' ich dir Gewalt an!«, drohte ihm ein besonders freches Spitzmausweibchen. Gandulf blickte freundlich zu ihr runter und sagte: »Denk immer daran, was du deinem Nächsten antust, das tust du dir selber an!«

Nein, so war ihm nicht beizukommen. Aber wenn nicht so, dann eben anders. Gandulf sah zwar aus den Augenwinkeln Eleva mit zwei Jungböcken beieinanderstehen und sich beratschlagen. Doch Schande über den, der Arges dabei denkt. Als Eleva bei ihrem Sprung die Beine spreizte, schloss er etwas zu spät die Augen. So kam er nicht umhin, sie auf ihre Haltungsmängel hinzuweisen. »Auf Dauer verursacht das Reizungen«, erklärte er ihr.

»Die gehen immer von selbst auseinander!«, klagte sie und machte ein unglückliches Gesicht.

»Press sie gleich nach dem Absprung fest zusammen!«, schlug er ihr vor.

Doch bei ihrem nächsten Sprung machte sie fast ein Spagat. Die beiden Jungböcke waren begeistert.

»Wie ist mir das peinlich!«, jammerte sie Gandulf mit Tränen in den schwarzbraunen Äuglein vor.
»Zeigt ihr, wie man es macht!«, bat der daraufhin die beiden Jungen.
»Ist gebongt, Oldie!«, folgten sie der Bitte. Sie nahmen Anlauf, machten einen halben Salto, kamen mit dem Rücken auf dem Netz auf, spreizten die Beine so, dass jeder Zweifel an ihrer Männlichkeit ausgeräumt war, wurden hochkatapultiert, machten den nächsten halben Salto, kamen auf dem Boden auf und liefen in leichtem Trab weiter.
»Soll ich es genauso machen?«, fragte sie ihn verschämt, woraufhin er sein Haupt schüttelte.
»Bitte, bitte, zeig du mir, wie man es macht!«, flehte sie ihn an.
Obwohl Gandulf im guten Vorbild das wichtigste erzieherische Mittel sah, zögerte er. Schließlich war er nicht mehr der Jüngste, und ihm schwante, dass hier nicht alles mit rechten Dingen zuging. Aber sein Glaube an die Unschuld der Jugend überwog.
Wie elegant war seine Haltung, als er sich aufstellte, dynamisch sein Anlauf und gewaltig sein Absprung. Er segelte voller Grazie und mit geschlossenen Beinen durch die Luft, krümmte seinen Körper und ging in den Salto über. Gerade wollte er seinen Körper wieder öffnen, als Eleva schrie »Seht, seine Eier!« Instinktiv zog Gandulf seinen Körper noch mehr zusammen und schlug deshalb einen ganzen Salto, so dass er bäuchlings landete.
Da hing er nun in den Netzmaschen. Soweit er es abschätzen konnte, hatte er sich nicht verletzt. Er spürte lediglich seine Hoden, die sich in den Maschen verhakt haben mussten.
»Toll!«, rief Eleva.
Gandulf lächelte allen freundlich zu. Er stieß mit seinen Beinan nach unten, um Boden zu gewinnen. Doch alles was er spürte, war ein Schmerzwall, der sich vom Unterleib aus über den ganzen Körper ausbreitete.
»Mach, dass du rauskommst!«, drängte ihn ein Eichhörnchen.
»Als Herrscher des Waldes bin ich leider verpflichtet, das

Netz einer genauen Prüfung zu unterziehen!«, sagte Gandulf in der Hoffnung, ihm werde alsbald einfallen, wie er sich aus dieser peinlichen Situation befreien konnte.

Die wurde noch viel unangenehmer, als ein Ameisenkind unter das Netz kroch, um ihn sich genauer anzusehen. »Mami, sind das seine Eier?«, rief es seiner Mutter zu. Die kam in aufklärerischer Absicht herbei und bestätigte ihm seine Entdeckung. »Und was für welche!«, schrie sie in den Wald.

»Und wozu braucht man die?« Der Kleine befand sich gerade im Fragealter.

»Frag deinen Vater. Aber ich glaube, der hat auch keine Ahnung, wieso er welche hat«, seufzte sie.

Doch die wenigstens Tiere kümmerten sich um das Leben im Untergrund und begannen wieder zu springen. Schließlich war links und rechts von Gandulf noch genügend Platz. Gandulf spürte jede einzelne Erschütterung in seinem Gehänge. Doch er wollte sich den Schmerz keinesfalls anmerken lassen, schon gar nicht darüber sprechen. »Könntet ihr das Gehopse einstellen? Ich werde davon seekrank!«, sagte er, so ruhig er konnte.

»Das gibt sich!«, erklärte ihm eine Ratte, die drei Jahre zur See gefahren war.

Tat es nicht. Gandulf bemühte sich stoisch Ruhe zu bewahren, aber die Versuchung seinen Schmerz hinauszuschreien wurde immer größer.

Gerade als er losröhren wollte, nahte Rettung in Gestalt seines Vaters Ronald. Er hatte bei weitem nicht so viele Hörner auf dem Kopf, wie ihm aufgesetzt worden waren. Doch Erbsenzählerei war nicht seine Sache. Er fühlte sich immer noch wie ein Einhorn – »wenn Sie verstehen, was ich meine!«, fügte er schelmisch hinzu.

»Papa, hilf mir!«, stöhnte Gandulf, den seine Schmerzen langsam aber sicher verrückt machten.

»Du sollst mich nicht Papa nennen!«, fuhr dieser Gandulf an. »Was soll dieses junge, wundervolle ... Wie heißen Sie doch gleich?«

»Eleva!«

»Was für ein Name! Was soll sie von mir denken!«

»Daß du in die Jahre gekommen bist. Jetzt hilf mir schon!«

»Haben Sie das gehört?! Darf er das sagen?«, fragte er sie schäkernd.
»So redet man nicht über seinen jüngeren Bruder!«, empörte die sich neckisch.
Ronald war jetzt nicht mehr nur Feuer, sondern vollkommen Flamme. Im Wissen um seine Unwiderstehlichkeit näherte er sich ihr. »Wer mir nicht zu Willen ist, hat keinen Willen!«, hatte er schon vor langem erkannt.
»Sie sehen so erfrischend unreif aus, dass Sie einfach reif sind!«, machte er ihr eines seiner vielgerühmten Komplimente. Eleva hatte genug von seinem Altherrencharme. »Sie sollten sich um Ihren Sohn kümmern!«, hielt sie Ronald vor. In der Tat, noch niemand hatte Gandulf mit einem so verzweifelten Gesichtsausdruck gesehen.
»Junge, halt noch ein Weilchen durch. Ich zeige der Kleinen kurz, was ein Hirsch von Stil für einen Stiel hat, und dann kümmere ich mich um dich!«, flüsterte ihm sein Vater ins Ohr.
Gandulf hätte selbst nicht gedacht, dass er zu solch ursprünglichen Gefühlen fähig war. »Wenn du mir nicht augenblicklich hilfst, erzähle ich ihr von deinen Gebrechen!«, zischte er seinem Alten zu.
»Das würdest du deinem Vater antun?« Ronald konnte es nicht glauben. Er sah seinem Sohn in die Augen und sagte: »Du würdest, schäm dich!«, und wandte sich tief enttäuscht ab.
»Welche Gebrechen?«, fragte Eleva neugierig. Gandulf hatte etwas zu laut gezischt.
»Zum Beispiel von seiner Prost...«
»Prost allerseits! Auf deine Rettung!«, unterbrach ihn Ronald und nahm das Netz in Augenschein. »Wo kommt denn dieser Scheiß her? Sieht aus wie eine Menschenfalle.«
»Eine Spinne hat sie gebaut!«, berichtigte ihn Gandulf.
»Und ich bin eine Jungfrau!« Ronald sah ihn abschätzig an.
»Würdest du mich eventuell auch unabhängig von der Klärung der Verursacherfrage befreien?«, fragte Gandulf ihn so ruhig wie möglich.
»Natürlich nicht! Wer es war, muss ran! Wo ist sie?«
»Ich weiß es nicht!«
»Sauladen! Ich dachte, du bist der Chef. Aber wenn du an-

dauernd nur an das eine denkst, wie zum Beispiel an diese Eleva und wie du sie ...«

»Vater, du sprichst von dir. Würdest du bitte einmal an mich denken!« Gandulfs Stimme wurde schärfer.

»Ich habe mein ganzes Leben lang versucht, dich zu einem Hirsch zu erziehen, der seinen Hirsch steht. Sag mir, warum hast du nur so versagt?« Tränen traten in Ronalds Augen.

»Vater. Bitte! Können wir darüber nicht später ...«

»Später ist immer zu spät, wie ich zu sagen pflege.«

»Ich weiß! Ich wäre dir verbunden, wenn du mir helfen würdest!« Gandulf kratzte sein letztes Restchen an Selbstbeherrschung zusammen.

Ronald dachte nach und präsentierte sogleich die einzig wahre Rettungsidee. »Die beiden Jungspunde springen links und rechts von dir ins Netz. Dadurch wirst du hochgeschleudert. Ich komme dann von hinten und gebe dir einen Schubs!«

Gandulf hatte so seine Bedenken. Schon allein die Vorstellung, seine Hoden könnten in den Maschen hängenblieben, verursachte rasende Schmerzen. Er wollte seinen Vater auf diese Gefahr hinweisen, setzte zum Sprechen an – und stockte. Er brachte es einfach nicht über die Lippen.

Die beiden Böcke taten, wie ihnen geheißen, und Gandulf wurde auch tatsächlich hochgeschleudert. Doch wie befürchtet wollten die Maschen nicht von ihm lassen. Er verspürte keine Schmerzen mehr, er war der Schmerz. Und den brachte er mit aller ihm zur Verfügung stehenden Inbrunst zum Ausdruck.

»Was hast du?«, fragte erschrocken das Rehlein.

»Etwas Schmerzen in der Brust!«, stöhnte er.

Das Ameisenkind, das sich unterhalb des Netzes aufhielt, befand sich immer noch im Fragealter. »Tun dir deine Spiegeleier eigentlich nicht weh?«, wollte es wissen.

»Was?!« Gandulf vergaß vor Entsetzen zu stöhnen.

»Genau genommen ähneln sie eher aufgeblasenen Kröten!«, korrigierte die Ameisenmami. »Das müßt ihr euch einfach ansehen!«, rief sie ihre Verwandtschaft herbei. Die kamen auch sofort angekrabbelt. Lediglich eine reichlich verklemmte Mutter hielt ihre Kleinen zurück. »Das ist nichts für euch, das sieht zu ekelhaft aus!«, sagte sie. Gandulf wurde es zu viel. »Macht, dass ihr wegkommt!«, schrie er der katastrophengeilen Meute zu. Doch niemand zeigte Erbarmen. »So, wie die aussehen, macht er damit keinen Stich mehr!«, meinte ein Hirschhornkäfer.

»Das wird schon wieder. Wir Hirsche sind hart im Nehmen und Geben, wenn du verstehst, was ich meine!«, spendete Ronald seinem Sohn Trost und Hoffnung.

»Mit dir rede ich nicht mehr!«, zischte dieser ihm zu.

»Schade! Reden erleichtert nämlich. Aber wer nicht will ...«, bedauerte Ronald und gesellte sich zu Eleva.

»Hol mich sofort hier raus!«, brüllte ihm sein Sohn hinterher.

In diesem Moment kam Esmeralda angekrabbelt. Sie hatte die Schreie gehört und wollte nach dem Rechten sehen. Sie setzte sich auf eines Baumes Rinde und fragte Gandulf vorwurfsvoll: »Was machst du in meinem Netz?«

Der rang um Beherrschung. »Ich möchte dich umgekehrt fragen: Wie kommst du dazu, ein solches Netz zu bauen?«

Esmeralda blickte ihn unwirsch an. »Wieso fragst du? Gibt es neuerdings eine Waldnutzungsordnung für Spinnennetze?«

»Noch nicht!«, verkündete Gandulf.

»Was wir brauchen, ist eine Benutzerordnung, die es allen Kompostis und Dödels verbietet, das Netz zu benutzen!«, stellte Hasi klar.

Gandulf hatte gerade keinen Nerv, zu diesem Vorschlag eine politische Stellungnahme abzugeben. Zum Glück wandte sich ihm sein Vater wieder zu, nachdem ihm Eleva zu verstehen gegeben hatte, dass sie nicht nekrophil sei. Dabei entdeckte er Esmeralda. »Bist du die Spinne?«, röhrte er zu ihr hoch.

»Nein, ich bin ein Schmetterling!«, antwortete diese.

Ronald wandte sich verstört seinem Sohn zu. »So viel Respektlosigkeit auf einem Haufen habe ich noch nie erlebt! Wieso läßt du so was zu?«

»Wir schreiben hier individuelle Selbstentfaltung ganz groß«, fasste Gandulf seine Herrscherphilosophie zusammen.

»Habt ihr ein Glück, dass ich nur zu Besuch hier bin!«, brüllte Ronald in den Wald.

»Und du erst, du Arschgeige! Bonsaihengst! Krüppelmacho!«, hallte es von allen Seiten zurück.

»So lasse ich nicht mit mir reden! Ich gehe!«, verkündete Ronald, froh, endlich einen triftigen Grund gefunden zu haben. Und mit einem allseitigen »Ciao!«, einem familiären »Halt die Ohren steif!« und einem Augenzwinkern machte er sich auf gen Heimat.

Gandulf blickte ihm traurig und kopfschüttelnd hinterher.

Esmeralda hatte Mitleid mit Gandulf. Kein Kind kann was für seinen Vater. Aber jeder Vater könnte was für seine Kinder tun. Bedauernd löste sie den äußersten Faden des Netzes und krabbelte hinter Ronald her.

Eleva vermutete richtig, dass Esmeralda etwas Lohnenswertes im Sinn hatte und stellte sich Ronald in den Weg. »Du willst wirklich schon gehen?«, fragte sie ihn mit Tränen in den Augen und schmiegte sich so eng an ihn, dass ihm Hören und Sehen verging.

Er war etwas überrascht. »Du kannst mich jederzeit auf- und ihn festhalten!«, bot er ihr an.

Esmeralda befestigte derweil den Faden an Ronalds männlichem Stolz.

»Ich bin hart im Nehmen und möchte keinesfalls, dass du dich übernimmst!«, bekannte Eleva und drückte sich an den Gevatter.

»Man nennt mich nicht umsonst ›die Eiche‹!«, gestand Ronald selbstgefällig.

»Hoffentlich hältst du, was du versprichst!«, meinte Eleva und trabte hüftschwingend auf den Wald zu. Ronald folgte ihr dicht auf den Fersen, bis ihn eigenartige Gefühle beschlichen. Je weiter er vom Netz weg strebte, um so mehr spürte er dort Schmerzen, wo es auch seinem Sohn weh tat. Ronald vermutete zu Recht, dass sie nicht vom Mitgefühl herrührten. »Was ist das?«, röhrte er.

»Mir scheint, du bist am Netz hängengeblieben!«, klärte ihn Esmeralda auf. »Wenn du freikommen willst, musst du es abwickeln!«

»Ich habe Wichtigeres zu tun!«, meinte Ronald und wollte schnurstracks hinter Eleva her. Doch ein Ruck und ein Schmerz, der ihn in die Knie zwang, brachten ihn zum Einlenken.

Eleva verabschiedete sich mit einem »Vielleicht ein anderes

Mal!«, und hielt auf die beiden Jungböcke zu, die etwas schüchtern dastanden. »Ihr seid gut!«, lobte sie die zwei.

»Findest du?«, fragte der eine und senkte seinen Blick.

»Freut uns!«, meinte der andere verlegen.

»Was haltet ihr davon, wenn wir gemeinsam eine Runde Moos, ich meine fressen gehen würden? Ich kenne da hinten eine Stelle!«, schlug sie vor. Gemeinsam machten sie sich auf den Weg.

Ronald blickte ihnen mit wahrhaft urzeitgemäßen Gefühlen nach und begann seine Kreise zu ziehen. »Du warst schon immer ein Klotz am Bein!«, schrie er Gandulf zu. Der Rest war Stöhnen. Er musste an jeder Querstrebe heftig ziehen, um den Faden zu lösen.

Doch er war nicht der einzige, der schrie. Die Kleintiere sahen mit Entsetzen ihr Sprungnetz schwinden.

»Bau uns sofort ein neues!«, forderten sie Esmeralda auf.

Doch die enthielt sich jeglicher Stellungnahme.

Gandulf hatte sich schon ein Weilchen zuvor aus dem irdischen Jammertal zu den unbeschwerten Freuden des Geistes aufgemacht und philosophierte in stiller Harmonie mit sich selbst über den Unsinn des Lebens.

»Da du jetzt selbst erfahren hast, wie gefährlich meine Netze sind, wäre ich dir sehr verbunden, wenn du allen, die sich nicht von mir fressen lassen wollen, verbieten würdest, mein Netz zu bespringen!«, unterbrach ihn Esmeralda.

»Ich glaube, dass momentan alle bereit sind, sich dir zum Fraße hinzuwerfen!«, hielt Gandulf dagegen.

Auch wenn Esmeralda wusste, dass er recht hatte, so war es doch das Letzte. »Alle total verrückt!«, diagnostizierte sie.

Gandulf versuchte zu lächeln. Doch mehr als eine Grimasse konnte er seinem Gesicht nicht abringen. Und die hatte einen Hauch von Diabolität!

Der Tierrat tagt

Noch nie war er so wichtig gewesen! Der Tierrat musste unverzüglich einberufen werden, darin waren sich Johannes und Gandulf einig. Bussardo wäre diesbezüglich ebenso mit sich einig gewesen, wenn er von dieser demokratischen Einrichtung gewusst hätte.

Zum Glück erfuhr er alsbald davon. Jonny, Elisabeth und ihre kleinen Sträflinge düsten durch Feld, Wald und Wiesen und verkündeten: »Heute Nachmittag unter der großen Eiche! Schluss mit Esmeralda! Wehe, ihr kommt nicht!«

Gandulf befleißigte sich einer gewählteren Sprache desselben Inhalts. »Ich berufe für heute gemäß der mir von mir verliehenen Vollmachten eine Versammlung der Tiere ein. Zeitpunkt: Wenn die Sonne den Zenit überschritten hat. Ort: Tannenschonung. Einziger Tagesordnungspunkt: Die Vergehen der Spinne Esmeralda. Dazu gehören Verstöße gegen die technischen Ausführungsbestimmungen für den Bau von Spinnennetzen, fahrlässige Körperverletzung, vorsätzliche ...«

Weiter kam er nie, weil die Tiere sogleich in einen politischen Dialog mit ihm traten. »Ruhe!«, »Halt's Maul!«, »Mach, dass du wegkommst!«, »Kann man hier nicht mal in Ruhe schlafen!«, und »Wir kaufen nichts!« Eben das übliche. Ein paar Flegel riefen: »Deine Stimme klingt schon viel höher!«, oder noch direkter »Wie geht's deinen Eiern?«

Gandulf kannte die Scheu seines Volkes vor den Pflichten der Demokratie. Deshalb nahm er diese Bemerkungen auch nicht persönlich.

Nachdem Bussardo seine beiden Machtkonkurrenten vernommen hatte, war ihm klar, dass er handeln musste. Er überflog das Gelände und krächzte: »Berichtigung! Die Versammlung findet eine halbe Stunde früher unter der Ulme statt.« »Was bin ich doch raffiniert!«, freute er sich über seine politischen Qualitäten und erwartete voller Vorfreude das Eintreffen seiner künftigen Untertanen.

Es kam die Stunde und Jo etwas zu spät. Das war er seinem Amte einfach schuldig. Es nahm ihm auch keiner der Anwesenden übel. Elisabeth war's gewohnt, den Kleinen egal, Eugen machte sich nichts draus und Bello war der beste Warter weit und breit. Von seinen übrigen Untertanen war nichts zu sehen. »Wo seid ihr?«, brüllte Jo und blickte sich um.

»Wo wohl? Natürlich da, wo sie sich immer treffen!«, sagte Elisabeth voller Gleichmut und rief den Kleinen hinterher: »Rennt nicht wieder so weit weg, wir gehen gleich!«

»Das werden sie mir büßen!«, tobte Jo, überlegte kurz, ob er den ganzen Bettel hinwerfen sollte, entschied sich jedoch leichten Herzens, auch weiterhin die Pflichten seines Amtes zu ertragen, und brüllte: »Kommt mit!«

Gandulf hatte über zwanzig Anhänger um sich versammelt. Das lag daran, dass er aus einer großen Familie kam, die verwandtschaftliche Beziehungen sehr ernst nahm.

Er wollte eben zu einer Rede anheben, als ihn Tante Annegret besorgt ermahnte: »Nicht so viel reden! Geprellte Eier brauchen viel Schonung!« Während Gandulf die Situation souverän mit einem dankbaren Kopfnicken meisterte, ließen es die meisten seiner Anverwandten an Mitgefühl mangeln. Erst prustete der eine los, dann der zweite, und erst als der dritte in hysterisches Lachen ausbrach, verabschiedeten sich die restlichen: »Wir gehen schon mal voraus!« Gandulf folgte ihnen stolz erhobenen Hauptes, begleitet von Urgroßvater Alibert, der taub war, und Tante Annegret, die ihm als Expertin für Naturheilkunde viele gute Tipps gab.

Bussardo saß allein auf einem Ast der großen Ulme und wartete ungeduldig. Endlich kam die erste Untertanin angeflogen. »Gehst du auch zur Tierversammlung?«, fragte ihn die Eule.

»Ich bin die Versammlung!«, erklärte er ihr.

»Dann bin ich ja richtig!«, freute sie sich und setzte sich neben ihn.

Da sich sonst niemand einstellte, fragte er sie so ganz nebenbei:»Wo wärst du denn sonst hingeflogen?«
»Wo sich die Tiere immer versammeln!«
»Und wo ist das?«, fragte Bussardo aufgeregt. Er musste hin und retten, was noch zu retten war.
Die Eule stutzte.»Heute hier!«, erklärte sie und begann ihr Gefieder zu putzen.
»Eigentlich müsste ich ihr jede Feder einzeln ausrupfen!«, dachte Bussardo. Doch weil diese Hohlbirne für ihre Blödheit nichts konnte, sagte er so ruhig es ging:»Du musst mich missverstanden haben, ich bin nicht, ich suche die Tierversammlung.«
»Soll ich dir helfen?«, bot sich die Eule an.
»Finden wäre mir lieber!«, antwortete er und rang um seine Selbstbeherrschung.
»Dann wird es aber nichts mit Suchen!«, bedauerte sie. Sogleich erhellte sich ihr Gesicht und mit einem »Finden ist auch schön! Juhu!« flog sie gen Versammlung.

Die fand wie üblich auf der Wiese neben dem Weiher statt. Gekommen waren Tausende, ach was, es waren viel viel mehr. Aber zähl mal einer Mückenschwärme, Ameisenkolonien und alle übrigen Wusler: Die Viecher halten doch nie still. Die Tiere taten das, was sie sonst auch taten, mit Ausnahme von Sich-gegenseitig-fressen, wenn man davon absieht, dass es von jeder Ausnahme eine Ausnahme gibt.
Die Blindschleiche hatte die Versammelten gerade mit ihrem Eröffnungsscherz»Hallo, wo seid ihr?« begrüßt, als die drei Führer angestürmt kamen. Jo stellte sich sogleich in Pose und brüllte:»Hab ich euch nicht gesagt, ihr sollt zur Eiche kommen! Beim nächsten Mal mach' ich Blutwurst aus euch! Verstanden?«
Beifall brandete auf.»Das ist unser Jo!«, fasste ein Igel die mordsmäßige Stimmung zusammen.
Elisabeth stieß ihm ihre Hauer kräftig in den Hintern.»Sei nicht so diktatorisch!«
Jo zeigte sich einsichtig und grunzte:»Das ist das letzte Mal, dass ich Gnade vor Recht ergehen lasse ...!«
»Jo!«, unterbrach ihn ein entflogener Wellensittich,»ich habe

gehört, du beherrschst die rechtsgedrehte Todespirouette. Zeigst du sie mir?«

»Mir auch! Mir auch!«, schlossen sich viele Tiere an. Jo brauchte keine Tollwut, um zu schäumen. »Ich zeig' sie gleich euren Hälsen, ihr verdammtes Pack!«

Das war es, was sein Volk hören wollte. Zur Belohnung stimmte es einen Lobgesang an: »Heil dir, Johannes! Er lebe hoch, dreimal hoch!« Und wie schallte es gar lieblich gen Firmament, als unendlich viele Ärsche gleichzeitig einen fahren ließen.

Gerade als Jonny Luft holte, um seine Dankbarkeit auszudrücken, hob Gandulf zu sprechen an. Und wieder mal zeigte es sich, dass er der geborene Rhetoriker war, der wusste, was das Volk wollte. »Meine lieben Mittiere«, röhrte er los und ließ sich auch nicht durch Schneckchens Zwischenbemerkung »Ich liebe dich auch. Von mir aus können uns alle dabei zusehen!« aus dem Konzept bringen.

»Es stimmt mich froh und glücklich, in eurer Mitte zu weilen.«

»Ja, komm!«, stöhnte Schneckchen, blieb aber weiterhin unerhört.

»Ihr habt euch hier eingefunden, um gemeinsam mit mir eine bedeutungsvolle Entscheidung zu treffen.«

»Ich habe mich entschieden, ich bin dein!«, schrie Schneckchen voller Ekstase. Die übrigen Tiere entspannten sich. Gandulfs sonore Stimme hatte eine ausgesprochen beruhigende Wirkung. Die Äuglein wurden schwer, der Verstand begann zu fliegen.

»Bei dieser Entscheidung geht es um nicht weniger als um unser aller Zukunft.« Die ersten begannen zu schnarchen.

Gandulf machte eine Kunstpause, um den ersten rhetorischen Höhepunkt zu setzen. In diese Kunstpause hinein meckerte Schafmama Winigret ihn an.

»Darf ich eine Bitte an Sie richten?«

Gandulf war flexibel und gewährte sie ihr.

»Mein Neffe ist zu Besuch! Und ich würde ihm gerne was ganz Besonderes bieten.«

»Ich werde mich gerne nach Abschluss der Tierversammlung

ein Weilchen mit ihm unterhalten«, gewährte Gandulf dem Neffen eine Audienz.

»Nicht nötig!«, wehrte Winigret ab. »Es genügt, wenn du ihm deine geschwollenen Eier zeigst!«

Nein, es lachte niemand! Alle warteten Gandulfs Reaktion ab. Und die war großartig.

»Willst du wirklich, dass er fortan voller Minderwertigkeitskomplexe durchs Leben geht?«, fragte er Winigret eindringlich. Dann wandte er sich wieder der Tierschaft zu und sagte: »Lasst uns auf das eigentliche Thema unserer Versammlung zurückkommen.«

Doch die Menge hatte es schon gefunden. Immer mehr schrien »Zeigen! Zeigen! Zeigen!«

Gandulf war ein alter politischer Hase und wusste, wann Aussitzen – die höchste aller politischen Künste – angebracht war. Er nahm Platz und wartete ab, bis sich die Tiere wieder beruhigt hatten.

Bussardo sah seine Stunde gekommen. »Über alles geliebte Tiere!«, krächzte er und spreizte seine Flügel. »In meinem ganzen Leben gab es noch nie einen schöneren Augenblick als den jetzigen: Wie bin ich doch glücklich und froh, unter euch weilen zu dürfen!« Bussardo wusste, er hatte schon jetzt Gandulf um Meilen übertroffen.

»Kommst du jetzt öfter?«, fragte ihn ein Engerling und machte ein entsetztes Gesicht.

»Aber sicher!«, verkündete Bussardo voller Honigsüße.

»Muss das sein?«, fragte der Engerling zurück.

»Es muss!«, erklärte Bussardo entschieden und mit Nachdruck.

»Schleimbeutel! Ist der widerlich!«, schrien seine politischen Gegner und bewarfen ihn mit ausgesprochen handfesten Argumenten. Bussardo nahm eine drohende Haltung ein und machte sich zum Angriff bereit. Doch von links stellte Jo einen Fuß auf seinen Flügel und von rechts Gandulf. »Is' nicht drin!«, erklärten beide. Damit war Bussardos Aufstieg fürs erste gebremst.

Esmeralda war selbstverständlich auch gekommen, hielt sich

jedoch aus Sicherheitsgründen in einem Baum versteckt. Bislang nahm alles seinen gewohnten Gang. Das sprach nicht für, aber auch nicht gegen sie.

Elisabeth übernahm die Interimsregierung und rief in die Menge: »Ihr wollt doch sicher, dass der Klügste, Netteste und Fähigste die Verhandlung gegen Esmeralda führt!«
»Heute ist mir nicht danach! Keinen Bock! Verschon mich!«, ertönte es aus hunderttausend Kehlen.
»Dann opfere ich mich!«, ergriff Jonny das Wort, baute sich vor seinen Untertanen auf und brüllte sie an: »Jetzt haltet mal euer Maul!«
»Schnabel, wenn ich bitten darf!«, warf eine Taube gurrend ein.
»Wir verwehren uns entschieden gegen Schnabel!«, beschwerten sich unisono fünf Breitmaulfrösche.
»Von mir aus auch Klappe, Rand, Fresse, egal was. Hauptsache, das Ding bleibt dicht!«, kreischte der Vorsitzende.
Unglaublich, aber wahr: Es stellte sich Mucksmäuschenstille ein. Nur eine Holsteinkuh ließ einen Heftigen fahren. Aber was will man von der Anarchofraktion anderes erwarten?
Jonny hatte die Massen im Griff, und um seine Macht auszukosten, blieb er noch ein Weilchen schweigend vor der Menge stehen. Man hörte nur das Flüstern der Bäume und Pflanzen im Winde. Selbst die Grillen zirpten leiser, obwohl sie zur Gruppe der Unabhängigen gehörten.
»So ist's recht!«, nahm Jonny das Wort wieder auf. »Wenn ich sage, ›Ruhe!‹, dann ist Ruhe! Verstanden?« Wie verabredet begannen alle zu quasseln und ließen sich auch durch Jonnys Gezeter nicht aus der Ruhe bringen.
»Soll ich dir zeigen, wo es den schärfsten Sauerampfer gibt?«, machte das Wiesel eine Katze an.
»Ich steh' nicht so auf Sauerampfer«, schnurrte sie.
»Ich auch nicht«, schäkerte das Wiesel. »Aber vielleicht fällt uns dort was anderes ein!«
Jo wusste, da musste er durch. Als wieder etwas Stille eingekehrt war, machte er die Anwesenden laut und vernehmlich mit der Tagesordnung bekannt. »Esmeralda hat ein Verbrechen

gegen die Tierlichkeit begangen. Dafür hat sie eindeutig den Tod verdient. Ich danke euch für eure Zustimmung!« Er wandte sich den Seinen zu. »Kommt, wir gehen!«

Wenn ein Vorschlag einen Jubler verdient hatte, dann dieser. »Heil dir, Johannes! Er lebe hoch, dreimal hoch!«, ertönte es wie aus einem Munde.

Elisabeth stupste Jonny in die Seite. »Und wer soll das Urteil vollstrecken?«

»Ich jedenfalls nicht!«, entrüstete der sich. Schließlich hatte er Wichtigeres zu tun wie zum Beispiel Eicheln fressen. Und außerdem: Fang mal so ein Biest! Das artet mir nichts, dir nichts in Arbeit aus. Er wandte sich noch mal der Menge zu und forderte sie auf: »Vollstreckt das Urteil an Esmeralda!«

Das hätte er nicht sagen dürfen. Wie konnte eine Sau mit seiner Erfahrung einen solchen politischen Fehler begehen?

»Pfui Teufel!«, beschwerte sich ein Käuzchen. »Es gibt nichts Ekelhafteres als Spinnen! Schon beim bloßen Gedanken, die im Schnabel zu haben, wird mir übel!«

»Das sagt der Richtige!«, schrie eine Kreuzspinne. »Selber nur Sachen fressen, bei denen das Haltbarkeitsdatum schon längst abgelaufen ist. Hast du ein Glück, dass der Wirtschaftskontrolldienst noch nie zu dir gekommen ist. Der hätte dich sofort geschlossen!«

»Da esse ich lieber eine Pizza Margherita!«, kläffte Bello und würgte. Er hatte vor seiner Flucht mehrere Jahre in einer Pizzeria gewohnt.

Eine Wolfsspinne wollte diese Schmähreden nicht auf sich und ihrer Gattung sitzen lassen. »Ihr habt doch alle keine Ahnung!«, beschwerte sie sich. »Ihr wisst nicht, was gut ist! Es gibt nichts Delikateres als Spinnenoberschenkel. Und für die Potenz nichts Besseres als Spinnenleber. Gar nicht zu reden von Spinnenherzen. So zart und weich ...«

»Halt's Maul!«, zischte ihr eine Kollegin zu, die keine Lust hatte, sich auf der Tagesmenükarte vieler Tiere ganz oben wieder zu finden.

»Was wahr ist, ist wahr!«, meinte die Wolfsspinne, krabbelte zu einem Hamster hin und bot sich ihm an. »Probier mich!«

Da Hamster von Natur aus sehr gesellige Tiere sind, erbarmte er sich ihrer und schluckte sie runter. »Die hat mich angelogen!«, piepste er. »Die schmeckt ja nach gar nichts. Wenn ich dich erwische, dann kannst du was erleben!«, rief er seinem Magen zu. »Hätte ich dir gleich sagen können: Spinnen schmecken zum Kotzen!«, brummte ein Fuchs.

»Kotzen ist schön!«, widersprach ihm ein Fischreiher.

»Wir verwahren uns gegen die fortwährenden Diskriminierungen!«, meldete sich die Sprecherin der Weberknechte. »Diese unflätigen und unqualifizierten Bemerkungen müssen augenblicklich zurückgenommen werden!«

Jedenfalls wollte kein Tier das Urteil vollstrecken. Alle blickten Jonny missbilligend an. Zum Glück stand ihm Gandulf zur Seite. Dieser übernahm sogleich den Vorsitz und rettete das demokratische Gemeinwesen vor einem Fiasko. »Keine Aufregung!«, röhrte er los. »Es ist überhaupt nichts passiert. Jonnys Vorschlag ist null und nichtig, weil wir noch nicht darüber befunden haben, ob diese Versammlung auch ordnungsgemäß stattfindet.«

Gandulf hatte die Tiere richtig eingeschätzt. Als sie vernahmen, dass eine Geschäftsordnungsdebatte anstand, kam sogleich Freude auf. Es gab einfach nichts Schöneres! Sie skandierten ein dreifaches »Gandulf!« mit anschließendem ekstatischen Gestöhn.

Sogleich meldeten sich die ersten Geschäftsordnungsspezialisten. »Ich bin dafür, dass die Versammlung früher stattfindet!«, meinte ein Frühaufsteher. Die Gegenrede hielt ein Nachtschwärmer. Gandulf stellte als Geschäftsordnungsgroßmeister einen Kompromissantrag. »Wer ist dafür, dass die jetzige Versammlung jetzt stattfindet?«

Er wurde mit großer Mehrheit angenommen.

»Einspruch!«, schrie eine Kaulquappe. »Wir haben noch nicht festgestellt, ob die Versammlung beschlussfähig ist!«

»Was'n das?«, fragte ein Kleinmolch seinen Papi.

»Beschlussfähig ist man dann, wenn alle beschließen, dass man dazu fähig ist!«

»Mannomann! Hoffentlich werd' ich nie erwachsen. Das macht nur blöde!«, dachte Kleinmolch, sagte aber vorsichtshalber: »Ach so!«

»Ich bin dafür, dass meine Kinder auch mit abstimmen dürfen!«, sagte eine Spinne, aus deren Eier gerade Junge schlüpften.

»Wenn die mit abstimmen dürfen, dann dürfen meine auch!«, meinte eine Krötin, die dabei war, mit ihrem Gatten für Nachwuchs zu sorgen.

»Auf keinen Fall!«, beschwerte sich eine Eintagsfliege. »Bis dahin bin ich futsch!«

Die Stimmung stieg; frei von inhaltlichen Zwängen konnte jedes Tier an der Debatte teilnehmen. Erst als sie überzubrodeln drohte, griff Gandulf wieder ein und machte einen salomonischen Vorschlag. »Um festzustellen, wer anwesend ist, machen wir es so: Wer es ist, nickt mit dem Kopf, wer nicht anwesend ist, schüttelt ihn.«

Dieser Vorschlag wurde einstimmig angenommen, und es stellte sich heraus, dass alle Anwesenden da waren. Sogleich brachte Gandulf die nächste Formalie auf den Tisch. »Wir müssen jetzt nur noch abstimmen, womit wir abstimmen!«

»One leg, one vote!«, schlug der Tausendfüßler vor.

»Hat dir schon mal jemand gesagt, wie egoistisch du bist?«, fragte ihn eine Ameise.

»Purer Neid!«, entgegnete der Tausendfüßler.

Jonny sah die Chance gekommen, seinen Ruf wieder aufzupolieren. »Ich bin für den Vorschlag des Tausendfüßlers, unter einer Bedingung: Damit ich keines doppelt zähle, trete ich auf jedes gezählte!« Er sah es den Gesichtern an, dass er sich wieder Sympathien geschaffen hatte.

»Wer dafür ist, pfeift einmal, wer dagegen ist, zweimal!«, schlug die Fraktion der Singvögel vor. Dieser Antrag wurde genauso abgeschmettert wie der der Schweine, nur denjenigen Stimmrecht zu verleihen, die über 70 Kilogramm wogen. Wie üblich plädierten die Oberemanzen des Bienenstaats, dass keine Drohne – oder sagen wir es deutlich: niemand mit einem Schnippel dran – abstimmungsberechtigt sein dürfe. Da deren Träger nur mit diesem kleinen Köpfchen denken, befänden sie sich auf einer zu tiefen Entwicklungsstufe, und überhaupt müsse das letzte Wort ihre Königin haben.

Einige Schnippler gerieten daraufhin an den Rand eines

Herzinfarkts, während andere demonstrieren wollten, dass ihre Köpfe außerordentlich groß geraten seien. Doch bevor es zum Eklat kam, meldete sich die Anarchistenfraktion der Holsteinkühe mit einem synkopischen Muhkonzert zu Wort und erklärte, dass ein jeder sie dort lecken könne, wo die Versammlung hingehöre.

»Wie wäre es damit, wenn wir es beim bisherigen Verfahren belassen würden: ein Tier, eine Stimme?«, fragte Gandulf die Masse. Wie üblich fanden das alle blöde, aber in Ermangelung eines besseren Vorschlags blieb man dabei. Als auch diese Formalie erfolgreich gemeistert war, brandete Jubel auf. Alle waren Gandulf dankbar. Und zum Zeichen dafür begannen einige wieder »Zei-gen! Zei-gen!« zu skandieren. Sogar diejenigen, die bei den Kühen Schlange standen, stimmten mit ein.

Gandulf wusste, er musste. Schicksalsergeben stellte er sich in Pose.

Die Erschütterung war riesengroß. Schneckchen begann zu weinen und wollte ihm sofort Kühlung verschaffen. Einige Schnippelträger brachen in Schluchzen, und besorgte Schnippellose in hysterisches Geschrei aus.

Bussardo sah mal wieder seine Stunde gekommen. »Wir sollten dennoch ruhig und besonnen, vor allem aber rechtsstaatlich reagieren. Deshalb schlage ich vor, eine Gerichtsverhandlung abzuhalten!«, schrie er in die aufgebrachte Menge. Seine beiden Kollegen sahen ihn neidvoll und deshalb finster an.

»Wir brauchen keine, ihr habt mich!«, hielt Jonny die Gegenrede zu diesem Antrag.

»Alle Beweise, die wir zur Verurteilung brauchen, liegen vor!«, unterstützte ihn Gandulf.

Hätten die beiden Machtkonkurrenten doch geschwiegen! So aber witterten die Versammelten eine heiße Nummer. Und auf ihren Spaß wollten sie keinesfalls verzichten. »Gericht! Gericht!«, schrien alle.

»Hiermit eröffne ich die Gerichtsverhandlung!«, übernahm Bussardo sogleich den Vorsitz und erhielt dafür tosenden Applaus.

»Wie heißt du denn?«, wollte Schneckchen wissen.

»Bussardo, König der Lüfte«, verkündete er nicht ohne Stolz.

»Ein Bussi für Bussardo!«, schrie Schneckchen in die Menge und alle Tiere ließen einen Schmatz hören.

Bussardo wurde es schwindelig: Alle liebten ihn, alle!

»Ich rufe Esmeralda in den Zeugenstand!«, eröffnete er das Hauptverfahren.

Esmeralda vernahm den Ruf, war sich jedoch unschlüssig, ob sie ihm folgen sollte. Kam sie nicht, war sie vollends unten durch. Kam sie, war es nicht sicher, ob sie den Ort lebend würde verlassen können.

»Ich komme nur, wenn mir niemand was tut!«, rief sie zurück. Da niemand widersprach, wagte sich Esmeralda vors Tribunal.

Bussardo baute sich vor ihr auf. »Was hast du zu deiner Verteidigung zu sagen?«, donnerte er los.

»Du hast sie wohl nicht alle!«, entrüstete die sich. »Da misshandeln die zwei Penner«, sie deutete auf Gandulf und Jonny, »mein Netz, du Oberpenner machst es kaputt und ich soll mich verteidigen!«

»Haltet mich!«, bat Bussardo seine beiden Mitregenten und streckte seine Flügel aus. Die versagten ihm jedoch ihre Unterstützung, weil sie sich selbst mit aller Kraft zurückhalten mussten. Bussardo schaffte es mit knapper Not alleine. »Ich rufe den ersten Zeugen!«, rief er aus.

Jonny war mal wieder am schnellsten. »Wenn sie noch mal ein Netz baut, dann mach ich sie platt!«, tobte er los und trampelte auf dem Boden herum.

»Wer nicht Trampolinspringen kann, soll es lassen. Zudem hast du in meinen Netzen überhaupt nichts verloren!«, konterte Esmeralda.

»Ich springe, wann, wo und wie es mir passt!«

»Dass ich nicht lache! Du springst, wann und wie dein Weib es will!«, lautete die Entgegnung.

Dieses Mal mussten neun kräftige Eber Jonny zurückhalten. Die Tiere schwelgten im Glück. Das gebotene Programm war allererste Sahne.

Als nächstes trat Gandulf in den Zeugenstand. Er eröffnete seine Rede mit »Sie stellt eine Gefährdung der öffentlichen Ordnung dar.« Doch der Engerling unterbrach ihn: »Dafür bist

du keine Gefährdung mehr, so platt wie du bist. Und tschüs!«
»Keine Zwischenrufe!«, wies ihn Bussardo auf die Strafprozessordnung hin.
Esmeralda holte zum großen Gegenschlag aus. »Meine ganze Arbeit steht im Dienste des Fortschritts. Mit der neuen Spinntechnik bricht für uns alle ein neues Zeitalter an. Weniger Arbeit, mehr Freizeit, ein langes Leben! Und dafür wollt ihr mich bestrafen?«, fragte sie in die Menge.
Sie hatte gut gesprochen. Alle Tiere machten nachdenkliche Gesichter.
Elisabeth wollte retten, was zu retten war. »Fortschritt für wen? Doch nur für dich!«, schrie sie.
Bevor ihre Worte wirken konnten, trat Hasi vor das Publikum. »Das ist nicht wahr. Ihre Netze sind für uns alle da. Sie dienen der Körperertüchtigung, bringen uns auf neue Gedanken und geben Kraft, um uns den neuen Herausforderungen von morgen stellen zu können!«
»Geschwätz!«, unterbrach ihn ein Rattenweibchen. »Der einzige Grund, warum ihr Männer das Netz wollt, ist, dass ihr auf alles drauf müsst, was wackelt.«
Riesiger Beifall und gellende Buhrufe brandeten auf. Bussardo traute seinen Augen nicht. Die Männer klatschten und die Frauen buhten.
»Wieso denn das?«, fragte er Gandulf verwirrt.
»Ist doch klar!«, erklärte ihm dieser. »Die Männer können jetzt sagen, dass sie für zu Hause üben.«
Von der Seite hatte es Bussardo noch nicht betrachtet. Aber so konnte, nein musste man es sehen.
»Zwei Wochen Trampolin und du willst nie mehr ohne!«, versprach der Ratterich seinem Weibchen.
»Bei dir helfen auch keine acht Wochen!«, höhnte seine Wohnungsnachbarin.
»Schön wär's ja!«, griff eine Wieselfrau in die Diskussion ein. »Aber blöde, wie Tiermänner nun mal sind, fallen sie andauernd vom Netz. Und wer muss sie dann pflegen? Wir!«
Dieses Mal klatschte und pfiff die andere Hälfte der Tierheit.
Als die Diskussion auszuufern drohte, trat ein alter Brummbär vor die Versammlung. Er war bekannt für seine besonnene

Art, seinen umfassenden Blick und dafür, dass man ihn am besten in Ruhe ließ. »Dir wurde eine außergewöhnliche Gabe verliehen!«, sprach er Esmeralda mit kratziger Stimme an. »Nur befürchte ich, dass sie mehr ein Fluch als ein Segen ist. Das ist nicht deine Schuld. Die Tiere sind für den Fortschritt einfach nicht geschaffen.« Er kratzte sich heftig am Fell. »Jeder denkt nur an seinen ganz persönlichen Nutzen. Die Folgen sind ihm egal.«

»Das gilt ganz besonders für dich, du Schuft!«, unterbrach ihn eine Biene, die ihn umschwirrte. Der Brummbär blickte zu ihr hoch und hob bedauernd seine Schultern. »Sag' ich doch!«, gestand er ein. Dann wandte er sich wieder der Allgemeinheit zu und hob die Stimme. »Es gibt leider allzu viele Tiere, für die der größte Nutzen darin besteht, anderen zu schaden. Und wollen die Anständigen nicht unterliegen, müssen sie zu denselben Mitteln greifen, um sich zu schützen. Ehe man sich versieht, sind mit einem Mal alle gleich böse.«

»Total konservativ!«, meinte eine Elster, die in ihrem Schnabel eine Cartieruhr hielt.

Der Brummbär warf ihr einen strengen Blick zu, ließ sich aber nicht aus dem Konzept bringen. »Alles Neue müsste streng am Grundsatz ›Misstraue dir selbst!‹ gemessen werden. Aber da ein jeder denkt, dass gerade ihm zu trauen ist, wird es nie eine Selbstbeschränkung geben. Lange Rede, kurzer Sinn: Bedenkt bei allem Neuen, welchen Schaden es anrichten kann, und seid sicher, er wird eintreten!« Nachdem er seine Rede beendet hatte, schwiegen alle und blickten schuldbewusst zu Boden.

Gandulf griff die Stimmung auf und übernahm die Rolle des Staatsanwalts. »Ich beantrage, dass Esmeralda nie mehr ein Netz bauen darf!«

Außer den drei Herrschern nickten viele Weibchen. Alles schien klar, bis ein Ameisenbaby Rotz und Wasser zu heulen begann und »Spingen! Spingen!« rief. Sogleich stimmten alle Kinder mit ein. Das Geschrei war ohrenbetäubend. Die Männer betrachteten wohlgefällig ihren Nachwuchs.

Hasi nutzte den Stimmungsumschwung und stellte den Antrag der Verteidigung. »Freiheit für Esmeraldas Netze!«

Bussardo breitete seine Schwingen aus und schrie. »Die Beweisaufnahme ist beendet, das Urteil gefällt. Im Namen meines Volkes verkündige ich ...« Weiter kam er nicht. Seine beiden Herrscherkollegen sprangen von links und rechts so auf seine Flügel, dass Bussardos Schnabel angespitzt ins Erdreich fuhr. Die Versammelten sahen es mit Wohlgefallen und machten sich auf den Heimweg.

»Hiergeblieben!«, schrie Jo, auch wenn er wusste, dass es nichts nutzte. Aber als Herrscher musste er es einfach tun.

»Hiermit entscheide ich, dass ihr gehen könnt!«, stellte Gandulf mal wieder sein taktisches Geschick unter Beweis.

»Du kastrierter Pseudodemokrat!«, machte Jo ihn an.

»Rockzipfeldiktator!«, konterte Gandulf.

So plänkelten die beiden hin und her, bis der Platz leer war und Bussardo sich vom Dreck befreit hatte.

»Es war nur zu deinem Besten!«, versicherten ihm beide.

Bussardo, den es noch würgte, sah sie mit großen Augen an.

»Zu meinem was? Ihr seid ja total meschugge!«

»Der wichtigste Herrschergrundsatz lautet: Leg dich nie mit den Kleintieren an!«, erklärte ihm Gandulf.

»Die verspeise ich zum Frühstück!«, höhnte Bussardo.

»Nehmen wir nur mal die Ameisen. Die sind so was von brutal!«, gab ihm Gandulf ein Beispiel.

»Und erst die Eichhörnchen. Gemeingefährlich!«, setzte Jo eins drauf.

»Schmeißfliegen können unausstehlich sein!«, wusste Gandulf.

»Und gegen Schnecken hast du keine Chance!«, berichtete Jo.

Bussardo blickte irre zwischen den beiden hin und her. »Ihr habt sie doch nicht alle!«, stellte er fest.

»Lass uns in ein paar Tagen noch mal darüber reden!«, gab Gandulf zur Antwort.

Bussardo hielt es für besser, das Thema zu wechseln. »Was ist jetzt mit der Spinne?«

»Einstimmiger Beschluss, sie bekommt noch eine Chance!«, sagte Jo.

»Davon habe ich aber nichts gehört!«, widersprach ihm Bussardo.

»Du kannst fragen, wen du willst!«, versicherte ihm Gandulf. Doch außer ihnen war nur noch die Eule da. Sie saß auf einem Baum und hatte das Ende verschlafen.

Als Jo sie fragte »Stimmt's?«, schreckte sie hoch, blickte ihn an und sagte »Juhu!«

»Da hast du es gehört!«, erklärte er Bussardo und machte sich gemeinsam mit Gandulf auf den Heimweg. Bussardo blieb. So einfach gab er sich nicht geschlagen. »Was hast du mit deinem ›Juhu!‹ gemeint?«, fragte er die Eule.

Die dachte lange nach. »Juhu!«, erwiderte sie.

Er musste es anders anfangen. »Du findest also auch, dass man Esmeralda den Garaus machen sollte?«

Die Eule blickte sich um. »Es tut mir Leid, aber ich finde sie nicht. Was war das andere?«

»Den Garaus machen!«, sagte Bussardo sehr nachdrücklich.

Die Eule schüttelte bekümmert den Kopf. »Finde ich auch nicht!« Wenig später strahlte sie schon wieder. »Aber ich weiß, wo es Gänseblümchen gibt.«

Bussardo stutzte. »Gänseblümchen? Was haben Gänseblümchen damit zu tun?«

»Gänseblümchen passen zu allem!«, erklärte sie ihm, erhob sich in die Lüfte und rief: »Komm!«

»Mir ist nicht nach Gänseblümchen!«, sagte Bussardo wahrheitsgemäß.

»Dann auf ein anderes Mal. Juhu!«, und schon war sie weg.

Bussardo blickte ihr nach und hoffte, diesem Dummvogel nie wieder zu begegnen. Er musste sich entscheiden. Sollte er weiterfliegen und sich ein neues Reich suchen oder danach streben, König der Idioten zu werden? Er wusste es nicht. Vor lauter Entscheidungsdruck begann er zu kreischen. Das half immer.

»Halt's Maul!«, kam es aus der Höhle eines Baumes. Bussardo kannte die Stimme. Es war die der Spinne. Er lächelte. »Hättest du geschwiegen, Desdemeralda!«

Zwei Spinnerinnen

Esmeralda saß auf dem Schlangenbaum und verstand die Welt nicht mehr. Da verfügte sie über das beste Spinnmaterial weit und breit, und mit ihren Netzen konnte sie ganze Hasenfamilien fangen. Doch anstelle ihre Todesfallen zu fürchten, vergnügten sich Groß und insbesondere Klein darin auf Teufel komm raus. Es gab nur noch eine Chance, um zu ihrem Hasenbraten zu kommen: Sie musste endlich herausfinden, wieso die Menschen solche Angst vor ihr hatten.

Beate verstand auch vieles nicht mehr. Deshalb hatte sie ihre Hausaufgaben beiseite gelegt und spazierte über die Wiese. Als sie beim Schlangenbaum angelangt war, entdeckte sie äußerst eigenartige Früchte. Sie waren länglich, gelb-schwarz-gestreift und baumelten sachte im Wind. Die Neugierde trieb sie den Baum hoch.

Esmeralda träumte gerade davon, dass sie dem Häschen eine gelb-schwarze Zwangsjacke anlegte. Und bei so einem Traum lässt sich niemand stören, mag der Ast, auf dem man sitzt, auch noch so wanken. Als sie jedoch beinahe das Gleichgewicht verlor, öffnete sie ein Auge und sah sich mit der Frage konfrontiert: »Seit wann trägt das Häschen blaue Hosen und ein grünes Hemd?« Sie öffnete die restlichen Augen und sah sich den Hasen genauer an. Das war gar kein Hase, sondern das nette Mädchen von neulich! Trotzdem ging es natürlich nicht an, dass es in ihrem Vorratslager herumkletterte. »Verschwinde!«, fegte sie es an.

Beate schaute sich um. Zuerst sah sie niemand, bis sie schließlich eine große fette Spinne entdeckte, die für einen Horrorfilm ganz sicher keinen Maskenbildner brauchte. »Hi! Wir kennen uns doch!«, begrüßte sie Esmeralda.

»Kann schon sein«, brummte diese.
Beate schwang sich auf den Ast und setzte sich neben sie. Esmeralda fand das ausgesprochen respektlos. »Komm bloß nicht näher! Ich bin so was von gefährlich!«, warnte sie Beate. Die lächelte sie an. »So siehst du aber gar nicht aus. Zudem gibt es bei uns keine gefährlichen Spinnen!«
Das hatte ihr gerade noch gefehlt. Sollte ihr letzter Hoffnungsschimmer auch noch entschwinden? Nein! Die war einfach zu jung und hatte keine Ahnung. »Wieso fürchten sich dann die Menschen so vor uns?«
»Keine Ahnung!«
Genau, die hatte keine Ahnung. Da Esmeralda sie dennoch nett fand, machte sie einen auf Konversation. »Ich heiße Esmeralda!«
»Und ich Beate!«
Beate erinnerte sich, dass ihre Biolehrerin mal erzählt hatte, wie toll Spinnenfäden seien. Vorsichtig berührte sie den Faden. Er fühlte sich wie ein Gummi an. »Was für Netze baust du so?«
»Neulich habe ich ein waagrechtes gebaut, das war so groß!« Esmeralda deutete vom Astende bis zum Baumstamm.
»Darauf könnte man ja Trampolin springen!«, ließ Beate ihrer Phantasie freien Lauf.
»Kann man nicht!«, fuhr ihr Esmeralda über den Mund. »Damit fange ich Hirsche und Wildsäue!«
»Frisst du die etwa?«
»Erstens schmecken sie mir nicht. Und außerdem, seh ich so aus?«, entrüstete sich Esmeralda.
»Was frisst du dann?«
»Ich habe mich auf Häschen spezialisiert!«
»Du frisst kleine Mümmelhäschen?« Beate stiegen Tränen in die Augen.
»Ist nur so ein Hobby!«, lenkte Esmeralda ein.
»Du tötest sie aus Spaß?« Beate konnte es nicht glauben.
Esmeralda wollte keinen allzu schlechten Eindruck machen. »Damit keine Missverständnisse aufkommen, das Häschen und ich erproben gemeinsam neue Netztechniken!«
»Ach so!« Beate tat es leid, dass sie Esmeralda etwas so Gemeines unterstellt hatte. »Darf ich dich mal streicheln?«

»Und wenn ich dich vergifte?«
»Hast du das vor?«
»Das werd' ich dir gerade noch verraten!«, entgegnete Esmeralda, fügte aber sanft hinzu: »Du darfst!«
Beate berührte ganz sachte ihren Leib und streichelte über die flauschigen Härchen.
Hätte Esmeralda vor Wohlgefühl grunzen können, sie hätte es getan. So hielt sie einfach still.
»Ich habe gar nicht gewusst, dass ich Spinnesisch kann!«, stellte Beate jetzt erst fest.
Richtig! »Hattest du mal eine Spinne unter deinen Ahnen?«
»Nicht, dass ich wüsste!«
»Bist du dir sicher?«
Beate zögerte. »Viele Leute behaupten, ich würde spinnen!« Esmeralda erstarrte. Vielleicht war sie die Superspinne, die Doppelnetze baute und Gartenschlauchschlangen fraß, und war zurückgekehrt, um sich ihren Schlauch zu holen. »Was für Netze spinnst du so?«, fragte sie ganz nebenbei.
»Ich spinne keine Netze«, erklärte Beate.
»Was dann?«
Beate dachte nach. Ihr fiel jedoch nichts ein, was sie an sich spinnig fand. Das taten nur andere. »Keine Ahnung!«, seufzte sie. »Findest du das komisch?«
»Ne, ich weiß ja auch nicht, wieso ich so gefährlich bin.« Während sie das sagte, kam ihr eine geniale Idee. »Wenn du mir hilfst, es herauszufinden, zeig' ich dir ein paar ausgefallene Spinntechniken!«
Beate konnte sich zwar nicht vorstellen, dass sie jemals ein Netz spinnen würde, freute sich aber dennoch über Esmeraldas Angebot. »Ich muss jetzt nach Hause. Wenn du Lust hast, können wir uns ja wieder treffen!«, schlug sie vor.
»Ich bin zwar gerade sehr beschäftigt, aber es lässt sich einrichten«, bezeugte auch Esmeralda ihr Interesse.
Beate nahm sie vom Schoß, setzte sie auf den Ast, sprang vom Baum und ging.
Esmeralda blickte hinter ihr her und beschloss das originellste aller Netze zu bauen.

Fuchsvater

Tief drinnen im Wald, am Rand einer kleinen Lichtung, baute Esmeralda ihr neues Netz. Die Konstruktion war Alfons' Hollywoodschaukel nachempfunden. So vermied sie das Trampolinhafte, ohne auf das Waagrechte verzichten zu müssen. Am meisten bereiteten ihr die Aufhängungen Schwierigkeiten. Das Netz sollte frei schwingen. Nur so war garantiert, dass auch wirklich keiner auf ihm herumspringen konnte.

Während sie noch herumexperimentierte, kam Hasi angehoppelt und setzte sich vor sie hin. »Ist das für mich?«

»NEIN!«

»Willst du mich nicht mehr?«, fragte das Häschen in aller Unschuld.

»Ich wende mich zukünftig lohnenderen Dingen zu«, erwiderte Esmeralda so hochnäsig wie möglich.

»Etwa Wildschweinen und Hirschen?«, fragte Hasi misstrauisch.

»Ich mache nur noch künstlerische Objekte!«, gab sie kund.

»Und wovon willst du leben?«

»Man hat so seine Mäzene!« Mehr wollte und konnte Esmeralda dazu nicht sagen.

Das Häschen war normalerweise nicht so leicht aus der Ruhe zu bringen. Doch es wurde immer aufgeregter. »Hör mal, wegen dir habe ich meinen Sparringspartner entlassen!«, begehrte es auf.

»Um eins klarzustellen: Er hat dich verlassen! Und jetzt mach 'ne Fliege. Kunst bedarf äußerster Konzentration und Ruhe!« Esmeralda wandte sich wieder ihrer Arbeit zu.

»Lass doch das Seitenteil weg!«, schlug Häschen vor.

»Nein!«

»Die Aufhängungen sind viel zu locker!«

»Nein!«

Man merkte es dem Häschen an, wie es mit sich kämpfte. Endlich rang es sich zu einem Coming-out durch.

»Ich kann ohne Trampolin nicht mehr leben!«, gestand es ein.

»Dann musst du eben sterben!«

»Entweder du baust sofort ein anständiges Trampolinnetz oder es wird dir leid tun!«, schrie es, erhielt aber keine Antwort. Es wartete noch ein Weilchen, dachte nach, und verließ mit einem teuflischen Grinsen den Ort des Geschehens.

Da hatte doch jemand gemümmelt! Esmeralda drehte sich um, spähte über die Lichtung und sah gar Eigenartiges. Hasi schlug Zeitlupenhaken, machte Standsprünge und legte zwischendurch lange Pausen ein. Zuerst vermutete Esmeralda, dass es jemandem das Hoppeln beibrachte. Aber das »Gleich hast du mich, du wilder Tiger!« passte nicht so recht dazu. Ein Weilchen später erschien der Tiger. Asthmatisch hechelnd kam Fuchsvater aus dem Wald gehumpelt. Aufgrund seiner Dreivierteltaubheit und seiner Zahnlosigkeit nuschelte er immer wieder: »Wasch hascht du geschagt?« Und seine Vierfünftelblindheit zwang ihn, »Wo bischt du?« zu krächzen. Geduldig beantwortete Hasilein jede seiner Fragen. Langsam näherte sich das verspielte Paar dem Netz.

»Was hast du vor?« Esmeralda schwante Böses.

»Ich? Nichts! Er will mich vernaschen!«, sagte das Häschen und machte einen weiteren Hopser.

»Macht das bei dir oder bei ihm!«

»Ich habe noch nie in einem Netz«, bekannte Hasi und zeigte vor lauter Freude seine Mümmelzähne.

Esmeralda ahnte, was dieser Teufelsbraten vorhatte: eine Erpressung! Entweder musste sie dem Häschen ein Trampolinnetz bauen oder es würde den alten Fuchs dazu bringen, dass er sich in ihrem Netz das Genick brach. Dann wäre sie für alle Tiere Freiwild. »Wie kann man nur so gemein sein?«, schrie sie das Häschen an.

»Und was ist mit dir?«, keifte dieses zurück. »Du willst mich nicht mal mehr fressen!«

»Das ist noch lange kein Grund, so was Hinterfotziges zu tun!« Esmeralda war empört.

Das Häschen zuckte nur mit den Schultern und kam einen Hoppler näher. Esmeralda ließ sich von einem Ast herabgleiten, so dass sie vor Fuchsvaters Kopf hing, und rief: »Ich muss dir was sagen.«

»Schpäter!«, sagte der. »Ich rede nie, wenn ich'sch treibe. Macht ein anständiger Fuchs nicht! Schatschilein, wo bischt du?«, rief er mit Flötenbass.

»Ich bin's doch!«, machte Esmeralda einen auf Hasi.

»Du?« Der Fuchs glotzte sie an. »Warscht du nicht gerade noch weischer und gröscher?«

»Mir ist ein dreckiger Stein auf den Kopf gefallen«, gestand Esmeralda.

»Damit du keine Kopfschmerzen bekommscht!«, wollte er sie trösten und schnappte zu. Daneben.

Doch schon mischte sich Hasi ein. »Verschwinde!«, zischte es ihr zu. Dann wandte es sich säuselnd seinem Verehrer zu. »Ich halte es kaum noch aus!«

»Hascht du nicht gerade andersch auschgeschehen?«, fragte Fuchsvater verwirrt.

»Das war 'ne Missgeburt, die gerne ich wäre. Aber das Original gibt es nur einmal!« Dabei wackelte das Häschen kokett mit dem Hintern.

»Dasch schtimmt!«, stöhnte der Fuchs, dem das Wasser im Munde so zusammenlief, dass es in kleinen Bächlein heraustropfte.

»Dann komm endlich!«, bezirzte das Häschen den Tatterfuchs und machte einen Hoppler.

Esmeralda musste mit ansehen, wie das Unglück seinen Hinkegang nahm. Das Häschen sprang in das Netz, legte sich aufreizend hin und lockte den Alten.

»Wasch isch'n dasch?«, wollte er wissen, als er das Netz erreicht hatte.

»Eine Liege. Nur für uns beide. Jetzt komm schon hoch!«

Der Tattergreis humpelte ein Stück zurück, nahm Anlauf und landete auf dem Netz. Seine Beine fanden jedoch keinen Halt, sondern rutschten zwischen den Maschen durch. Da hing er nun und strampelte in der Luft. »Wasch scholl'n dasch?«

»Das wird dir Esmeralda erklären!«, meinte das Häschen.

Die wusste, wenn sie jetzt nachgab, dann war ihr Schicksal als Trampolinnetzspinne besiegelt, und schwieg.
»Du hast es nicht anders gewollt!«, schrie Hasi und verabschiedete sich mit »Bis gleich!«

Esmeralda ahnte, was dieses Mümmelmonster vorhatte. Fuchsjunior sollte seinen Vater in ihrem Netz zappeln sehen. Sie musste es so schnell wie möglich abbauen und fing sofort damit an.

Der Fuchs sah sie eindringlich an. »Jetscht ischt dir auch ein Schtein auf'n Kopf gefallen«, sagte er und zuckte zusammen.

»Es ist alles ganz anders«, wollte Esmeralda die Verwechslung aufklären.

Doch Fuchsvater unterbrach sie. »Mir ischt auch mal 'n Schtein auf'n Kopf gefallen. Ich kann dir schagen, dasch hat vielleicht weh getan!« Er wiegte nachdenklich den Kopf hin und her. »Tut aber nicht mehr weh.« Plötzlich spürte er ein Bedürfnis. »Ich musch mal!«

»Dann tu's doch!«

»Ich hab mein Lebtag nur an Bäume gepinkelt und werde für den Rescht nur an Bäume pinkeln. Ich will schofort runter!«, erklärte er hoheitsvoll.

Das Häschen hatte inzwischen den Jungfuchs gefunden. Erst hatte er es wie Luft behandelt. Als er jedoch vom Schicksal seines Vaters erfuhr, ließ er sich dazu bewegen, ihm nachzujagen.

Esmeralda hörte sie kommen und das Netz war erst zu einem Drittel abgerissen. Die Zeit reichte nicht mehr, um Fuchsvater aus dem Netz zu befreien. Deshalb biss sie nur noch die Fäden durch, mit denen es an den Bäumen befestigt war.

Kurz darauf stand der Fuchs wieder auf allen Vieren im Leben. Er sah an sich runter und betrachtete verwundert das Netz an seinem Bauch.

»Das ist ein Hüftkorsett!«, erklärte ihm Esmeralda. »Mit dem kannst du locker wieder Häschen jagen.«

Fuchsvater machte ein paar Schritte. In der Tat, das Gehen fiel ihm leichter. »Ischt ja prima«, meinte er und fing an, wie ein Jungfuchs herumzustolzieren.

»Dafür musst du deinem Sohn sagen, dass ich, die Spinne Esmeralda, es für dich getan habe!«, verlangte sie von ihm.
Er sah sie voller Mitgefühl an. »Armesch Häschchen. Aber alsch mir der Schtein auf'n Kopf fiel, hab ich erscht gedacht, ich bin 'ne Schnecke. War furchtbar!« Darauf stolzierte er zu einem Baum und hob ein Bein.

In dem Moment erreichte das Renngespann die Lichtung. Vor Schock blieb der Jungfuchs wie angewurzelt stehen. Esmeralda hatte seinen Vater mit einem Netz an einen Baum gefesselt und das Pinkelbein hochgebunden. Etwas Grausameres gab es nicht. »Daddy!«, schrie er. »Daddy!«

»Hier bin ich!«, stöhnte dieser. Seine Prostata machte ihm mal wieder zu schaffen.

»Das wirst du mir büßen«, kreischte der Jungfuchs in ohnmächtigem Zorn und raste auf Esmeralda zu.

»Wieso ich? Hasi war's!«, verteidigte die sich, kletterte aber zur Vorsicht den Baum noch ein Stück höher hinauf.

»Klar, weil ich Netze baue!«, wandte das Häschen ein und grinste sich einen.

»Frag deinen Vater!«, bat Esmeralda den Jungfuchs inständig.

»Wie geht's?«, wandte sich Sohnemann teilnahmsvoll seinem Erzeuger zu.

»Nur noch tröpfchenweische!«, ächzte Fuchsvater.

»Du darfst nicht sterben!«, schluchzte der Youngster.

»Wenn du mir schagscht, wie man dasch macht, lasch ich esch sschein!«, meinte der Alte lakonisch und senkte sein Bein.

»Wer von den beiden hat dir das angetan?«, kam der Fuchs Esmeraldas Begehren nach.

Gevatter Fuchs blickte zwischen Hasi und Esmeralda hin und her. Dann hellte sich sein Gesicht auf, und er deutete auf Esmeralda. »Der Hasche war'sch!«

»Aber das ist doch eine Spinne!«, korrigierte ihn sein Sohn.

»Ne, der schieht nur scho aus. Ihm ischt ein Schtein auf den Kopf gefallen!«

Der Sohn wusste zwar, dass sein Daddy nicht mehr alle Tassen im Schrank hatte. Doch er verließ sich auf die eine, die noch ganz war. »Dein Tod ist besiegelt!«, brüllte er zu Esmeralda hoch.

»Ist wohl besser, ich mache mich aus dem Staub«, dachte die und tat es.

Gevatter Fuchs stolzierte im eleganten Hinkeschritt auf Hasi zu. »Jetscht schiehscht du wieder ausch wie vorher. Lasch esch unsch endlich treiben!«

»Also du warst es!«, gingen dem Sohn einige Kronleuchter an.

»Spaß muss sein!«, meinte Hasi und lächelte schräg.

Für einen Moment war der Jungfuchs versucht, sein Gelübde zu brechen und die Jagdsaison zu eröffnen. Doch er beherrschte sich.

»Bitte, bitte!«, bettelte Hasi. »Ich werde auch nie mehr Trampolin springen!«

Wenn das kein Angebot war! Zudem vermisste auch der Fuchs ihre gemeinsamen Streifzüge durch Feld und Natur ganz schrecklich. Aber Strafe musste sein! »Die nächsten drei Tage lässt du dich von meinem Vater jagen!«

Notgedrungen fügte sich Hasi und machte einen kleinen Hoppler.

»Ich hab' dich gleich!«, keuchte Grand Old Fox und nahm trippelnd die Verfolgung auf.

Sein Sohn überlegte kurz, ob er bei Esmeralda Abbitte leisten sollte. Aber dafür hatte sie ihm zu viel angetan. So ließ er sie im Glauben fliehen, der Tierrat würde ihren sofortigen Tod beschließen.

Esmeralda krabbelte derweil um ihr Leben. Jetzt gab es nur noch einen sicheren Ort: bei den Menschen!

Die Untermieterin

Esmeralda saß auf dem Schlangenbaum und wartete ungeduldig auf Beate. Endlich kam sie, platzte schier vor Neugier und wollte sogleich das Spinnennetz sehen.
»Ich dachte, ich bau's bei dir zu Hause«, sagte Esmeralda in aller Unschuld.
»Meine Eltern fürchten sich vor dir!«, gab Beate zu bedenken.
»Weil die wissen, warum ich so gefährlich bin?«, fragte Esmeralda hoffnungsfroh.
»Es liegt wohl eher an deinem Aussehen!«, vermutete Beate.
»Wenn die so viel Stress und so wenig zu essen hätten wie ich, würden sie auch nicht anders aussehen!«, versuchte Esmeralda ihr Äußeres zu erklären.
»Wenn du Hunger hast, könnte ich dir was zu essen bringen!«, bot Beate ihr an.
»Was denn?«
»Bei uns gibt's heute Braten!«
»Hasenbraten?«, fragte Esmeralda aufgeregt.
»Nein Rind!«
»Man kann nicht alles haben!«, seufzte sie und ergab sich ihrem Schicksal. »Du brauchst dir keine Umstände zu machen. Ich komme mit!«
»Ich glaube nicht, dass meine Eltern begeistert wären, wenn du mit am Tisch sitzen würdest!«
»Das gibt sich!«, versicherte ihr Esmeralda.
»Ich weiß nicht so recht.« Beate konnte es sich nicht vorstellen. »Würde es dir was ausmachen, im Gartenhäuschen zu wohnen?«
Als Antwort setzte sich Esmeralda auf Beates Schulter und beide machten sich auf den Heimweg.
»Macht es dir eigentlich nichts aus, dass so viele Menschen Angst vor dir haben?«

»Irgendwie tut es schon gut!«, antwortete Esmeralda mit aller gebotenen Zurückhaltung. »Andererseits brauchst du auf die Dauer schon ein dickes Fell!«

Sie hatten einander so viel zu erzählen, dass sie im Nu zu Hause waren. Beate öffnete vorsichtig die Gartentür. Dennoch quietschte sie.

»Beate, bist du's?«, rief ihre Mutter zum Küchenfenster raus.

»Ja!«, antwortete diese und setzte sich Esmeralda kurzerhand auf den Rücken. Zum Glück, denn Frau Kernicke streckte ihren Kopf zum Küchenfenster raus und machte einen Kussmund. Beate ging zu ihr hin und gab ihr einen Schmatz.

»Ist was?«, fragte Frau Kernicke und sah ihre Tochter aufmerksam an.

»Ne, wie kommst du drauf?«, fragte Beate und ging rückwärts auf das Gartenhäuschen zu.

»Erstens kenne ich dich schon lange, zweitens siehst du so aus und ...«

»Drittens?«, fragte Beate und blieb stehen.

Frau Kernicke überlegte: Sie wusste genau, es gab ein drittens. Richtig! »Drittens siehst du aus, als hieltest du was hinter deinem Rücken versteckt.«

Mist! Warum war ihre Mutter bloß so clever. »Ich habe nur die Riechposition eingenommen!« Beate schnupperte auffällig in der Luft herum. Frau Kernicke schnupperte ebenfalls. »Ich rieche nichts!«

»Das ist es ja, ich rieche nichts Angebranntes!«

»Verflixt, ich hab' vergessen, den Herd anzuschalten!« Frau Kernicke verschwand in der Küche.

Endlich war der Weg zum Gartenhäuschen frei.

»Ihr wohnt ganz gemütlich!«, versuchte Esmeralda Beate zu einem Richtungswechsel zu bewegen.

Gelang ihr aber nicht. »Ich muss meine Eltern erst einmal auf dich vorbereiten.«

»Sympathie entsteht durch direkte Begegnung, da kannst du jeden Tierpsychologen fragen«, widersprach ihr Esmeralda.

Beate gab keine Antwort, sondern öffnete die Tür zum Häuschen. Drinnen sah es aus, wie es eben an Orten aussieht, die all das beherbergen müssen, womit man momentan nichts anfangen kann.«Ich räume ein bisschen auf, dann wird's gleich viel schöner!«, versuchte sie Esmeralda für diesen Ort zu erwärmen.

Es gelang ihr aber nicht. Esmeralda hatte ein Rotkehlchenpaar erspäht, das hier nistete. »Ich kann hier nicht bleiben. Spinnen und Rotkehlchen vertragen sich nicht.«

»Dann halt' dich eben zurück! Ich bringe dir auch jeden Tag was zu essen!«

»Damit keine Missverständnisse aufkommen: Die fressen mich!«

»Diese Winzlinge?« Beate sah sie mehr als nur ungläubig an.

»Ich habe auch nicht gesagt, auf ein Mal!«, stellte Esmeralda richtig und begann zu zittern.

Beate zögerte, dann steckte sie Esmeralda unter ihren Rock und schlich sich mit ihr zum Haus.

»Klettere zu dem Fenster da hoch!«, flüsterte sie Esmeralda zu und betrat das Haus.

»Ich gehe Hausaufgaben machen!«, rief sie ihrer Mutter zu und hätte sich am liebsten auf die Zunge gebissen. Das war so ziemlich das Unnormalste, was sie hatte sagen können.

Ihre Mutter sah verblüfft zur Küchentür raus.

»War nur ein Scherz!«, beruhigte ihre Tochter sie und ging auf ihr Zimmer. Frau Kernicke blickte ihr mit einem Fragezeichen auf der Stirn hinterher.

Beate öffnete das Fenster, holte Esmeralda herein und schaute sich nach einem Versteck um. Doch schon rief ihre Mutter.

»Das Essen ist fertig!«

»Gleich!«, schrie Beate zurück und instruierte Esmeralda eindringlich: »Bleib ja hier sitzen!«

»Ich könnte euch zeigen, wie Spinnen fressen!«, bot diese ihr an. Beate überging das Angebot und lief die Treppe runter.

Neues Heim ...

Frau Kernicke stellte die Salatschüssel auf den Tisch und betrachtete stolz ihr Werk. Es war eine Farbenpracht ohnegleichen. Salate waren ihre Spezialität: In die Schüssel kam alles hinein, was ihr im Garten zwischen die Finger kam und bei dem es nicht notwendig war, vorher oder nachher den Arzt oder Apotheker zu fragen.

Das Radieschen störte sie an dieser Stelle. Sie nahm es in die Finger, zögerte, legte es dann aber doch nicht auf das Chicoréeblatt, sondern schob es sich in den Mund. Eine Biene kam zum Fenster hereingeflogen und steuerte auf die Schüssel zu. »Gefällt's dir?«, wollte Frau Kernicke von ihr wissen.

Die Biene setzte sich auf den Rand der Schüssel und streckte ihren Rüssel hinein, zuckte zusammen, ging in die Luft und umkreiste aufgeregt das Rund.

»Ich mag's sauer!«, entschuldigte sich Frau Kernicke. »Wie wär's damit?«, versuchte sie die Biene zu besänftigen und deutete auf den Blumenstrauß, der neben der Salatschüssel stand. Die Biene zeigte Interesse und krabbelte in eine Lilie.

»Na also!«, meinte Frau Kernicke und betrachtete wieder ihr Werk. Das Sauerampferblatt wirkte etwas zu expressionistisch. Sie rückte es so zurecht, dass sein surreales Wesen voll zur Geltung kam.

In dem Moment kam Beate hereingestürmt, gab ihrer Mutter einen Kuss und setzte sich an den Tisch.

Frau Kernicke nahm die Teller, ging zum Herd und tat beiden ein Stück Fleisch auf.

Zuerst aßen Mutter und Tochter stillvergnügt vor sich hin. Frau Kernicke beobachtete, wie die Biene genug vom Liliennaschen hatte und zur Nachbarin, einer Gänseblume, krabbelte.

»Wir sind heute zu dritt!«, sagte sie und schob sich einen Wegezoterich in den Mund.

Beate bekam einen Schreck, sah an sich runter, dann zur Decke hoch, konnte jedoch Esmeralda nirgends entdecken.

»Hier ist sie!«, mampfte Frau Kernicke und deutete mit ihrer Gabel, auf der eine sellerieumschleierte Cocktailtomate steckte, zur Vase.

»Ach du bist's!« Beate war erleichtert, als sie die Biene sah.

»Ihr kennt euch?«, fragte ihre Mutter verwundert.

»Flüchtig!« Beate machte eine vage Bewegung mit der Hand.

»Ich glaube, sie heißt Chlothilde«, begann Frau Kernicke mit dem Namensspiel.

Beate schüttelte den Kopf. »Ne, Angina!«

Frau Kernicke machte ein empörtes Gesicht. »Wie kann man jemand Angina nennen. Stell dir mal vor, dein Vater hieße Prostata, ich Dickdarmverschlingung und du Katarrh!«

Beate verleibte sich gerade mittels einer ausgefeilten Mundtechnik ohne Zuhilfenahme ihrer Finger ein übergroßes Salatblatt ein. »Unsere Nachbarklasse hat einen Lehrer, der heißt Durchfall!«, mümmelte sie.

»Wir hatten einen, der hieß Kotz und Würg«, sagte Frau Kernicke und wandte sich wieder der Biene zu. »Morgen gibt's Schlüsselblumen, Chlothilde!«

»Warum hast du keine Angst vor Bienen, aber vor Spinnen?«, kam Beate auf ihr eigentliches Anliegen zu sprechen.

»Keine Ahnung, aber irgendeinen Grund wird es schon geben.« Frau Kernicke zuckte mit den Schultern.

»Bienen stechen und sind viel gefährlicher als Spinnen!«, wies Beate sie auf einen wichtigen Unterschied hin.

»Musst du so schrecklich logisch sein?«, monierte Frau Kernicke, die gerade ein vierblättriges Kleeblatt gefunden hatte.

»Sonst bist du es doch auch!«

»Aber nur, wenn ich dafür bezahlt werde!«

»Hat dir noch nie eine Spinne gefallen?«, versuchte es Beate auf eine andere Tour.

Frau Kernicke überlegte. »Doch. Ich hab' mal eine gesehen, die hatte einen Kopf wie Rotkäppchen. Aber die war ziemlich klein.« Sie zeigte mit ihren Fingern einen Abstand von höchstens einem halben Zentimeter.

»Und wenn sie so groß gewesen wäre?« Beate vergrößerte

den Abstand auf fünf Zentimeter. Frau Kernicke schüttelte es. Beate verkleinerte ihn umgehend.

»Warum hast du es plötzlich so mit Spinnen?«, wollte sie wissen.

»Ich habe vorhin eine große gesehen und hatte überhaupt keine Angst vor ihr. Glaubst du, dass ich normal bin?«

Frau Kernicke beugte sich vor. »Sei nicht so verrückt, jemals normal zu werden!«

»Dann sei doch auch verrückt und gib deine Angst vor Spinnen auf!«, entgegnete Beate.

Ihre Mutter lehnte sich zurück. »Wenn du deine Angst vor Selleriesalat aufgibst!«

»Der schmeckt aber so scheußlich!«, ekelte sich Beate.

»Spinnen schmecken sicher auch nicht besser!«

»Du brauchst sie auch nicht zu essen.«

»Was soll ich dann mit ihnen tun?« Frau Kernicke sah ihre Tochter fragend an.

»Nett finden!«

»Wieso sollte ich?«

»Einfach so!« Beate wusste auch keinen besseren Grund.

Warum war ihr kein Elefant begegnet? Bei dem hätte ihre Mutter nur gefragt: »Wo hast du denn den her?«, und sie hätte nur antworten müssen: »Gefunden!« Ihre Mutter hätte wahrscheinlich den Kopf geschüttelt, geseufzt: »Was die Menschen so alles verlieren!«, und noch was Mütterlich-Erzieherisches wie »Bevor er reinkommt, muss er sich aber die Füße abputzen« hinzugefügt. Aber nein, ausgerechnet eine Spinne musste es sein! Beate wollte nicht, dass ihre Eltern ins Hotel zogen. Aber Esmeralda rauswerfen wollte sie auch nicht. Wieso lernte man in der Schule jeden Mist, aber nicht, wie man jemandem seine blöden Ängste nehmen kann?

»Beate, huhu!« Frau Kernicke streichelte die Hand ihrer Tochter. »Sind wir ein Häschen und schlafen mit offenen Augen?«

Beate schrak aus ihren Gedanken hoch und erschrak kurz darauf noch einmal.

Esmeralda hatte es vor Hunger nicht mehr ausgehalten und sich auf die Suche nach etwas Essbarem begeben. Dabei war sie rein zufällig zur Küche gelangt. Und was musste sie vernehmen: Es gab also doch Hasen!

Vorsichtig krabbelte sie zu Beate hin. Die saß mit dem Rücken zu ihr und verdeckte damit das Blickfeld ihrer Mutter, die gerade behauptete: »Bienen sehen im Gegensatz zu Spinnen niedlich aus!«

Esmeralda, die an Beates Stuhl hochkletterte, wäre beinahe wieder runtergefallen. »Niedlich!? Diese Dickärsche mit ihren Stummelbeinen und ihrer aerodynamischen Witzfigur!«, keifte sie. »Der zeig ich, was grazile Beine sind!«

Das war der Moment, in dem Beate erneut erschrak. Sie fasste sich an den Rücken, als ob sie sich kratzen wollte, packte Esmeralda und setzte sie sich auf den Schoß. Zum Glück bekam ihre Mutter nichts mit.

»Darüber hinaus sind sie nützlich, befruchten Blüten und machen Honig!«, sagte diese und leckte sich die Lippen.

Eine Stechmücke kam angeflogen. Beate deutete auf sie. »Spinnen fressen Ungeziefer!«

»Stimmt!«, musste Frau Kernicke ihr recht geben.

Beate kam eine ausgezeichnete Idee. »Was hieltest du davon, wenn wir eine ganz große Spinne bei uns aufnehmen würden? Dann gäbe es kein Ungeziefer mehr!«

Frau Kernicke strahlte ihre Tochter an. »Eine ganz ausgezeichnete Idee, theoretisch brilliant«, sagte sie und schob sich ein Stück Fleisch in den Mund, auf dem sie ausgedehnt herumkaute.

Esmeralda hatte genug gehört und machte sich unbemerkt von dannen. Sie wusste jetzt, wie sie die Mutter für sich erwärmen konnte. In Windeseile krabbelte sie zum elterlichen Schlafzimmer hoch und hörte so leider nicht mehr, wie Frau Kernicke fortfuhr: »Praktisch ist deine Idee unter aller Sau! Ich bin mir nämlich ganz und gar nicht sicher, ob Spinnen nicht auch uns Menschen als Ungeziefer betrachten.« Sie schüttelte sich. »Wie wäre es, wenn ich dir ein schönes Spinnenbuch schenke und wir das Thema wechselten?«, schlug sie vor.

»Wie wär's, wenn wir im nächsten Urlaub zu Hause blieben und uns stattdessen Reiseprospekte ansähen!«, sagte Beate ziemlich patzig und wollte Esmeralda streicheln. Doch die war weg. Ob sie sauer war und sich verdünnisiert hatte? Abrupt stand Beate auf.

Derweil sondierte Esmeralda die Ungezieferlage im Schlafzimmer der Eltern. Aber da waren keine! Wie sollte sie jetzt ihre Nützlichkeit unter Beweis stellen? Sie setzte sich aufs Fensterbrett und suchte den Garten nach Schädlingen ab, erblickte aber lediglich Käfer, Würmer, Fliegen ... Wo trieb sich das Ungeziefer bloß rum?

Ein Tier hatte ihr mal erzählt, dass die Menschen alle Kleintiere als minderwertig ansahen. Ist mir auch recht, dachte sie und beschloss, einige davon in das Haus zu schleppen und es dann von ihnen zu befreien. Sie seilte sich in den Garten ab.

Als erstes traf sie einen Wurm, der gerade dabei war, im Erdboden zu verschwinden. Sie packte ihn am Schwanz und zog ihn langsam, aber stetig ins Freie. Erst wurde er länger und länger, dann war er draußen.

»Hast du Lust, mit mir auszugehen?«, fragte ihn Esmeralda.
»Du hast mich fast verdoppelt! So kann ich mich unmöglich sehen lassen«, lehnte er ihr Angebot ab.
»Schlank steht dir aber ausgezeichnet!«, schmeichelte sie ihm.
»Findest du?« Der Wurm beruhigte sich. Er hatte in letzter Zeit schon einige Male daran gedacht abzunehmen. »Wo soll's denn hingehen?«
»In das Haus dort drüben.«
Der Wurm schüttelte entschieden seinen Oberkörper. »In Häusern gibt's keine Erde, kaum Feuchtigkeit! Willst du, dass ich mich selbst umbringe?«, fragte er und kringelte sich theatralisch zusammen.
»Das würde ich für dich übernehmen!«, bot sie sich an.
»Würmer vernaschen!? Du bist die abartigste Spinne, die mir jemals begegnet ist!«
So langsam wurde Esmeralda sauer. »Du glaubst doch selbst nicht, dass ich mir was aus dir mache!«
Der Wurm war von diesem Bekenntnis nicht sonderlich begeistert. »Ich sag dir, was du mich kannst: am Schwanz lecken!«

Doch Esmeralda stand der Sinn nach Höherem. Sie lähmte ihn, band ihn an einen Faden und zog ihn hinter sich her. Der Tausendfüßler wollte auch nicht so recht, genauso wenig die Made, die Heuschrecke und all die anderen. Und das, obwohl sie allen das Paradies versprach. Aber wer drin wohnt, zieht nicht gerne um. So musste sie alle ein wenig betäuben und hatte immer schwerer zu schleppen.

Obwohl Schneckchen in großer Eile war – was Schnecken aus verständlichen Gründen immer sind – fand sie Esmeraldas Angebot vielversprechend. Sie blickte die Hauswand hoch, meinte »Das Paradies kann ich dir auch hier besorgen!«, und streckte Esmeralda neckisch ihre Fühler entgegen. Doch die stand nicht auf Schneckengeschichten und reihte sie in ihre Perlenkette ein.

Lediglich ein Mistkäfer kam freiwillig mit. Esmeralda erzählte ihm, dass die Menschen in ihren Häusern noch mehr Mist machten als draußen.

»Diese miesen Mistlinge!«, bestätigte er und half ihr sogar, ihre Mitbringsel die Hauswand hochzuziehen.

Während der Höhentour kamen viele der Tiere wieder zu sich und schimpften. Die Schnecke wollte es langsamer, der Tausendfüßler schneller und der Wurm überhaupt nicht. Esmeralda sah sich mal wieder bestätigt: Du kannst es nie allen recht machen. Oben angekommen befreite sie die Tiere von ihren Fesseln, damit alles echter aussah.

»Ich stehe auf Fesseln, leg sie mir wieder an!«, verlangte Schneckchen.

»Du bist genauso pervers wie die Ekelspinne!«, machte der Tausendfüßler sie an.

Schneckchens Fühler gingen senkrecht in die Höhe. »Stimmt das?«, fragte sie Esmeralda hoffnungsfroh.

Die antwortete nicht, dafür der Wurm. »Die hat mich an Stellen angefasst, du glaubst es nicht!«

Der Mistkäfer begab sich sogleich auf die Suche nach Mist, fand aber keinen. »Das ist doch Scheiße! Du elender Scheißer! Totale Kacke, du Korinthenkacker! Kein Krümelchen Dreck! Dreckspatz!«, tobte er.

Man sollte an dieser Stelle anmerken, dass sich Mistkäferäußerungen für das menschliche Ohr meist etwas anstößig anhören. In Wirklichkeit handelt es sich um eine sehr entwickelte Fachsprache.

Da er sich ersatzweise über seine Mittiere hermachen wollte, musste ihm Esmeralda eine kleine Dosis Schlaf spritzen. Während sich die Tiere umschauten, verzierte sie das Fenster mit einem wunderschönen Netz, in das sie die Tiere anschließend setzen wollte.

Beate war in ihr Zimmer geeilt, hatte Esmeralda aber nicht gefunden und sich auf die Suche gemacht. Als sie das Schlafzimmer ihrer Eltern betrat, weiteten sich ihre Augen. Auf dem Boden, im Bett, an den Wänden, überall wurmte, schleimte, kroch, tippelte und krabbelte es.
»Wieso hast du das getan?«, fragte sie entsetzt.
Esmeralda schaute sie verwundert an. War die so begriffsstutzig oder tat sie bloß so? »Die kommen alle ins Netz, damit deine Mutter sieht, wie nützlich ich bin!«
In dem Augenblick rief diese von unten nach Beate.
»Bring sie weg!«, flüsterte sie und ging zur Tür. Als Frau Kernicke sah, dass ihre Tochter aus dem Schlafzimmer kam, fragte sie: »Suchst du was?«, und kam die Treppe hoch.
»Ich ... ich ...« Beate blickte hinter sich. Auf der Kommode lag ein BH. »Ich wollte mir einen BH von dir ausleihen.«
Frau Kernicke war überrascht. Beates Brüste begannen gerade erst zu knospen. »Ich geb dir einen!«, bot sie ihr an.
»Ich hab schon einen gefunden!«, sagte Beate und kam ihr BH-schwingend entgegen. »So langsam muss ich mir überlegen, was für ein Busen mir steht.«
»Soll ich dich beraten?«, fragte ihre Mutter. Beate nickte und gemeinsam gingen sie die Treppe runter.

Esmeralda ärgerte sich, dass die Menschen so unspinnesisch dachten, oder sagen wir es geraderaus, so doof waren. Was sollte sie jetzt tun? Wenn sie die Viecher umbrachte, dann lagen ein Haufen Leichen herum. Gehen lassen konnte sie sie auch nicht. Die würden sofort weitererzählen, wo sie sich aufhielt. Zum Glück war sie Esmeralda, deshalb fiel ihr auch eine Lösung ein. Sie würde alle wieder aneinanderbinden, sie aus dem Fenster

hängen und sich später in Ruhe um jedes einzelne Tier kümmern.
»Hört mal alle her!«, rief sie den Kreuchs und Fleuchs zu. »Wie ihr selbst seht, war das die falsche Adresse. Jetzt geht's wirklich ins Paradies. Stellt euch hintereinander auf, damit ich euch wieder zusammenbinden kann!«
»Ich bin doch kein Maso!«, verwahrte sich der Regenwurm.
»Und ich nicht blöd!«, teilten ihr die anderen mit.
Esmeralda blieb nichts anderes übrig, als sie alle wieder miteinander zu verknüpfen. Machten die ein Theater! Sie beschwerten sich über Freiheitsberaubung, Verletzung der Tierrechte und eklatanten Verstoß gegen die Geschöpfecharta. Hinzu kamen Sonderwünsche. »Ich will ganz vorne hin!«, verlangte eine Made.
»Wenn jemand an die Spitze gehört, dann ich«, widersprach eine Heuschrecke und zirpte ihr einen.
Als sie alle wieder an der Leine hatte, band sie das eine Fadenende an einen Stuhl, der in Fensternähe stand, und begann die Krakeeler auf das Fensterbrett zu hieven. Bei den meisten genügte die Androhung einer Beruhigungsspritze, damit sie mithalfen.
Endlich ging's mit den ersten bergab.
»Ich bin nicht schwindelfrei!«, schrie der Wurm.
»Dann mach die Augen zu!«, schlug ihm Esmeralda vor.
»Erst mal welche haben!«
Das Gewicht der Außenhänger zog die Innenhänger immer schneller nach draußen. Für manche zu schnell. Der Tausendfüßler stolperte – worüber wohl? Richtig, über die Schnecke. Der ging es sowieso zu schnell – nicht das Näherkommen, dafür der ganze Rest.
Ansonsten lief alles wie und am Schnürchen. Selbst der Stuhl machte sich auf in Richtung Fenster.
In dem Moment öffnete Beate die Tür und staunte. Sie hatte noch nie einen so eigenständigen Stuhl gesehen. Andererseits hatte sie auch noch nie etwas mit Esmeralda zu tun gehabt. Sie rannte hin und setzte sich drauf. Als Frau Kernicke das Zimmer betrat, stand der Stuhl wieder regungslos auf allen vier Beinen.
Beate hatte einen unglaublichen Reifungsprozess durchge-

macht. Den BH füllten zwei große Luftballone. Und jetzt wollte ihre Mutter unbedingt noch eine Modenschau veranstalten. Sie öffnete den Kleiderschrank und reichte Beate ein Kleid. »Probier mal!«
Beate erhob sich ein wenig, was der Stuhl sogleich ausnützte. So blieb ihr nichts anderes übrig, als sich schnell wieder hinzusetzen. Sie nahm das Kleid, betrachtete es und gab es wieder zurück. »Gefällt mit nicht!«
Frau Kernicke begann zu wühlen. Beate suchte Esmeralda. »Wo bist du?«, flüsterte sie.
»Unter dem Stuhl!«
»Mach den sofort wieder normal!«, fuhr Beate sie an.
»Das geht nicht! Rück ihn ans Fenster!«
Beate hob ein wenig den Hintern. Der Stuhl machte scharrende Geräusche. Ihre Mutter, die nichts gehört hatte, reichte ihr ein anderes Kleid.
Beate wollte nicht schon wieder eine Spielverderberin sein. Sie stieg auf den Stuhl und zog es an. Dabei verlor sie das Gleichgewicht und fiel beinahe runter. »Die Farbe steht mir nicht!«, sagte sie und gab es ihrer Mutter zurück. Die betrachtete misstrauisch den Stuhl, ihre Tochter und das Kleid, konnte aber nichts Anstößiges finden und öffnete einen anderen Schrank.
»Warum bewegt der sich?«, flüsterte Beate.
»Er hängt an einem Faden und an dem hängt mein Mittagessen!«, erklärte ihr Esmeralda.
Frau Kernicke drehte sich um und hielt eine wunderschöne Bluse in der Hand. »Das ist sie!«, strahlte sie Beate an.
Beate machte keine Anstalten, ihrer Mutter entgegenzukommen, sondern streckte ihr nur die Hände entgegen.
»Wieso sitzt du eigentlich die ganze Zeit auf dem Stuhl?«, wollte Frau Kernicke wissen.
»Weil das die Damen bei Modenschauen immer so machen!«
»Da du mir was vorführst, setz ich mich!«, beschloss Frau Kernicke.
Beate erhob sich, hielt den Stuhl mit beiden Händen fest und bot ihrer Mutter den Platz an. Dankend und verblüfft über diese Umgangsformen nahm sie ihn ein, dachte kurz, ob's wohl

der Busen macht, und reichte ihrer Tochter die Bluse. Beate zog sie an.

Frau Kernicke war begeistert. »Das sieht ja so was von ...« Vor Begeisterung erhob sie sich. Beate schrie: »Setz dich!« Frau Kernicke tat's. Zu spät. Sie landete auf dem Boden.

»Hast du dir weh getan?«, fragte Beate ihre verdattert dreinschauende Mutter, und kniete sich neben sie hin.

»Frag mich was Einfacheres!«, antwortete Frau Kernicke, wippte von der einen Pobacke auf die andere und machte dabei eine schreckliche Entdeckung. »Geh ganz langsam rückwärts!«, flüsterte sie Beate zu, schnellte hoch, packte ihre Tochter vorn an der Bluse und zog sie mit sich. Zuerst riss die Bluse und dann der BH. Die zwei Luftballons wurden in die Luft katapultiert, Frau Kernicke verlor das Gleichgewicht und fiel mitsamt Beate aufs Bett, wobei diese auf ihr zu liegen kam.

Esmeralda beobachtete fasziniert das Schauspiel. So was Irres hatte sie noch nie gesehen. Zuerst hatte Beate die eigenartigsten Eier gelegt und dann verkehrte sie mit einem anderen Weibchen. Also Spinnen machten das anders. Ein Schreck durchfuhr sie. Wenn es bei den Menschen wie bei Spinnen zuging, dann bestand die Gefahr, dass die Mutter Beate gleich auffraß.

Sie krabbelte auf Beates Rücken und flüsterte ihr zu: »Wenn du es ihr besorgt hast, dann nichts wie weg!«

Beate musste lachen und sagte: »Du bist süß!«

Frau Kernicke fand überhaupt nichts lustig. Sie versuchte sich unter Beate hervorzuwinden und drängte: »Lass uns sofort verschwinden!«

Beate wusste, jetzt gab es nur noch eins. Sie griff hinter sich, packte Esmeralda und zeigte sie ihrer Mutter. »Esmeralda, meine Mutter!«, stellte sie die beiden einander vor.

»Wagen Sie es ja nicht, Beate was zu tun, sonst ...«, sagte Esmeralda. Da Frau Kernicke kein Spinnesisch konnte, verpuffte die Drohung. War auch nicht nötig. Esmeralda wirkte in ihrer Ganzheit.

Ein Hoffnungsschimmer hielt Frau Kernicke von einer Ohnmacht ab. »Dieses Bonsaimonstrum ist doch ein Scherzartikel!«

»Meine Mutter will wissen, ob du eine richtige Spinne bist.«

»Wieso, gibt's auch unrichtige?«, fragte Esmeralda interessiert.
»Sie ist echt!«, bestätigte sie ihrer Mutter. »Obwohl, so ganz echt doch nicht. Sie kann nämlich Dinge, die sonst keine Spinne kann.«
»Willst du sagen, dass sie über psychokinetische Kräfte verfügt?«, fragte Frau Kernicke und blickte zum Stuhl hin.
»Das war ein Faden!«, nahm Beate ihr die Sorge um ihr naturwissenschaftliches Weltbild. »Sie kann aber was viel Tolleres!« Sie flüsterte kurz mit Esmeralda, zog dann die zerrissene Bluse aus und hängte sie über den Kleiderbügel an den Schrank. Esmeralda besah sich kurz den Schaden und legte dann los.
»Sie kann mit jedem Material spinnen!«, raunte Beate ihrer Mutter zu, die halb aufgerichtet auf dem Bett lag und der Spinne zusah.
»Du spinnst!«, flüsterte diese zurück.
Doch je länger sie mit ansehen musste, wie originalgetreu Esmeralda wob, um so weiter öffnete sich Frau Kernickes Mund. Schließlich wurde es ihr zu viel. »Wenn ich mir so einen Kitsch ansehen möchte, geh ich ins Kino und sehe mir eine Gemeinschaftsproduktion von Spielberg und Disney an!«, sagte sie und stand auf. »Außerdem finde ich es komisch, dass du mit ihr redest.«
»Du sprichst doch auch mit der Biene!«
»Aber die nicht mit mir!«
»Bist du neidisch?«
»Nein, ich mache mir nur etwas Sorgen!«
»Worüber?«
»Heute redest du mit Spinnen und morgen gehst du übers Wasser.«
»Dann könnte ich nie ertrinken!«
»Aber dir auch nie mehr die Füße waschen.«
»Wenn ich dir verspreche, nicht übers Wasser zu gehen, ist dann alles o.k.?«, fragte Beate.
»Nichts ist o.k.!«, erwiderte Frau Kernicke mit einem Blick auf Esmeraldas Werk. Die war mit den Reparaturarbeiten inzwischen fertig geworden.
»Probier sie an!«, bat Beate ihre Mutter.

»Nein! Ich lasse mir von einer Spinne nicht mein Weltbild zerstören!«

»Passt da keine nette Spinne mehr rein?«

»Darum geht es nicht! Aber wenn ich sprechende und stühlerückende Spinnen darin aufnehme, dann gibt es kein Halten mehr. Morgen sind es strickende Elefanten und übermorgen fliegende Eier.«

Beate hielt ihr bittend die Bluse hin. Misstrauisch nahm Frau Kernicke sie in die Hand. Sie sah wieder wie neu aus. Ganz vorsichtig zog sie die Bluse an und betrachtete sich im Spiegel. »Das ist einfach unglaublich!«, sagte sie und jammerte: »Ich hasse Wunder! In Zukunft glaube ich nur noch, was ich nicht gesehen habe!«

»Fühl doch mal!«, bat Beate sie und zeigte auf die reparierte Stelle.

Frau Kernicke legte erst einen, dann zwei, schließlich alle Finger auf die Stelle. Als sie sie wieder entfernen wollte, klebten Spinnweben dran, ganz gewöhnliche, ordinäre Spinnweben! Ihr Gesicht überzog ein Leuchten. Die Spinne hatte ein zwar gut gemachtes, aber ganz gewöhnliches Spinnennetz in ihre Bluse gewoben. Sie lachte befreit auf, schüttelte den Kopf und verließ das Schlafzimmer. Alles war so weit wieder in Ordnung. Aufsteigende Zweifel grinste sie weg. Sie ging in die Küche, um sich einen Kaffee zu kochen.

Die Biene kam gerade wieder zum Fenster hereingeflogen, um Nachschub zu holen. Frau Kernicke sah ihr zu, wie sie in die Blüten hineinschlüpfte. »Was meinst denn du dazu?«, wollte sie von ihr wissen.

»Summsumm!«, antwortete diese.

Frau Kernicke war beruhigt.

Beate nahm die völlig deprimierte Esmeralda in die Hand und streichelte sie. »Ich habe in der Aufregung vergessen, Seide zu fressen!«, erklärte die ihren Flop.

»Mach dir nichts draus, so was kann passieren!«, tröstete Beate sie, wartete noch ein Weilchen, bis sie sich beruhigt hatte und fragte dann: »Was hast du mit den Tieren gemacht?«

»Sieh mal die Hauswand hinunter!«, forderte Esmeralda sie nicht ohne Stolz auf.

Beate tat es. Als sie die Tiere so aneinandergeperlt hängen sah, war sie entsetzt. »Das ist Tierquälerei. Lass sie sofort frei!«
»Mein Mittagessen?« Esmeralda traute ihren Ohren nicht. Beate ihren auch nicht. »Du willst sie doch nicht umbringen?«
»Wer redet von Umbringen?«, wiegelte Esmeralda ab. »Ich will lediglich nicht verhungern.«
»Wenn du sie freilässt, bekommst du ...«
»Einen Hasen?«
»Etwas viel Größeres. Ein Rind!«
»Wenn's sein muß!« Esmeralda machte ein angeekeltes Gesicht. »Aber Rinder umbringen ist auch nicht die feine Art.«
»Musst du mich auf die Schwachstellen meiner Argumentation hinweisen?«, sprach Beate ganz im Sinne ihrer Mutter.
»Ich kann es auch sein lassen!«, zeigte sich Esmeralda von ihrer großzügigen Seite. Fast wäre sie sogar auf ihre Bitte eingegangen. Dann fiel ihr ein: »Wenn ich sie freilasse, verraten sie, dass ich hier wohne.«
»Bist du so beliebt oder wollen alle von dir gefressen werden?«
»Sie kommen, um mich zu töten!« Esmeralda machte eine Kunstpause und setzte dann ihre Rede fort. »Unter uns Tieren gibt es im Moment eine sehr tiefgehende Auseinandersetzung zwischen denen, die das Rad der Geschichte am liebsten bis vor die Eiszeit zurückdrehen wollen, und einigen wenigen, die sich für den Fortschritt einsetzen. Und ich stehe an der Spitze dieser Bewegung!«
»Im Klartext, du hast Scheiße gebaut!«, stellte Beate fest.
Esmeralda war empört. »Es dauert nicht mehr lange, und alle werden zu mir kommen und mich anflehen. Leider werde ich bis dahin tot sein, weil du mich hast verhungern lassen.« Sie blickte Beate vorwurfsvoll an.
»Kannst du die Tierchen wirklich nicht am Leben lassen?« Beate machte einen verzweifelten Eindruck und ihre Augen begannen zu schwimmen.
»Also gut«, gab sich Esmeralda geschlagen.
»Ehrlich?« Beate fiel ein Stein vom Herzen und sie küsste

Esmeralda vorsichtig auf den Rücken. »Was hast du vor? Kann ich dir helfen?«

»Wenn ich dich brauche, sag ich's schon!«, brummte diese und machte sich an die Arbeit.

Weg damit!

Esmeralda saß auf dem Fensterbrett und blickte auf ihre Gefolgschaft hinunter. »Warte, bis ich dich mal allein erwische!«, krakeelte ein etwas großmäuliger Engerling. »Könntest du meine Frau benachrichtigen, dass es heute etwas später wird?«, bat eine Heuschrecke. Der Rest tat das, was leider auch unter Tieren weit verbreitet ist: Schimpfen und Meckern.
»Nur ein paar!«, bettelte Esmeralda.
»Ich hab was Besseres für dich!« Beate lief aus dem Zimmer und kam mit dem restlichen Braten zurück. »Kannst du alles haben!«
Esmeralda beäugte das Ganze und machte einen nicht gerade begeisterten Eindruck. »Von Frischfleisch haltet ihr Menschen wohl nicht sehr viel?«
»Rohes Fleisch ist ungesund!«, klärte Beate sie auf.
»Aber Aas ist gesund!«, höhnte Esmeralda, fügte sich jedoch notgedrungen in die menschlichen Essgewohnheiten. »Ich kann essen, was ich will, ohne dass man es mir ansieht!«, fügte sie noch hinzu.
Beate hörte es um ihrer Eltern willen gerne. Nachdem Esmeralda ein paar Happen zu sich genommen hatte, sagte sie:»Jetzt brauche ich ausgezeichnetes Fadenmaterial.« Sie wusste zwar noch nicht wofür, aber brauchen konnte man es immer. Sie untersuchte Seide, Baumwolle, Nylon. Alles war ihr nicht gut genug.
Derweil zog Beate den BH aus und legte ihn auf die Kommode. Esmeralda machte große Augen. Die Menschen konnten so wichtige Körperteile wie Eierhalter an- und ausziehen. Sie musste ihn einfach untersuchen. »Was für ein Material!«, staunte sie, getraute sich aber nicht Beate zu fragen, ob sie etwas da-

von probieren könne. Wer gibt schon gerne einen Teil seiner Fortpflanzungsausstattung ab?
Beate kam ihr entgegen. »Wie wär's damit?«
»Dann hast aber du keinen mehr!«, gab Esmeralda zu bedenken.
»Meine Mutter hat viele davon!«, beruhigte Beate sie.
»Eigenartig, eigenartig«, dachte Esmeralda. »Irgendwann muss ich mich mal mit Beate ausführlich über das menschliche Fortpflanzungs- und Sexualleben unterhalten.«
Sie verleibte sich das Material ein und begann im Zimmer ein Probenetz zu bauen. Spiralförmig zog sie eine Kreisbahn nach der anderen. Dabei dachte sie angestrengt nach. Doch das einzige, was ihr einfiel, war: Friss das Pack!
Es musste doch noch etwas anderes geben – sie kam nur nicht drauf. Wie auch: Da hat man sein Leben lang, ach was, von der Urspinne an, gelernt zu fressen und nicht gefressen zu werden. Und jetzt sollte man plötzlich Gnade vor Hunger ergehen lassen. Ja, wenn es nur das gewesen wäre. Aber es war zum Verrücktwerden: Die Biester loswerden, ohne sie fressen zu dürfen – schluchz, heul! Und obendrein noch dafür sorgen, dass sie ihr Versteck nicht verrieten! Das war schlichtweg unmöglich.
Plötzlich kam ihr der Hauch einer Idee. Vor Freude machte sie einen Hüpfer. Augenblicklich zog sich der elastische BH-Faden zusammen. Esmeralda wurde in einem immer größer werdenden Kreis herumgeschleudert. Endlich gelang es ihr, den Faden zu kappen und sie landete in einer offen stehenden Schublade.
»Hast du dich verletzt?«, fragte Beate sie besorgt.
»Ich! Wieso?« Sie hob mit einem Bein einen Slip an. »Den würde ich mir gerne bei Gelegenheit von dir borgen!« Sie kletterte aus dem Fach und merkte zu spät, wie schwindelig ihr noch war. Sie wäre glatt runtergefallen, wenn Beate sie nicht aufgefangen hätte. »Ich weiß jetzt, wie wir es machen!«, ging sie unbekümmert darüber hinweg. »Sieh mal zum Fenster raus, ob du irgendwo Flieger siehst.«
Beate tat's. »Da hinten fliegt ein Bussard. Ich glaube, er kommt näher!«
»Mist! Mach sofort die Leine los. Wenn der die Tiere hier baumeln sieht, weiß er Bescheid.«

Beate nahm eine Schere und durchschnitt den Faden. »Und jetzt?«
»Wenn wir die kleinen Scheißer in den Garten des Nachbarn bringen könnten, ohne dass sie es merken ...«
»Zu dem?« Beate war entsetzt. »Dann kannst du sie gleich auffressen!«
»War ich etwa schon fertig?! Ich bau bei dem so ein ähnliches Netz wie das gerade, setze sie rein, und sobald er das Netz zerstört, werden sie wegkatapultiert. So blind, wie die alle sind, werden sie glauben, ich wohne dort.«
»Die Idee ist fantastisch!« Beate war beeindruckt. »Ich hol eine Schachtel, da können wir die Tierchen hineintun.«
Sie ging eine suchen. »Kann ich dir helfen?«, fragte ihre Mutter, die mit ansehen musste, wie ihre Tochter die Abstellkammer auf den Kopf stellte.
»Ich suche eine Schachtel; wir wollen etwas spielen.«
»Und was spielt man so mit einer Spinne?« Frau Kernicke gehörte nicht zu den Menschen, die alles wissen müssen. Aber jetzt war sie doch neugierig.
»Mutter und Kind.«
»Ziehst du ihr Kleidchen an?«, fragte sie ihre Tochter neckend.
Die hatte endlich einen Karton gefunden. Sie drückte sich an ihrer Mutter vorbei. »Ich bin die Tochter!«, sagte sie und eilte ins Freie. Der Bussard umrundete inzwischen das Haus in immer engeren Kreisen. Schnell setzte Beate die Tiere in die Schachtel. »Bald seid ihr wieder frei!«, versprach sie ihnen.
»Wenn sich Menschen in den Dienst von Spinnen stellen, dann ist das Weltenende nahe. Hallelujuja!«, salbaderte eine Made, die durch den Aufprall aus ihrem Schlaf erwacht war.
»Vorhin hast du behauptet, das Ende käme, wenn ich dich fresse!«, monierte der Tausendfüßler.
»Dann auch, Hallelujujaja!«, bestätigte ihm die Made.
»Da das Ende naht, kann ich dich doch gleich vernaschen!«, schlussfolgerte der Tausendfüßler und wollte sich über die Made hermachen.
»Irgendwas musst du völlig falsch verstanden haben!«, versuchte diese ihn von seinem Vorhaben abzubringen.

»Macht nichts!«, meinte dieser und wollte sie sich schnappen. Doch Beate packte ihn und setzte ihn in die entgegengesetzte Ecke der Schachtel. »Lass den Scheiß!«, schimpfte sie mit ihm und stopfte mehrere Grasbüschel rein.
»Die Obermade sei mit dir, Hallejucheisassa!«, rief die Made erleichtert aus.
Als sich Esmeralda an der Hauswand abseilte, tauchte der Bussard über dem Haus auf. »Versteck mich!«, raunte sie Beate zu und ließ sich fallen. Kurz entschlossen steckte diese sie ebenfalls in die Schachtel. »Pass auf, dass die sich nichts antun!«, bat sie ihre Freundin und machte sich auf den Weg zu Alfons' Grundstück.

In der Schachtel war erst einmal Stille, die aber nicht allzu lange anhielt. »Mach, dass du rauskommst, du Fettsack!«, begann ein kleiner Piepser die Unterhaltung.
»Wer war das?«, donnerte Esmeralda.
Natürlich meldete sich niemand.
Etliche der kleinen Wilden versuchten das Dunkel auszunutzen und sich gegenseitig aufzufressen. Esmeralda hatte alle Beine und ihre Beruhigungsspritze voll zu tun, um einigermaßen Ordnung zu schaffen. Rein spinnesisch gedacht war das Irrsinn pur. Aber so weit kommt es, wenn man sich mit Menschen einlässt. Ihre friedenstiftenden Aktionen trugen nicht gerade zum guten Klima in der Schachtel bei. Um die Stimmung zu heben hielt Esmeralda eine Aufmunterungsrede an ihre Schachtelgenossen. »Folks! Freunde! Kolleginnen und Kollegen!«
»Yeah! Genau! Zeig's mir!«, schrie Schneckchen. Sie war schon jetzt restlos begeistert.
Esmeralda ließ sich nicht abschrecken. »Leider seid ihr vorhin ins falsche Haus eingedrungen. Macht euch nichts draus! Schwamm drüber! Kann jedem mal passieren! Ist Vergangenheit! Jetzt ist Gegenwart!«
Sie machte eine Kunstpause. Der erwartete Beifall hielt sich in Grenzen.
»Ich glaube, ich spinne!«, erregte sich eine Sonnenanbeterin.
»Du hast uns doch dorthin verschleppt!«

»Hallelujuja!«, kam es aus der rechten Ecke. Die anderen Tiere reagierten gereizt. »Ist mir nur so rausgerutscht!«, entschuldigte sich die Made.
»Hing ich mit euch am Faden oder nicht?«, fragte Esmeralda in die Runde.
»Du hast uns gezogen!«, widersprach ihr der Tausendfüßler.
»Mich hat's als erste erwischt! Ich wurde gezwungen, euch herbeizuschaffen.«
»Meine Großmutter ist eine Bratpfanne und mein Daddy ein Notizbuch!«, lästerte eine Hausfliege, die mit ihrer Bildung immer so was von angab. »Und wo ist dieses mysteriöse Wesen?«
»Hast du nicht diesen Menschen gesehen, der uns hier eingesperrt hat?« Esmeralda wollte Beate nicht in die Pfanne hauen, aber was blieb ihr anderes übrig?
»Ne, aber gespürt! Wo und wie die mich angelangt hat! Pfui Teufel!«, sagte der Rosskäfer.
»Ich will zu ihr!«, stöhnte Schneckchen.
»Aber ängstigt euch nicht. Ich werde dafür sorgen, dass es jetzt endgültig dorthin geht, wo Milch und Honig fließen«, versprach ihnen Esmeralda.
»Ha-ha-ha-yeah-lu-lujaaah!«, jubilierte die Made.

Natürlich können nicht alle Spinnen so wohlfeile Reden halten. Aber Esmeraldas Familie hatte eine Zeit lang einen Sperling zum Nachbarn gehabt, der sie mit seinen Sprechübungen genervt hatte. Er war mit einem Missionszelt durch die Lande gezogen, bis auch er erleuchtet worden war und seine Mission erkannt hatte: alle Tiere zum einzig wahren Glauben an ihn zu bekehren. Tagelang hatte er das Salbadern geübt, bis ihn der oberste Vogelgott in Gestalt eines Raubvogels zu sich gerufen hatte.
»Wieso machst du das für uns?«, fragte die Sonnenanbeterin misstrauisch.
»Weil ich euch liebe!« Das musste sie sagen. Das gehörte sich einfach.
»Du stehst auf mir!«, ertönte es leise von unten.
Esmeralda gab die einzig richtige Antwort. »Du meinst, ich stehe auf dich!«

»Du stehst nicht auf mich, sondern auf mir!« Die Stimme wurde lauter und unwirsch.

»Findest du, dass dies der richtige Ort und Zeitpunkt ist, um sich mit grammatikalischen Fragen zu beschäftigen?« Esmeraldas Stimme klang wie eine Handvoll Balsam.

»Es ist mir scheißegal, ob du auf mir oder mich stehst, nimm endlich deine Kacklatschen von mir runter!«, schimpfte der Mistkäfer.

»'tschuldigung!«, sagte Esmeralda und setzte sich direkt auf eine Ameise, der auch nichts daran lag, von einer Spinne erdrückt zu werden. »Du Rüpel!«, jaulte sie.

»Wo soll ich denn hin?«, fragte Esmeralda.

»Verpiss dich!«, kam es wie aus einem Munde.

Esmeralda war zutiefst enttäuscht. Da hatte sie diese Bagage mit einer Bekehrungsrede allererster Güte beglückt und das war der Dank dafür!

»Komm auf mich!«, bot sich Schneckchen inbrünstig an. Und der Wurm erneuerte sein Angebot, dass sie ihn am Schwanz... Aber allzu viel Tröstendes konnte sie diesen beiden Angeboten auch nicht abgewinnen.

Währenddessen war Beate am Zaun angelangt und blickte ins Feindesland. Auf dem Terrassentisch befand sich ein Arsenal an Insektenvernichtungssprays und Unkrautbekämpfungsmitteln, und eine doppelläufige Flinte lehnte an einem Stuhl. Von Alfons war nichts zu sehen.

Der hielt sich im ersten Stock versteckt und durchforstete mit einem Fernglas die Umgebung nach seinen natürlichen Feinden. Als er Beate mit ihrer Schachtel auftauchen sah, eilte er zu ihr.

Beate öffnete die Schachtel ein klein wenig, damit Esmeralda sich den besten Platz für ihr Netz aussuchen konnte. Als Alfons auftauchte, klappte sie den Deckel rasch wieder zu und lächelte ihn an.

»Was hast du da?« Alfons blickte die Schachtel misstrauisch an.

»Ich wollte Ihnen ein Stück Kuchen bringen!« Hoffentlich

war er so, wie sie ihn einschätzte. War er. »Du willst mich wohl vergiften!«, keifte er und sah sich die Schachtel noch genauer an. »Was ist das?«, fragte er stirnrunzelnd und zog die Verschlusskappe von der Spraydose, die er in der Hand hielt.

Eine kleine Raupe war rausgeschlüpft und kroch die Seitenwand abwärts.

»Eine süße Raupe!«, klärte Beate ihn auf und hielt schützend ihre Hand vor sie.

»Die fressen Zierpflanzen!« Alfons trat bedrohlich auf Beate zu.

Die setzte sich kurzerhand die Raupe auf die Nase. Alfons schüttelte es. »Was bis du doch für ein abartiger Balg!« Für einen kurzen, hässlichen Moment durchzuckte ihn der Gedanke ... Aber er riss sich zusammen und besprühte stattdessen einen Strauch.

Er war gerade dabei, die Verschlusskappe wieder auf die Dose zu drücken, als er eine zweite Raupe entdeckte. Er wollte gleich lossprühen, doch Beate bekam die Sprühdüse vor ihm zu fassen und drehte sie ihm zu.

Alfons drückte und sprühte seinen Bauch ein. »Nimm deine Finger weg!«, schrie er und zerrte an ihrem Daumen.

Die Schachtel begann heftig zu wackeln. Esmeralda musste nach dem Rechten sehen, öffnete vorsichtig den Deckel und spähte hinaus.

Alfons riss Beates Hand nach oben und mit ihr die Sprühdüse. »Gib sie sofort her!«, verlangte er.

Aber Beate dachte im Traum nicht daran, sondern warf sie weg.

Esmeralda wollte gerade wieder den Deckel schließen, als sie diese dumme Raupe entdeckte. Behende streckte sie zwei Beine raus und zog den Ausreißer in die Schachtel.

Alfons, der kurz davor stand, die gesamte Dose als Schlagwaffe einzusetzen, stutzte. Hatte er nicht gerade den Inbegriff seiner Schreckensvisionen gesehen? Er taumelte, sah seine erhobene Hand und wusste, er musste sorgsamer mit sich umgehen. Um seine Nerven stand es nicht zum Allerbesten. Er senkte den Arm, schwankte zu einem Stuhl und ließ sich hineinfallen.

Beate ging ein Stück in ihren Garten hinein und setzte sich unter einen Baum. Sie öffnete die Schachtel und beobachtete die Tierchen. »Lass sie doch frei!«, bat sie Esmeralda.
»Damit sie sich gegenseitig auffressen? Ich warte, bis es dunkel ist, und erledige dann den Rest!«, versprach sie.
»Kann ich dir bei ihrer Rettung helfen?«
»Nein!«
»Du brauchst mich wirklich nicht?«, fragte Beate erstaunt.
»Bislang bin ich ganz gut ohne Menschen ausgekommen!«
»'tschuldigung!« Beate ärgerte sich über sich selbst.
»Ich komme nachher vorbei und helfe dir bei deinen Hausaufgaben!«, zeigte Esmeralda Nachsicht. Beate ging ins Haus und Esmeralda wartete, bis es völlig dunkel war. Dann krabbelte sie aus der Schachtel und unter dem Gartenzaun durch. Sie sah sich nach Alfons um. Der saß auf der Hollywoodschaukel und glotzte ziemlich nachtblind in die Natur.

Endlich fand sie einen Platz für ihr Netz. Es war ein kleines Stück Grün, das von Bäumen und Gebüsch umgeben war.

Als sie das waagrechte Spiralnetz vollendet hatte, holte sie ihre kleinen Freunde und setzte sie hinein. Da klebten sie nun und schimpften! »Das soll das Paradies sein? Dass ich nicht lache!«, höhnte der Regenwurm.

»Das Paradies ist dort hinten!«, sagte sie und deutete auf Alfons' Anwesen. »Ich gehe mal nachsehen, ob auch alles aufgeräumt ist!« Ganz ehrlich, wenn ihr eine bessere Ausrede eingefallen wäre, sie hätte sie sofort benutzt.

»Wegen mir brauchst du nicht aufzuräumen, bei uns zu Hause sieht es auch nicht besonders aus, Höllajuja!!«, rief ihr die Made hinterher.

»Du bist so blöd wie kurz!«, fuhr sie der Regenwurm an. »Die benutzt uns als Köder!«

»Dürfen Spinnen das?«, fragte eine kleine Ameise.

»Natürlich nicht. Aber sie tun es einfach!«, seufzte die Blindschleiche schicksalsergeben.

»Halt dein Maul, du Maultasche!«, fuhr der Mistkäfer sie an. »Erschreck die Kleine nicht, du Kleingeist!« Daraufhin wandte er sich dem Ameischen zu und tröstete es: »Ich sag immer, nichts wird so heiß verdaut wie gegessen, du Fresssäckchen!«

Von Tieren und Menschen

Heute noch musste Bussardo Esmeralda finden. Wenn er dieser Monsterspinne den Garaus machte, würden ihn sicher alle Tiere zu ihrem alleinigen Herrscher küren.
Den ganzen Tag über hatte er die Gegend inspiziert. Einmal hatte er geglaubt, etwas gesehen zu haben. Aber dann war es bloß ein Mädchen mit einer Schachtel gewesen. Seine Energie und sein Ehrgeiz machten auch vor der Nacht nicht halt. Dafür seine Augen; er stieß gegen einen Hochleitungsmast. Benommen setzte er sich auf eine Leitung, um sich zu erholen.
Plötzlich kam die Eule angeflogen und ließ sich neben ihm nieder. »Wer bist du?«, wollte der nachtblinde Bussardo wissen.
»Ich bin's, Juhu!«
Bussardo hätte nie geglaubt, dass er sich einmal darüber freuen würde, sie wieder zu sehen. Doch Eulen sind ausgezeichnete Schwarzseher. »Schon was gefangen?«, fragte er sie zur Vorsicht.
»Eine Maus, Juhu! Und ...« Sie überlegte.
»Etwa eine Spinne?«, fragte Bussardo voller Schrecken.
»Nein, es war ... Was kommt nach einer Maus?«
»Was weiß ich! Eine zweite?«
»Genau, die war's, Juhu!«
»Hättest du Lust auf elf weitere Mäuse?«, lockte Bussardo sie.
»Ist das mehr als fünf?«
»Mehr als doppelt so viele!«
Die Eule war begeistert. »Wo gibt es die?«
»Dort, wo sich die große Spinne befindet!«
»Aha!« Die Eule dachte nach. »Und wo ist das?«
»Lass uns zusammen hinfliegen. Wenn du sie siehst, dann zeig ich sie dir!«
Die Eule schüttelte den Kopf. Irgendwas hatte sie nicht richtig verstanden. Aber das ging ihr häufig so.

So flogen sie ein Weilchen vor sich hin, die Eule vorneweg, der Bussard hinterher. Plötzlich wurde die Eule unruhig. »Was siehst du?«, fragte Bussardo aufgeregt.

»Ganz viele Gänse ...!«

»Und daneben?«

»Du meinst den Holunderstrauch?«

»Genau den! Sitzt da nicht eine Spinne drin?«

Die Eule sah angestrengt hin. »Nein!«, stellte sie fest und drehte ihren Kopf zu Bussardo um.

»Gut beobachtet«, lobte er sie.

»Ich habe nicht gewusst, dass Bussarde nachts so gut sehen können.« Die Eule war beeindruckt.

»Wir sehen nachts mit unserem Gefühl. Im Moment spüre ich zum Beispiel Felder, Wälder und Wiesen.«, klärte Bussardo sie auf.

Die Eule sah nach unten. »Ich sehe bloß einen See!«, sagte sie und zwinkerte mit den Augen.

»Schau mal zum Ufer, was siehst du dort?«

Die Eule sah jetzt ebenfalls Wälder und Wiesen.

»Wie machst du das?«, wollte die Eule wissen und fügte ergänzend hinzu: »Im übrigen, da unten ist ein komisches Netz, Juhu!«

Bussardo riss sich zusammen. Er wollte nicht, dass sie bemerkte, wie aufgeregt er war. »Du musst die Augen schließen!« Die Eule tat's.

»Und, was fühlst du?«

»Luft!«

»Für den Anfang hervorragend!«, lobte Bussardo sie. »Wenn du weiterübst, dann kannst du fast so gut vorausschauen wie ich. Ich habe zum Beispiel schon vor einer ganzen Weile das Netz gespürt. Lass uns jetzt hinfliegen!«

Die Eule setzte zu einem gemäßigten Sturzflug an, landete auf einem der Bäume, an denen das Netz befestigt war und sah sich um. »Ich sehe keine Mäuse!«

»Das ist auch das falsche Netz!«, stellte Bussardo klar. Er wollte Esmeralda ganz für sich alleine. »Glaubst du wirklich, dass die Spinne so blöde ist uns direkt zu zeigen, wo sie sich versteckt hält?«

»Ja, Juhu!«, lautete die knappe und entschiedene Antwort.
»Es sind aber nicht alle Tiere so bescheuert wie du!«
»Die Gänseblümchen stört das überhaupt nicht!«, vertraute die Eule Bussardo an.
»Wenn es was Blöderes als dich gäbe, dann wärst du es!«, antwortete der ziemlich unsensibel.
Die Eule strahlte. »Findest du das wirklich?«
»Würdet ihr endlich euer Maul halten? Es gibt hier Tiere, die schlafen wollen!«, meldete sich der Tausendfüßler zu Wort, der wie die meisten seiner Mitgefangenen die Wartezeit mit Schlafen überbrückt hatte.
»Wem gehört das Netz?«, fragte ihn Bussardo.
»Mir natürlich!«, nahm die kleine Made den Mund wieder mal ziemlich voll.
»Du hast recht gehabt!«, wandte sich die Eule an Bussardo. »Das Netz gehört nicht der Spinne!«
»Wo ist sie?«, fuhr Bussardo die Made an.
»Da drin!«, kam ihr der Tausendfüßler zuvor und deutete auf das Haus.
»Hab ich's mir doch gedacht!«, sagte Bussardo.
Die Eule sah ihn ausgesprochen verwirrt an. »Hast du nicht gesagt, das ist das falsche Netz?«
»Das ist eine Falle!«, raunte ihr Bussardo zu. »Wir müssen jetzt prüfen, ob die Spinne nur so tut, als ob die Falle eine Falle ist, oder ob sie in Wirklichkeit gar keine ist. Verstehst du?«
Das »Verstehst du?« hätte er weglassen können. Die Eule sah etwas kläglich zwischen Haus, Netz und Bussardo hin und her und tröstete sich mit ein paar Gedanken an ihre Gänseblümchen. »Was tun wir jetzt?«
»Du suchst Esmeralda. Und wenn du sie gefunden hast, meldest du es mir«, forderte Bussardo sie auf.
Alfons war aufgewacht und ins Freie getreten. Er hörte eigenartige Geräusche. Ganz langsam ergriff er das Gewehr.

Herr Kernicke kam an diesem Abend spät nach Hause. Er war hundemüde und wollte nur noch Frau, Tochter und Ruhe – möglichst in umgekehrter Reihenfolge. Er schloss die Eingangstür auf und dachte schicksalsergeben: Wenn sich die beiden doch nur besser mit der Ruhe vertragen würden! Seine Frau kam aus ihrem Arbeitszimmer und begrüßte ihn mit einem Kuss. »Möchtest du erst mich und dann was zum Essen oder umgekehrt?«, fragte sie ihn und nahm ihn in die Arme.

»Ruhe!«, flüsterte er ihr ins Ohr.

»Sollst du haben!«, flüsterte sie verständnisvoll zurück und geleitete ihn ins Wohnzimmer. Er ließ sich in einen Sessel fallen. Mit letzter Mühe schaffte er es, seine Beine auf den Couchtisch zu legen, und schon klappte sein Unterkiefer nach unten. Da sie ihn nicht aus dem Schlaf reißen wollte, kam sie gleich zur Sache. »Ich muss dir was erzählen!«, schnurrte sie und setzte sich auf die Sessellehne.

»Später!«, murmelte ihr Gatte.

Sie wartete eine Sekunde, bis es später war. »Beate hat eine Spinne als Haustier!«

Herr Kernicke schien nicht sonderlich beeindruckt zu sein.

»Besser als eine Stechmücke!«, gab er zur Antwort, nachdem ihn seine Frau mit drei Schubsern dazu gezwungen hatte.

»Willst du wissen, was die miteinander spielen?«, fragte sie weiter.

Herr Kernicke öffnete ein Auge und sagte: »Nein!«

»Ich auch nicht!«, stimmte sie ihm zu. »Aber sicher willst du wissen, wie groß sie ist.«

Was blieb Herrn Kernicke anderes übrig, als wieder ein Auge zu öffnen. Was er sah, ließ ihn beinahe zu Tode erschrecken. Seine Frau zeigte mit ihren Händen einen Abstand von fünfundzwanzig Zentimetern. Er zuckte so zusammen, dass seine Gemahlin neben ihm im Sessel Platz fand. »Du willst wohl nicht, dass ich mich ausruhe?«

»Doch!«, sagte sie und fügte noch hinzu: »Die beiden reden miteinander!« So, das Wesentliche war gesagt.

Während sie sich ganz eng an ihn rankuschelte, saß Herr Kernicke mit hellwachen Augen da.

Er blickte sich um. War da nicht eine unheimliche Bewegung gewesen? Nein, so fand er nie seine Ruhe. Er zwängte sich aus dem Sessel heraus in die Vaterrolle hinein und trabte die Treppe hinauf zu Beates Zimmer.

Alfons entsicherte das Gewehr und schlich in den Garten. Bussardo hörte ein Geräusch. »Was ist das?«
»Der Mensch kommt auf uns zu!«, klärte ihn die Eule auf und hielt weiter nach den Mäusen Ausschau.
»Was will der von uns?« Bussardo wurde es mulmig.
»Vielleicht ist das sein Netz?«, mutmaßte die Eule.
»Seit wann bauen Menschen Netze?«, fragte Bussardo sie unwirsch.
Die Eule hatte einen Geistesblitz. »Vielleicht ist er ein Spinnenmensch?«
Eine Kugel schlug neben Bussardo im Baum ein.
»Er ist ein Jägerspinnenmensch! Juhu!«, korrigierte sich die Eule, wobei ihre Worte im Donnerhall des nächsten Schusses untergingen. Die Kugel ging haarscharf an Bussardos Haupt vorbei. Der kippte vor Schreck vornüber ins Netz und blieb kleben. Alfons kam immer näher.
»Der Schießjägerspinnenmensch zielt jetzt auf deinen Kopf!«, verkündete die Eule stolz. Ein so langes Wort hatte sie noch nie gesagt. Dennoch verlor sie nicht den Sinn fürs Praktische. »Frag ihn nach den Mäusen!«
Bussardo dachte nicht daran; er wollte weg, und zwar nix wie. Doch trotz heftigsten Flügelschlagens blieb er an den Fäden kleben. »Hilf mir!«, flehte er die Eule an.
Doch so auf die Schnelle Entscheidungen zu treffen war nicht ihre Sache. »Ich könnte dir ein Gänseblümchen bringen!«, schlug sie ihm stattdessen vor.
»Nein!!!«
»Zwei?«
»NEIIIN!!!« Bussardos Stimme überschlug sich, was ihm das Leben rettete.
In Alfons' Ohren klang dieses Gekreische nach einem Tier von ungeheuren Ausmaßen. Vor Schreck zog er das Gewehr hoch und schoss das ganze Magazin leer. Daneben. Bussardo hatte sich ganz klein gemacht und die Eule sich nach hinten weg auf den Boden fallen lassen.
Augenblicklich kehrte Ruhe ein. Wenn man von der Ameise absah, die in einem fort »Ruhestörung!« mäkelte.
Alfons näherte sich vorsichtig dem Netz, um sich seine Jagd-

trophäe zu holen. Als er sie ergreifen wollte, pickte sie ihn in die Hand. Blut quoll. Er nahm es wie ein Mann und fluchte, was das Zeug hielt.

Bussardo flehte in den höchsten Tönen: »Zieh mich hier raus!«

Die Eule krallte sich in sein Gefieder und schwang sich in die Höhe. Doch das Netz wollte nicht von Bussardo lassen. Als Alfons seine Beute entfleuchen sah, ging er in die Hocke und näherte sich Bussardo unterhalb des Netzes. Wenigstens einen Erfolg wollte er heute für sich verbuchen. Er bekam Bussardos Beine zu fassen und zerrte daran. Die Eule konnte nicht dagegenhalten und öffnete ihre Krallen.

»Hilfe!«, schrie Bussardo gellend und hackte mit dem Schnabel wild um sich. Dabei erwischte er einen der äußeren Netzfäden und die Ereignisse überstürzten sich: Der Faden zog sich in Windeseile zusammen und schleuderte die Kleintiere in alle Himmelsrichtungen. Währenddessen umschlang er Alfons so, dass dieser kurz darauf vom Kopf bis zu den Zehen verschnürt in der Pose eines Pirouettentänzers dastand und Bussardo in den Händen hielt.

»Du hast den Spinnenjägertodschießmenschen gefangen, Juhu!«, rief die Eule voller Bewunderung. »Frag ihn, wo die Mäuse sind!«

Auch wenn sich Bussardo nicht so fühlte – als König der Lüfte durfte er sich keine Blöße geben. »Hab ich schon längst! Aber freiwillig rückt der damit nicht raus. Pick ihm in die Hand!«, forderte er die Eule auf.

Die tat wie ihr geheißen. Drei Schnabelhiebe später öffneten sich Alfons Hände. Bussardo erhob sich sogleich in die Lüfte. Doch ein sehr stabiler Faden verband ihn noch mit Alfons. Alles Flügelschwingen half nichts – mehr als ein halber Meter Höhenunterschied war nicht drin.

»Ist der nicht zu schwer?«, fragte die Eule, die Bussardos Flugversuche missverstand.

»Das ist nicht mein Tag!«, gab er keuchend zu. »Ich lass es für heute gut sein. Mach das Tragseil los!«

Just in dem Moment schaute eine neugierige Maus aus ihrem Loch. »Da sind sie!«, jubilierte die Eule und nahm sogleich die

Verfolgung auf. Und bevor Bussardo noch etwas sagen konnte, war sie schon entfleucht.

Esmeralda, die aus einem Busch heraus das ganze Spektakel beobachtet hatte, wurde es langweilig. Alles hatte bestens funktioniert. Hier gab es nichts mehr für sie zu tun. Sie krabbelte zu den Kernickes rüber.

Beate lag auf ihrem Bett, abgedriftet in eine Welt voll menschlicher Ungeheuerlichkeiten und blätterte aufgeregt eine Seite ihres Buches um. Sie hörte nicht, wie es an die Tür klopfte. Herr Kernicke trat ein und begrüßte seine Tochter mit einem freundlichen »Hallo!« Doch diese vernahm ihn nicht, weil der Todesschrei des Opfers allzu laut schrillte. Auch sein lauter gesprochenes »Huhu!« ging in der Schießerei zwischen Held und Verbrecher unter. Sie hätte selbst ihres Vaters gebrülltes »Beate!« nicht gehört, weil die Motorsäge, mit der der Schurke seinen Verfolger zu entzweien versuchte, einen ohrenbetäubenden Lärm machte. Doch Herr Kernicke klappte das Buch zu, gab seiner Tochter einen Kuss und setzte sich zu ihr aufs Bett. Am liebsten wäre er augenblicklich aus seiner Vaterrolle gefallen und hätte sich neben seine Tochter gelegt. Doch der Gedanke an die Spinne hielt ihn aufrecht. »Wo ist sie?«, fragte er und sah sich im Zimmer um.

»Draußen!«, antwortete Beate und nahm ihm ihr Buch aus der Hand. Just in dem Moment krabbelte Esmeralda zum Fenster rein. Herrn Kernickes Herz begann in synkoptischen Rhythmen zu schlagen. »Da!«, stieß er hervor und deutete mit zittrigen Fingern auf das Monstrum.

Beate, die schon wieder in ihr Buch vertieft war, warf einen flüchtigen Blick zum Fenster und gesellte sich wieder an die Seite ihres Helden.

»Wie kannst du bloß lesen, wenn der Tod im Fensterkreuz hängt?«, drückte ihr Vater poetisch sein Entsetzen aus und erhob sich, weil Esmeralda ihm entgegengekrabbelt kam. Beate hielt ihn an der Hand fest und zog ihn zu sich runter. Esmeralda war inzwischen beim Kopfkissen angelangt. »Esmeralda, mein Vater«, stellte sie beide einander vor.

»Nette Tochter haben Sie! So eine hätte ich auch gerne«, machte Esmeralda einen auf Konversation. Doch Herr Kernicke verstand weder Spaß noch Spinnesisch. Zudem überforderte ihn die Situation vollständig.
»Sie findet dich nett!«, übersetzte Beate.
»Würdest du das bitte lassen!«, zischte er.
»Was?«
»Das Reden!«
»Warum?«
»Weil es nicht möglich ist!«, ereiferte sich Herr Kernicke.
Beate zuckte mit den Schultern.
»Beate!« Herr Kernicke versuchte ruhig zu bleiben. »Sag mir ganz ehrlich, fühlst du dich nicht gut? Hat sie dich gestochen?«
»Macht einen so was high?«, fragte Beate voller Interesse.
»Nein, tot!«, brüllte er.
»Der hat 'n Rad ab!«, meinte Esmeralda. »Wenn er mir sagt, wie das geht, geb ich ihm von jedem Hasen einen Schlegel ab.«
»Sie sagt, dass sie für Menschen völlig ungefährlich ist!«, übersetzte Beate.
»Sie soll sich raushalten!«, giftete Herr Kernicke.

Frau Kernicke war vom Geschrei ihres Gatten aufgewacht und eilte die Treppe hoch. Sie setzte sich neben ihn aufs Bett, nahm ihn in die Arme und streichelte ihn. Er lehnte seinen Kopf an ihre Schulter und versuchte tief durchzuatmen. »Hallo Esmeralda!«, begrüßte sie nebenbei die Spinne.
Herr Kernickes Körper versteifte sich. »Fängst du jetzt auch noch an?«, jammerte er.
Sie stand auf und zog ihren Mann hoch. »Komm!«, sagte sie. »Lassen wir die beiden allein. Die haben sicher allerhand miteinander zu bequatschen!«
Herrn Kernickes Körper durchlief ein Zucken. »Das ist alles nicht wahr!«, sagte er immer und immer wieder, während ihn seine Gemahlin behutsam die Treppe hinunterführte und mit ihm in die Küche ging. Sie wollte ihm den Braten aufwärmen, fand ihn aber nicht. Dumpf erinnerte sie sich, Reste davon in Beates Zimmer gesehen zu haben. »Ich mach dir ein Spiegelei!«, schlug sie vor und begann ihm eine Geschichte zu erzäh-

len. »Als ich klein war, hatte ich ein riesengroßes Krokodil mit Zähnen.«
Herr Kernicke fuhr zusammen. »Wie konnten deine Eltern nur!«
»Es war aus Stoff!«, beruhigte sie ihn. »Mit dem habe ich mich immer unterhalten.«
»Das ist doch was anderes. Das tun alle kleinen Kinder. Aber irgendwann ist Schluss!«
Sie schüttelte den Kopf. »Ich hätte noch viel länger mit Kroko geredet. Aber ihm sind die Zähne ausgefallen und da hat er so genuschelt, dass ich ihn nicht mehr verstanden habe.« Sie fügte noch ein »Schade!« hinzu.
Herr Kernicke enthielt sich eines Kommentars; stattdessen aß er brütend sein Spiegelei. Mit dem auf die Gabel gespießten Eidotter deutete er auf seine Frau »Ihr habt das alles inszeniert, weil ich letzten Samstag nicht abgestaubt habe. Findest du das angemessen?«
»Dafür brauchst du nächstes Mal auch nicht abzustauben«, lächelte sie ihn an.
»Wirklich?!« Herr Kernicke machte ein misstrauisches Gesicht. »Trotzdem macht man keine solchen Scherze!«
»Kommt nie wieder vor! Und jetzt bekommst du endlich deine so lang ersehnte Ruhe«, grinste sie ihn vielsagend an.

Nachdem sie sich ausgeruht hatten, lagen beide auf dem Rücken und dösten vor sich hin.
»Warum hast du plötzlich keine Angst mehr vor der Spinne?«, fragte er sie und blickte sie an.
»Weil ich sie persönlich kennengelernt habe!«, antwortete seine Gattin.
Herr Kernicke richtete sich auf. »Du läßt dich auch von jedem einwickeln!«
»Sei froh!«, sagte sie, gab ihm einen Kuss, drehte sich auf die Seite und schlief augenblicklich ein.
Herr Kernicke murmelte »Das bin ich auch!«, und tat es ihr gleich.

Alfons fühlte sich eigenartig, irgendwie beengt. Seine Oberlippe juckte. Er wollte sich kratzen, aber seine Hände gehorchten ihm nicht. Er hörte ein Geräusch über sich, blickte hoch und entdeckte einen furchterregenden Vogel, der böse auf ihn niederblickte. »Am besten, ich mach mich aus dem Staub!«, dachte er und versuchte loszulaufen. Beinahe wäre er auf die Nase gefallen. »Ich bin gelähmt!«, durchfuhr es ihn. Wenigstens seinen Kopf konnte er noch bewegen. Mit dem sondierte er die Lage und entdeckte einen Faden, der sich um ihn herumschlängelte. Vergeblich versuchte er ihn abzustreifen.

Sein Körper begann zu kribbeln und zu krabbeln. Erst dachte Alfons an Durchblutungsstörungen, bis er merkte, dass sich etwas Grässliches an seinem Bauchnabel zu schaffen machte. Panikgefühle durchfluteten ihn. Dabei stritten sich nur ein paar Engerlinge und Ameisen darum, wem die Höhle gehörte. Wenigstens konnte er der Sonnenanbeterin in die Augen blicken, die auf seiner Schulter saß und ihn aufmerksam musterte. Und er vermutete richtig, dass es ein langer dicker Regenwurm war, der sich seinen Rücken entlangschlängelte.

Am meisten interessierte es ihn, wer sich an seinem Penis zu schaffen machte. Nicht weil ihn erotische Gefühle beschlichen. Im Gegenteil! Ungerührt setzte der Tausendfüßler seine Entdeckungsreise fort. Alfons schüttelte sich, so gut er konnte. Der Tausendfüßler verlor daraufhin das Interesse an dem unruhigen Ort und wanderte das rechte Bein hinunter.

Doch das Schlimmste stand Alfons noch bevor. Etwas ekelhaft Schleimiges bewegte sich auf seine Lippen zu und stülpte sich darüber. Alfons machte einen Kussmund und bekam große Glubschaugen. Schneckchen war gerade dabei, ihm den Mund zu verschließen.

»Igitt!«, machte die Sonnenanbeterin Schneckchen an. »Du nimmst aber auch jeden!«

»Was habt ihr bloß für schreckliche Vorurteile«, rechtfertigte sich diese. »Auch Menschen brauchen Zärtlichkeit!«, und presste sich noch intensiver auf die zarten Lippen.

Alfons versuchte zu fliehen. Doch mehr als winzig kleine Tippelschritte waren nicht drin. Millimeterweise ging es vorwärts. Er wünschte sich, bei Hilde zu sein. Doch er wollte nicht als Tippelbruder bei ihr erscheinen, sondern als Beherrscher der Natur. Langsam wurde ihm kalt. Er begann auf der Stelle zu hüpfen. Dabei fiel ihm ein, wie er sich vorwärts bewegen konnte – sackhüpfenderweise! Dass er dennoch nicht so recht vorwärtskam, sondern im Kreis sprang, lag nicht an der mangelnden Übung, sondern daran, dass das eine Bein leicht nach hinten versetzt war. Nach jedem Sprung musste er mit Tippelschritten gegensteuern und konnte erst dann wieder zum nächsten Sackhüpfsprung ansetzen. Nach drei Metern floss ihm der Schweiß in Strömen. Wenn er wenigstens richtig hätte atmen können! Unentwegt nahm er sich vor, seinen Mund zu öffnen und die Schnecke zu verschlucken. Weder Pietät noch Tierliebe hielten ihn davon ab, sondern der reine Ekel! Spielkameraden hatten ihm als Kind fünf auf einmal in den Mund gestopft. Seitdem war ihm der Appetit auf Weichtiere vergangen.

Erst als er sich Kernickes Anwesen näherte, wurde ihm so richtig bewusst, wohin ihn seine Füße trugen. Er persönlich hätte sich nie diese Blöße gegeben. Doch sie dachten offenbar anders darüber.

Esmeralda hatte inzwischen Beate von den Ereignissen in Nachbars Garten erzählt. Die fand die Geschichte zwar interessant, aber nicht so spannend wie den Ausgang ihres Buches. Und den wollte sie noch heute Nacht erfahren. Esmeralda nahm derweil eine Portion Schönheitsschlaf.

So langsam schwanden Alfons' Kräfte. Auch Bussardo kämpfte mit Konditionsschwierigkeiten. Ihn beschlichen Absturzgefühle.
Plötzlich erfüllte ein Rauschen die Lüfte. Mit einem »Juhu!« und einem Strauß Gänseblümchen im Schnabel kam die Eule angeflogen. »Für dich!«, begrüßte sie Bussardo und streckte ihm die Blumen entgegen.
»Was soll ich damit?«, fragte der entgeistert.
Die Eule dachte nach, aber ein besonderer Grund wollte ihr nicht einfallen. »Kann man immer gebrauchen!«, strahlte sie.
»Soll ich dir sagen, wie viele Mäuse ich gefunden habe?«

»Nein!«
»Es waren ... Was kommt nach 7?«
»Innsbruck!«, erwiderte Bussardo voller Hohn.
»Ich glaube, es waren noch mehr!«, sagte sie nicht ohne Stolz. »Im übrigen, wo bringst du ihn hin?«
»Zur Spinne!«
»Und wo ist sie?« Die Eule blickte sich um.
Bussardo hatte genug von den dummen Scherzen. »Pick sofort den Faden durch!«, fuhr er sie an.
»Aber dann entwischt er uns!«, gab die Eule zu Bedenken.
»Im Gegenteil!«, flüsterte Bussardo. »Solange wir in seiner Nähe sind, führt er uns in die Irre. Erst wenn er sich unbeobachtet glaubt, trifft er sich mit ihr.«
Das leuchtete auch der Eule ein. »Dann hast du dir die ganze Mühe umsonst gemacht, du Ärmster!«, bedauerte sie Bussardo und pickte, ohne die Gänseblümchen aus dem Schnabel zu nehmen, den Verbindungsfaden durch.

Sogleich erhob sich Bussardo in die Weiten des Himmels und flog schnurstracks in die Freiheit. Die Eule folgte ihm, was Bussardo überhaupt nicht recht war. »Du hast deine Gänseblümchen vergessen!«, rief sie ihm hinterher. Bussardo war's egal. Nachtblindheit hin, Nachtblindheit her, er vertraute auf sein Gefühl und versuchte sich ihr im Tiefflug zu entziehen.
»Was willst du in dem Baum?«, interessierte sich die Eule. Statt zu antworten, machte Bussardo eine scharfe Rechtsdrehung und entging knapp einem Zusammenprall.
»Und in dem Heuscho...?«, fragte ihn die Eule kurz darauf. Den Rest ihrer Frage konnte sie sich schenken, weil Bussardo es sich schon in einem Heuballen bequem gemacht hatte.
»Nachdenken!«, murmelte er.
»Toll! Darf ich dir zusehen?«, fragte sie ihn, erhielt aber keine Antwort.

Als Alfons das Anwesen der Kernickes erreicht hatte, war er am Ende seiner Kräfte und seines Flüssigkeitshaushalts angelangt. Da ihn Schneckchen noch immer mit einem Dauerbrenner liebkoste, konnte er sich nicht durch jammervolles Geschrei bemerkbar machen. So ließ er seinen Körper gegen die Klingel fal-

len und blieb erschöpft stehen. Nach einer endlosen Weile ging ein Licht an. Ein Ruf hallte durch das Haus. »Ich komm' ja schon!«
Die Eingangstür öffnete sich. Herr Kernicke blickte nach rechts, stutzte, sah ein zweites Mal hin, stutzte wieder und schaute ins Haus zurück, um sich zu vergewissern, dass mit seinen Augen noch alles stimmte. »Was ... was ist denn mit Ihnen passiert?«
»Hmmm!«, antwortete Alfons.
»Wie bitte?«
»HmmmmmmmmmMMMM!«
Herr Kernicke nahm die Schnecke von Alfons Mund und setzte sie vorsichtig ins Gras. Als er sah, dass sie wohlauf war, wandte er sich wieder Alfons zu und überbrachte ihm die gute Nachricht. »Ihr ist nichts passiert!«
»Bring sie um!«, krächzte dieser.
Herr Kernicke schüttelte den Kopf und sagte: »Ich glaube, das arme Tierchen hat für heute genug gelitten.«
»Dann tu ich's!« Alfons ließ sich vornüber fallen, landete jedoch knapp neben Schneckchen.
»Bist du stürmisch!«, freute die sich und kroch sogleich auf ihn zu.
»Nehmen Sie das Viech weg!«, kreischte Alfons.
Herr Kernicke richtete ihn mühsam wieder auf und versuchte vergebens den Faden zu zerreißen. Er holte eine Schere aus dem Haus. Gerade wollte er loslegen, als ihm einfiel, dass er besser erst Schneckchen in Sicherheit bringen sollte! Er trug es weit hinters Haus.
Alfons wollte und konnte es nicht fassen.
Nachdem Herr Kernicke die Fesseln durchtrennt hatte, brüllte er augenblicklich los. »Ich zeig Sie an! Das ist Freiheitsberaubung!«
Herr Kernicke sah die Schere an und wusste, dieser Mann stand unter Schock. »Wer war das denn?«, fragte er teilnahmsvoll.
»Ihre Tochter und die Spinne!«, schrie Alfons seine Qual heraus.
»Soll ich einen Krankenwagen rufen?«

»Ich hole die Polizei und erstatte Anzeige gegen Sie!«, lehnte Alfons dieses Angebot ab.
»Sie können gern unser Telefon benutzen!«, bot ihm Herr Kernicke an.
Doch Alfons wollte nichts davon wissen. »Das werden Sie mir büßen!«, schrie er und humpelte davon.

Zuhause angekommen, griff er sofort zum Telefonhörer, legte ihn aber wieder auf. Diese Geschichte würde ihm sowieso niemand abkaufen. Alles, was er jetzt brauchte, war Schlaf. Mit letzter Kraft schleppte er sich die Treppe hoch und erreichte gerade noch den obersten Treppenabsatz. Dann ging nichts mehr. Ob bequem oder unbequem, war seinem Körper völlig egal. Augenblicklich begab er sich zur Ruhe, während sich sein Geist ins Reich der Alpträume aufmachte.

Auch Herr Kernicke war hundemüde. Doch er schaffte es bis zum Schlafzimmer. Ganz in Gedanken versunken stieg er auf der falschen Seite ins Bett und landete auf seiner Frau.
»Ich bin zu müde!«, lallte diese.
»Ich auch!«, lallte er zurück und kletterte über sie drüber.
»Was war?«, wollte ihr Halb-, Unter- oder irgendein anderes neugieriges Bewusstsein wissen.
»Unser Nachbar behauptet, Esmeralda habe ihn gefesselt. Ich hab dir ja gleich gesagt, dass Spinnen Unglück bringen!«
»Der spinnt!«, murmelte Frau Kernicke und war schon wieder eingeschlafen.

Wie man sich Freunde macht

Esmeralda träumte davon, wie sie Herrn Kernicke für sich gewinnen und ihm obendrein das Geheimnis ihrer Gefährlichkeit entlocken könnte. In einem Traum hatte sie ihm sogar einen Hasenschlegel geschenkt. Doch zum Glück waren Träume Schäume und sie nicht blöde. Dennoch wollte sie ihn sich noch diese Nacht vornehmen. Mit Beate konnte sie nicht mehr rechnen. Die war über ihrem Buch eingeschlafen. Also hielt sie sich an das Motto ›Selbst ist die Spinne!‹ und krabbelte ins Elternschlafzimmer. Sie machte es sich auf der Vorhangstange bequem und döste vor sich hin, während die beiden Menschen eng aneinandergekuschelt schliefen.

Plötzlich begann Herr Kernicke sich stöhnend im Bett herumzuwälzen. »Ich könnte ihn festbinden, damit er nicht herausfällt«, dachte Esmeralda und wollte sich augenblicklich an die Arbeit machen.

Gerade war sie auf dem Bettvorleger angelangt, als er sich aufrichtete, sich mit aller Gewalt gegen den Hals schlug und brüllte: »Sie hat mich erwischt!«

Frau Kernicke blieb nichts anderes übrig, als wach zu werden. Sie tastete nach dem Nachttischlämpchen, knipste es an und schimpfte. »Kannst du das nicht für dich behalten?«

»Nur zehn Minuten Totenwache! Das ist alles, was ich mir von dir noch wünsche. Ich falle nämlich gleich in den ewigen Schlaf. Sie hat mich gestochen!«

»Lass mal sehen!«, erbarmte sie sich seiner, zog ihm die Hand weg und führte ihm Schreckliches vor Augen – an seiner Handfläche klebte Blut.

»Ich will nicht sterben!«, wehklagte er.

»Seit wann sind Stechmücken tödlich?«, fragte sie ihn und deutete auf den plattgedrückten Übeltäter.

»Sie übertragen Malaria, Pest und Aids!«, klärte er sie auf.

»Bin gespannt, was es bei dir ist«, sagte sie voller Anteilnahme, schaltete das Licht aus und nahm wieder ihre Kuschelstellung ein.

Herr Kernicke atmete erleichtert auf und war froh, dass er anstelle des ewigen mit einem viel zu kurzen Schlaf vorlieb nehmen musste. Gerade als er eine Einschlafstellung gefunden hatte, näherte sich ein SSSSSSS seinem Kopf. Fünfmal schlug er daneben, dann ergab er sich seinem Schicksal und zog die Bettdecke bis zum Kinn hoch.

Esmeralda, die die Szene fasziniert beobachtet hatte, wusste jetzt, wie sie Herrn Kernicke von sich überzeugen konnte. Sie würde das Bett in ein Moskitonetz hüllen!

Als erstes brauchte sie passendes Spinnmaterial: Es musste fest, elastisch und fein webbar sein. Im untersten Fach des Kleiderschrankes wurde sie fündig. Sie entdeckte eine Badehose, drei Bikinis und vier Badeanzüge.

Sofort machte sie sich an die Arbeit: Material auflösen, schlucken, verdauen, drüsenfertig machen und spinnen. Kurz vor sieben Uhr morgens war sie fix und FERTIG! Sie suchte sich ein Versteck in der Küche und schlief sofort ein.

Gerade als sie ihr letztes Auge geschlossen hatte, öffnete Herr Kernicke sein erstes. Nur ein klein wenig, dann klappte er es wieder zu. Er öffnete das andere, schloss es ebenfalls wieder und begann zu lächeln. »Was man doch für verrückte Träume haben kann«, dachte er. »Kaum ist eine Spinne im Haus, schon glaube ich, mitten in einem Spinnennetz zu liegen.«

Er öffnete beide Augen, und richtete sich pfeilschnell auf: Das Netz war immer noch da! Er betrachtete es ein Weilchen mit unbewegter Miene. Dann überzog sein Gesicht wieder ein Lächeln. Seine Gattin hatte während der Nacht ein buntes Moskitonetz angebracht, um ihn vor den Stechmücken zu schützen. Er gab ihr einen Kuss und sagte: »Das ist aber lieb!« Sie grunzte, was hieß: »Dasselbe noch einmal!« Er hätte es auch getan, wenn er nicht plötzlich dringend gemusst hätte.

Herr Kernicke suchte den Netzausgang, fand ihn aber nicht. Das Netz klebte an der Bettkante und ließ sich auch nicht wegschieben. Er musste immer dringender.

»Wo geht's raus?«, fragte er seine Bettnachbarin.
»Nimm doch einfach die Schlafzimmertür«, gab sie ihm einen Tipp.
»Ich meine aus dem Moskitonetz.«
»Tu einfach so, als ob keins da wäre!«, murmelte sie und rollte sich noch kleiner zusammen.
Herr Kernickes Bedürfnis war inzwischen unerträglich groß. Er rüttelte sie wach. »Was ist das?«, fragte er sie und deutete auf das Netz.
Frau Kernicke blickte es begriffsstutzig an. »Keine Ahnung!« Wahrscheinlich hätte sie sich sogar wieder hingelegt, wenn sie nicht auch ein dringendes Bedürfnis verspürt hätte. Sie wollte das Bett verlassen, was ihr ebenfalls misslang. Jetzt suchten beide nach einem Ausgang. Plötzlich hielt Herr Kernicke inne, setzte sich im Lotussitz auf das Bett, breitete seine Handflächen auf den Knien aus und begann tief ein- und auszuatmen.
»Was machst du da?«, wollte seine Gemahlin wissen und sah ihn entgeistert an.
»Ich meditiere«, entgegnete er mit trancedurchtränkter Stimme.
»Das kannst du doch gar nicht!«
»Und was ist das?«, fragte er und deutete mit dem Kinn auf seine fernöstliche Sitzhaltung.
»Das Titelbild des Buches ›Kosmischer Orgasmus!‹«
Für einen kurzen Moment stellte Herr Kernicke irritiert seine Meditationen ein und wollte etwas Geistvolles entgegnen. Doch er unterließ es und atmete wieder tief in sein Karma oder wie das Ding unterhalb seines Bauchnabels hieß.
»Wieso kommst du gerade jetzt auf die Idee zu meditieren?«, fragte sie ihn, während sie weiter nach einem Ausgang suchte.
»Wenn ich nicht aus der Kirche ausgetreten wäre, würde ich beten!«
»Musst du immer gleich alles so dramatisieren?«
»Ich tu was?«, fragte Herr Kernicke mit unmeditativ überkippender Stimme. »Zuerst spricht deine Tochter mit einer Spinne, dann kommt ein schneckenknutschender, gefesselter Kerl ins Haus, und jetzt noch das!«
»Alles ist irgendwann mal neu!«, versuchte ihn seine Gattin

zu beruhigen. »Vor hundert Jahren wären die Menschen wahrscheinlich verrückt geworden, wenn sie ein Flugzeug oder einen Computer gesehen hätten.«
»Wenn man das rein logisch durchdenkt, kommt man zu dem Schluss: das alles ist reine Einbildung. Und jetzt gehe ich auf die Toilette!«, erklärte er entschieden und versuchte seine Beine zu entschränken. Da sie inzwischen eingeschlafen waren, kroch er in Richtung Bettkante. Erst pustete er vorsichtig, dann heftig das Netz an. Trotz aller Einbildung bewegte es sich doch. Daraufhin entschied sich Herr Kernicke wieder für den Lotussitz und begann erneut tief in Richtung Bauchnabel zu atmen. Unglücklicherweise verfehlte er ihn und traf seinen Unterleib.
»Beate!«, rief er in höchster Not, erhielt aber keine Antwort. Seine Frau, die eingesehen hatte, dass es kein Entkommen gab, stimmte mit ein.
Endlich schwankte die Angerufene verschlafen ins Zimmer.
»Was is'n?«, murmelte sie.
»Ich muss!«, kam es wie aus einem Munde.
»Das könnt ihr doch schon alleine!«
»Mach sofort das Ding weg!«, verlangte ihr Vater voller Verzweiflung.
Beate versuchte das Netz zu zerreißen. Aber zerreiß mal eine Badehose! Derweil stritten sich ihre Eltern, wer als erster durfte.
»Ich muss dringender!«, behauptete sie.
»Dringender als ich geht nicht!«, hielt er dagegen.
»Du gibst doch bloß an!«
»Ich beweise es dir!« Herr Kernicke verkrampfte seinen Körper und kniff Mund, Nase und Augen so zusammen, dass sie auf einem Fünfmarkstück Platz gefunden hätten.
Sie schüttelte den Kopf. »Du hast mir nur dein wahres Gesicht gezeigt!«
Esmeralda war in der Zwischenzeit aufgewacht und kam gerade ins Schlafzimmer gekrabbelt, um die Früchte ihres Erfolgs zu ernten.
»Sag mir sofort, wo der Ausgang ist!«, drängte Beate sie.
Esmeralda konnte es nicht fassen. Niemand bewunderte ihr Kunstwerk! »Es gibt keinen! Ich hebe mir die beiden für den Winter auf!«, entgegnete sie patzig.

»Hast du was?«
»Ist das alles, was du zu dem Netz zu sagen hast?«
»Es ist wunderschön! Aber im Moment ...« Sie deutete auf ihre Eltern. Ihre Mutter hatte sich zum Beweis ihrer Not zu einer Schneckennudel zusammengerollt, während man das Konterfei ihres Vaters inzwischen auf einem Markstück hätte unterbringen können.
»Es gibt keinen Ausgang, weil jeder Ausgang auch ein Eingang ist!«, erklärte Esmeralda Beate, die daraufhin ihre Suche einstellte und zur Kommode ging. Sie holte eine Schere aus der Schublade, entschuldigte sich vorab bei Esmeralda und machte einen Schnitt in das Netz.
Ihre Mutter hechtete zu ihr hin und versuchte sich durch die noch viel zu kleine Öffnung zu zwängen.
Esmeralda sah's mit Entsetzen. Dann ergab sie sich seufzend in das Schicksal aller verkannten Künstler und krabbelte auf Herrn Kernickes Bettseite. In Windeseile durchtrennte sie das Netz und verschaffte ihm dadurch die entscheidende Viertelsekunde Vorsprung.

Glückstrahlend verließ Herr Kernicke die Toilette und störte sich auch nicht daran, dass ihn sein Weib heftig rammte. Er baute sich vor dem Netz auf und betrachtete es anerkennend. »Bis auf den Ausgang ausgezeichnete Arbeit!«, meinte er und wandte sich Beate zu. »Du hast mich vor dem grausamsten aller Tode, dem Pinkeltod gerettet!«, bedankte er sich bei ihr.
»Aber das war doch sie!«, korrigierte sie ihn und wies auf Esmeralda, die auf ihrer Schulter saß.
»Ich denke nicht daran, mich bei ihr zu bedanken: Erstens hat sie das Netz gebaut ...«
»Das dir gefällt!«, unterbrach ihn Beate.
»Und zweitens ...« Er warf Esmeralda einen grimmigen Blick zu. »Mach das ja nicht noch einmal!« Er wandte sich ab und ging zum Bad.
»Alles ist in Ordnung!«, teilte Beate Esmeralda mit. Die verstand gar nichts mehr. »Hat er mich nicht ausgeschimpft?«
»Die meisten Männer haben Probleme, positive Gefühle auszudrücken!«, erklärte ihr Beate.

»Spinnenmänner sind zum Glück anders!« Womit die beiden ein Gesprächsthema gefunden hatten, das weit über den Morgen hinaus reichte.

Tod der Schnecke!

Alfons, armer Alfons! Wenn er wenigstens so hätte wüten können, wie er sich ärgerte. Diese Schmach! Schon wieder hatte er den Kürzeren gezogen! Damit war jetzt Schluss! Wenn er nur hätte ruhig denken können. Aber die einzigen Gedanken, die ihm gefielen, waren: Das Anwesen der Kernickes in Schutt und Asche legen und alles im Umkreis von zehn Kilometern mit einer dicken Schicht Agent-Orange-Konzentrat zu düngen. Nur leider ging das nicht so einfach. Ungerechte Gesetze behinderten die freie Entfaltung friedliebender Menschen und schützten die Rabauken.

Aber nichts tun! NEIN! »Ruhig, Alfons!«, beschwor er seine Nervenstränge und überlegte sich, wer als erster dran glauben musste. »Alle!«, jaulte seine ach so gequälte Seele. So ging das nicht. Vor seinem geistigen Auge ließ er alle vorüberziehen, denen er an den Kragen wollte. Es war eine sehr, sehr lange Prozession. Da! Damit würde er beginnen. Mit einem Ruck zog er die Glastüre auf und stürmte ins Freie. Nur noch ein Gedanke leitete sein Gehirn: Tod der Schnecke!

Alfons schlich sich zu Nachbars Garten, kletterte über den Zaun und befand sich in Feindesland. Wo war sie? Der idiotische, bescheuerte – ruhig Alfons – Kernicke hatte sie hinters Haus getragen. Aber wohin? Fußspuren! Alfons erinnerte sich an die Karl-May-Bücher seiner Jugend.

Er ging in die Hocke und folgte watschelnd Fußabdrücken und geknickten Grashalmen. Es gab zwar viele davon, aber sein Näschen wies ihm den rechten Weg und führte ihn zum Komposthaufen. Hätte er bloß eine Taschenlampe bei sich gehabt und eine Nasenklammer und Gummistiefel und ... Was half's? Schicksalsergeben begann Alfons zu wühlen. Der Gestank wurde nicht besser. Seine Laune auch nicht. Plötzlich spürte er etwas Glitschiges und zog daran. Besäßen Schnecken

Schwänze, so hätte es eine sein können. So war es nur ein langer, dicker Regenwurm. Alfons hielt ihn mit spitzen Fingern auf Distanz. Dann packte er ihn mit beiden Händen, riss ihn in der Mitte entzwei und warf die Teile weit von sich.

Der Regenwurm fühlte sich für einen Moment zerrissen, dann spürte er wieder Boden unter sich. Er begann sich vorwärtszuschlängeln. Etwas war anders. Er durchfühlte seinen Körper und merkte, dass ihm etwas Entscheidendes fehlte. Wenn er nur gewusst hätte, ob es sein Vorder- oder Hinterteil war. Plötzlich sprach ihn jemand von links an. »He, du da!«

Er drehte sich zur Seite und erblickte seine andere Hälfte, die neben ihm her schlängelte. »Du gefällst mir!«, sagte sein Nachbar.

»Ich finde dich auch nicht ohne!«, antwortete der Wurm.

»Wir sollten heiraten!«, machte ihm sein Alter Ego einen Antrag. Das Angebot war nichts Außergewöhnliches. Regenwürmer sind sehr gefühlsdirekt. Zudem heiraten sie gerne.

»Wir könnten uns wieder zusammentun!«, machte der Wurm einen Gegenvorschlag.

»Ich stehe nicht auf Einswerdung und so. Ist mir zu eng!«, lehnte Herr oder Frau Nachbar ab.

»Schade!«, sagte der Wurm und schlängelte sich von dannen. Seine andere – oder war es seine bessere? – Hälfte folgte ihm. »Wieso nicht? Heiraten und Einswerden sind doch fast dasselbe.«

»Ich bin du! Und ich kann mich nun mal nicht selbst heiraten!«, sagte der Wurm.

»Ich nehme dich wie du bist!«, hauchte ihr der Andere zu.

Der Wurm hielt inne und betrachtete nachdenklich sein Gegenüber. Dann schüttelte er den Kopf. »Du kannst dich nicht einmal selbst annehmen!«

»Leck mich doch am A...!«, forderte der den Wurm auf.

»Geht nicht!«, seufzte dieser. »Wahrscheinlich bin ich deiner! Und ich mich selbst – ich weiß nicht ...!«

Wie gesagt, bei keiner anderen Spezies ändern sich die Gefühle so schnell wie bei Regenwürmern. »Wenigstens eine Ehe auf Probe!«, flehte das andere Ich den Wurm an.

»Ich kann niemand lieben, der sein eigenes Hinterteil heiraten würde!«, zeigte sich der Wurm von seiner sprödesten Seite. So setzte sich das Werbegespräch schlängelnd fort ...

Derweil hatte Alfons fast den gesamten Komposthaufen durchwühlt. Zwischendurch war er in Kontakt mit einem Igel geraten. Der Schmerz an sich war schon schmerzhaft. Aber dass er ihn für sich behalten musste und nicht mit einem AUAAAAA! der ganzen Welt mitteilen durfte, erforderte allerhöchste Willenskraft. Vielleicht wäre es für Alfons leichter zu ertragen gewesen, wenn er gewusst hätte, dass sich Schneckchen auf dem Weg zu ihm befand. Es hatte ihn kommen sehen und alle Liebesgefühle, derer ein Lebewesen fähig ist, durchströmten es. Die Erinnerung an ihren Dauerbrenner raubten ihm schier den Verstand. Sein Liebeswahn verlieh ihm nicht gerade Flügel, es war auch nicht so schnell wie eine lahme Ente, aber es kroch, was das Zeug hielt.

Selbst wenn Schneckchen gewusst hätte, welcher Gefahr es entgegenschleimte – es hätte sie in Kauf genommen. Seine Liebe zu Alfons war übermächtig.

Es war noch höchstens einen Meter vom Ziel seiner Sehnsucht entfernt und Alfons mit dem Umstülpen des Komposthaufens fertig. Dem Schneckchen ging so langsam die Puste aus. Zum Glück kam Alfons ihm entgegen.

Es fehlte nur noch ein Schritt zur Wiedervereinigung, als in Kernickes Haus ein Fenster aufging.

»Mir ist es zu warm!«, sagte Beate.

Schweigen.

»Wenn eines der Tiere kommt, schließe ich es selbstverständlich wieder!«, sagte sie als Nächstes.

Schweigen.

»Dann sieh doch selbst ... Und, ist da irgendwo ein Feind?«

Alfons war hinter den Komposthaufen gehechtet. Er blickte zum Fenster hoch und sah, dass dieser Jemand, mit dem Beate sprach, ein Niemand war. Das Mädchen führte Selbstgespräche. Wirklich? Eine viel plausiblere Erklärung war, dass die Spinne bei ihr war. Er verlor augenblicklich das Interesse am Schneckchen. Was war es im Vergleich zur Spinne?!

Er kroch zum Geräteschuppen und entdeckte eine Leiter. Die trug er ganz leise unter Beates Fenster und lehnte sie an die Hauswand. Leider war sie zu kurz. Egal! Alfons war sich sicher, dass er über sich hinauswachsen würde. Ganz vorsichtig kletterte er die Leiter hoch. Als seine Hände die letzte Sprosse hinter sich lassen mussten, schob er seinen Körper die Hauswand entlang und stieg weiter und weiter. Seine Fingerspitzen näherten sich dem Fenstersims.

Schneckchen war enttäuscht, so kurz vor dem Ziel seiner Träume schmählich verlassen worden zu sein. Aber so schnell gab es nicht auf. »Er flüchtet vor der Macht der Leidenschaft!«, dachte es, fügte noch einen zärtlichen Gedanken hinzu: »Brauchst doch keine Angst zu haben, du Dummerchen!«, und nahm die Verfolgung auf.

Alfons stand auf der obersten Sprosse und seine Finger berührten den Fenstersims. Er zog sich hoch und sah, dass Esmeralda das Fenster mit einem Netz zugesponnen hatte. Von ihr selbst war nichts zu sehen.

Er hielt sich mit einer Hand am Sims fest, klopfte mit der anderen vorsichtig gegen das Netz und ließ sich anschließend nach unten gleiten.

Esmeralda war schlagartig wach. Aber da war niemand. Sie musste nachsehen und krabbelte aufs Netz. Alfons' Hand schnellte hoch und erwischte sie an drei Beinen. Esmeralda versuchte sich zu befreien. Es gelang ihr nicht. Sie schrie nach Beate. Die wachte sofort auf und kam herangeeilt.

»Lassen Sie Esmeralda los!«, fuhr sie Alfons an.

»Ich denke nicht daran!«, sagte dieser.

»Dann zeige ich Sie an!«, drohte ihm Beate.

»Die Strafe zahle ich gerne!«, sagte Alfons wenig beeindruckt.

Beate griff hinter sich und nahm den Zirkel von ihrem Schreibtisch. »Wenn sie nicht loslassen, steche ich zu!«

Alfons war es gelungen, Esmeralda Oberschenkel in den Griff zu bekommen. »Vorher sind die weg!«, sagte er.

Esmeralda verhielt sich ruhig. Jede Bewegung war eine Bewegung zu viel. Beate sah sie an. »Sag mir, was ich machen soll!«

»Ich habe um jeden Finger einen Faden gewickelt. Nimm sie, und wenn er zum Nachgreifen die Finger lockert, zieh fest an!« Beate war mal wieder aufs Höchste beeindruckt von Esmeraldas Erfindungsreichtum und Coolness.

Sie hätte ja lieber ihr Stiletto für Schulkinder eingesetzt, aber so einfach durchzirkelt man nicht eines anderen Finger. Vorsichtig ergriff sie die Fäden und wartete.

Alfons Finger und Zehen zeigten Ermüdungserscheinungen. Er begann abzurutschen. Um Esmeralda endgültig den Garaus zu machen, schnellte er nach oben. Dabei passierte zweierlei. Zum einen war der Boden weich und Alfons Gewicht groß. So stieß er die Leiter tief ins Erdreich. Zum anderen zog Beate genau im richtigen Moment an den Fäden, so dass Alfons seine Finger öffnete, sie aber nicht mehr zusammenbrachte. Esmeralda brachte sich mit einem Sprung in Sicherheit und Beate ließ die Fäden los. Alfons konnte sich gerade noch am Fenstersims festhalten.

»Mach das Fenster zu!«, forderte Esmeralda Beate auf.

Die schüttelte den Kopf. »Er kann doch nicht fliegen!«

»Und ob!«, hielt Esmeralda dagegen und blickte in die Tiefe.

»Was glaubst du, was meine Eltern sagen, wenn er tot dort unten liegt?«

»Helft mir!«, unterbrach Alfons ihr Gespräch.

»Ich rede gerade!«, verbat sich Esmeralda die Einmischung.

»Die mögen ihn doch auch nicht!«

»Aber das ist doch kein Grund, ihn sterben zu lassen!«

»Ich lass gleich los!«, machte Alfons wieder auf sich aufmerksam.

Beate beugte sich aus dem Fenster und versuchte Alfons hochzuziehen. Doch der war viel zu schwer. »Leg einen Faden um die oberste Sprosse, dann ziehen wir die Leiter aus dem Dreck und er kann sich draufstellen!«

»Ich soll was?« Esmeralda konnte es nicht fassen.

Aber ein Blick von Beate machte sie gefügig.

»Totale Gefühlsduselei!«, meckerte sie, während sie sich abseilte. »Der will mich abmurksen. Und ich muss ihm auch noch dabei behilflich sein!« Sie war bei der obersten Sprosse angelangt. »Findest du das richtig?«, schrie sie nach oben. »Natürlich nicht!«, gab ihr Beate recht. »Aber jetzt beeil dich und komm!«

Esmeralda fügte sich. Beate ergriff den Faden und zog langsam und stetig die Leiter aus dem Dreck. Als die wieder auf festem Boden stand, knotete sie den Faden an den Fenstergriff und Alfons konnte endlich wieder Fuß fassen. Er lehnte an der Wand, schnaufte abgrundtief und blickte nach oben. Zehn Augen blickten ihm entgegen.

»Wenn Sie Esmeralda nichts mehr tun, verrate ich auch meinen Eltern nichts!«, unterbreitete ihm Beate ihr Angebot.

Alfons hatte anderes im Sinn. Er schnellte noch einmal hoch und versuchte Esmeralda zu greifen. Doch die war schon wieder schneller.

Der Rest ging ebenfalls sehr schnell. Alfons fasste nicht auf der obersten Sprosse Fuß, auch nicht auf der zweitobersten, sondern rutschte die Leitersprossen hinunter. Sein Abgang wäre noch viel tiefer ausgefallen, wenn er nicht seine Hosenträger angehabt hätte. Diese verhakten sich in der linken und rechten Längsstange.

Damit war dem Abwärtsdrang Einhalt geboten, doch nicht dem Weg-vom-Haus-Drang. Die Leiter kippte langsam nach hinten und machte erst bei 90 Grad Halt.

Erst fuchtelte Alfons mit allen Gliedmaßen in der Luft herum, dann umklammerte er mit Armen und Beinen die Leiter. Doch die Hosenträger verhinderten jegliches Weiterkommen.

»Aber jetzt machst du das Fenster zu!«, meinte Esmeralda.

»Du musst seine Hosenträger durchtrennen, dann kann er sich an der Leiter hinuntergleiten lassen!«, lautete Beates neuester Rettungsvorschlag.

Schneckchen war bei der Leiter angelangt und blickte voller Wonne nach oben. »Was für ein Mann!«, dachte es beglückt und begann die Leiter hochzukriechen.

Alfons schimpfte und tobte, was das Zeug hielt, zwar leise,

aber doch verständlich. Plötzlich hielt er in seiner Hasstirade abrupt inne. Nicht dass ihm der Stoff ausgegangen wäre, aber ein Krampf breitete sich in seinem linken Bein aus. Gleich würde auch sein rechtes einstimmen und dann ... »Hilfe!«, schrie sein Lebenstrieb.

»Soll ich die Feuerwehr holen?«, fragte Beate besorgt.

»Bis die da ist, brauch ich nur noch den Leichenwagen!«, presste Alfons unter Schmerzen vor.

»Durchtrenn jetzt die Hosenträger!«, forderte Beate Esmeralda auf.

Esmeralda stellte sich taub und begann ihr Netz zu reparieren.

»Die einzige, die ihnen auf die Schnelle helfen kann, ist Esmeralda!«, rief Beate ihm zu. »Aber sie tut es nur, wenn sie ihr was Nettes sagen.«

Alfons' Todestrieb antwortete: »Tu's nicht!«, doch Krampfesschmerz und Lebenswille waren stärker. Stockend und sehr, sehr leise begann Alfons: »Oh du Holde, Schöne, Begehrenswerte!«

»Was sagt er?«, fragte Esmeralda und zog weiter ihre Bahnen.

»Lauter!«, rief ihm Beate zu. »Sie hört so schlecht!«

Alfons hätte sich die Zunge abgebissen, wenn das nicht so weh getan hätte. »Du Inbegriff aller Schönheit ...«, psalmodierte er. »Du Traum meiner schlaflosen Nächte ...«

Esmeralda krabbelte gemächlich zu ihm hin. »Du Engel, der mich um meinen Verstand bringt, du ... du Bestie!« Augenblicklich hielt Esmeralda inne. Ein erneuter Krampf durchfuhr Alfons' Körper. »Ist mir so rausgerutscht. Soll nie mehr vorkommen!«, schwor er aufrichtig. Und mit Tränen in den Augen huldigte er wieder der Spinne.

Man weiß um die Kraft der biblischen Lobpreisungen. Auch die Inbrunst der Minnelieder haben so manchem Burgfräulein das Herz gerührt, und die romantischen Liebeserklärungen zahllose Damen vor Rührung weinen lassen. Doch das alles war nichts im Vergleich zu Alfons' Anbetung spinnesischen Seins im Allgemeinen und Esmeraldas im Besonderen.

Esmeralda war zufrieden. Sie krabbelte zu ihm hin und begann seine Hosenträger aufzulösen. Nebenbei kommentierte sie seine Lobpreisungen mit »Genau so ist es!« oder »Der kennt mich aber gut!«

Alfons, dessen Hände inzwischen lahmten, umklammerte die Leiter umso inniger mit den Beinen. Um Esmeralda anzuspornen beschleunigte und steigerte er seine Liebeslyrik. Dann war es soweit und Alfons seiner Hosenträger ledig. Wusch – rutschte er kopfunter die Leiter runter. Zum Glück war der Boden weich. Geknickt lag er da und fühlte sich auch so.

Schneckchen versuchte ihn von der dritten Sprosse aus aufzumuntern. »Ich habe noch jeden wieder hochgebracht!«

Alfons schlug die Augen auf und wurde der Schnecke gewahr. »Was glotzt du so blöd!«, murmelte er und schlug die Augen wieder zu.

»Ich liebe dich!«, gestand sie ihm.

Alfons streckte einen Arm nach ihr aus, um sie zu zerquetschen. Im gleichen Moment zog Beate die Leiter weg. Unter größten Schmerzen rappelte er sich hoch. Wenigstens die Schnecke!

Beate musste sie retten. »Wenn sie nicht sofort gehen, schreie ich!«, warnte sie ihn.

Alfons wollte nicht hören. Beates Schrei gellte durch die Nacht. Er war so laut, dass Alfons es für besser hielt schleunigst zu verschwinden.

Frau Kernicke wachte auf. »Da war doch was!«, dachte sie. Da sie auf der Bettseite ihres Gatten geschlafen hatte und es einfach gewohnt war, auf ihrer Seite aufzustehen, krabbelte sie über ihn hinweg.

Herr Kernicke, der von Schneckchen geträumt hatte, öffnete die Augen. »Hm!«, sagte er, was soviel hieß wie: »Warum störst du mich, ich brauche meinen Schlaf!«

»Jemand hat geschrien!«, sagte sie und stand auf.

»Schneckchen!« war sein erster Gedanke und sein zweites Wort.

Sein Weib hielt kurz inne. »Seit wann schreien Schnecken?!«

»Oft, nur hören es die wenigsten!«, erklärte er ihr.

Sie hatte so ihre Zweifel und lief in Beates Zimmer, während Herr Kernicke nach draußen eilte. Er sah Alfons über den Gar-

tenzaun plumpsen, und sie beobachtete, wie Beate die Leiter abseilte.
Neben der Leiter entdeckte Herr Kernicke Schneckchen und war hocherfreut. »Was machst denn du hier?«, fragte er und setzte sie sich auf die Hand.
Für einen kurzen Moment war sich Schneckchen unsicher, ob sie sich von ihrem Trennungsschmerz so schnell erholen durfte. Doch dann dachte sie: »Das Wichtigste im Leben ist die Liebe und erst am zweitwichtigsten, wen man liebt!«, und schmiegte sich ganz eng an ihn. »Schaut mal, wen ich da gefunden habe!«, rief er Frau und Tochter voller Glück zu und hielt Schneckchen hoch.
Doch die beiden waren gerade in ein Gespräch vertieft. »Was war denn los?«, stellte Frau Kernicke ihre Tochter zur Rede.
Beate log normalerweise nie und wenn, dann so, dass es jeder merkte. Aber sie wollte nicht schon wieder ihren Eltern erzählen müssen, dass es wegen Esmeralda Probleme gegeben hatte. »Ich habe Besuch erwartet«, sagte sie.
»Wen?«
»Ich wollte mich überraschen lassen!«
»Und?«
»Es kam niemand!«
»Wieso hast du dann geschrien?«
»Eben deshalb!«
»Und die Geschichte soll ich dir glauben?«, sagte Frau Kernicke und machte ein ausgesprochen ungläubiges Gesicht.
»Fände ich gut!«, meinte Beate.
»Wegen so einer blöden Geschichte lasse ich mich doch nicht aufwecken. Ich gehe erst, wenn du eine bessere hast!«, sagte sie und setzte sich auf Beates Bett.
Beate wollte ihre Mutter keinesfalls mit Schlafentzug quälen, nur fiel ihr keine gute Geschichte ein.
»Ich hab was!«, teilte ihr Esmeralda mit. Beate nahm sie auf die Hand und hörte sich die Geschichte an. Frau Kernicke nickte derweil immer wieder ein und konnte sich kaum noch aufrechthalten.
»Gleich!«, versuchte Beate sie bei der Stange zu halten. Dann gab sie die Spinnengeschichte zum Besten.

»Esmeraldas Vater hat bald Geburtstag! Und sie und ihre Geschwister wollen ihm ein tolles Geschenk machen. Da er ein bisschen gehbehindert ist und Spinnen ja gute Handwerker sind, hat Esmeralda den Vorschlag gemacht, sie könnten ihm eine Leiter bauen. Und sie waren vorhin da, um sie sich anzusehen.«

»Und was war mit dem Schrei?«

»Reine Begeisterung!«

Herr Kernicke hatte Schneckchen an einen futterreichen Platz gebracht und gerade noch rechtzeitig das Zimmer betreten, um die Geschichte mitzubekommen.

Frau Kernicke, die kaum noch die Augen offen halten konnte, nickte ihrer Tochter anerkennend zu, gab ihr einen Kuss und wankte zur Tür hinaus. Er folgte ihr, blieb aber in der Tür stehen und sah seine Tochter scharf an. »Die Geschichte stimmt doch nicht!«, sagte er.

Beate nickte. »Schneckchen wollte bei Esmeralda fensterln!«

»Die ist schön!!«, sagte Herr Kernicke, ging zu seiner Tochter hin und gab ihr einen Kuss. »Du bist noch süßer als Schneckchen!«, flüsterte er und verließ das Zimmer.

Ein fast normaler Morgen

Wie an jedem Schulmorgen wankte Herr Kernicke in Beates Zimmer und murmelte verschlafen: »Aufstehen!« Er blieb vor ihrem Bett stehen und wartete darauf, dass Beate irgendein Lebenszeichen von sich gab. Doch die dachte nicht daran, sondern schlief einfach weiter. Er starrte sie mit glasigen Augen an. Ihre gleichmäßigen Atemzüge ließen seine sowieso kleinen Äuglein noch kleiner werden, bis sie sich wieder schlossen. Er begann zu schwanken, erst sachte, dann immer stärker. Als er umzufallen drohte, zuckte er zusammen, öffnete die Augen und sah, dass Beate immer noch das tat, was er sich selbst so sehnlichst wünschte: tief und fest schlafen.

Meist wankte er dann wieder, verlor irgendwann das Gleichgewicht und weckte schließlich Beate. An diesem Morgen behielt er es.

Beim Nachvornewanken war er mit dem Gesicht gegen Esmeraldas Netz gestoßen und an den klebrigen Fäden hängen geblieben.

Esmeralda wusste sofort, dass sie einen großen Fang gemacht hatte. Sie hatte mal wieder von Na-was-schon geträumt und wachte mit dem Gedanken auf, eine solche Erschütterung könne nur von einem Na-was-schon stammen. Sofort krabbelte sie von ihrem Schlafplatz zur Mitte des Netzes und kam genau in dem Moment dort an, als Beates Vater merkte, dass ihn irgendetwas aus dem Rhythmus gebracht hatte.

Er öffnete seine Augen, starrte in Esmeraldas acht und schloss sie wieder. Kein Schrei, kein Herzanfall – nichts!

Dafür regte sich Esmeralda fürchterlich auf. Schimpfend biss sie die Fäden durch, die sein Gesicht am Netz festhielten. »Hast du ein Glück, dass du Beates Vater bist, sonst ...« Sie ließ die Drohung unvollendet.

Als Esmeralda den letzten Faden gekappt hatte, wankte Herr

Kernicke wieder in die Senkrechte zurück, wobei sein Gesicht mit einem größeren Teilstück von Esmeraldas Spinnennetz verziert war. Nun konnte es weitergehen wie an jedem Morgen: Er verlor das Gleichgewicht, fiel beinahe auf seine schlafende Tochter und setzte sich zu ihr auf die Bettkante. Er beugte sich über Beate, gab ihr aber keinen Kuss, weil sie dann nur noch fester geschlafen hätte, sondern zog ihr mit einem Ruck die Bettdecke weg und legte sie sich um die Schultern.

Beate fror überhaupt nicht gern. Sie rollte sich zusammen: kalt! Dann grapschte sie nach der Decke – weg! Schließlich schlug sie die Augen auf und wusste: Ein neuer Schultag war angebrochen!

Sie blickte ihren Vater an, der mit ihrer warmen Decke um seinen Schultern schon wieder eingenickt war, schnatterte »Du Schuft!« und sprang aus dem Bett. Herr Kernicke kippte nach hinten und begann zu schnarchen – nicht so laut wie sonst, weil ihn das Netz daran hinderte, aber doch ganz ordentlich.

Normalerweise hätte jetzt Beate ihre Mutter geweckt, aber heute musste sie zuerst nach Esmeralda sehen. Die war gerade dabei, ihr Netz zu reparieren.

»Was hast du gefangen?«, fragte Beate und betrachtete staunend das große Loch.

»Den da!«, sagte Esmeralda und deutete voller Ingrimm auf ihren Vater.

Jetzt erst sah Beate seine Gesichtsmaske. »Warum hast du das getan?«, fragte sie missbilligend.

»Das ist doch wohl die Höhe«, schimpfte Esmeralda »Macht sich's der Kerl ohne zu fragen in meinem Netz bequem, zerstört meinen Arbeitsplatz und dann soll es auch noch meine Schuld gewesen sein!«

»Tut mir Leid!«, entschuldigte sich Beate. »Kann ich dir irgendwie helfen?«

»Ne, bin sowieso gleich fertig«, lenkte Esmeralda ein.

»Ich muss nachher ein Weilchen weg!«, wechselte Beate das Thema.

»Nur noch eine Sekunde!«

»Du brauchst dich nicht zu beeilen. Du kannst nicht mit!«

Esmeralda hielt inne. »Wohin gehst du?«
»Zur Schule.«
»Wieso kann ich nicht mitkommen?«
»Du wirst dich sicher langweilen, oder willst du etwa rechnen, lesen und schreiben lernen?«
»Warum denn nicht?« Esmeralda sah Beate vorwurfsvoll an.
»Ich dachte nur ...«
»Hast du falsch gedacht, wollte ich immer schon lernen.«
In diesem Augenblick ließ Herr Kernicke einen Spezialschnarcher los. Esmeralda erschrak so, dass sie mit allen achten in die Luft hüpfte und zwischen den Fäden hängen blieb. »Was war denn das?«
»Nichts!«, versuchte Beate sie zu beruhigen
»Nichts?! Ich habe schon Wildschweine, Hirsche, Marder und Habichte auf einmal schreien hören, aber so was noch nie!«
»Papi schnarcht!«
Esmeralda hörte ein Weilchen zu. »Das hört sich an wie Brunftschreie«, sagte sie dann.
»Was ist das?«
»Um den Tierweibern zu zeigen, was für tolle Kerle sie sind, schreien sich die Tiermänner die Lunge aus dem Leib.«
»Ich glaube nicht, dass mein Papi es deshalb macht. Mami schimpft immer, wenn er schnarcht, und hält ihm die Nase zu oder boxt ihn in die Seite.«
»So was Ähnliches machen die Tierweibchen auch!«, klärte Esmeralda sie auf.
»Ich werde ihn fragen!«, versprach Beate.
Sie blickte auf die Uhr. »Ich muss mich beeilen«, sagte sie und lief ins Schlafzimmer zu ihrer Mutter.
Esmeralda krabbelte hinterher.
Frau Kernicke lag auf dem Bauch, alle viere von sich gestreckt, den Kopf zur Seite gedreht, den Mund leicht geöffnet, und schlief tief und fest.
Beate rüttelte sie, konnte ihr aber nicht mehr als ein Schmatzen entlocken.
»Lass sie doch!«, schlug Esmeralda vor.
»Sie muss Vati wecken, damit er sie weckt.«
Esmeralda schüttelte den Kopf, doch der blieb verwirrt.

»Ich erklär's dir später«, sagte Beate, die einen Blick auf die bedrohliche Stellung der Uhrzeiger geworfen hatte. »Ich hab dir ja gesagt, dass die spinnen – Entschuldigung!«
Doch Esmeralda strahlte. »Ich finde es gut, wenn die Menschen versuchen sich wie Spinnen zu benehmen.«
»Jetzt wird's hart«, seufzte Beate, »heute muss ich Mami gemein wecken, weil sie sonst zu spät kommt!«
»Ich könnte mich auf ihr Gesicht setzen, zwei Beine in den Mund, zwei in die Nase, zwei in die Ohren stecken und sie kitzeln«, bot sich Esmeralda an.
Beate winkte ab. »Wenn sie aufwacht und dich so sieht, schläft sie gleich wieder ein, und zwar für immer.«
»Willst du damit sagen, dass sie stirbt, wenn sie mich sieht?« Esmeralda war beleidigt.
»Das hat mit dir persönlich überhaupt nichts zu tun«, versuchte Beate abzuwiegeln.
Sie beugte sich ganz dicht ans Ohr ihrer Mutter und sagte: »Vati will keinen Kaffee kochen.« Keine Reaktion. »Und mir keinen Kakao.« Winziges Augenflattern. »Und Staubsaugen will er auch nicht mehr.« Frau Kernicke schlug die Augen auf und murmelte: »Alter Hut!«
»Er hat gesagt, dein Essen schmeckt immer völlig versalzen. Deshalb kocht nur noch er.«
»Das soll er nur wagen!«
Beate blickte auf die Uhr und holte Luft. »Er hat gesagt, du bist eine Schlampe.«
»Das ist zu viel! Das soll er mir büßen!« Mit Schlitzaugen und zerknautschten Haaren kroch Frau Kernicke aus dem Bett und schlafwandelte in Beates Zimmer.
»Stimmt das?«, fragte Esmeralda Beate.
»Ne, aber anders bekomme ich sie nicht wach!«, kicherte die.
Neugierig krabbelte Esmeralda hinterher, um zu sehen, was jetzt passierte. Frau Kernicke verschwand gerade mit einem »Dir werd ich's zeigen!« in Beates Zimmer.
Normalerweise hätte sie sich gleich an Beates Musikkassetten zu schaffen gemacht. Aber als sie heute das versponnene Gesicht ihres Gatten sah, drehte sie sich um. »Wer war das?« Da ihr aufging, dass sie die Frage selbst beantworten konnte,

stellte sie eine andere. »Warum hat sie Vati in Spiderman verwandelt?«
»Hat er selbst getan!«, verteidigte Beate Esmeralda. »Er hat sich in ihr Netz gelegt.«
Frau Kernicke war sich unschlüssig. Dann fiel ihr die Schlampe wieder ein und sie setzte ihr morgendliches Ritual fort. Sie wählte eine von Beates Kassetten, schob sie in den Walkman und setzte ihrem Mann vorsichtig die Kopfhörer auf. Dann schaltete sie das Gerät ein und drehte langsam die Lautstärke auf. Zuerst verlor das Schnarchen seinen Gleichklang, dann setzte es ganz aus. Kleine Zuckungen, die sich mit der Lautstärke steigerten, durchfuhren seinen Körper. Schließlich öffnete Herr Kernicke abrupt die Augen, die irre vom äußersten rechten zum äußersten linken Ende rollten. Er richtete sich auf und schüttelte sich heftig, als könne er so die Musik loswerden. Doch sie blieb an ihm haften. Schließlich merkte er, was los war, und streifte die Kopfhörer ab. »Warum bist du so abgrundtief böse?«, jammerte er.
»Das ist für die Schlampe!«, entgegnete seine Gemahlin.
Herr Kernicke verließ erhobenen Hauptes das Zimmer. Zu Beate, die an der Tür lehnte, sagte er: »Schlampe, das geht nun wirklich zu weit!«, und schlug den Weg zum Badezimmer ein.
Inzwischen hatte sich Frau Kernicke in Beates Bett gelegt und ganz klein zusammengerollt. Sie strahlte, weil sie gleich wieder mit dem Sandmännchen Ringelreihen tanzen würde. Doch an diesem Morgen dauerte der Tanz nur ein kleines Weilchen.
Vati hatte wie üblich auf seinem Weg zum Bad vor sich hingejammert. »Warum weckt sie mich nicht mit Beethoven, Brahms, von mir aus auch Jazz, sogar mit Schlagern dürfte sie kommen, obwohl mir ›Die kleine Nachtmusik‹ am liebsten wäre. Aber nein: Punk, Heavy Metal! Da könnte sie mir ja gleich ein Nadelkissen ins Ohr stecken.«
Als er die Badezimmertür öffnete, fiel ihm etwas Wichtiges ein. Er machte kehrt und ging in Beates Zimmer zurück. »Gerade heute hätte ich eine liebevollere Weckung gebraucht. Ich habe nämlich was Furchtbares geträumt.« Er hielt inne, weil der glückselige Schlafausdruck nicht aus dem Gesicht seines Weibes weichen wollte.

Nach einer Weile drang ein undeutliches, verschlafenes »Was?« aus den Tiefen ihres Mundes.

»Ich habe geträumt, Esmeralda hätte mich in ihrem Netz gefangen und mit Kokon umsponnen, um mich als Vorratspackung für schlechte Zeiten zu halten.«

»Du bist auch voller Spinnenweben«, lallte die Mutter.

Vater sah an sich runter. Nichts.

»Einmal erschrecken reicht!«, schimpfte er und machte sich wieder auf den Weg zum Bad. So sehr er seine Augen aufriss, er sah alles verschwommen, so als trüge er einen Schleier.

In der Badezimmertür begegnete er Beate, die gerade mit ihrer Katzenwäsche fertig war.

»Mach mir einen extrastarken Kaffee!«, bat er sie, »sonst sehe ich heute überhaupt nicht mehr aus den Augen.«

»Ojemine«, dachte Beate. »Wenn er sich so im Spiegel sieht, ist's aus.« Doch wie ihn davon abhalten?

»Wenn du mir den Kakao machst, wasche ich mich für dich!«, schlug sie ihm vor, weil ihr in der Eile nichts Besseres einfiel.

Daddy, den sein verschleierter Blick ziemlich beschäftigte, willigte ein. Er war die Treppe schon zur Hälfte hinuntergegangen, als ihm aufging, dass irgendwas an Beates Angebot nicht stimmte.

»So ein Quatsch!«, brummte er und stieg die Treppe wieder hoch.

Beate hatte sich währenddessen überlegt, wie sie ihn vor dem Schreck über sein Gesicht bewahren könne. Am Ende war ihr nur die einfachste Lösung eingefallen: die Wahrheit sagen.

Sie postierte sich vor der Badezimmertür und empfing ihren Vater mit: »Erschrick nicht, wenn du dein Gesicht im Spiegel siehst!«

»Wie meinst du das?«, fragte er sie misstrauisch.

»Ich meine, dass Spinnweben mit Seife ganz leicht abgehen.«

»Du kommst zu spät. Damit wollte mich deine Mutter schon erschrecken«, sagte er und verschwand im Bad.

Beate begann zu zählen. Bei zehn war immer noch nichts zu hören. Voller Sorge ihren Vater ohnmächtig vorzufinden öffnete sie leise die Tür.

Der saß auf der Toilette und stierte mit abgewandtem Kopf zum Fenster raus. »Ist was?«, fragte er ohne sie anzusehen.
»Die Spinnweben haben dich nicht gestört?«
»Ganz und gar nicht. Sie stehen mir. Ich gehe so zur Arbeit«, entgegnete er.
Erleichtert ging Beate in die Küche, um das Frühstück zu machen. Als sie das Kaffeepulver in den Filter einfüllte, ertönte der Schrei. Dann folgte eine Mischung aus jämmerlichem Wehklagen und tobenden Hasstiraden.
Aus Mitgefühl gab Beate einen Löffel Kaffee zusätzlich in den Filter und, um die Frühstückslaune aufzubessern, noch einen.
Wo war Esmeralda? Beate machte sich Sorgen. So harmlos ihr Vater sonst war, aber heute ... Sie rannte in den Flur und rief nach ihr.
»Hier bin ich«, meldete die sich von oben. »Ich will mir nur den Rest ansehen.«
»Pass auf dich auf!« Beate ging in die Küche zurück und bereitete das Frühstück weiter zu.

Durch das Gezeter entfiel ein wesentlicher Teil der allmorgendlichen Weckprozedur: Frau Kernicke erwachte von alleine und, wie sie zu ihrem Bedauern feststellte, ohne dass ihr Gatte sie in den großen Zeh gebissen hatte. So wollte sie nicht aufstehen. Doch zuerst brauchte ihr Mann ein wenig Seelentrost.
»Du kannst mein Abschminkmittel nehmen!«, rief sie ins Badezimmer.
Aber auch das beruhigte ihn nicht. Also rappelte sie sich hoch und tapste zu ihm. »Einen Herzschlag hätte ich beinahe bekommen«, fuhr er sie an. »Du hättest mich wenigstens warnen können.«
»Ich hab dir gesagt, dass du voller Spinnweben bist«, wandte sie ein.
»Aber nicht richtig!« Da diese Nummer nicht zog, versuchte er Mitleid zu erheischen. »Wie sehe ich aus?«, fragte er und streckte ihr sein Gesicht hin.
»Mach dir nichts draus«, sagte sie zärtlich und streichelte ihm über die Wange. »Ich hab dich trotzdem lieb.«
Augenblicklich trat ein Wunder ein. Seine Gesichtszüge ent-

spannten sich und nach einem tiefen Seufzer auch sein Körper. Dann blickte er auf die Uhr und rief erschrocken: »Bin ich spät dran!«

Doch so schnell kam er nicht aus dem Bad. »Du hast mich noch nicht geweckt!«, monierte seine Frau.

»Du bist doch schon wach!«, wandte er ungeduldig ein.

»Nicht richtig!«, klagte sie.

»Dann aber schnell!«, ergab sich Herr Kernicke in sein Schicksal.

Esmeralda hatte genug gesehen. Sie ließ sich an einem Faden ins Erdgeschoss hinab, krabbelte in der Küche aufs Spülbecken und sah Beate beim Tischdecken zu. Vor allem dachte sie nach. Als sie ihre Gedanken sortiert hatte, sagte sie: »Dein Vater weckt dich, du deine Mutter, die deinen Vater und der deine Mutter.«

»Genau!«, bestätigte ihr Beate, »und an manchen Tagen weckt mich dann meine Mutter.«

»Warum wacht ihr nicht von selbst auf?«

»Das wäre doch ziemlich langweilig!«

»Im übrigen, ich bin mir jetzt sicher, dass das Schnarchen Brunftschreie sind«, sagte Esmeralda mit gewichtiger Stimme.

Beate blickte sie fragend an.

»Er beißt gerade deiner Mutter in den großen Zeh, und die Tiermänner beißen meistens auch die Weibchen, nachdem sie Brunftschreie ausgestoßen haben. Vielleicht frisst er sie danach auf?«, fügte sie nachdenklich hinzu.

»Quatsch!«, entgegnete Beate entschieden. »Das haben die Menschen vielleicht früher getan. Heute gibt's in den Supermärkten genug zu essen.«

»Supermärkte? Was ist das?«

»Dort gibt es alles, was du dir vorstellen kannst!«

Esmeralda bekam große Augen. »Auch Hasen?«, fragte sie vorsichtig, weil sie wusste, dass Beate und sie unterschiedlich über Hoppler dachten.

»Jede Sorte Fleisch! Ist aber alles tiefgefroren«, sagte Beate ziemlich barsch.

»Ich mag jede Sorte Hase!«

Beate antwortete nicht, sondern schob sie in die Spüle.
»Ich hab gedacht, wir könnten über alles reden«, protestierte Esmeralda.
In dem Augenblick betrat Herr Kernicke die Küche. Er setzte sich strengen Blicks an den Tisch. Beate schenkte ihm Kaffee und sich selbst Kakao ein. Beide tranken schweigend. Auch wenn ihm der Kaffee schmeckte, so behielt er doch seinen Blick bei.
Kurz darauf kam Frau Kernicke herein und machte einen ziemlich aufgeweckten Eindruck. »Schau nicht so!«, lachte sie ihren Gemahl aus.
»Ich schau nur aus erzieherischen Gründen so!«, erklärte er ihr.
»Quatsch, du bist ganz einfach sauer«, wischte sie seine Erziehungsmethoden weg.
»Wenn so was noch einmal passiert, dann fliegt Esmeralda in hohem Bogen raus«, wandte er sich Beate zu, um wenigstens bei ihr einen Punkt zu landen.
»Du brauchst dich nur nicht zum Schlafen in ihr Netz zu legen«, entgegnete sie, nachdem sie einen großen Schluck Kakao getrunken hatte.
»Wenn ihr Netz nicht da wäre, würde mir so was auch nicht passieren. Also ist es Esmeraldas Schuld. Verstanden?« Stolz, auch weiterhin das malträtierte Unschuldslamm zu sein, lehnte er sich zurück.
Beates Antwort kam ohne Verzögerung. »Wenn es keine Schule gäbe, würde ich auch keine schlechten Noten schreiben. Also ist die Schule daran schuld.« Das »Verstanden?« ließ sie weg, weil sie wusste, er verstand auch so, dass sie ihn mit seinen eigenen Waffen geschlagen hatte.
Mit Spinnweben, seiner Frau und solch einer Tochter geschlagen zu sein – 0:3, und das am frühen Morgen! Wenigstens einen Punkt wollte er erzielen. Deshalb wandte er sich wieder seiner Frau zu: »Das Altkluge hat sie von dir!«
»Von wem denn sonst?«, lenkte sie ein und streichelte ihm übers Gesicht. Es hellte sich merklich auf. Beate wusste, jetzt konnte sie das Thema wechseln. »Esmeralda sagt, dein Schnarchen seien Brunftschreie!«

»Stimmt das?«, Frau Kernicke sah ihren Mann amüsiert an.
»Das könnte sehr wohl so sein«, sagte er über das ganze Gesicht grinsend. »Jetzt ist dir hoffentlich auch klar, dass Nasezuhalten und In-die-Seite-Boxen die falschen Mittel sind, um das Schnarchen zu beenden!«
Beide sahen sich in die Augen und lächelten.
Beate verstand überhaupt nichts. Trotzdem wusste sie: Alles war wieder in Ordnung! Außer, dass die Schule anstand, Esmeralda schon in ihrer Schultasche saß und sie sich sputen musste, wenn sie die U-Bahn noch erreichen wollte.

Höllenfahrt

Esmeralda mochte Höhlen. Vor allem die kleinen, in die nur sie hineinpasste. Die größeren bargen Gefahren: Baumhöhlen beherbergten oft eine ohrenbetäubende Teufelsbrut, in deren Hälse einen Vogeleltern unbarmherzig hineinstopften. Dagegen blieb man in Großprotzhöhlen, in denen Marder, Füchse und ähnliches Gesockse lebten, zwar meist ungefressen, wurde aber entweder rücksichtslos in den Boden getrampelt oder musste als Spielzeug für die Kleinen herhalten.

Auch wenn sie sich unter Beates Anorak sicher fühlte, so wurde es Esmeralda doch etwas mulmig, als sie in die große Höhle hinabstiegen. Welches gewaltige Ungeheuer mochte hier hausen?

Dennoch zog sie den Reißverschluss des Anoraks ein Stück auf: Sie wollte der Gefahr ins Auge sehen. Allzu gefährlich konnte es dort unten nicht zugehen. Unzählige Menschen stiegen in die Höhle ein und genauso viele verließen sie unversehrt wieder.

»Wer wohnt hier?«

Beate schmunzelte. »Niemand! Nur die U-Bahn.« Esmeraldas verständnisloses Schweigen machte ihr klar, dass eine Erklärung angesagt war. »Eine U-Bahn ist eine Art Bus auf Schienen, der unter der Erde fährt.«

Esmeralda versuchte sie zu verstehen: Unter der Erde kroch man oder zwängte sich durch – aber fahren? Sie kannte kein Tier, das so was tat, außer ... »Eine U-Bahn ist so 'ne Art Transportmaulwurf?«

»Genau!« Beate war stolz, wie schnell Esmeralda verstand.

Während Beate die Treppen hinunterging, musterte Esmeralda eingehend die Menschen. »Die haben vor der U-Bahn Angst«, stellte sie fest.

»Quatsch!«

»Wieso machen dann alle so betretene Gesichter?«

Beate betrachtete jetzt ebenfalls die Leute und musste ihr Recht geben. Sie selbst konnte es sich auch nicht vorstellen, in die Tiefe zu steigen und dabei zu lächeln, geschweige denn zu lachen. »Normalerweise geht man erst dann unter die Erde, wenn man tot ist. Vielleicht haben die Menschen so ein Gefühl, als ob sie zur eigenen Beerdigung gingen?«, mutmaßte Beate.

»Warum bleibt ihr dann nicht oben?«

»Weil wir die Straßen für die Autos brauchen.« Das war doch klar wie das Tageslicht.

»Warum fahren die Autos nicht unten?« Noch so eine dumme Frage.

Blöderweise wusste Beate darauf keine Antwort. So stiegen sie schweigend die restlichen Stufen hinab und betraten den Bahnsteig.

»Ich weiß es jetzt!«, sagte Esmeralda. »Autos sind viel schöner als …« Der Rest blieb ungesagt, weil sie ein Geräusch vernahm, das sie hier nie und nimmer erwartet hätte.

In der Ferne begann es zu grollen. Dann donnerte es. Ein Wind kam auf. Esmeralda sah gen Himmel, entdeckte aber keine Wolken. Das Gewitter näherte sich im Eiltempo. Schon hörte man das sirrende Kreischen von Blitzen. Winde begannen zu heulen. Plötzlich kam ein Ungetüm schreiend und quietschend aus dem Nichts angerast. »Ein Kugelblitz!«, dachte Esmeralda und zog instinktiv ihren Körper zusammen. Nicht nur einer, viele Blitze schossen an ihr vorüber, wurden langsamer und blieben stehen.

Esmeralda kamen Zweifel. So was taten Blitze normalerweise nicht. Sie öffnete die Augen und erblickte eine durchsichtige Riesenschlange, die unendlich viele Menschen gefressen und noch nicht verdaut hatte.

»Wie gefällt dir die U-Bahn?«, wollte Beate wissen.

»Geht so!«

Beate stieg ein und suchte einen Platz.

Ihr näherte sich ein Bauch, der aussah wie im elften Monat schwanger, jedoch einem Mann gehörte. Beate wich aus um ihn vorbeizulassen.

»Du bist mir auf den Fuß getreten!«, schimpfte eine ältere, in

Schwarz gekleidete Dame mit süßsaurem Gesicht, und machte einen spitzen Mund.

»Komisch!«, dachte Beate. »Ihr Mund sieht aus, als wolle sie mich küssen, und ihr Gesicht, als würde sie sich davor ekeln.« Deshalb wandte sie sich an den Mund: »'tschuldigung! War keine Absicht!«

»Ist das alles, was du dazu zu sagen hast?« Der Mund wurde noch spitzer, als würde er sie gleich durchbohren.

»Es tut mir Leid!« Vielleicht war ihr das lieber? War ihr nicht lieber! »Glaubst du, ein Wort könnte meinen ruinierten Schuh aufwiegen?« Der spitze Mund hatte sich in einen dünnen Breitmaulmund verwandelt.

»Es waren vier«, korrigierte Beate sie.

»Wie viele Worte bekomme ich, wenn du den anderen Schuh ruinierst – fünf oder etwa sechs?« Ihr Mund sah jetzt aus wie eine Zitronenscheibe, die eine Essiggurke verschluckt hatte.

»Wären Sie mit sieben Worten einverstanden?«, fragte Beate höflich.

Die Dame bekam Atembeschwerden. »So eine Unverschämtheit!«, sagte sie gleich dreimal. »Haben Sie das gehört?«, wandte sie sich an den Herrn, der neben ihr saß und Zeitung las.

Der senkte seine Lektüre und zum Vorschein kam ein Vatergesicht, das sicher oft von Kindern liebkost wurde.

»Lassen Sie doch das Mädchen in Ruhe!«, sagte er freundlich und entschieden.

»Mischen Sie sich nicht in Dinge ein, die Sie nichts angehen«, fuhr ihn der Strichmund an.

Der Mann lächelte Beate an. Dann wandte er sich der Dame zu. »Tragen Sie Trauer?«, fragte er sie teilnahmsvoll.

»Ich bin Witwe«, erklärte sie voller Stolz.

Als der Mann zu einem »Mein herzliches Beileid« ansetzen wollte, fügte sie hinzu: »Seit achtzehn Jahren!«

Esmeralda hatte sich gerade noch verkneifen können, es dieser Schreckschraube zu zeigen, indem sie sich ihr zeigte. Doch ihre Neugier war nicht zu bremsen; sie schob den Reißverschluss weiter auf und erblickte – eine Schwarze Witwe!

»Fahrkartenkontrolle«, ertönte es plötzlich von beiden Seiten des Wagens. Die meisten Fahrgäste blieben ruhig. Einige begannen hektisch Kleidung und Taschen zu durchsuchen. Zu denen gehörte die Dame in Schwarz. Eine ältere Frau, die am anderen Wagenende saß und aussah, wie liebe Omis auszusehen pflegen, regte sich dagegen gar nicht auf, sondern zückte seufzend ihre Geldbörse und holte zwei Zwanzigmarkscheine raus. »So ein Mist!«, schimpfte sie leise vor sich hin. »Wieder drei Wochen keinen Kaffee!« Sie blickte zu dem Punker hin, der neben ihr stand. Der zog eine Monatsfahrkarte aus der Tasche und zuckte entschuldigend mit den Schultern. »Echt ätzend«, meinte er, »aber die haben echt Jagd auf mich gemacht.«

Gerade als die beiden Kontrolleure bei Omi und der Dame angelangt waren, begann die U-Bahn zu kreischen und bremste stark ab. Die Menschen standen so dicht gedrängt nebeneinander, dass sie allesamt vor, zurück und nochmals vor wogten, aber niemand hinfiel.

Die beiden Kontrolleure sorgten dafür, dass keine Panik aufkam, indem sie lauthals »Kein Panik! Wir haben alles unter Kontrolle!« schrien. Der eine von ihnen sprach in ein Wagentelefon.

»Bauarbeiten. In zehn Minuten geht's weiter«, teilte er den Fahrgästen mit.

Beate sah die beiden Kontrolleure und wusste sofort, wie sie hießen. Der große »Spitzbart«, obwohl sein Bart das einzige an ihm war, das eckige Formen hatte. Alles andere war rund und vor allem riesengroß.

Ganz im Gegensatz zu seinem Kollegen. Dessen dünne Gestalt machte ihn zum idealen Kontrolleur. So einer fällt erst auf, wenn er vor einem steht und die Fahrkarte sehen will. Da er unter dem Arm eine große rote Herrenhandtasche trug, nannte sie ihn »Handtäschchen«

»Ihre Fahrkarte!«, verlangte Handtäschchen von Punki, an dem er sich während der Schnellbremsung abgestützt hatte.

»Die haste mir echt ätzend aus den Griffeln geschlagen«, zürnte Punki.

Auch wenn dem so war, Handtäschchen glaubte ihm nicht.

»Jeder Fahrgast muss seinen Fahrausweis ordnungsgemäß aufbewahren. Entweder Sie zeigen ihn mir oder Sie zahlen vierzig Mark!«

Punki versuchte sich zu bücken. Doch die Menschen standen zu dicht beieinander.

»Vielleicht geht's so?«, schlug Omi vor und legte ihre Beine über die ihres Sitznachbarn.

Punki konnte sich jetzt auf den Boden knien und ihn abtasten. »Total ätzend! Nichts als Käsfüße!«, schimpfte er vor sich hin.

Ein Stück weiter vorn stand ein Schuh Größe 45 auf seiner Monatsfahrkarte. »Runter!«, schrie er und zerrte am Schuh. Doch der gehörte einem Grobian. Er schlug aus, traf Punki an der Brust und Lothar, seine Ratte, am Schwanz. Lothar quiekte, sprang unter Punkis Pullover hervor und machte sich auf die Suche nach einem geschützteren Platz.

»Lothar, komm sofort her, das finde ich echt ätzend!«, schrie Punki und krabbelte hinter ihm her.

»Was hat er denn?«, fragte ein behuteter Fahrgast den Kontrolleur und deutete nach unten.

»Der sucht seinen Fahrausweis.«

Der Fahrgast hatte Zweifel. »Und der Ausweis heißt Lothar und kommt, wenn man ihn ruft?«

Handtäschchen kratzte sich am Kopf. »Was weiß ich, was in so einem Hirn vor sich geht?«

Plötzlich kreischte eine Frau. »Da war was an meinen Beinen.«

»Das ist Lothar!«, rief Punki ihr zu. »Nicht bewegen!«

»Lothar? Wer ist Lothar?«, wollte die Frau wissen und machte ein angeekeltes Gesicht.

»Seine Monatsfahrkarte!«, erklärte ihr der Mann mit Hut.

»Von Ihnen lass ich mich doch nicht auf den Arm nehmen!«, erboste sich die Frau, um im nächsten Moment erneut zu kreischen: »Da ist schon wieder was an meinen Beinen!«

»Das bin ich«, versuchte Punki sie zu beruhigen.

»Mach, dass du wegkommst, du Ratte!«, schrie die Frau mit abwärtsgewandtem Blick.

Einige der umstehenden Frauen kreischten solidarisch: »Eine Ratte! Hier gibt's eine Ratte!«

»Es ist keine Ratte, es ist ein Punker!« Handtäschchen wollte die Panik im Keim ersticken und hob beschwörend die Arme.
»Wo ist da der Unterschied?«, fragte ihn Schuhgröße 45 und starrte Handtäschchen an.
»Wer fürchtet sich vor einer Monatsfahrkarte?«, scherzte der behutete Mann mit den kreischenden Frauen.
Doch keine von ihnen verstand den Scherz. Im nächsten Moment hing ihm sein Hut im Gesicht.
Jetzt war Handtäschchens Autorität gefragt. Er griff zu seiner Wunderwaffe, brüllte aus Leibeskräften »Fahrkartenkontrolle!« und wandte sich Omi zu.

Spitzbart hatte die Schnellbremsung nicht ganz so gut überstanden, sondern war Beate in den Rücken gefallen. Die hatte mit einem Ausfallschritt auf den noch unbetretenen Schuh der Schwarzen Witwe versucht, ihr Gleichgewicht zu halten, es aber erst an deren Schultern gefunden. Die Knöpfe der Bluse hielten dem Zug von Beates Händen nicht stand, wodurch sich der strenge Kragen zu einem neckischen Ausschnitt erweiterte.
Esmeralda wurde aus dem Anorak geschleudert und landete auf dem Haupt der Dame. Beate, die infolge ihrer Schräglage ihre Hände nicht bewegen konnte, sah dies mit Schrecken.
»Verschwinde!«, flüsterte sie ihr zu.
Die Dame bezog diese Worte auf sich und wusste nicht mehr, worüber sie sich zuerst aufregen sollte. Sie hätte beim Schuh angefangen, wäre da nicht dieses komische Gefühl auf ihrem Kopf gewesen. Sie blickte ins Fenster und kreischte: »Eine Spinne!«
Spitzbart fühlte sich gefordert. Er riss Beate nach hinten. Etwas zu spät. Esmeralda hatte sich mit einem Hechtsprung in die Tiefe in Sicherheit gebracht.
Die Dame schrie weiter und deutete mit ausgestrecktem Arm auf ihr Spiegelbild im Fenster. Die umstehenden Fahrgäste sahen nur sie und das Fenster.
»Sehen Sie nicht in den Spiegel, dann sehen sie auch keine Spinne«, gab ihr jemand den boshaften Rat.
»Was ist denn los?«, riefen Fahrgäste, denen die Sicht versperrt war und die nur Geschrei und Getrampel hörten.

»Eine Tarantel hat die Schwarze Witwe gestochen«, meinte ein Scherzkeks, die es bekanntlich an allen Ecken und Enden gibt.

Beate machte sich Sorgen. Sie fragte den netten Mann, ob er mal kurz seine Beine anheben würde. Er tat's und sie schlüpfte blitzschnell unter die Bank. Nur – da war keine Esmeralda!

Während diejenigen, die in der Nähe der Schwarzen Witwe standen, nur hämisch grinsten, wussten die weiter entfernten Berichterstatter Entsetzliches zu berichten. Drei Schreckensversionen machten die Runde. Die erste: Eine Tarantel hat gerade eine Frau zur Witwe gemacht. Die zweite: Eine Tarantel kämpft mit einer Schwarzen Witwe. Und die dritte: Eine Tarantel und eine Schwarze Witwe halten sich an den Fahrgästen schadlos.

Auf dem Weg zur anderen Wagenseite setzte sich Version drei an die Spitze. Sie prallte an der Wagenwand ab und im Rücklauf wuchsen die Spinnen an Größe und Giftigkeit.

Nachdem die Stimmung durch die beiden Spinnen für jede Art von Horror vorbereitet war, entwickelte sich auch Lothar zu einem wahren Monster. Nach der ersten Runde war er dreißig Zentimeter groß, nach der zweiten tollwütig und nach der dritten hatte er obendrein noch Aids!

Durch den notbeleuchteten Wagen hallten gellende Schreie. »Vorsicht, die Tarantel!«, »Pass auf, da krabbelt die Schwarze Witwe!«, »Die Aidsratte!« Langsam aber sicher brach Panik aus. Und die Wagentüren blieben verschlossen, so sehr einige auch daran zerrten.

Frauen begannen zu weinen. Die Praktiker legten zum Schutz vor Untieren ihre Beine auf die ihrer Nachbarn oder setzten sich gleich auf die Rückenlehnen.

Nach und nach leerte sich der Gang. Zunehmend mehr Männer gesellten sich zu den Damen auf ihren Hochsitzen. Etliche davon dienten sich attraktiven Damen als Kavaliere an und nahmen sie auf den Arm.

Der Mann mit Hut erblickte als einziger Esmeralda. Voller Panik flüchtete er auf einen Sitz, wobei er einen Geschlechtsgenossen von demselben stieß, so dass dieser auf den Knien zu Boden ging. Er stand genauso schnell wieder auf, wie er gefallen war, und blickte an sich runter. Die Knochen schienen noch heil. Dennoch wurde ihm schwarz vor den Augen. Auf seinem Knie befand sich ein großer roter Fleck. »Mich hat sie erwischt!«, schrie er voller Entsetzen und konnte sich nicht entscheiden, ob er ohnmächtig werden oder sterben wollte. Weil beides nicht eintrat, hängte er sich an eine Haltestange und zog die Beine an.

Eine Frau bekam daraufhin einen Ohnmachtsanfall und wurde zur Gepäckablage hochgehievt. Viele Männer erinnerten sich an ihre Ehe- und Vaterpflichten und klammerten sich ebenfalls an die Haltestangen. Nur noch wenige standen mit beiden Beinen auf der Erde. Ein ganz Mutiger stocherte mit seinem Schuh in dem Stück Fleisch, auf das der Mann gefallen war und verkündete: »Die Ratte ist tot!«

Punkis Herz erstarrte. So schnell er konnte, krabbelte er zu der Stelle, wo Lothar sein Ende gefunden haben sollte. »Eh, Alter!«, schrie er und wedelte mit dem Stück Fleisch. »Is'n ganz popeliges Kotelett!«

»Lass es sofort los!«, fuhr eine Frau Punki an. »Das gehört mir.«

»Bin sowieso Vegetarier«, meinte Punki und ließ es mit spitzen Fingern fallen.

Eines zeigte sich mal wieder: Wo die Gefahr am größten ist, ist auch Hilfe nicht sehr weit. Die Sitzsteher opferten Gürtel und Krawatten, damit sich die Stangenmenschen festbinden konnten.

Am Ende stand nur noch einer im Gang: Spitzbart. Er kochte vor Wut, die Schweißperlen auf seiner Stirn brodelten. Wenn er den erwischte, der diese Gerüchte oder die Monster ausgestreut hatte! Das waren professionelle Terroristen! Wenn sich der Vorfall herumsprach, würde niemand mehr mit der U-Bahn fahren! Und wen sollte er dann noch kontrollieren?

Was ihn mindestens genauso ärgerte, war, dass niemand seinen Anweisungen gefolgt war. Unentwegt hatte er »Kein Grund zur Aufregung, wir haben alles unter Kontrolle« geschrien. Im übrigen, wo war Handtäschchen? Spitzbart ent-

deckte ihn auf dem Sitz inmitten einer Traube von Fahrgästen.
»Was tust du da?«, schnauzte er seinen zitternden Kollegen an.
»Ich ... ich kontrolliere Fahrkarten«, stammelte dieser und bat die Frau, die er umklammert hielt, um ihre Fahrkarte.

Auf keinen Fall konnte Spitzbart ein solches dienstwidriges Verhalten dulden: Ein Fahrkartenkontrolleur umarmt auf dem Sitz stehend einen Fahrgast, ohne sich die Schuhe ausgezogen zu haben. Gegen mehr Dienstverordnungen konnte man nicht auf einmal verstoßen. »Komm sofort runter!«, bäffte er ihn an.

»Ich bin doch nicht lebensmüde!«, entgegnete Handtäschchen. Spitzbart begann an ihm zu zerren. Als die ganze Menschentraube abzustürzen drohte, biss eine Frau Handtäschchen in den Arm. Der ließ los und war drauf und dran ins Nichts zu fallen. Spitzbart wollte ihm nicht im Wege stehen und drehte sich weg, doch Handtäschchen ergriff behände Spitzbarts Hals und schwang sich auf dessen Rücken.

»Lass los«, röchelte Spitzbart. Handtäschchen sagte nichts, weil es nichts zu sagen gab und er damit beschäftigt war, die Beine anzuziehen.

Spitzbart, wollte er nicht an eingedrücktem Kehlkopf zu Grunde gehen, musste handeln. Er streckte die Hände nach hinten aus und nahm Handtäschchen huckepack.

Plötzlich ertönten aus dem Untergrund eigenartige Geräusche. Im Wagen wurde es mucksmäuschenstill. Niemand wagte sich noch zu bewegen. Im Gang war nichts zu sehen. Spitzbart beugte seinen Oberkörper so weit nach vorn, dass er unter die Bänke schauen konnte. Handtäschchen blieb an seinem Rücken haften und linste von seinem geschützten Ort aus ebenfalls unter die Bank. Die beiden waren auf alles gefasst!

Sie sahen weder Lothar noch Esmeralda. Die waren während des Aufruhrs von einem Versteck zum anderen gerannt. Esmeralda hatte sich schließlich an der Unterseite einer Bank versteckt und Lothar im Lüftungskanal. Da er zu Punki zurück wollte, suchte er einen Ausgang und fand ihn just unter Esmeraldas Sitzbank. Als die ihn erblickte, konnte sie ihre Augen nicht mehr von ihm wenden.

»Ey, was glotzt denn so?«, wollte Lothar wissen.

Wohl ein jeder hätte ähnlich geschaut. Lothar war nämlich eine ganz besondere Ratte: Von der Nase über den Rücken bis hin zum Schwanzende verlief ein lila Streifen. Links und rechts davon war das Fell abrasiert. Schrillgelbe Schrägstreifen entlang des Körpers gaben ihm ein aerodynamisches Aussehen. Die in schwarz getauchten Beine hoben diesen doch eher fröhlichen Anschein etwas auf und verliehen Lothar einen dämonischen Zug.

»Irgendwie siehst du zum Fürchten aus!«

»Spießerspinne!« Verächtlich verzog Lothar sein Gesicht, um im nächsten Moment seine Brust stolz anschwellen zu lassen. »Ey, was glaubste, warum die alle so'n geiles Gedönse machen? Wegen dir? Ne! Lothar heißt die Kanaille!«

»Fehlt dir was?«, fragte Esmeralda teilnahmsvoll. »Du redest so komisch.«

»Komisch! Drei Jahre Theater- und zwei Jahre Punkratte, da beherrschst du alles, ey. Und das hier war nur ein kleiner Auftritt.«

So langsam reichte es Esmeralda. Bekloppt hin, bemalt her – schließlich war sie ja auch noch jemand.

»Wenn die Menschen vor jemand Angst haben, dann vor mir, dass das klar ist«, giftete sie Lothar an.

Doch der nahm's gelassen. »Spinn dich aus, Alte, ey. Bloß weil d'n dicken Arsch hast, brauchste noch lange keine dicke Lippe riskieren, ey.«

Vielleicht wäre es besser gewesen, wenn ihn Esmeralda nicht als aufgeblasenen Regenwurm beschimpft und Lothar darauf nicht erwidert hätte, dann sei sie ein zweigeteilter Scheißhaufen. Esmeralda hätte ihm anschließend wirklich nicht mit ihren Fangfäden zwei seiner Barthaare ausreißen müssen, und Lothar hätte Ruhe bewahren können, statt nach ihren Beinen zu schnappen. Es war fast vorhersehbar, dass Esmeralda daraufhin Fäden um seine Beine wickelte und aus Lothar ungeachtet seines Einwands »Miese Folterspinne!« eine Schaukel machte.

Aber Tiere sind nun mal nicht so vernünftig wie Menschen.

Die Kontrolleure sahen auch nicht Beate und Punki. Die trafen sich unter der gleichen Bank, unter der sich auch ihre Liebsten versteckt hielten. Lothar meckerte gleich los. »Ey, Lahmarsch! Die Braut kannste später vernaschen. Jetzt bin ich dran!« »Hat deine Spinne echt gut gemacht«, sagte Punki und deutete hoch zu den Fahrgästen. »Aber das ist echt Scheiße!« Vorsichtig berührte er Punki.

»Die haben sich selbst fertiggemacht!«, sagte Beate in aller Bescheidenheit.

»'ne punkige Schockerspinne halten und es dann nicht gewesen sein. Echt, ne!«, widersprach ihr Punki.

»Wieso nicht deine Ratte?« Beate wollte Esmeralda nicht in Unschuld tauchen, aber das da oben war doch ein bisschen zu viel.

»Sorry. Is nix. Früher ja, da war'n Lothar und ich echt gut drauf. Irgendwann haste's über, dann willste Peace.«

»Quatsch nicht so dämlich, ey, du abgefuckter Pseudopunk! Hilf mir lieber!«, unterbrach Lothar Punkis Altersweisheiten. Das viele Geschaukel machte ihm zu schaffen.

»Keine dicke Backe!«, ermahnte ihn Punki.

»Müsli. Ey. Wir sind fertig!« Verächtlich sah Lothar Punki an. Punki wurde blass, seine Lippen begannen zu zittern.

Beate sah, da steckte eine Beziehung in einer tiefen Krise und wollte vermitteln. Genau in dem Moment tauchten Spitzbarts ganzer und Handtäschchens Viertel Kopf unter der Bank auf.

Was sehen Fahrkartenkontrolleure am widerwilligsten, aber am häufigsten? Richtig! Fahrkarten. Und genau das war es, was sie zu sehen bekamen: zwei Monatsfahrkarten. Beate und Punki reagierten blitzschnell und streckten sie ihnen entgegen.

Da jeder Kontrolleur so lange nichts anderes sieht, bis er eine Fahrkarte eingehend geprüft hat, entging den beiden Entscheidendes: Esmeralda zog Lothar blitzschnell zu sich hoch. Sie saßen jetzt nebeneinander in der Mulde und waren nicht mehr zu sehen.

Spitzbart donnerte los: »Macht sofort, dass ihr hochkommt!« Doch die beiden sahen keinen Grund dafür. Daraufhin umfasste Spitzbart Beate mit seinem linken und Punki mit seinem rechten Arm. Anschließend wurde allen klar, wieso er Bezirksmeister im Gewichtheben geworden war: Ächzend und prustend richtete er sich mit seiner dreifachen Last auf.

Punki schimpfte: »Ey, echt Mann, lass den Scheiß! Wenn du willst, dass ich dir deinen Bauchnabel knutsch, dann sag's. Wenn ich was nicht leiden...« Unbeirrt erfüllte Spitzbart seine Pflicht.

Obwohl solch eine meisterliche Leistung Applaus verdient hätte, blieb er Spitzbart versagt, was sicherlich daran lag, dass die wenigsten Fahrgäste mehr als eine Hand frei hatten.
Doch das störte ihn nicht. Wie ein Fels in der Brandung stand er da, blickte zu den Fahrgästen hoch und fragte sich, was er als nächstes tun solle. Plötzlich durchzuckte Spitzbarts Gehirn eine teuflische Vermutung. Wahrscheinlich war dieses Chaos das Werk von Schwarzfahrern. Das war's! Die hatten sich einen neuen Trick ausgedacht! Wie hatte er nur darauf reinfallen können. Leise flüsterte er Handtäschchen zu: »Schwarzfahrertrick«, und ließ seine Augen über die hängenden Fahrgäste gleiten.

Mit Handtäschchen vollzog sich augenblicklich eine unglaubliche Wandlung. Wenn er etwas noch mehr hasste als Schwarze Witwen und Taranteln, dann waren es Schwarzfahrer. Er ließ Spitzbarts Hals los, und dieser Beate und Punki. »Echt Mann, sei froh, dass du nichts dafür kannst!«, bedankte sich Punki für seine wiedergewonnene Freiheit.

Blindes Verstehen leitete das weitere Tun der beiden Kontrolleure. Jeder marschierte mit drohendem Blick zu den gegenüberliegenden Wagenenden und blickte dabei unter die Bänke. Wie vermutet befand sich dort nur menschlicher Müll, aber weit und breit nicht die geringsten Anzeichen für irgendwelche Untiere. Unisono brüllten sie: »Fahrkartenkontrolle!«

Das Verhalten der Fahrgäste übertraf ihre schlimmsten Befürchtungen bei weitem. Im Wagen gab es nicht nur zwei oder drei Schwarzfahrer, das Gesindel machte einen Betriebsausflug. Niemand war willens, ihnen eine Fahrkarte zu zeigen.

Spitzbart und Handtäschchen schrien weiterhin »Fahrkartenkontrolle!« und versuchten es obendrein mit Zerren und Ziehen. Doch die Solidarität der Schwarzfahrer war groß. Sie schützten sich gegenseitig, traten nach den beiden oder schlugen ihnen auf die Finger.

Plötzlich ging das Licht wieder an und die U-Bahn setzte sich langsam in Bewegung. Wenig später fuhr sie in die Haltestelle ein und hielt. Die Türen öffneten sich und die Fahrgäste verließen fluchtartig die Bahn.

Zuerst versuchten die beiden Kontrolleure, alle gleichzeitig aufzuhalten, was ihnen jedoch misslang. Beate und Punki nutzten das Durcheinander, holten ihre Gefährten und versteckten sie unter ihren Jacken.

Spitzbart und Handtäschchen hatten derweil ihre Taktik umgestellt und konzentrierten sich auf einzelne Personen. Wie üblich auf die Schwächsten – mit Erfolg. Am Wagenausgang erwischten sie zwei Schwarzfahrerinnen: Omi und die Schwarze Witwe. Der nette Mann gesellte sich zu ihnen und bat die Kontrolleure: »Lassen Sie doch die armen Frauen in Ruhe. Die haben genug gelitten!«

»Nichts da!«, brüllte Spitzbart. »Und Sie kommen ebenfalls mit, damit ich Ihre Personalien feststellen kann!«

Beate wollte helfen und stimmte sich mit Esmeralda ab. Daraufhin stieß sie Spitzbart an. Unwirsch drehte er sich zu ihr um und fegte sie an: »Siehst du nicht, dass du störst!«

Beate lächelte ihn freundlich an. »Ich wollte Sie nur fragen, ob Sie die Spinne auf Ihrem Schuh stört?«

Spitzbart sah hinunter und erblickte ein Monstrum von Spinne, das gerade dabei war, sein Hosenbein hochzuklettern. Ein Schrei, ein Sprung: Spitzbart hing an einer Querstange, und seinen Körper durchlief ein Zucken, dass man meinen konnte, er hätte sich an der Oberleitung vergriffen. Handtäschchen gesellte sich nicht nur aus Solidarität zu ihm.

Beate zwinkerte dem netten Herrn zu. Der verstand, nahm die beiden Frauen am Arm und entfernte sich mit ihnen.

Beate schrie gellend: »Sie verfolgt mich!«, und stürmte ebenfalls los. Punki sah ihr verdutzt hinterher, bis Lothar ihn aufforderte: »Ey, Döskopp! Mach endlich 'ne Fliege!«

Den Herren von der Bahnaufsicht bot sich ein eigenartiges Bild. Zwei verdiente Kontrolleure hingen wie die Affen an der Stange und schrien: »Vorsicht, Lebensgefahr! Spinnen! Ratten!« Mit entsicherten Pistolen durchsuchten sie den Wagen. Nichts. Ein Mitarbeiter der Bahnhofsmission sprach beruhigend auf Spitzbart und Handtäschchen ein. Doch leider musste man das psychiatrische Krankenhaus benachrichtigen ...

Mit Beate entstiegen zwei ältere Damen, ein Punk und ein freundlicher Herr der Höhle. Die beiden Frauen waren in ein Gespräch vertieft. Omi lud gerade die Schwarze Witwe zu einem Kaffee ein.

»Wenn du Bock hast, könnten wir mal 'nen flotten Vierer hinlegen!«, schlug Punki Beate vor.

Der freundliche Herr verabschiedete sich von allen mit einem »Hat Spaß gemacht!« und verschwand in der Menge.

»Ey, Kröte!«, machte Lothar Esmeralda an. »Haste schon mal 'nen Elch geknutscht?«

»Nein!«, gab diese wahrheitsgemäß zu. »Bringt's das?«

»Ne!«, beruhigte sie Lothar. »Die ham so was von tierischem Mundgeruch! Aber wenn du mal Lust auf 'ne Tüte Pfefferminzbonbons hast, melde dich. Bist eingeladen!«

»Und wenn du mal wieder Lust auf eine Gruftinummer hast«, sie blickte in das Dunkel zurück, »lass von dir hören!«

Seelensuche

Als Beate von der Schule nach Hause kam, kuschelte sie sich in ihren Lieblingssessel und schon nach wenigen Augenblicken fühlte sie sich wie Buddha: total entspannt im Hier und Jetzt. Esmeralda spielte mit sich selbst Jojo, indem sie sich an einem Faden auf und ab gleiten ließ. Da auf Dauer alles langweilig wird, begann sie bald hin- und herzupendeln. So kam sie Beates Gesicht näher und näher. »Was machst du?«, fragte sie.
»Nichts!«
»Was ist nichts?«
»Einfach toll!«, sagte Beate und schloss die Augen.
»Bist du langweilig!«, maulte Esmeralda und vergrößerte die Schwingungen. Ihre Vibrations standen jedoch nicht im Einklang mit denen des Fadens: Er riss und sie landete auf dem Bücherregal.
»Das Buch wollte ich schon immer lesen!«, behauptete sie und erklomm einen Buchdeckel. Beate war's recht. Sie öffnete lediglich ein Auge und als sie sah, dass nichts passiert war, schloss sie es wieder.
Esmeralda ließ nicht locker. »Lohnt es sich?«
Beate seufzte und öffnete notgedrungen die Augen. Esmeralda saß auf einem Benimmbuch für wohlerzogene Mädchen.
»Für dich auf jeden Fall. Hat mir Tante Judith geschenkt. Wollte mich damit bekehren!«
»Was ist bekehren?«
»Jemand dazu bringen, lauter bescheuerte Dinge zu tun wie immer nett zu Erwachsenen zu sein, sich brav die Hände zu waschen und Tante Judith einen Kuss zu geben!«
»Und – hat sie dich bekehrt?«, wollte Esmeralda wissen.
»Einmal. Ich habe mir die Lippen ganz dick mit lila Lippenstift eingeschmiert und sie dann ausgiebig abgeknuscht. Anschließend sind wir spazieren gegangen. Seitdem kommt sie

nicht mehr!«, sagte Beate und schloss erneut die Augen.
Esmeralda seilte sich auf Beates Haupt ab. »Ich weiß, was wir jetzt machen. Wir gehen Menschen bekehren!«
»Wozu?«, lallte Beate.
»Natürlich zu Spinnen! Ich setze mich auf ihr Gesicht. Und wenn sie aus ihrer Ohnmacht erwachen und merken, dass ihnen nichts passiert ist, dann haben sie keine Angst mehr vor mir!«
Beate schüttelte den Kopf.
»Wir könnten auch Hasen jagen gehen!«
»Du denkst immer nur ans eine!«
»Von irgendwas muss man ja leben!«
»Du könntest dich ja auch an Löwenzahn und Rosenkohl halten!«
»Pfui Teufel! Im übrigen, seit wann ist Rosenkohl töten weniger gemein als der Hasenplage Herrin zu werden?«
Beate dachte überhaupt nicht daran, ihr zu antworten. Das brauchte sie auch nicht, weil es an der Haustür läutete.
»Ich geh nachsehen!«, sagte Esmeralda und krabbelte auf die Tür zu.
Beate blieb nichts anderes übrig, als ihr Nirwana zu verlassen. Sie öffnete die Eingangstür. Vor ihr stand ein älterer, seriös aussehender Herr, der ganz in Schwarz gekleidet war.
»Ich bin Pfarrer Schöler und neu in dieser Gemeinde«, stellte er sich vor und reichte Beate die Hand.
»Ich bin Beate und wohne schon länger hier!«
»Wo sind deine Eltern?«, fragte er. »Ich würde mich ihnen gerne vorstellen.«
»Sie sind aus der Kirche ausgetreten«, versuchte Beate das Gespräch kurz zu fassen.
»Ich weiß«, lächelte der Pfarrer. »Aber meine Aufgabe als Hirte besteht auch darin, mich um die verirrten Schäfchen zu kümmern.«
Esmeralda, die an Beates Rücken hing, war aufs Höchste erstaunt. »Deine Eltern sind Schafe?«
»Manchmal!«, flüsterte Beate zurück.
»Keine Sorge, ich passe schon auf sie auf!«, wandte sie sich dem Pfarrer zu.

»Auf dass sie nicht Schaden nehmen an ihrer Seele!«, sagte der Pfarrer mehr zu sich.
Beate spürte, dass Esmeralda ihre Schulter erklimmen wollte, und drückte sie sachte nach unten.
»Hast du etwas, mein Kind?« Pfarrer Schöler blickte sie verwundert an.
»Das ist dein Vater?« Esmeralda konnte es nicht glauben. Beate schüttelte den Kopf.
»Ich hab's doch gehört!«, beharrte Esmeralda.
Beate versuchte sie indirekt aufzuklären. »Hatten Sie mal was mit meiner Mutter?«, fragte sie den Pfarrer.
Doch der war nicht von gestern. »Du meinst wegen dem ›Mein Kind‹? Gott ist unser aller Vater und ich bin sein Stellvertreter auf Erden«, erklärte er ihr.
So langsam verstand Esmeralda überhaupt nichts mehr.
»Wer ist dieser Gott? Ein Schaf? Und der hat mit deiner Mutter ...?«
Beate verschob das Erzeugerthema auf später. Ein anderes war ihr viel wichtiger. Wenn sie schon mal einen Pfarrer im Haus hatte – vielleicht konnte er Esmeralda bekehren? »Gilt das Verbot ›Du sollst nicht töten!‹ eigentlich auch für Tiere?«, eröffnete sie den moraltheologischen Disput.
Herr Schöler sah sie eingehend an und antwortete: »Gott gab dem Menschen als einzigem Wesen eine Seele und damit das Recht, seelenlose Wesen zu töten. Aber nur«, er erhob Stimme und Zeigefinger, »zum eigenen Fortbestand.«
»Dürfen Tiere Tiere umbringen?«, fragte sie als Nächstes.
Pfarrer Schöler hatte über dieses Thema noch nicht allzu ausführlich nachgedacht, deshalb war er froh, dass sich ein Bedürfnis mit Nachdruck meldete. »Könnte ich mal eure Toilette benutzen?«, fragte er.
»Wenn Sie mir Ihren Pfarrerausweis zeigen!«
Er tat's.
»Am Ende des Gangs links, erste Tür rechts.«
»Sag mal, hat der zu viel gegorenen Tulpennektar gerüsselt?«, fragte Esmeralda, als er entschwunden war.
»Pfarrer reden immer so!«, klärte Beate sie auf. »Die gehen auf eine Schule, um das zu lernen.«

»Ist das so eine Spaßmacherschule?«

Beate schüttelte den Kopf. »Wo Pfarrer sind, gibt's wenig zu Lachen.«

Pfarrer Schöler kam wieder. »Danke schön! Die Antwort auf deine Frage lautet ja. Tiere dürfen. Sie haben weder eine Seele noch einen Willen. Deshalb hat Gott ihnen das Recht eingeräumt, sich ihren Fortbestand durch gegenseitiges Töten zu sichern.«

»Na siehst du!«, jubilierte Esmeralda.

Doch so schnell gab sich Beate nicht geschlagen.

»Dürfte ich töten, wenn ich acht Beine hätte?«

Der Pfarrer stockte kurz. »Du willst wissen, ob auch missgebildete Menschen eine Seele haben? Gott schenkt dem Aussehen keine Beachtung!«

Esmeralda wollte lostoben. Doch Beate kam ihr zuvor. »Auch wenn ich einen Rüssel hätte?«

Pfarrer Schöler machte einen leicht verwirrten Eindruck. »Menschen haben selten Rüssel!«, gab er zu bedenken. »Darf ich fragen, worauf du hinaus willst?«

»Wenn ich durch radioaktive Strahlen missgebildet wäre und wie eine Spinne aussähe, dürfte ich dann andere Tiere töten?«

Pfarrer Schöler liebte solche Fragen, weil die Antworten darauf Gottes wunderbare Gnade unter Beweis stellten. »Gottes Allmacht und Liebe sind so groß, dass er dich sogar in der Gestalt einer Spinne weiterhin annehmen würde.«

Zum Glück konnte der Pfarrer nicht hören, wie Esmeralda schimpfte.

Der Schimpfwortschatz von Spinnen gehört zu den größten überhaupt. Wieso? Das ist leicht zu erklären: Da hat eine Spinne ein wunderschönes Netz gebaut und sich voller Appetit auf die Lauer gelegt. Und dann kommt irgendein Flegel und läuft oder fliegt durch das Kunstwerk hindurch, als wäre es nicht vorhanden. Keine Entschuldigung, höchstens ein »Pfui Spinne!« Um solche Situationen verkraften zu können, ist es einfach notwendig, langanhaltend und kräftig zu schimpfen.

Beate hatte den Pfarrer da, wo sie ihn haben wollte. »Vielleicht

sind Spinnen missgebildete Menschen?«, fragte sie in aller Unschuld.
Doch so einfach sind Theologen nicht zu packen.
»Ein Mensch ist nur derjenige, der von einem Menschen geboren wird, und Spinnen werden von Spinnen geboren.«
Er sah Beate nachsichtig an.
»Und wenn vor einer Million Jahren Menschen durch Strahlen in Spinnen verwandelt wurden?« Beate hatte genug Sciencefiction-Filme gesehen, um zu wissen, dass das passiert sein konnte.
»Mir ist bislang nichts dergleichen zu Ohren gekommen!«
»Ihnen ist Gott bislang auch nicht zu Ohren gekommen und trotzdem glauben Sie, dass es ihn gibt. Ich glaube bis zum Beweis des Gegenteils, dass Spinnen Menschen sind.« Beate stemmte die Hände in die Hüften und wartete auf des Pfarrers Antwort.
Irgendetwas musste er sagen. Das war er seiner und Gottes Allmacht schuldig. »Magst du Spinnen?«
»Sie sind o.k.«
»Ich werde dich in meine Gebete dafür einschließen, dass du dich dieser so wenig geliebten Geschöpfe Gottes annimmst.«
Esmeralda war mit dieser Antwort ganz und gar nicht zufrieden. »Sag ihm, dass ich ihn dafür in mein Netz einschließen werde!«
»Ist gut!«, versuchte Beate Esmeralda zu beruhigen.
War es nicht. »Um Klartext zu reden, noch eine Beleidigung und ich beiß ihm in den Arsch!«
»Nur noch eine Frage: Wenn Spinnen Menschen sind und Hasen nicht zu ihrem Lebensunterhalt brauchen, dürfen sie sie dann trotzdem töten?« So, das Problem war jetzt auf dem Tisch.
Der Pfarrer hatte es geahnt: Das arme Kind war verwirrt! »Gott sei deiner Seele gnädig!«, sagte er voller Mitgefühl, legte Beate die Hand aufs Haupt, murmelte noch ein paar Worte und wandte sich zum Gehen.
Doch so leicht ließ sich Beate nicht abwimmeln. »Was ist nun?«, fragte sie und legte ihm ihrerseits eine Hand auf die Schulter.

»Ich sehe dir in die Seele und weiß, du bist reinen Herzens«, versuchte der Pfarrer Beate zu trösten.

Beate wollte keinen Trost, sondern lediglich eine klare Antwort. »Was ist nun: ja oder nein?«

»Gottes Gnade ist unendlich!«, antwortete Pfarrer Schöler und beendete damit den Disput über theologische Grundsatzfragen. Er machte einen Schritt zurück, drehte sich um, wandte sich wieder Beate zu, um noch etwas Seelentröstliches loszuwerden, und erblickte Esmeralda.

Die war zur Decke hochgekrabbelt und hatte sich so herabgelassen, dass sie wie ein Heiligenschein über Beates Kopf schwebte. Dabei streckte sie alle acht von sich. Pfarrer Schöler dachte sowohl an Gottes unendliche Allmacht als auch an seine Sicherheit und nahm Reißaus. Dabei bat er den Herrn um Vergebung seiner Sünden. »Spinnen bedeuten Tod!«, dachte er immer und immer wieder. »Bitte nicht meinen!«, flehte er, wohl wissend, wie selbstsüchtig dies war.

Esmeralda wollte ihm hinterher. Doch Beate hielt sie fest, worauf sie wie eine Blöde zappelte. »Ich tu ihm nichts. Ich will nur wissen, wo sein Chef wohnt.«

»Was willst du denn von ihm?«

»Was wohl? Wenn der alles weiß, dann sicher auch, wo meine verborgenen Fähigkeiten liegen.«

»Sein Chef wohnt nirgendwo und überall!«

»Ist der so 'ne Art Handelsreisender?«

»Nicht dass ich wüsste. Keiner weiß, wo er wohnt!«

»Wieso versteckt er sich? Hat er was ausgefressen?«

Beate überlegte, wie sie es Esmeralda erklären könnte. »Er wohnt nirgendwo, weil es ihn gar nicht gibt.«

Esmeralda versuchte in Beates Worten einen Hauch von Logik zu entdecken. »Wenn es ihn nicht gibt, wie kann er dann der Chef von jemand sein?«

Beate sah sie bedauernd an. »Hat mir bislang auch noch niemand erklären können. Trotzdem glauben viele Leute an ihn. Die brauchen so was.«

Esmeralda machte nur »Tzzz!« und schüttelte den Kopf. Sie war schon immer der Meinung gewesen, dass jeder das Recht hatte, nach seiner Fasson glücklich zu werden. Die einen

brauchten dafür einen Gott, ihr genügte ein Hasenbraten!«Mal abgesehen davon, ob es ihn gibt oder nicht, auf jeden Fall erlaubt mir euer Oberguru, dass ich Hasen vernaschen darf.«
»Eben nicht!«, widersprach ihr Beate aufs Heftigste.
»Der hat gesagt, weil ich keine Seele habe, darf ich.« Esmeralda unterstrich ihre Worte mit einem nachhaltigen Kopfnicken.
»Es kann aber genauso gut sein, dass du eine Seele hast.«
»Selbst dann darf ich, weil ich dann ein Mensch bin, und die dürfen.« Esmeralda sonnte sich in dem Gefühl ihrer Überlegenheit.
Beate konnte es nicht glauben. Da hatte sie es gerade dem Pfarrer gegeben und jetzt war diese olle Spinne dabei, sie zu schlagen.
»Aber wenn Hasen Seelen haben, darfst du nicht«, konterte sie.
Esmeralda parierte mit einem »Haben aber keine!«
Beate machte einen Ausfallschritt. »Haben sie doch! Das siehst du bloß nicht mit deinen Glotzern.«
Esmeralda wich so geschickt aus, dass Beate strauchelte.
»Das sagst gerade du mit deinen beiden verkümmerten Notleuchten. Du würdest doch eine ausgewachsene Seele nicht einmal sehen, wenn sie vor dir stünde!«
Beate blies zum nächsten Angriff. »Und du weißt nicht mal, was eine Seele ist!«
Esmeralda hielt Stand. »Zeig mir deine, dann zeig ich dir meine!«
Beate war versucht, Esmeralda ihren linken kleinen Zeh zu zeigen. Doch dann hätte die sicher einen Fühler als ihre Seele ausgegeben. »Ich weiß nicht, was eine Seele ist«, gab sie zu.
»Ich auch nicht!«, beendete Esmeralda die Auseinandersetzung, die sich nicht lohnte: Ihr schmeckten Hasen mit und ohne Seele.

Die Sache mit der Seele ließ Beate nicht los. Am nächsten Tag musterte sie alle Menschen daraufhin, ob etwas von deren Seele zu sehen war. Keine Spur! Sie unterhielt sich auch mit ihrem Schulfreund Schnauferl darüber. Der erklärte ihr, dass bei Männern die Seele in der Hose sitze und bei den Frauen unter dem

BH. Sein Vater habe das gesagt. Doch Beate hatte so ihre Zweifel.

Sie hielt nach ihrer eigenen Seele Ausschau und betrachtete sich nackt vor dem dreiteiligen Spiegel. Nichts! Enttäuscht erzählte sie Esmeralda von ihrer vergeblichen Suche.

»Spinnen haben so was nicht nötig!«, erklärte die hochmütig.

»Wieso willst du unbedingt eine finden?«

»Alle reden davon, aber niemand hat sie gesehen. Ich wäre die erste!«

»Wenn du es niemandem verrätst, zeig ich dir meine!«, frotzelte Esmeralda und streckte Beate ihren Hintern hin.

Beate griff blitzschnell zu und betrachtete Esmeralda von allen Seiten. »Was fängt man mit einer Seele an?«, wollte die wissen.

»Weiß ich nicht. Aber man sagt, dass sie das Beste ist, was man haben kann.«

Esmeralda wurde ganz aufgeregt. »Such meine Seele!«, forderte sie Beate auf und streckte und dehnte sich so, dass Beate jeden Millimeter ihres Körpers eingehend untersuchen konnte. Esmeraldas Herz schlug wie wild: Vielleicht war ihre Seele das, wonach sie die ganze Zeit gesucht hatte, das, was sie gefährlich machte, der Schlüssel zum Erfolg, das Werkzeug, mit dem sich Hasen fangen ließen. »Hast du sie gefunden?«, fragte sie mit zittriger Stimme.

»Nein!«

»Sieh noch mal nach!«

Beate tat's. Und wirklich, am siebten Bein entdeckte sie einen kleinen braunen Fleck, der ihr bislang noch nicht aufgefallen war.

»Ich glaub, ich hab sie gefunden!«, teilte sie aufgeregt ihre Entdeckung mit.

Esmeralda hob das Bein an, so dass sie es mit allen Augen betrachten konnte. Sie stutzte, führte es zum Mund und kostete daran. Dann seufzte sie. »Das ist bloß Schokoladenglasur vom Marmorkuchen.«

»Du hast mir versprochen, nicht zu naschen.«

Esmeralda konnte es nicht fassen. Da stand sie kurz davor, das Geheimnis für eine unbeschwerte, glückliche Zukunft zu lüften, und Beate wechselte einfach zu einem drittrangigen Thema über.

»Wie sieht denn eine Spinnenseele aus?« Esmeralda wollte sie wieder auf den rechten Weg führen. Doch Beate blieb unbeirrt auf dem falschen. »Wenn Vati sieht, dass du vor ihm dran warst, gibt's Ärger!«

»Rosa? Hellblau?«

»Ich weiß es nicht!«

»Wer dann?«

»Meine Eltern.«

»Dann frag sie!«

»Worauf du dich verlassen kannst!«

Erziehungsberatungen

Beates Rektor hatte Herrn und Frau Kernicke dringend um einen Besuch gebeten. Er empfing sie an der Tür zu seinem Büro und bat sie herein. Nachdem sich alle gesetzt hatten, er hinter, sie vor dem Schreibtisch, trat eine winzige Pause ein, die der Rektor mit einem Räuspern beendete. »Ich habe Sie hergebeten, weil ich mich mit Ihnen über Beate unterhalten möchte.«
»Das finde ich schön!« Frau Kernicke strahlte.
Der Rektor stutzte kurz und räusperte sich wieder. »Um ehrlich zu sein, habe ich Sie nicht hergebeten, um mich mit Ihnen über die zweifellos zahlreichen positiven Seiten von Beate zu unterhalten.«
»Schade!«, meinte Herr Kernicke und sah den Rektor traurig an.
Dieser nickte zustimmend und seufzte: »Ich würde mich auch viel lieber darüber ...«
»Dann tun wir es doch einfach!«, schlug Frau Kernicke vor.
Während des Rektors Gesicht mit einem krampfhaften Lächeln Zustimmung ausdrückte, nahm sein Körper eine ausgesprochen ablehnende Haltung ein. Er räusperte sich gleich drei Mal. »Beate ist ein ziemlich aufgewecktes Mädchen«, half ihm Herr Kernicke auf die Sprünge.
»Aber nur, wenn sie will!«, präzisierte seine Frau.
»Ja, das ist sie!«, gab ihnen der Rektor bedauernd recht.
»Und lieb und nett ist sie!«, wusste Herr Kernicke.
»Wenn sie will!«, fügte sein Weib erneut hinzu.
»Keine Einwände!«, fühlte sich der Rektor zu sagen verpflichtet.
»Und gescheit ist sie!« Herr Kernicke musste das einfach sagen.
»Wenn sie will!«
Der Rektor war sich nicht sicher, ob er verpflichtet war, sich

auch dazu zu äußern. Er begnügte sich mit einem langgedehnten Räuspern.
Herr Kernicke wandte sich seiner Frau zu. »Ich denke, damit ist alles gesagt, was es über Beate zu sagen gibt?!«
»Außer, dass sie eine lahme Ente, ein frecher Balg und dumm wie Stroh ist!«
»Aber nur wenn sie will!«, fügte dieses Mal ihr Gatte hinzu.
Beide nickten einander einvernehmlich zu, worauf auch der Rektor in das Nicken mit einfiel. Abrupt hielt er inne. »Sie hat eine Spinne mit in den Unterricht gebracht!« Sein Gesicht drückte Entsetzen aus.
»Esmeralda heißt sie«, tat ihm Frau Kernicke kund.
»Ein hübscher Name, nicht wahr?«, meinte ihr Gatte.
»Finden Sie es denn nicht auch ausgesprochen eigenartig, dass sich ihre Tochter eine Riesenspinne als Haustier hält?«
Die beiden Befragten blickten einander an und schüttelten den Kopf. »Ich hatte mal einen Teddybären«, erzählte Beates Vater.
»Sie können doch nicht Spinnen mit Teddybären vergleichen!«, wandte der Rektor ein.
»Vor dem hatte ich mehr Angst als vor Esmeralda«, gestand Herr Kernicke.
»Das hast du mir noch nie erzählt!«, bedauerte seine Lebensgefährtin.
»Ich habe mich geniert.«
»Vor mir?« Sie machte ein trauriges Gesicht.
»Mehr vor mir!« Er ergriff ihre Hand.
Der Rektor lauschte dem Gespräch zunächst mit offenem Mund, dann räusperte er sich. »Könnten wir wieder auf unser eigentliches Thema zurückkommen?«
»Laden Sie eigentlich auch Eltern vor, deren Kinder Katzen, Hunde, Pferde oder Vögel als Haustiere halten?«, warf Frau Kernicke ein, um sich sogleich wieder ihrem Gatten zuzuwenden. »Hast du immer noch Angst vor Teddybären?«
»Nicht mehr so sehr!«
»Das sind völlig unzulässige Vergleiche!«, mischte sich der Rektor in das Gespräch ein und fügte zur Sicherheit noch hinzu: »Spinnen sind gefährlich und Haustiere sind es nicht!«

»Dann sagen Sie mir mal, wie viele Menschen jährlich durch ihre sogenannten ungefährlichen Haustiere verletzt oder gar getötet werden und wie viele durch Spinnen?«, fragte sie ihn.

»Blöde Kuh!«, dachte der Rektor, »ich habe schon immer gewusst, dass Frauen die gefährlichsten Haustiere sind«, und suchte nach einem stichhaltigen Argument.

Dadurch fand Frau Kernicke Zeit, sich wieder ihrem Gatten zuzuwenden. »Teddybären sind ausgestopft und können niemandem was tun!«, erklärte sie ihm.

»Das weißt du, das weiß ich, aber weiß das auch der Teddybär?«

Dem Rektor wurde es langsam zu bunt. »Darum geht es überhaupt nicht. Es geht ...«

»Darum, dass alleine durch Hundebisse ein Vielfaches an Menschen sterben. Ein Vielfaches! Oder haben Sie andere Zahlen?«

Hatte er nicht, dafür hätte er gern einen ihm treu ergebenen Kampfhund zur Seite gehabt.

»Teddybären sind totale Schmuser!«, versicherte sie ihrem Mann und kuschelte sich an ihn ran.

»Das weißt du, das weiß der Teddy, aber ich nicht!« Herr Kernicke zuckte entschuldigend mit den Schultern.

Der Rektor hatte endgültig genug. »Es geht hier nicht um die Spinne als solche, sondern darum, dass Ihre Tochter mit ihr redet!« Er beugte sich mit dem Oberkörper über den Schreibtisch und sah die Eltern eindringlich an.

»Ich rede unentwegt mit Spinnern!«, sagte Frau Kernicke und blickte erst ihren Gatten, dann den Rektor an.

»Ich darf doch bitten!«, verwahrte sich letzterer gegen die Anspielung.

»Es kommt darauf an, worum?«, entgegnete sie angriffslustig und beugte sich ihm entgegen.

Ihr Gatte versuchte zu schlichten. »Die allermeisten Kinder spielen mit Monstern wie Gozilla, Alf oder wie sie alle heißen. Darüber regt sich niemand auf. Meine Tochter hat eine liebe, harmlose Freundin. Und darüber regen sich alle auf!«

»Wie man sich in Menschen doch täuschen kann«, dachte der Rektor, den die Lautstärke in den Sessel gedrückt hatte. »Erst

tut er so, als sei er ein neurotischer Teddybär, und dann ist er wirklich einer!«
Er machte Anstalten, sich zu erheben. »Ich glaube, es hat keinen Sinn, das Gespräch fortzusetzen. Auf eines muss ich Sie noch hinweisen. Die Hausordnung verbietet das Mitbringen von Haustieren. Bei Zuwiderhandlung werden die Tiere kostenpflichtig entfernt und gegebenenfalls die Eltern wegen Verletzung ihrer Sorgepflicht zur Verantwortung gezogen.«
»War das alles, was Sie uns mitteilen wollten?«, fragte ihn Frau Kernicke mit dem allerfreundlichsten Gesicht.
»Ja!«, sagte der Rektor, entschied sich dann doch für ein »Nein!« und räusperte sich eingehend. »Haben Sie sich schon mal überlegt, warum Ihre Tochter eine Spinne zur Freundin hat?«
»Sie mögen sich!«, erklärte sie ihm.
Herr Kernicke fand die Erklärung einleuchtend. Nicht so der Rektor. »Nach meiner Meinung und der weiterer Fachleute deutet das Verhalten Ihrer Tochter darauf hin, dass sie ...« – er zögerte und suchte nach den richtigen Worten – »seelisch etwas strapaziert ist.«
Frau Kernicke blieb gelassen, ebenso ihr Mann, notgedrungen, da sie mit ihrem Stöckelabsatz auf seinem Mittelfußknochen stand. »Haben Sie eine Tochter?«, fragte sie den Rektor freundlich.
»Ja!«, antwortete dieser. »Aber was hat ...«
»Hat die ein Haustier?«
»Einen Hamster! Wieso ...«
Frau Kernickes Augenbrauen schossen in die Höhe. »Hab ich mir's doch gedacht. Ist fast exemplarisch!«
»Was?«, fragte der Rektor und wirkte leicht irritiert.
»Komm!«, sagte Frau Kernicke und zog ihren Gatten hoch. »Der Herr Rektor hat genug mit sich und seiner Familie zu tun. Da wollen wir ihm nicht die Kraft und Zeit stehlen, um mit seinem Schicksal fertig zu werden.«
»Nun sagen Sie schon, was Sie meinen?«, forderte dieser sie nervös auf.
»Ich verspreche Ihnen mit niemandem darüber zu reden!«, sagte sie und legte ihm die Hand auf die Schulter.

»Worüber? Mit mir können Sie doch reden!«

»Wenn ich verspreche, mit niemandem, dann halte ich mich auch daran!«

Frau Kernicke und ihr Gatte ergriffen die Hand des Rektors, verabschiedeten sich und ließen einen völlig verunsicherten Menschen zurück. Er saß noch eine ganze Weile da, stierte vor sich hin und zerbrach dabei aus Versehen seinen Stahlkugelschreiber. Er wusste, warum er Spinnen und Spinner hasste: Er hatte keine Chance gegen sie!

Wer ist schon normal?

Frau Kernickes häuslicher Eifer hielt sich in Grenzen. Ihrer Meinung nach hatten auch Schmutz und Staub ihre Daseinsberechtigung. Manchmal überkam sie jedoch ein unwiderstehliches Bedürfnis nach Hausfraulichkeit. Und wenn es ganz besonders schlimm kam, dann setzte sie sich an die Nähmaschine und begann zu schneidern.

Bislang hat man noch nicht allzu viel darüber geforscht, was Schnittmuster, Stoffe, Nadeln und Scheren dabei empfinden, wenn sie misshandelt werden. Auf jeden Fall war Frau Kernickes Kleidergeschmack breit gefächert und ihr Mut grenzenlos. Mit jeder ihrer Kreationen revolutionierte sie die zentrale Geschmacksfrage, was frau tragen kann und darf. Sie entwickelte die Haute Couture in Richtung Punk und Patchwork, verknüpft durch das zarte Band der Deformierung. Doch trug sie ihre Provokationen nicht allzu oft, weil die Nähte und der Stoff den Beanspruchungen nicht allzu lange standhielten – zur Erleichterung ihrer Kollegen, die beim Anblick eines jeden Modells aufs Neue erschraken.

Wie gesagt, es passierte nicht häufig, dass ihre Schneiderleidenschaft mit ihr durchging. An diesem Abend war es mal wieder soweit.

Herr Kernicke saß auf dem Sofa und döste vor sich hin. »Ich bin fertig!«, rief seine Frau aus dem Nebenzimmer.

Er wachte auf, betastete seine Gliedmaßen und schlurfte zu ihr hinüber. »Ich war gerade eine Spinne!«, erzählte er ihr.

Sie sah ihn prüfend an. »Ruf mich beim nächsten Mal!«, legte eine Kunstpause ein und verkündete: »Ich habe einen Traum verwirklicht!« Voller Stolz hielt sie ihm ihr Werk vor die Nase.

Auf den ersten Blick ähnelte ihre Kreation sogar einem Kleid. Ungewöhnlich waren lediglich die verschieden langen Stoffteile, mit denen das Kleid unten abschloss. Manche reichten bis

auf den Boden, andere endeten knapp unterhalb der Hüfte.
Herr Kernicke deutete fragend darauf.
»Dies ist die Revolution des Rockabschlusses. Ich nenne es Skyline!«, erklärte sie ihm voller Stolz. »Hast du jemals so was gesehen?«
»Nein!« Da war er sich ganz sicher.
»Dann probier's an!«, sagte Frau Kernicke und hielt ihm das Kleid hin.
Da Herr Kernicke in etwa ihre Figur hatte, musste er regelmäßig als Modell herhalten. Er zog es an und stellte sich vor den Spiegel. Die meisten Fransen endeten dicht unterhalb seiner Unterhose. »Das ist nicht die Skyline von New York!«, mutmaßte er.
»Nein, Stuttgart!«, sagte Frau Kernicke.
»Vielleicht wäre New York doch passender!«, schlug er vor.
Frau Kernicke trat einen Schritt zurück und besah sich das Ganze. »Was hältst du davon, wenn ich etwas Schwungvolleres nehme wie zum Beispiel Florenz?«
»Auch nicht schlecht!«, stimmte er ihr zu. Sie machte sich an die Arbeit, indem sie Stoffstücke zuschnitt und ansetzte.
Er sah ihr ein Weilchen zu, dann räusperte er sich. »Wir hatten mal einen Rektor. Der war vorher beim Militär gewesen. Aber dort wollten sie ihn nicht mehr.«
Seine Frau nuschelte mit Nadeln im Mund: »War er zu intelligent oder zu ehrlich oder zu friedliebend?«
»Nein, der schielte so, dass er immer danebenschoss.«
»Muss schrecklich für ihn gewesen sein!«, zeigte Frau Kernicke Mitgefühl. »Dich beschäftigt noch das Gespräch?!«
»Eigentlich nicht!«
»Ist auch besser so!« Sie modellierte gerade eine Kuppel.
»Weißt du, was ich komisch finde?«
»Dick und Doof?«
»Auch. Nein – mich!«
Frau Kernicke sah ihn abwartend an. Da er nichts sagte, machte sie sich wieder über das Kleid her. »Vielleicht mache ich doch lieber die Skyline von Los Angeles. Im Zentrum ein paar Hochhäuser und alles andere ziemlich flach.«
»Soll ich dir sagen, wieso ich mich komisch finde?«

Keine Antwort ist auch eine.

»Manchmal finde ich Esmeralda ziemlich niedlich! Findest du das nicht verrückt?«

»Nein!«, sagte sie, während sie die Rückseite des Kleides dem Meer nachempfand und ihm Wellenform verlieh.

»Du findest es nicht verrückt, dass ich verrückt bin?«, fragte er eindringlich.

»Ich würde eher sagen, dass ich das an dir schätze!« Sie war gerade dabei, eine Sturmflut einzuarbeiten.

»Du bist ja selber verrückt!«, platzte er heraus.

»Sei froh!«, war alles, was sie dazu zu sagen hatte.

War es nicht. »Vielleicht sind wir beide so abgedreht, dass wir gar nicht merken, wie verrückt unsere Tochter ist?«, gab er zu bedenken.

Seine Frau hielt in der Kleidgestaltung inne. »Ich glaube nicht, dass du dich mit mir über die psychologische Relativitätstheorie unterhalten willst«, sagte sie verärgert.

»Du weißt genau, was ich meine!«

»Nein!«

»Weil du es nicht wissen willst!«

Frau Kernicke drückte vorsichtig eine Stecknadel gegen einen seiner empfindsameren Körperteile. »Entweder du sagst mir jetzt, was du sagen willst, oder ...«

Herr Kernicke gab sich einen Ruck. »Findest du es wirklich normal, dass unsere Tochter mit einer Spinne spricht?«

Frau Kernicke blieb gelassen. »Normaler als Menschen verhungern lassen und Regierungen mit Waffen versorgen, damit sie keiner beim Verhungernlassen stören kann, normaler als ...«

»Ich wollte eigentlich keine Parteitagsrede hören.«

»Es ist immer unnormal, mit etwas Neuem anzufangen. Das gilt auch für Spinnenfreundschaften!«, erklärte sie ihm. »Worauf willst du eigentlich hinaus?«

»Es könnte doch sein, dass der Rektor Recht hat.«

»Womit?« Frau Kernickes Stimme klang ausgesprochen gepresst.

»Mit dem, was er gesagt hat.«

Frau Kernicke legte die Nadel weg und nahm ihren verängstigten Mann in die Arme. Sie führte ihn zum Sofa, setzte sich hin und ihn sich auf den Schoß. »Warum sagst du es mir nicht geradeheraus?«, fragte sie mit Engelsstimme.

»Weil du dann sicher gemein zu mir bist!«

»Aber ich war doch schon gemein!«, gab sie zu bedenken.

»Das ist ja das Gemeine!« Herr Kernicke machte ein verbittertes Gesicht.

»Ich versprech dir, dass ich ganz ruhig bleiben werde.«

Er sah sie misstrauisch an. Doch solch ein Vertrauen erweckendes Gesicht und diese zarten Hände, die ihm über die Beine streichelten, konnten nichts Böses tun.

»Vielleicht hat Beate wirklich seelische Probleme?« Es war draußen!

»Du meinst, sie sollte mal zu einem Psychologen?«

Herr Kernicke nickte heftig.

»Theoretisch eine gute Idee!«, sagte Frau Kernicke. »Sie ist sogar ausgezeichnet!«

Herr Kernicke war überrascht. Er hatte seine Frau völlig falsch eingeschätzt.

»Aber praktisch leider völlig hirnrissig!«, ergänzte sie lautstark.

»Jetzt schreist du doch!« Er sah sie enttäuscht an.

Sie erinnerte sich an ihr Versprechen und beherrschte sich.

»Glaubst du, dass Beate freiwillig zum Psychologen geht?«

»Wir können ja mitgehen.«

»Du setzt dich einer ziemlichen Gefahr aus.«

Herr Kernicke sah das nicht so. »Vielleicht dürfen wir in der Anstalt zusammenleben?«

Frau Kernicke hielt momentan nicht allzu viel von Anstaltswitzen. »Außerdem, was glaubst du, was Beate mit dem Psychologen macht?«

Herr Kernicke musste eingestehen, dass dieses Argument nicht ganz ohne war. »Das ist sein Berufsrisiko!«

»Ich mach dir einen Vorschlag: Wir lassen Beate entscheiden!«, kam sie ihm entgegen.

Herr Kernicke kam ihr ebenfalls entgegen und war einverstanden.

Just in dem Moment berat Beate das Zimmer. Esmeralda bekam acht große Augen. So was hatte sie noch nie gesehen. »Was machen die?«
»Knutschen und fummeln!« Beate gab ihr zur Erklärung einen Kuss und streichelte ihr zart übers Hinterteil.
»Wozu soll das gut sein?« Hätten sich die beiden gegenseitig Regenwürmer in den Mund geschoben und nicht bloß ihre Zungen, hätte sie es verstanden. Aber so!
»Es macht Spaß!«, erklärte ihr Beate und sah dem Treiben ihrer Eltern wohlwollend zu.
Ihr Vater begrüßte sie mit einem Luftkuss.
»Hallo!«, sagte Beate. »Ich komme wieder, wenn ihr fertig seid.«
»Bis nachher, Süße!«, rief ihre Mutter hinterher.
Beate bemerkte erst auf ihrem Zimmer, dass Esmeralda nicht mehr auf ihrer Schulter saß. Plötzlich hörte sie ihren Vater wie einen Rohrspatz schimpfen. »Wenn ich dich erwische, fliegst du hochkant raus!«
Beate stürzte die Treppe hinunter. Ihr Vater lief im Wohnzimmer umher und sah überall nach.
»Was hat er denn?«, fragte sie ihre Mutter.
»Esmeralda hat sich auf seinen Hintern gesetzt.«
»Du hättest sie sitzen lassen können. Sie hätte dir nichts getan!«, versuchte Beate ihren Vater zu beruhigen.
Doch der wollte sich nicht beruhigen. »Es gibt für alles Grenzen! Und dieses Biest hat sie überschritten!«
Beate hängte sich ihm an den Hals. »Weißt du, dass du der allertollste Vati auf der ganzen Welt bist?«, schmeichelte sie ihm.
Er war so in Rage gewesen, und jetzt das. »Wieso hast du so einen Spleen?«, versuchte er wieder Fahrt zu gewinnen.
»Mutti sagt, ich hätte das von ihr.«
»Du bist dir ganz sicher, dass das nicht von mir ist?«, fragte er und machte ein betrübtes Gesicht. Beate blickte zwischen ihren Eltern hin und her und zuckte mit den Schultern.
Frau Kernicke löste die Spannung, indem sie ihrem Gemahl die Pobacken tätschelte. »Zum Glück sind die heil ...« Der Rest ihres Satzes ging in Lachen unter. Beate stimmte gleich, Herr Kernicke kurz darauf mit ein.

Esmeralda, die alles von einer dunklen Ecke aus beobachtet hatte, wagte sich wieder hervor und kletterte auf Beates Schulter. »Wolltest du ihnen bei der Paarung zusehen?«, fragte Beate. Esmeralda schüttelte den Kopf. »Ich habe seine Seele gesucht.«

Natürlich! Wie hatte Beate das nur vergessen können. »Esmeralda und ich würden gerne eure Seelen sehen!«

»Ein anderes Mal!«, sagte Frau Kernicke, die die Unterbrechung möglichst kurz halten wollte.

Ihrem Mann fiel eine bündige Antwort ein. »Weißt du, Seele ist nur eine andere Ausdrucksweise für das Innerste, das Verborgene im Menschen«, erklärte er ihr den Sachverhalt.

»Man kann sie also nur mit Röntgenstrahlen oder einem Mikroskop sehen?«

»Nein!« Herr Kernicke dachte nach. »Die Seele ist ein anderer Name für Gefühle und die kann man nicht sehen.«

»Wenn ich sauer bin, sieht man das!«, widersprach Beate.

»Die Seele ist dein Unbewusstes!«, erklärte ihre Mutter.

»Und was ist mein Unbewusstes?«

»Geh zu einem Psychologen und lass es dir von ihm erklären. Er ist Fachmann dafür«, schlug ihr Vater vor.

»Mach ich!«, erklärte sich Beate einverstanden und wollte gehen.

Frau Kernicke sah ihren Gatten sichtlich beeindruckt, ihre Tochter jedoch leicht besorgt an. »Wieso interessierst du dich plötzlich so für Seelen?«

»Man kann sich nicht früh genug um seine Seele kümmern!«, meinte Beate nur und verließ den Raum.

»Bin ich froh, dass alles in Ordnung ist!«, hauchte er seiner Frau zu und kuschelte sich an sie ran.

Sie schob ihn von sich. »Irgendwas stimmt da nicht!«, sagte sie und folgte Beate. Die lag auf ihrem Bett und unterhielt sich mit Esmeralda, die auf der Bettdecke saß. »Darf ich mich zu euch setzen?«, fragte sie und nahm auf der Bettkante Platz. »Kann es sein, dass du dich für Seelen interessierst, weil mit deiner etwas nicht stimmt?«, kam sie gleich zur Sache.

Beate erzählte ihr die ganze Geschichte von Seelen im Allgemeinen und der von Esmeralda im Besonderen.

Als Frau Kernicke wieder das Wohnzimmer betrat, blickte ihr ein besorgter Gatte entgegen. »Alles ist in Ordnung!«, gab sie Entwarnung. »Erst wollte Esmeralda nicht glauben, dass Menschen eine Seele haben. Aber jetzt hofft sie, dass sie eine Seele hat, dafür Häschen keine.«
Herr Kernicke fiel ein Stein vom Herzen. »So was Ähnliches habe ich mir schon gedacht«, gestand er.
Frau Kernicke war beeindruckt. »Wie klug du bist!«, sagte sie, setzte sich zu ihm und kniff ihn zärtlich.
Bescheiden wehrte Herr Kernicke das Kompliment ab. »Wenn man unterstellt, dass Spinnen spinnen, dann ergibt sich das übrige zwangsläufig!«
Sie zog ihn an sich und begann sein Kleid aufzuknöpfen. »Hauptsache, wir sind normal!«

Hasenball

Beate war als erste wach. Sachte klopfte sie gegen Esmeraldas Netz und rief »Aufstehen!«
»Gleich«, brummte Esmeralda. Gerade sprang das Häschen in ihr todsicheres Netz. Das musste sie einfach zu Ende träumen!
Doch Beate kannte kein Erbarmen und pochte so energisch gegen das Netz, dass Esmeralda einen kleinen Satz machte. »Aufstehen, wir kommen sonst zu spät!«
»Nur noch einen Hoppler!«, bettelte Esmeralda.
»Den kannst du haben!« Beate packte sie vorsichtig am Hinterteil und setzte sie aufs Bett.
»Das melde ich dem Tierschutzverein!«, protestierte Esmeralda. »Das ist Freiheitsberaubung!«
»Ich hab gedacht, du hättest vielleicht Lust, mich Fußball spielen zu sehen.«
»Nein, aber du kannst mir heute bei der Hasenjagd zusehen.« Ojemine, war Esmeralda sauer.
Beate versuchte wieder gut Wetter zu machen. »Fußballspielen ist so was ähnliches wie Hasenjagd. Elf Jäger stehen elf feindlichen Jägern gegenüber. Dazwischen sitzt ein Hase und den versucht jede Mannschaft in das gegnerische Netz zu treiben.«
Esmeralda war verdutzt. Beate jagte Häschen? Dann entsetzt: »Seid ihr bescheuert? Wieso um alles in der Welt jagt ihr den Hasen nicht ins eigene Netz?«
»Weil das zu einfach wäre.«
Esmeralda glaubte sich verhört zu haben: Einen Hasen ins eigene Netz treiben soll einfach sein? »Du hast schlichtweg keine Ahnung! Hast du ein Glück, dass ich mitmache!« Sogleich begann sie mit ihrer Morgengymnastik.
Beate, die gerade ihren Schlafanzug auszog, hielt inne. »Du kannst nicht mitspielen. Das ist viel zu gefährlich!«

»Ich tu den gegnerischen Jägern schon nichts!«, versprach Esmeralda und dehnte ihre Gliedmaßen.

»Aber ich kann dir nicht versprechen, dass sie dir nichts tun. Außerdem können Spinnen nicht Fußball spielen.« Beate suchte ihre Unterhose.

»Aber Häschen fangen! Wie wollen wir es jagen?« Esmeralda wollte gerade Beate ihre neueste Netzkonstruktion vorstellen, als die sagte: »Ich hab 'ne Idee: Du holst dir noch ein paar andere Spinnen und forderst die Eidechsen zu einem Fußballspiel heraus.« Nebenbei durchwühlte sie einen Kleiderstapel.

»Eidechsen mögen keine Hasen!«, stellte Esmeralda entschieden klar.

»Probieren geht ...« Beate sah auf die Uhr. »Wenn wir noch was frühstücken wollen, müssen wir uns beeilen.« Sie vermisste jetzt nur noch eine blaue Socke.

Bei »frühstücken« fiel Esmeralda ihr riesengroßer Hunger ein, und das Thema Hasenball war erst mal vergessen.

Beate nahm mit einer lila Socke vorlieb, zog schnell ihren Trainingsanzug an und schlug Esmeralda ein Wettrennen vor. »Wer zuerst in der Küche ist, hat gewonnen. Auf die Plätze, fertig, los!« Beide stürmten gleichzeitig los. Während Beate die Treppe hinunterrannte, ließ sich Esmeralda zwischen dem Treppengeländer an einem Faden ab. Beate nahm die letzten vier Stufen auf einmal und gewann dadurch einen Vorsprung. »Du hast geschummelt!«, rief ihr Esmeralda hinterher. Doch Beate war schon in der Küche verschwunden.

Dort saß ihr Vater im Schlafanzug und starrte die Kaffeemaschine an, die zischend und blubbernd frischen Kaffee kochte. Langsam wandte er sich Beate zu. »Lass mich raten ... Du heißt Beate.«

»Stimmt«, bestätigte diese, holte sich frische Milch aus dem Kühlschrank, leerte sie in einen Kochtopf und stellte ihn auf den Herd.

»Uff!«, seufzte ihr Vater, der froh war, dass sein Gehirn zu arbeiten begann.

»Warum bist du schon auf? Heute ist doch Sonntag!«, fragte sie ihn und bereitete für sich und Esmeralda ein Müsli zu.

»Sonntag? Sonntag?! Irgendwas war da doch?«, murmelte er vor sich hin.

Beate schob Esmeralda eine Müslischüssel hin, die mit angewidertem Gesicht zu fressen begann.

»Sonntags ist noch etwas, irgendwas Wichtiges!« Dann fiel es ihm ein, und er jammerte herzerweichend: »Sonntag ist Ausschlafen! Wieso bin ich Trottel bloß aufgestanden?«

»Du hast den Wecker nicht abgestellt!« Beate goss die warme Milch über den Kakao.

»Woher willst du das wissen?« Ihr Vater sah sie misstrauisch an.

»Machst du nie!«

»Ich spinne doch nicht!«, sagte er und erinnerte sich daran, dass er geträumt hatte, er wäre der Schlegel einer riesigen Glocke und würde gerade zwölf Uhr schlagen.

Esmeralda sah abrupt von ihrem Teller auf.

»Jetzt hast du sie beleidigt!«, warf ihm Beate vor.

»Wen?«, fragte er. Beate nickte zu Esmeralda hinüber.

»Ich hab dir schon x-Mal gesagt, dass sie nichts auf dem Tisch verloren hat!«, polterte er los.

»Hab' ich was verloren?« Esmeralda schaute erst auf dem Tisch umher und dann Beate verwirrt an.

»Ich erklär's dir später!«, flüsterte die ihr zu.

»Und du sollst dich nicht mit Spinnen unterhalten. Die können nämlich gar nicht reden!«

Beate wusste, frühmorgens ließ man ihn am besten in Ruhe, und sagte deshalb nur: »Der Kaffee ist fertig!«

»Ich will keinen Kaffee, ich will schlafen! Hast du gehört? Schlafen!« Die Vorstellung, vollends aufzuwachen und seine Tochter erziehen zu müssen, erfüllte ihn mit Grauen.

»Dann geh doch ins Bett!«, schlug Beate ihm vor.

Er war gottfroh, dass sie das gesagt hatte, und erhob sich mühsam.

»Aber wir reden noch miteinander«, fügte er in strengem Ton hinzu. Das musste er einfach sagen. Schließlich war er der Vater, und Spinnen gehörten wirklich nicht auf den Frühstückstisch. Er tapste auf die Tür zu. Sein Gehirn begann schon wieder ein Lämpchen nach dem anderen auszuschalten. Eines brannte

noch. »Wieso stehst du eigentlich freiwillig so früh auf?« Irgendwas hatte er in seiner Erziehung falsch gemacht.
»Weil da die Maulwürfe noch schlafen«, gab ihm Beate zur Antwort.
Erst sah Herr Kernicke sie verwirrt an, dann überzog sein Gesicht ein glückseliges Lächeln. Das war es: Ich verstehe nichts, also bin ich todmüde. Jetzt war auch das letzte Lämpchen ausgeknipst und er torkelte die Treppe hoch.
Esmeralda blickte ihm verwundert hinterher. »Was ist mit den Maulwürfen?«, mampfte sie.
»Ich erklär's dir unterwegs!« Beate packte Esmeralda vorsichtig in ihre Sporttasche, rannte zur Straßenbahnhaltestelle und erreichte gerade noch die Linie zum Sportplatz.
Sie stieg vorne beim Straßenbahnführer ein. »Muss man für Spinnen bezahlen?« Es war das erste Mal, dass sie Esmeralda in der Straßenbahn mitnahm.
»Was hast du denn vor?«, schmunzelte der Fahrer.
»Ich geh Fußball spielen!«
»Ne, für so 'ne Art von Spinnen nicht«, lachte er.
Beate setzte sich, stellte ihre Tasche auf die Bank und dachte an das Fußballspiel. Doch schon ging der Reißverschluss auf.
»Also, was ist jetzt mit ›verloren‹ und den Maulwürfen?«
Beate hatte keine Lust zum Reden und machte es deshalb kurz. »Mein Vater hat gesagt, du sollst beim Frühstücken auf dem Stuhl sitzen und in Ruhe Maulwürfe essen!«
»Das hat er gesagt?« Esmeralda konnte es nicht glauben.
»Warum hat er es dann nicht so gesagt?«
»Weil er zu müde war.«
Den Rest der Fahrt verbrachten beide schweigend. Esmeralda begann bald wieder zu träumen. Endlich sprang das Häschen in ihr Netz. Doch wieder wurde ihr Traum durcheinandergerüttelt. »Hör sofort damit auf!«, schrie sie.
»Tut mir Leid. Wir müssen aussteigen.«
»Noch eine Minute!«, bettelte Esmeralda.
Doch Beate kannte schon wieder kein Erbarmen und stand auf. Durch das Gewackel wurde das Häschen aus dem Netz geschleudert. »Du und deine Hektik!«, schimpfte Esmeralda voller Ingrimm.

Beim Hinausgehen deutete Beate auf ihre Tasche und sagte zum Fahrer: »Die spinnt!«
Der schaute sie verdutzt an. »Und du, spinnst du auch?«
»Manchmal!«, lächelte sie ihn an.
Er zwinkerte ihr zu und wünschte ihr zum Abschied: »Viel Glück beim Spinnen!«

Auf dem Weg zum Sportplatz kam ihr Kurdi entgegen. Kurdi spielte Vorstopper, war aber sonst schwer in Ordnung. »Die andere Mannschaft will nicht, dass du mitspielst«, keuchte er.
»Die haben sie wohl nicht alle«, regte sich Beate auf. Es war immer dasselbe. Die meisten Jungs reagierten blöd, neugierig, hinterhältig oder höhnisch, wenn sie mitspielte, aber nie normal. Und ständig diese Machosprüche! Besonders beliebt war: »Du sollst uns wohl schöne Augen machen?« »Und dich haben sie zum Erschrecken!«, konterte sie für gewöhnlich.
»Warum sind Männer bloß so bescheuert?«, fragte sich Beate und ging zur anderen Mannschaft hinüber. Einer machte gerade vor, wie ein Mädchen Fußball spielt. Er nahm Anlauf, schlug am Ball vorbei und setzte sich auf den Hintern.
Die anderen lachten. »Wenn du es ihr beigebracht hast, wundert es mich nicht«, stellte Beate fest und fragte dann in die Runde: »Wieso wollt ihr nicht gegen Mädchen spielen?«
»Entweder spielen wir richtig oder Taschenhalma!«, meinte ein besonders Forscher.
»Redet der immer so bescheuert?« Beate konnte es sich fast nicht vorstellen.
Der Forsche wollte auf sie los. Ein anderer hielt ihn zurück und baute sich vor Beate auf. »Wir wollen nicht, dass was passiert.«
»Keine Angst, ich tu dir nichts!« Beate verschränkte ihre Arme.
»Sei mal ehrlich: Ein Schubser und du liegst flach.«
»Vielleicht mag sie es, wenn wir sie flachlegen?«, vermutete der Forsche und erntete damit brüllende Zustimmung.
Beate stemmte die Hände in die Hüften und unterbreitete ihm folgenden Vorschlag: »Ich mache mit dir einen Ringkampf. Wenn du mich flachlegst, spiele ich nicht! Fang an!«

»Ich vergreife mich doch nicht an kleinen Mädchen!«, höhnte dieser.
»Aber ich mich an kleinen Jungs!«, sagte Beate und nahm ihn mit einem schnellen Griff in den Schwitzkasten, ließ ihn aber nach einem Weilchen los. Jetzt machte er freiwillig mit. Die Einzelheiten sind uninteressant. Beate war schneller, technisch besser, und nachdem der Junge dreimal flachgelegen war, ging ihm ein Licht auf. »Du siehst bloß aus wie ein Mädchen. In Wirklichkeit bist du ein Junge!«
»Bei dir ist's gerade andersrum!«, erwiderte sie und rief ihrer Mannschaft zu: »Wir können gleich anfangen!« Sie stellte ihre Sporttasche so hinters Tor, dass Esmeralda nicht von einem Ball getroffen werden konnte.
Die hatte die ganze Zeit träumend den Wald und die Wiese nach dem Häschen abgesucht, es aber nicht gefunden. »Wir fangen jetzt an. Bleib ja drin!«, flüsterte ihr Beate zu und lief zu ihrer Mannschaft.
Esmeralda öffnete ein klein wenig den Reißverschluss und sah hinaus. Die beiden Trupps stellten sich einander gegenüber auf. Beate und ihre Jäger trugen blaue Socken, die anderen gelbe.
Kurdi holte den Hasen aus der Tasche. Der sah vielleicht komisch aus: ohne Ohren, ohne ... Wenn man es genau nahm: ohne alles. Dafür war er fett und kugelrund.
Kurdi setzte ihn mitten auf die Wiese. Doch anstatt loszurennen, blieb der Hase einfach sitzen. »Der hat 'nen Schock weg«, vermutete Esmeralda. Erst als ihm ein Gelber ins Hinterteil trat, rannte der Blödmann los und dem nächsten Gelben direkt vor die Füße. Wieder ein Tritt. Dieses Mal machte er es besser. Er hoppelte zwischen den Beinen eines Blauen durch, sprang über die Füße eines Gelben und wuselte von der Wiese.
Das gab es doch nicht! Der blieb da einfach sitzen. So viel Dummheit gehörte bestraft. Was auch geschah: Ein Blauer packte ihn und warf ihn wieder auf den Rasen. Zwei Gegner trafen ihn gleichzeitig. Der Hase machte keinen Mucks, obwohl sich die beiden Jungs anschließend ihre Beine hielten. Tritte schienen ihn sogar anzuspornen. Nach dem nächsten wetzte er wie der Blitz über das Feld. Ein Gelber holte ihn als erster ein

und trieb ihn mit einem gewaltigen Arschtritt in die Gegenrichtung. Der Hase tat etwas, was Esmeralda ihm nie zugetraut hätte. Er stieg in die Lüfte. »Jetzt macht er sicher die Fliege!«, vermutete sie. Aber er brauchte wohl noch einige Flugstunden. Im Sturzflug brauste er auf den Kopf eines Gelben zu, landete dort und flog gleich wieder weiter. Das hätte er nicht tun sollen! Auweiohwei! In schneller Folge bekam er vier blaue und drei gelbe Tritte.

Jetzt wurde es spannend! Beate nahm sich seiner an. Er sauste dicht vor ihren Füßen her und schlug einen Haken nach dem andern um die Gelben herum. Sie blieb ihm auf den Fersen und hatte ihn schon dicht vor das Netz gejagt, als ein Gelber sie umstieß. Erst schimpften die Blauen, dann die Gelben, schließlich gab es eine Rangelei. Obwohl er das Netz direkt vor Augen hatte, blieb der Hase liegen, als ob ihn das alles nichts anginge.

Beate, die sich wieder aufgerappelt hatte, packte den Hasen und setzte ihn auf einen weißen Punkt. Dann nahm sie Anlauf und trat ihm so ins Kreuz, dass er am Netzwächter vorbei ins Netz flog und in einer Ecke liegen blieb. Die Blaustrümpfe freuten sich und jubelten Beate zu, aber was sie anschließend taten, ging über Esmeraldas Horizont. Anstatt sich auf ihre Beute zu stürzen, liefen sie davon und überließen den Hasen den Gelben. Die setzten ihn wieder in die Mitte des Spielfelds, und das grausame Spiel begann von neuem.

Esmeralda konnte es nicht mehr mit ansehen. Das war doch keine Jagd, das war Tierquälerei! Sie kletterte aus der Tasche, um das Netzmaterial zu prüfen. Die Qualität war unvorstellbar schlecht: spröde, unelastisch, nicht klebrig und viel zu grobmaschig. Damit konnte man allerhöchstens degenerierte und altersschwache Hasen fangen. Die Menschen hatten keine Ahnung, wie es in der Natur zuging. Sie zog sich wieder in die Tasche zurück und träumte ...

Als Beate sie später weckte, wollte sie wissen. »Wie hat's dir gefallen?«

»Bei Gelegenheit zeig ich euch mal, wie man richtig Hasen jagt!«, erwiderte Esmeralda.

Auf in den Kampf!

Der Morgen wollte nicht so richtig grauen. Wieso auch? Schließlich war es noch Nacht! Während Bussardos Unterbewusstsein von einem Alptraum zum nächsten taumelte, dachte sein Bewusstsein in aller Ruhe darüber nach, wie es Esmeralda beseitigen und die alleinige Herrschaft erringen könnte. Als es eine Lösung gefunden hatte, frohlockte er voller Ingrimm: »Ich mach sie fertig!«

Die Eule, die vor sich hin gedöst hatte, schrak auf. »Was haben die Gänseblümchen denn getan?«, fragte sie entsetzt.

»Doch nicht die Gänseblümchen! Die Spinne!«

»Gänseblümchen sind so sensibel. Die vertragen keinen Streit!«, überging sie seinen Einwand.

»Wenn du Gänseblümchen noch einmal erwähnst ...!«

Die Eule sah ihn prüfend von der Seite an. »Du magst sie nicht?«

»NEIN!!«

»Ehrlich?« Das gab es doch nicht.

»EHRLICH!« Das gab es doch.

Bussardo sehnte den Moment herbei, in dem er nicht mehr auf die Eule als Untertanin angewiesen war. Da es ihn aber unwiderstehlich nach Macht und der Liebe aller drängte, brauchte er sie als Blindenführer. Er gewährte ihr die Ehre vor ihm herzufliegen. Als sie am Wald angelangt waren, schrie er triumphierend: »Ich weiß, wo Esmeralda ist!«

Jeder kennt ja das Sprichwort: Wie man in den Wald hineinruft, ... Irgendwie stimmte es schon, aber irgendwie auch wieder nicht. Was herausschallte, war »Ruhe!«, »Halt's Maul!«, »Gerade war ich eingeschlafen!«, »Ich bring den Nerver um!« – eben das Übliche.

»Ich habe Esmeralda gefunden! Versteht ihr, Esmeralda!«, kreischte Bussardo.

»Cool, Junge. Relax!«, bezog ihn ein Eichhörnchen in seine Morgenmeditation mit ein.

»Wer schreit denn da?«, ertönte es aus einer Erdhöhle. Die Stimme gehörte Papa Iltis. »Es ist Bussardo«, meldete die Eingangswache. »Er hat Esmeralda gefunden!«

»Und deswegen macht der so einen Krach?«, murmelte Papa und kuschelte sich wieder zusammen.

Bussardo konnte es nicht glauben. »Das darf doch nicht wahr sein!«, jammerte er der Eule vor.

»Du meinst, das ist falsch?«, fragte sie und blickte sich suchend um.

»Natürlich ist das falsch!«, eiferte er sich.

»Weißt du, was das einzig Wahre ist?«, fragte sie ihn.

»Sag es nicht!«, warnte er sie.

Tat sie doch, weil es nun mal so war.

Da es sowieso Zeit zum Aufstehen war und bei so einem Lärm sowieso kein Schwei... pardon, niemand schlafen konnte, begaben sich die Tiere zur Unruhequelle.

Bussardo war infolge einiger Stimmbandprobleme am Ende seiner Ausführungen angelangt. »Ich will das Wort ›Gänseblümchen‹ nie mehr hören!«, brüllte er.

»Jetzt hast du es gesagt!«, stellte die Eule fest.

»Was habe ich gesagt?«

»Es!« Der Eule fiel es ausgesprochen schwer, sich der diplomatischen Sprache zu bedienen.

»Was ist es?« Ein Bussard am Rande eines Nervenzusammenbruchs ist kein besonders schöner Anblick.

»Gänseblümchen!«, erlöste ihn die Eule von seiner Anspannung.

Zum Glück waren die Umstehenden stark genug Bussardo festzuhalten. In diesem kritischen Moment kam Jonny angetrabt und übernahm sogleich das Kommando. »Was hast du mir zu melden?«, spielte er sich vor Bussardo und seinem Volk auf.

»Dir? Gar nichts!« Bussardo wandte sich wieder dem Volke zu. »Aber euch! Ich habe unter mehrfachem Einsatz meines Lebens den Feind Nummer eins unseres Staates entdeckt. Ich weiß jetzt, wo Esmeralda ihre Einsatzzentrale hat. Von dort aus wird sie in Bälde losziehen, um uns alle zu töten! Lasst uns sogleich aufbrechen und ihr den Garaus machen!«

»Ihr folgt nur mir, habt ihr verstanden!«, grunzte Jonny.

»Heute passt es mir überhaupt nicht, ich bin noch nicht ganz mit meiner neuesten Balznummer fertig!«, bedauerte ein Auerhahn.

»Ich habe einen Sonnenbrand – Ozonloch, ihr wisst schon – ich muss mich schonen!«, entschuldigte sich eine Ameise. Die meisten hatten einfach keine Lust.

»Die will euch umbringen!«, kreischte Bussardo.

»Das wollen doch alle. Da muss man durch, wenn man ein leckeres Kerlchen ist!«, meinte eine Kröte.

Bussardo konnte es nicht fassen. Die Tiere benahmen sich wie immer, räkelten und putzten sich, fraßen Grünzeug und sich gegenseitig auf.

»Dein Volk ist genauso blöde wie du!«, wandte er sich an Jo.

Der konnte bedauerlicherweise nicht antworten, weil er das Maul voller Eicheln hatte.

Elisabeth sprang für ihn ein. »Und was ist mit deinem Volk?«, fragte sie ihn und blickte zur Eule hoch.

Das ging entschieden zu weit. Bussardo öffnete seinen Schnabel ...

Zum Glück kam in diesem Moment Gandulf angeröhrt und sprach sogleich die richtigen Worte. »Uns alle eint der sehnliche Wunsch nach Frieden und Ruhe!«, sagte er und blickte die Streithähne an. »Und uns als Herrschern ist die ehrenvolle Aufgabe übertragen worden, unserem Volk dies vorzuleben.«

Sehr zum Leidwesen des Volkes rissen sich die Kontrahenten daraufhin zusammen. Gandulf sah es mit Freuden und lächelte allen dreien zu. Im nächsten Moment verfinsterte sich jedoch sein Gesicht. »Wieder mal ist Esmeralda zum Anlass für Zwistigkeiten geworden. Und wieder mal scheint sie ihre Bewährungsauflagen nicht erfüllt zu haben.«

»Dafür wird sie fürchterlich bestraft werden!«, entschied Jonny und fügte mit Pathos in der Stimme hinzu: »Das verspreche ich euch. Und wie ihr alle wisst, ist ein und insbesondere mein königlicher Schwur heilig!« Seine Herrscherkollegen nickten zum Zeichen ihres Einverständnisses.

»Dass ich nicht lache«, keifte Elisabeth. »Wie oft hast du mir schon hoch und heilig geschworen auf die Kinder aufzupassen. Und was ist? Nichts!«

Jonny machte ein peinlich betretenes Gesicht.

»Hört mal, ihr Arschgeigen, wagt es bloß nicht, Esmeralda auch nur ein Haar zu krümmen. Sie baut die besten Netze weit und breit!«, fasste der Feuersalamander die Mehrheitsmeinung zusammen.

»Genau das sage ich doch die ganze Zeit!«, gab ihm Gandulf recht. »Bevor wir einen unüberlegten Schritt tun, sollten wir uns erst einmal mit den Fakten befassen!«

»Gerade hast du aber das Gegenteil gesagt!«, begehrte eine vorwitzige Libelle auf.

»Geht nicht, weil er dazu was Gehaltvolles gesagt haben müsste!«, widersprach ihr ein Laubfrosch.

»Politiker können sich nicht widersprechen! Sie passen sich lediglich den veränderten politischen Verhältnissen an!«, klärte Gandulf die beiden auf. »Und die sind nun mal in radikalem Wandel begriffen. Ihr könnt mir glauben, dass es mir selbst schwer fällt, schon eine Stunde später nicht mehr dasselbe sagen zu dürfen.«

Bussardo unterbrach ihn. »Hört nicht auf die Dummschwätzer. Dazu haben wir keine Zeit. Esmeralda ist dabei, ein so großes Netz zu bauen, dass sie uns alle darin fangen kann!«

Unruhe machte sich unter den Tieren breit. Jonny, der unbedingt zeigen musste, wer der wahre Oberherrscher war, brüllte: »Beruhigt euch, ich habe alles unter Kontrolle!«, und ließ einen fahren.

»Du hast ja nicht einmal deinen Arsch unter Kontrolle!«, zischte Bussardo.

»Du bist zu blöde, um eine politische Tat zu verstehen!«, höhnte Jonny und ließ gleich noch einen fahren.

»Streitet euch nicht, sondern lasst uns objektiv und neutral die Fakten analysieren«, versuchte Gandulf dem Volke zu zeigen, wie der beste aller Herrscher regiert.

Den Tieren war der eine so recht wie der andere. Sie machten es sich bequem und sahen in aller Gemütsruhe dem Kampf der Giganten zu.

Gandulf wandte sich an Bussardo. »Woher weißt du, dass Esmeralda das alles plant?«

»Weil ich Augen im Kopf und einen Verstand dahinter habe!«, erklärte er kurz und bündig.

»Du Blindflieger siehst doch nicht mal, dass es nachts dunkel ist!«, wandte Jonny ein.

Gandulf wandte sich an die Eule. »Du warst doch auch dabei!«

Die blickte hilflos um sich und sagte: »Das Netz hat aber zuerst Bussardo gespürt!«

»Darauf kommen wir später! Zuerst möchte ich wissen, ob du Esmeralda gesehen hast«, setzte Gandulf die Zeugenbefragung fort.

Über das Gesicht der Eule zog ein Leuchten. »Ich habe eins, zwei, drei ... Freiburg, sieben, Köln, zehn Gänseblümchen gesehen!«

»Hast du auch Esmeralda gesehen?«, wiederholte Gandulf seine Frage.

Die Eule sah Bussardo an, der heftig mit dem Kopf nickte. »Ich habe, habe ...«, stotterte sie und begann verlegen ihr Federkleid einer intensiven Reinigung zu unterziehen.

»Ich weiß, wie man sie zum Reden bringt!«, mischte sich Bussardo ein und nahm sie zur Seite.

»Du bist meine Kronzeugin, deshalb hast du sie gesehen!«, flüsterte er ihr zu.

Die Eule verdrehte ihre Augen nach oben und wackelte mit dem Kopf. Er fühlte sich an wie immer, so nach nichts – Besonderem. »Ich habe keine Krone!«, teilte sie ihm das Ergebnis ihrer Selbstanalyse mit.

»Als Kronzeuge muss man nicht die Wahrheit, sondern das Richtige sagen. Und das einzig Richtige ist, dass du Esmeralda gesehen hast!«, erläuterte ihr Bussardo.

»Meinst du?« Die Eule hatte zwar so ihre Bedenken, aber wenn Bussardo es sagte ... Sie begaben sich wieder zur Versammlung zurück.

»Hast du sie nun gesehen oder nicht?«, fragte Gandulf mit Nachdruck.

»Ich habe sie nicht bei den Gänseblümchen gesehen!«

»Wo dann?«

»Richtig gesehen habe ich sie schon, aber nicht in Wahrheit!«, verkündete sie orakelhaft.

»Red nicht so geschwollen daher. Hast du sie gesehen oder nicht?«, übernahm Jonny die Fragerunde.

»Willst du das richtig oder wahr wissen?«

»Natürlich die Wahrheit!«, schrie Jo.

»Die ist aber nicht richtig!«, gab die Eule zu bedenken. Vier seiner treuesten Anhänger mussten Jonny zurückhalten.

»Sag, wie es ist!«, forderte Gandulf sie mit Nachsicht und Wohlwollen auf.

Das Gespräch nahm einen unangenehmen Verlauf. Bussardo zog die Eule noch einmal zur Seite. »Jetzt sag es schon!«, zischte er ihr zu.

»Ich weiß nicht, ob ich Esmeralda richtig gesehen habe«, erklärte ihm die Eule ihr Zögern.

Bussardo musste sich mal wieder zusammenreißen. Er versuchte es anders. »Stell dir vor, jemand sagt zu dir: ›Du bist klug.‹ Das wäre eindeutig gelogen!«

»Macht doch nichts! Schließlich bin ich ja Kronzeugin!«

»Wenn jemand sagt: ›Du bist der dümmste Vogel unter der Sonne‹, dann wäre das die glasklare Wahrheit.«

»Auch wenn ich Kronzeugin bin?«, wollte die Eule wissen.

»Natürlich!« Bussardo war etwas laut geworden, so dass alle Tiere ihn anblickten. Entschuldigend grinste er ihnen zu.

»Bekomme ich jetzt die Krone?!«

»Hör endlich mit dieser verdammten Krone auf!«, schrie Bussardo, der erkannt hatte, dass bei ihr Hopfen und Malz verloren waren.

»Schade, hat so viel Spaß gemacht!«, bedauerte die Eule

»Was ist jetzt?«, drängte Gandulf.

»Alles in Ordnung!«, rief Bussardo ihm notgedrungen zu.

»Du sagst jetzt nur noch ›Juhu!‹«, versuchte er zu retten, was zu retten war.

»Juhu!«, strahlte die Eule.

Beide begaben sich wieder zum Ort der Befragung. »Darf ich auch wieder Gänseblümchen sagen?«, fiel der Eule noch ein.

Bussardo verspürte einen Schwindelanfall, der aus seinem tiefsten Inneren kam. Er nickte schicksalsergeben.

Gandulf wandte sich wieder der Eule zu. »Hast du Esmeralda nun gesehen oder nicht?«

»Juhu!«

»Und hat sie gesagt, dass es nächsten Sonntag Jonny zum Mittagessen gibt?«, stellte Bussardo eine Zusatzfrage.

»Juhu!«

Entsetzensschreie wurden laut. Gandulf schmunzelte tiefgründig. Da wurde doch mit falschen Karten gespielt! »Du hast sie also nicht gesehen?«, lautete seine Fangfrage.

»Juhu!«, rief die Eule voller Entzücken.

»Ich stelle fest: Sie hat gar nichts gesehen!«, beendete Gandulf die Befragung.

»Aber ich weiß, wo sie ist!«, beteuerte Bussardo ein ums andere Mal. Niemand glaubte ihm.

»Warum hast du Bussardo so fertig gemacht?«, wollte Jonny von Gandulf wissen.

»Unser Volk denkt jetzt, dass wir wollen, was sie wollen. Dabei tun sie doch nur, was wir wollen«, erklärte der ihm.

»Ehrlich?!« Jonny war beeindruckt. »Und was wollen wir?«

»Dasselbe wie unser Volk!«

Jonny dachte darüber nach, dann hellte sich sein Gesicht auf. »Das bedeutet, ich soll mich sofort um meine Eicheln kümmern!«

Elisabeth, die zu den beiden gestoßen war, widersprach. »Nein, um deine Kinder!«

»Mein Volk soll wollen, dass ich zum Sklaven werde?« Jonny war entsetzt über so viel weibliche Unlogik.

Bussardo konnte es nicht glauben. Er wollte sein Volk vor der allergrößten Gefahr retten und stand allein auf weiter Flur. Aber nicht mit ihm! »Macht, was ihr wollt!«, schrie er. »Ich erledige sie alleine!« Sprach's und erhob sich in die Lüfte.

»Einen Moment!«, rief ihm Jonny nach. »Ich stehe dir bei!« Er war doch nicht so blöd, Kinder zu hüten und die Staatsgeschäfte diesem Pleitegeier zu überlassen! Bevor Elisabeth etwas sagen konnte, galoppierte er schon wie von der Tarantel gestochen hinter Bussardo her. Gandulf musste natürlich auch mit. Wer sonst sollte auf Frieden und Freiheit achten? Und wenn die drei in den Kampf zogen, konnte das Volk unmöglich zu Hause bleiben. Erstens konnte man die Herrscher nicht allein lassen, zweitens musste man sie sicher wieder aus Esmeraldas Netzen befreien und drittens waren sie immer für eine Lachnummer gut.

Bussardo konnte es nicht fassen. Urplötzlich hatte sich das Blatt gewendet. Alle folgten ihm in den Kampf. »Juhu!«, jubilierte er. 'tschuldigung. War ihm so rausgerutscht.

Von Tier zu Mensch

Dreieinig zogen die Herrscher in den Kampf gegen Esmeralda. Natürlich wäre Bussardo als erster dort gewesen. Doch er wollte sein Volk nicht missen. War das eine langsame Bagage! Er zappelte in der Luft herum und trieb seine Kollegen an. »Wenn ihr so weiter trödelt, ist sie bei uns, bevor wir bei ihr sind!«
»Geh so lange Gänseblümchen pflücken!«, empfahl ihm Jonny und wandte sich Gandulf zu. »Ist es nicht unter unserer Würde, dass die« – er flüsterte – »zwei größten Herrscher in den Kampf gegen eine Spinne ziehen?«
»Du darfst diese Auseinandersetzung nicht quantitativ, du musst sie qualitativ betrachten!«, empfahl ihm dieser.
»Warum bin ich nicht selbst drauf gekommen?«, wunderte sich Jo, kniff die Augen zusammen und nahm die Welt qualitativ unter Augenschein. »So gesehen hast du natürlich recht!«, stimmte er Gandulf zu.
In diesem Moment stieß Elisabeth mit den Kleinen zu der Führungsriege. Als diese ihren Vater sahen, begannen sie zu quieken. »Was machst denn du für ein Gesicht? Du siehst ja noch blöder aus als sonst!«, wollte Elisabeth von ihrem Gatten wissen.
»Ich sehe dich qualitativ!«, erklärte er ihr.
»Immer nur das eine im Sinn!«, schüttelte sie den Kopf.
Das war Jonny noch nicht aufgefallen, aber vielleicht musste er die Augen noch stärker zusammenkneifen. Nun wurde alles undeutlicher, dunkler und – in der Tat – wo kam der Baum plötzlich her?
»Wollt ihr euch wirklich von so einem Blindgänger führen lassen?«, fragte Bussardo das Volk von oben herab.
»Politik war und ist ein Beschäftigungsprogramm für Bescheuerte!«, quakte ein Laubfrosch und nickte Jonny aufmunternd zu.

Immer mehr Untertanen schlossen sich dem Heereszug in freudiger Erwartung an.

»Was gedenken mein Herrscher gegen diese Spinne zu tun?«, fragte Eugen Jo untertänigst.

»Ich werde ihr qualitativ den Garaus machen!«, verlautbarte dieser.

»Wie schön er das wieder ausgedrückt hat!«, schleimte Eugen.

»Ich bin auch drei Jahre auf die Baumschule gegangen!« Jo blickte in die Runde, ob auch ja alle dieses Aperçu verstanden hatten. Außer Eugen, der sich pflichtschuldig vor Lachen auf dem Boden wälzte, wusste es leider keiner zu würdigen. Die Mehrzahl der Tiere verdrehte die Augen und ließ einen fahren. Jo seufzte: »Für die Doofen: Ich zerlege Esmeraldas in tausend Einzelteile!« Dazu machte er ein qualitativ ausgesprochen martialisches Gesicht.

»Ist tausend mehr als Freiburg?«, fragte die Eule, die neben Bussardo her flog, erhielt aber keine Antwort.

»Nicht so laut!«, flüsterte Gandulf Jonny zu. »Du weißt doch, was unser Volk mit uns macht, wenn wir seine Animateuse töten!« Womit er natürlich auch wieder recht hatte.

»Wieso gehen wir dann hin?«, fragte Jonny, dem sofort Besseres einfiel wie zum Beispiel qualitativ Eicheln fressen, und hielt inne.

Gandulf warf einen vorwurfsvollen Blick nach oben.

Eine Fliege ließ sich auf Gandulfs Nase nieder und mischte sich in die herrschaftlichen Beratungen ein. »Geht nicht in den Garten. Der Mensch hat schon viele meiner Verwandten umgebracht!«

»Er verteidigt lediglich sein Reich gegen unwillkommene Eindringlinge!«, wischte Bussardo die Verunglimpfung des Menschen weg. »Er steht auf unserer Seite. Warum sonst sollte Esmeralda gegen ihn kämpfen?« Er sah alle scharf an. »Ich sage euch was diese Spinne vorhat. Sie will alle Herrscher beseitigen und strebt die Alleinherrschaft an.«

»Warum sollte sie mit so wenig zufrieden sein?«, wollte der Feuersalamander wissen.

»Du meinst, er ist ebenfalls ein Herrscher?«, überging Gandulf diesen quantitativ und qualitativ unqualifizierten Zwischenruf.

»Alles spricht dafür!«, nickte Bussardo und fügte kopfschüttelnd hinzu: »Dabei sieht er überhaupt nicht wie einer aus!«
»Kann ja nicht jeder so aussehen wie ich!«, meinte Jonny in aller Bescheidenheit.

Ein Flohkind, das auf Jonnys Nacken einen Ausflug mit seinen Eltern unternahm, fragte seine Mutter: »Was sind Herrscher?«

»Das sind Tiere, die sonst zu nichts zu gebrauchen sind!«, erklärte sie ihm.

Jonny wollte augenblicklich diese völlig falsche Erziehung zurechtrücken, doch er kam mit seinem Rüssel nicht ran. Zudem hatte der Zug das Ende der Wiese erreicht. »Jemand muss uns dem Herrschermenschen ankündigen!«, sagte er stattdessen.

»Wer von euch möchte die ehrenvolle Aufgabe wahrnehmen?«, wandte sich Gandulf dem Volke zu. Das Interesse hielt sich in Grenzen, in sehr engen sogar. Kein Tier hatte so richtig Bock außer Schneckchen. Doch die wurde aus Zeitgründen abgelehnt.

Bussardo überzeugte eine Meise, sich freiwillig zu melden, indem er sie fragte, wie ihr seine Krallen gefielen.

Alfons hatte seinen Vorrat an Insektenvernichtungsmitteln, Tierfallen, Waffen und was man sonst noch für den Kampf gegen seine natürlichen Feinde braucht, immens aufgestockt. Schließlich ging es um Ehre, Besitz und Leben. Mit einer Machete in der einen und einer überdimensionalen Insektenvernichtungsspraydose in der anderen Hand durchschritt er seinen Garten. Natürlich hielten sich die Feiglinge versteckt. Nur ein Vogel kam geflogen und setzte sich auf einen Baum. Alfons betrachtete ihn eingehend daraufhin, ob es sich um einen Feind handelte oder nicht. Wenn es ein Spatz war, dann ... richtig, Spatzen pfiffen von den Dächern. Und Pfeifen ist an sich unanständig. Also Feind. Wenn es sich aber um eine Drossel handelte, dann ... Alfons wusste über Drosseln Bescheid. »Amsel, Drossel, Fink und Star und die ganze Vogelschar ...« Was war damit gleich wieder? Er erinnerte sich voll Ingrimm daran, dass er in der Schule auch nicht weiter gewusst und dafür vom Lehrer eine Tatze bekommen hatte. »Das sollst du mir büßen!«, dachte er und schlug mit der Machete nach dem Vögelein. Doch bevor er richtig ausgeholt hatte, war es schon entfleucht.

Die Meise, denn um niemand anderen handelte es sich bei der Drossel, erstattete ihren Herrschern Meldung. »Er trägt als Herrschaftsinsignien Schwert und Spraydose!«

»Seht ihr, ich hab's doch gesagt, dass er ein Führer ist!«, verkündete Bussardo mit stolzgeschwellter Brust.

»Und, hast du ihm unser Kommen angekündigt?«, wollte Gandulf wissen.

»Selbstverständlich!«

»Was hast du gesagt?«

»Nichts!«

»Wieso nichts?«, regte sich Bussardo auf.

»Wie soll man es sonst ausdrücken, dass drei Nullen kommen?«, fragte die Meise und setzte sich auf Jonnys linken Hauer.

Bald darauf erreichte die Armee Alfons' Anwesen. Die Großen blickten über die Hecke beziehungsweise linsten zwischen den Sträuchern hindurch. Die Kleinen wagten sich aufs Grundstück. Alfons saß in einem Gartenstuhl und schlief.

»Wo ist nun Esmeralda?«, fragte Jonny Bussardo.

»Irgendwo hier.«

»Wo genau?«

»Was weiß denn ich?«

»Nichts! Rein gar nichts!«, antwortet Jonny verärgert.

»Er weiß, was nach elf kommt!«, mischte sich die Eule ein.

Obwohl Jonny die Eule schon lange kannte, gelang es ihr immer wieder, ihn zu verwirren. »Das interessiert mich einen feuchten Dreck! Ich will wissen ...«

»Nach elf kommt Köln!«, informierte sie ihn voller Stolz.

Während die Großen noch beratschlagten, schwärmten die Kleinen aus und suchten Esmeralda. »Hier ist sie nirgends!«, teilten sie ihnen mit. »Und das Haus ist verschlossen!«

»Einer muss den Menschen fragen, wo sie ist!«, sagte Gandulf. Sofort erklärte sich ein Mückchen dazu bereit. Für Mücken gibt es nichts Schöneres, als Menschen zu befragen.
»Pass auf dich auf! Er hat eine Spraydose mit Insektenvernichtungsmittel bei sich!«, warnten sie ihre Familienangehörigen, das heißt es machte zwei Millionen mal »Brumsumsummmm!«
»Keine Angst, ich bin gegen fast alles resistent!«, beruhigte die Mücke die ihren und flog direktamente auf Alfons' Nase zu. Wenn Alfons etwas nicht leiden konnte, dann das. Vom Gesumse wurde er schlagartig hellwach, griff nach seiner Spraydose und drückte drauf. Da er nicht auf die Düsenstellung geachtet hatte, bekam er die erste Ladung selbst ab. Die nächste erwischte die Mücke. »Lindan. Totaler Ladenhüter!«, erklärte sie ihm und ließ sich auf seiner Nase nieder. Beinahe hätte Alfons noch mal gesprüht, aber er hatte Angst um seine Nasenschleimhäute. Er warf die Dose weg und verließ sich auf seine Hände. Zum Glück war sein Nasenbein ziemlich robust. Doch die Mücke war schneller und flog auf den Garten zu. Er packte seine Kampfutensilien und eilte ihr hinterher.
»Er will nur mit euch reden!«, schrie sie ihren Herrschern zu.
»Glaubt ihr, dass der uns versteht?«, fragte Jonny seine Kollegen.
»Die Menschen sind sprachlich reichlich unterentwickelt!«, hatte Gandulf so seine Bedenken und wandte sich an Bello.
»Du warst doch lange bei den Menschen.«
Bello, der ganz aufgeregt war, weil ihn ein Herrscher so direkt ansprach, sagte »Wau!«, was so viel bedeutet wie »Ja!«
»Du kannst Menschisch?«, fragte ihn Jo erstaunt, der so seine grundsätzlichen Zweifel daran hatte, dass ein Tier gebildeter sein könnte als er.
»Wau!«, antwortete Bello, was so viel bedeutet wie »Nein!«
»Dann sag ihm, dass du unser Abgesandter bist, und frag ihn, wo Esmeralda ist«, forderte Bussardo ihn auf.
Dieses Mal sagte Bello gar nichts, sondern kniff den Schwanz ein, was so viel bedeutet wie »Scheiße!«
Jonny half Bello auf die Sprünge, indem er ihm seine Hauer zeigte.

Bello lief in den Garten und umrundete Alfons kläffend. Er wollte seine Aufgabe so schnell wie möglich hinter sich bringen. Alfons schlug mit seiner Machete nach ihm, um sich vor dem tollwütigen Vieh zu schützen. Bello wiederholte in einem fort »Wo ist sie?«, das heißt er bellte dreimal »Wau« Doch Alfons antwortete nicht. Dafür schlug er gnadenlos zu. Zisch! »Wauwauwau!« »Gleich hab ich dich!« »Wauwauwau!« »Mist!« »Aber jetzt!« »Wauwauwau!« Alfons wurde es schwindelig. »Wo bin ich?« »Wauwauwau!« Und noch mal im Kreis herum. Pflatsch!

Alfons lag lang gestreckt auf der Erde, die ihre Rotationsgeschwindigkeit auf ein Vielfaches gesteigert hatte, und fühlte sich wie nach dem Genuss einer Flasche Whisky. Bello packte die Machete und schleppte sie weg.

Mühsam hob Alfons seinen Kopf und schüttelte ihn kräftig. Aber noch immer umringten ihn ein paar große und viele kleine Tiere. Er schloss die Augen und öffnete sie wieder. Es wurden immer mehr. Wieso waren keine weißen Mäuse dabei? Vielleicht weil er nichts getrunken hatte? Alfons wünschte sich, er hätte es getan. Es wurde immer schlimmer. Nicht nur, dass alles Ungeziefer der Erde ihn umringte, die Bestien begannen zu knurren, pfeifen, blöken und summen. Nicht sehr laut, aber umso gefährlicher. In 247 Tierdialekten wurde ihm ein und dieselbe Frage gestellt: »Wo ist Esmeralda?«

Doch Alfons verstand keine Fremdsprachen. Er spürte in seiner Hemdentasche eine kleine Dose Tränengas und wollte sie herausholen. Doch der Hirsch senkte sein Haupt. Also ließ er es sein.

Dabei wollte ihm Gandulf mit dieser Geste lediglich seine Ehrerbietung ausdrücken.

»Was wollt ihr von mir?«, schrie Alfons mit flehender Stimme.

»Wo ist Esmeralda?«, wiederholte Jonny laut und deutlich. In Alfons verängstigten Ohren klang das wie »Rrochrrochrroch«

»Wenn er uns nicht versteht, dann müssen wir ihn eben zum Reden bringen!«, schlug Gandulf vor.

»Und wie sollen wir das machen?«, fragte Jonny. »Ich meine natürlich qualitativ!«

»Ich bringe ihm ein Gänseblümchen!«, bot sich die Eule an.

Doch ihr Vorschlag fand weder quantitativ noch qualitativ Zustimmung.
»Ich küsse alles aus ihm raus!«, bot sich Schneckchen an. Ihr Angebot wurde abgelehnt: Schnecken knutschen wie gesengte Säue.
»Ich weiß, wie wir es machen!«, sagte eine Ziege, baute sich mit ihrem Hinterteil vor Alfons auf und hob ihren Schwanz.
Alfons zuckte zusammen und legte schützend die Hände vor sein Geschlecht.
»Was willst du damit sagen?«, wollte Gandulf von ihr wissen.
»So ähnlich sieht Esmeralda aus!«
»Ich zeige ihm ihr wahres Wesen«, meinte ein verwegener Ziegenbock und versuchte die Ziege zu besteigen. Diese hatte momentan null Bock auf Bock und ließ ihn ins Leere fallen.
»Böcke sind doch alle gleich!«, meckerte sie.
»Meiner ist noch viel gleicher!«, klagte ein Rattenweibchen.
»Und meiner völlig ungleich!«, bedauerte sich Elisabeth.
»Weißt du übrigens, was das beste Mittel gegen Potenzschwierigkeiten ist?«, fragte die Eule Bussardo.
»Halt den Schnabel!«, fuhr der sie an.
Doch die Eule musste es sagen. »Gäns...!« Weiter kam sie nicht, weil Bussardo ihr den Schnabel zuklemmte.
»Ihr sollt nicht knutschen!«, brüllte Jonny sie an.
Bussardo öffnete seinen Schnabel und war beleidigt.
Ein gattungsübergreifendes Gesprächsthema war gefunden und ließ Esmeralda schnell in Vergessenheit geraten.
»Schluss! Aus!«, tobte Jonny schließlich. »Sex hat hier nichts verloren.«
Eine Taube kam mit dem nächsten Vorschlag. »Ich könnte ihn vollkacken!«
»Was willst du damit zum Ausdruck bringen?«, wollte Gandulf wissen.
Die Taube brauchte nicht nachzudenken. »Dass ich ihn vollgekackt habe!«

Die Tiere waren am Ende ihres Jägerlateins angelangt und wollten sich gerade zu eingehenden Beratungen zurückziehen, als die Elster mit einem Teil des Spinnennetzes angeflogen kam.

Normalerweise hätte sie nie und nimmer auch nur das kleinste Fädchen hergegeben. Aber sie hatte noch eine Rechnung mit Esmeralda zu begleichen. Und die Hoffnung, der Faden könnte zu Esmeralda führen, ließ sie großzügig werden. Sie ließ das Gewebe vor Alfons zu Boden fallen und legte ihren Kopf fragend auf die Seite.

Alle verstummten und starrten Alfons an. Dem wurde so langsam klar, dass die Tiere irgendwas von ihm wollten, was mit der Spinne zusammenhing. Ihm kam ein Gedanke, der sein Innerstes vor Angst erzittern ließ: Das waren Untertanen der Spinne und wollten ihn zu ihr führen. Doch Alfons wollte nicht sterben. Er sprang auf und rannte wild um sich sprühend auf sein Haus zu.

Doch das Spray hielt nicht lange. Zudem waren die meisten Tiere schneller als er. Alsbald hatten sie ihn wieder umrundet.

»Heißt das jetzt, dass sie hier wohnt?«, fragte Jonny, der mit noch so qualitativem Blick nicht durchblickte, seine Kollegen.

»Im Gegenteil. Er flüchtet vor ihr!«, wusste Bussardo es besser.

»Ihr könntet beide Recht haben!«, kam Gandulf einer drohenden Auseinandersetzung zuvor.

Da die drei nicht so recht wussten, was sie jetzt tun sollten, überließen sie die Initiative Alfons. Der ließ angstschlotternd die Spraydose fallen und hob beide Hände. Das schien die Tiere nicht gewogener zu stimmen. Sie kamen noch näher. Seine Knie schlotterten so, dass er sich kaum auf den Beinen halten konnte. »Vielleicht kann ich sie gnädig stimmen, wenn ich ihnen zeige, dass ich keine Waffen mehr bei mir trage?«, hoffte er und zog sein Hemd aus.

»Was will er uns damit sagen?«, fragte Jo Gandulf.

Der wiegte sein Haupt hin und her. »Er könnte damit ausdrücken wollen, dass Esmeralda sich ihm in ihrer wahren Gestalt gezeigt hat.«

»Genau das habe ich auch gedacht!«, gab ihm Jo recht.

»Was muss dieser Ärmste durchgemacht haben!« Elisabeth zerfloss vor Mitleid und blickte Alfons mit mehr als nur mütterlichen Gefühlen an.

Der sah ihre blutunterlaufenen Schweinsäuglein und zog als

Zeichen seiner Friedfertigkeit blitzschnell auch noch die Hose runter.

Elisabeth sah es mit Entzücken, Jonny qualitativ und die übrigen voller Erstaunen. Wann bekommt man schon haarlose Schweinsbäuche zu sehen?

»Er will damit zum Ausdruck bringen, dass uns alle das Band der Gleichheit vereint!«, übersetzte Gandulf.

Viele Tiere waren darob so gerührt, dass sie Alfons zum Zeichen ihrer Verbundenheit noch mehr auf den Pelz rückten.

Alfons' letzter Hoffnungsschimmer war seine Unterhose. Mit einem Ruck zog er sie aus.

Die Tiere verstanden diesen Akt als Aufforderung zur Verbrüder- und Verschwesterung und wagten sich ganz dicht an ihn ran. Alfons wusste, gleich war sein Leben zu Ende und die Zeit für die letzten Worte und Taten gekommen. Seine Lebensenergie bäumte sich noch einmal auf. Wenn er schon sterben musste, dann wie ein Held. Und er wusste auch wie: Er bückte sich, fasste sich an die Pobacken, spreizte sie und drehte sich im Kreis herum. Dazu schrie er in einem fort: »Ihr könnt mich alle!«

Niemand traute sich so recht. Ein paar Tiere erschraken. So hatten sie sich den Eingang zur Hölle vorgestellt. Schneckchen war hellauf begeistert. Einer, der sich so öffnete und tief blicken ließ, war ein Mann so ganz nach ihrem Herzen. Doch für die meisten blieb dieses Verhalten rätselhaft. Die wildesten Vermutungen wurden laut: »Er zeigt uns den Aufenthaltsort von Esmeralda!«, behauptete Jo.

»Nein, der zeigt uns, wo sie hingehört!«, klärte ihn Bussardo auf.

Gandulf enthielt sich einer Theorie und beobachtete stattdessen Alfons. Der hielt nach der sechsten Umdrehung inne. Erstens tat ihm sein Kreuz weh, zweitens wurde ihm schwindelig und drittens: Warum fraßen ihn diese Scheißviecher nicht auf?

Über Gandulfs Antlitz huschte ein Lächeln. »Ich weiß jetzt, was er uns damit sagen will. Achtet mal darauf, wo sein Hintern hindeutet!«

Alle taten es. Er deutete auf Kernickes Haus.

»Du meinst, qualitativ betrachtet natürlich, dass Esmeralda dort drüben ist?«, führte Jonny Gandulfs Theorie zu Ende.

Die Elster glaubte, dass ihre Hilfe nicht mehr gefragt sei, und wollte sich ihr Netz wieder holen. Doch Bussardo machte ihr auf unmissverständliche Weise klar, dass es sich dabei um staatliches Eigentum handelte. Also ließ sie es wieder fallen.

Alfons kam ein Gedanke, der völlig verrückt war, wenn auch nicht so verrückt wie seine augenblickliche Lage. Vielleicht wollten die Tiere gar nicht sein Leben, sondern seine Hilfe? Unter normalen Umständen hätte er sich für diese Idee selbst in der Irrenanstalt abgeliefert. Aber was konnte er schon verlieren? Er nahm das Spinnennetz in die Hand, zog vorsichtig einen Faden ab und bewegte sich langsam auf Kernickes Garten zu.

Ariadnefaden

Vorsichtig wickelte Alfons den Spinnfaden ab und schlich zu Kernickes Garten. Die drei Herrscher wandten sich daraufhin dem Ausgang zu, sahen sich aber dort einer überwältigenden Menge Volk gegenüber.

»Ist was?«, fragte Jo so bedrohlich er konnte.

»Eine halbe Drehung Marsch!«, gab ihnen der Feuersalamander stellvertretend für alle das Kommando.

»Wir wollen nur eurem Willen entsprechen und sehen von einer Strafaktion gegen Esmeralda ab!«, erklärte ihnen Gandulf.

»Und wenn hier einer Befehle gibt, dann ich!«, stellte Bussardo in aller Deutlichkeit fest.

Seine beiden Kollegen schraken zusammen und bedeuteten ihm, augenblicklich seinen Schnabel zu halten.

»Ihr müsst nur dem Menschen folgen, der führt euch zu ihr!«, versuchte Jo das Volk zu beschwichtigen.

»Wir wollen, dass ihr uns führt!«, brachte eine Raupe den Wunsch aller zum Ausdruck.

»Und werdet ihr uns auch folgen?«, fragte Gandulf sie zur Vorsicht.

»Wir sind doch nicht bescheuert!«, kam es wie aus einem Munde.

Alfons sah die Tiere beieinander stehen. Die Gelegenheit schien günstig sich aus dem Staub zu machen. Augenblicklich rannte er los, verhedderte sich jedoch in dem Spinnfaden und fiel bäuchlings hin.

Elisabeth eilte ihm sogleich zu Hilfe. Voller Grauen spürte Alfons ihre feuchte Schnauze an seiner Pobacke. Er rappelte sich auf die Knie und krabbelte um sein Leben. Doch Elisabeth wich nicht von seiner Seite.

»Muss es deiner Alten schlecht gehen, dass sie auf Menschen

abfährt!«, drückte der Feuersalamander Jo sein Mitleid aus.
Umgehend raste der den beiden in schweinsmajestätischem Galopp hinterher. Elisabeth kannte diesen Blick. Deshalb begrüßte sie ihn schon von weitem. »Er verbeugt sich nicht nur vor dir als dem größten aller Herrscher. Er versucht auch so auszusehen wie du!«
Abrupt hielt Jo inne und richtete seine Hauer auf. Jetzt sah er es auch. Triumphierend blickte er zu seinen Kollegen zurück. »Es tut mir Leid für euch, dass er mich so bewundert!« Seine Kollegen taten selbstverständlich so, als ob sie das überhaupt nicht berührte. Aber sie folgten ihm in Kernickes Garten.

Ihr Volk tat sich derweil in Alfons' Garten gütlich, soweit dies in einem Giftgemischwarenlager möglich ist. Nun sind Tiere ja nicht blöde. Sie machten sich nicht in Massen über die Pflanzen her, sondern wählten Vorkoster aus. Bei den Maden war es – der Name tut nichts zur Sache. Denn kaum hatte sie von einem Blatt genascht, fiel sie auch schon tot zu Boden. Dagegen fand Käfer Archibald die Blätter zwar etwas scharf gewürzt, ansonsten gut bekömmlich. Die Biene Henriette hingegen weigerte sich strikt, auch nur am Nektar zu nippen. »An mich lasse ich keine Chemie ran!«, erklärte sie ihrer Truppe.

Alfons blickte sich immer wieder angstvoll nach den Bestien um. »Ist der nicht süß!« Elisabeth betrachtete voller Entzücken sein Hinterteil.
Als Jonny sie misstrauisch ansah, fügte sie vorsichtshalber hinzu: »Ist ja auch klar, wenn er dir ähnlich sieht!«
»Bis auf die Hauer und du weißt schon!«, brachte er den Vergleich ins rechte Verhältnis. Elisabeth setzte daraufhin ihren Flirt fort und grunzte Alfons liebevoll an. Der fand den Annäherungsversuch zwar reichlich aufdringlich, grunzte jedoch vorsichtshalber zurück. Als er Jonnys feuchte Schnauze an seinem Hinterteil spürte, grunzte er nicht mehr, sondern legte einen Krabbelgang zu. »Er riecht etwas streng!«, raunte Jo seiner Gemahlin zu.
»Du solltest dich mal riechen!«, meinte diese und wich nicht von Alfons' Seite.

Bussardo sah es gar nicht gerne, dass sich dieser Menschenführer so mit den Wildsäuen einließ. Auch Gandulf verspürte einen Hauch von Neid. Vorsicht war geboten!

Alfons gingen viele Gedanken durch den Kopf. Als ihn beim Überqueren des Brennnesselfeldes kalte Wärmeschauer durchfluteten, kam ihm eine Idee. Er würde die Tiere in Kernickes Haus führen, hinausschlüpfen und alles verschließen. Er sah die Kernickebrut schon vor sich: erdolcht vom Geweih eines Hirsches, gefressen von zwei bescheuerten Wildschweinen, und die Knochen kahlgenagt von einem Aasgeier!
Als er den Komposthaufen erklommen hatte, widerfuhr ihm vor lauter Anstrengung ein Malheur. Er furzte. Und wenn die Tiere etwas konnten, dann das. Ein sphärischer Klang erfüllte die Lüfte. Alfons drehte sich um, legte den Zeigefinger auf den Mund, und machte »Pst!«
»Hast du ihn verstanden?«, fragte Jonny sein Weib.
»Dasselbe noch mal!«, erklärte sie ihm. Und alle taten ihm den Gefallen. Worauf sich Alfons mit dem Kopf voran in den Komposthaufen einbuddelte und mucksmäuschenstill dort verharrte.

Herr Kernicke wurde von sehr eigenartigen Geräuschen aufgeweckt und horchte in die Nacht. Nichts. Er wankte zum Fenster und konnte es nicht glauben: Ein ganzer Zoo hatte sich eingefunden. Reiner Wunschtraum, analysierte er seine Wahrnehmungstrübung, und ging wieder ins Bett. Doch er konnte nicht einschlafen und wälzte sich so unruhig im Bett herum, dass seine Frau aufwachte. »Was is'n?«, lallte sie.
»Wir sind die Arche der Neuzeit!«, eröffnete er ihr.
»Zum Glück bist du mit Kochen dran!«, meinte sie nur, drehte sich um und schlief schon wieder.
Herr Kernicke überdachte die Ereignisse der letzten Tage und sah sich mit einer existenziellen Frage konfrontiert: »Träume oder wache ich?« Wenn er wach war, dann lebte er in einem Traum, was bedeutete, dass er träumte. Was ihn am meisten ängstigte, war, dass er nicht wusste, ob er jetzt einschlafen oder aufwachen sollte. Vor lauter Grübeln schlief er ein. Viel-

leicht wachte er auch auf. Jedenfalls schnarchte er leise vor sich hin.

Auch Beate wurde von den Geräuschen aufgeweckt. Sie ging zum Fenster, erblickte die Tiere und weckte Esmeralda. Als diese die Herrscher sah, wurde sie blass. »Jetzt haben die mich doch gefunden und kommen mich holen!«

Beate nahm sie in die Hände. »Ich lasse sie einfach nicht rein!«

Esmeralda schüttelte den Kopf. »Das ist lieb gemeint, aber die werden euch das Leben so schwer machen, dass ihr mich rauswerft!«

»Nie!«, entrüstete sich Beate.

»Lass es nicht drauf ankommen! Es wird Zeit, Abschied zu nehmen!«

So schnell? Nein, das ging nicht, so nicht, überhaupt nicht! Aber was dann? Während die beiden vor sich hin schwiegen, entdeckten sie Alfons. Der hatte sich aus dem Komposthaufen geschält und pirschte sich an das Haus heran. Vorsichtig folgten ihm die Tiere. »Er scheint ihr Anführer zu sein!«, vermutete Esmeralda.

»Wenn er sie führt, dann heißt das doch, dass die Tiere nicht wissen, dass du hier wohnst?«, sherlockholmte Beate.

»Du bist gar nicht so dumm!«, sagte Esmeralda voller Bewunderung und ihr kam eine Idee. »Wir müssen die Viecher glauben machen, dass ich bei ihm wohne. Dazu muss ich unbemerkt in sein Haus gelangen; du musst die Großkopfeten für eine Weile aufhalten und anschließend dazu bringen, dass sie rübergehen!«

»Und wie sollen wir das alles schaffen?« Beate war ratlos.

»Ganz einfach, eins nach dem anderen!«, erklärte ihr Esmeralda. »Zuerst müssen wir einen Faden von hier zu Alfons' Haus spannen!«

Beate brauchte nicht lange nachdenken. Wozu hatte sie Pfeil und Bogen. Sie befestigte einen Spinnfaden am Pfeil und schoss ihn zu Alfons' Haus hinüber. Die ersten beiden Versuche schlugen fehl, doch beim dritten verhakte sich der Pfeil im Kamin. Beate zog den Faden straff.

»Lenk sie jetzt ab, damit ich unbemerkt rüberklettern kann!«, forderte Esmeralda sie auf.

Beate lief in die Küche, plünderte den Kühlschrank und trug die Fressalien in den Garten. Die Tiere staunten nicht schlecht, als sie das Mädchen mit all den Leckerbissen auf sich zukommen sahen. »Trüffelpastete! Ich werd verrückt, die riecht nach Trüffelpastete!«, erschnüffelte Jo und näherte sich vorsichtig dem Mädchen.

Gandulf sah sich nach Alfons um, konnte ihn aber nirgends entdecken. »Der strebt jetzt nach Höherem!«, teilte ihm Bussardo mit. Das stimmte insoweit, als Alfons auf einen Baum geklettert war, um weder nackt, noch überhaupt entdeckt zu werden.

Beate verteilte das Futter an die Tiere, was regen Zuspruch fand.

Das war das Startzeichen für Esmeraldas Trapezakt. So schnell sie konnte, hangelte sie sich am Seil entlang. Sie hatte erst drei Meter geschafft, als das Futter zur Neige ging. Beate lief ins Haus zurück, um neues zu holen. »Hoffentlich sieht keiner hoch!«, dachte Esmeralda, sah sich aber im nächsten Moment mit einem noch größeren Problem konfrontiert. Der Faden führte direkt an dem Baum vorbei, auf dem sich Alfons versteckt hatte. Das bemerkte Esmeralda erst, als seine Hände blitzschnell nach ihr griffen. Doch sie war einen Hauch schneller, kappte den Faden und wurde durch Alfons' Hände hindurch direkt in den Kamin seines Hauses geschleudert.

Alfons verlor bei seinem Angriff das Gleichgewicht und stürzte mit dem Kopf voran in einen Laubhaufen.

»Warum macht der das bloß?«, wunderte sich Jonny.

»Damit wollte er mir zeigen, dass er gerne Herrscher der Lüfte wäre, es aber nie so weit bringen wird wie ich. Was bedeutet, dass er sich meiner Herrschaft unterwirft«, erklärte ihm Bussardo.

»Denkst du das auch?«, wollte Jo von Gandulf wissen.

»Es war ein kompromissloser Sturzflug!«, musste der konzedieren.

Bussardo setzte sich neben Alfons, der versuchte, seinen Kopf aus dem Laub zu ziehen. »Es ist nicht einfach, König der

Lüfte sein!«, tröstete er ihn. Zur Bestätigung zappelte Alfons mit den Beinen und präsentierte sich ihm kurz darauf als Blättermensch. Bussardo besah das Flugkostüm mit kritischem Blick. »Ich glaube nicht, dass man damit fliegen kann!«
Alfons schwankte, machte einen Schritt zur Seite, und fiel um. »Mehr Flügelarbeit!«, korrigierte ihn Bussardo nachsichtig.
Seine Mitregenten sahen dem Treiben der beiden mit gemischten Gefühlen zu. »Der biedert sich vielleicht bei Bussardo an!«, meinte Jonny neidisch.
»Er will sich mit allen gut stellen!«, widersprach ihm Elisabeth. »Du kommst sicher auch noch dran!«, versuchte sie Gandulf zu trösten.
»Er weiß, dass er mit einem Platzhirsch schon rein entwicklungsbedingt nicht mithalten kann. Deshalb versucht er es erst gar nicht!«, erwiderte dieser.

Als Beate wieder aus dem Haus kam, sah sie weder Alfons, da sich dieser flach auf den Boden geworfen hatte, noch Esmeralda. Also hatte sie es geschafft! Sie breitete das Mahl vor der Haustür aus. »Kommt her, ich habe hier noch mehr Leckerbissen!«, rief sie den Tieren zu. Selbst Bussardo stellte daraufhin seine Flugstunden ein.

Frau Kernicke wachte plötzlich auf. Warum bloß? Sie horchte in sich hinein. Richtig. Sie musste auf die Toilette. Als sie zurückkam, blickte sie im Vorübergehen zum Fenster hinaus, sah aus diesem Blickwinkel jedoch weder ihre Tochter, noch die Tiere, sondern einen Blättermenschen, der gerade hinter einem Baum verschwand. Sie rüttelte ihren Gatten wach. »Sind sie noch da?«, murmelte er.
»Nein, aber ich habe Noah gesehen. Du wirst es mir nicht glauben: Der sieht aus wie ein Blätteryeti und hat große Ähnlichkeit mit unserem Nachbarn!«
»Wieso soll ich es dir nicht glauben? In der Bibel passieren die ganze Zeit verrückte Dinge und du wirst nur dann als verrückt angesehen, wenn du sie nicht glaubst!«, meinte Herr Kernicke, blickte auf die Uhr und drehte sich auf die andere Seite.

Frau Kernicke blickte nochmals zum Fenster raus. Alles sah wieder völlig normal aus. Sie musste über ihre blühende Phantasie schmunzeln und legte sich ins Bett.

Alfons wollte nur noch nach Hause. Die Essenspause war günstig. Um sich zu tarnen, brach er von einem Tannenbaum zwei Äste ab, ging in die Hocke, hielt sie sich vors Haupt und watschelte, so schnell er konnte, los.

Jonny entdeckte ihn als erster. »Wenn du nicht hier stündest, könnte man glatt meinen, das bist du!«, foppte er Gandulf halb im Scherz, aber auch ein klein wenig eifersüchtig.

Gandulf war selig. Zu guter und krönender Letzt erwies der Mensch auch ihm seine Ehrerbietung. »Er sieht eher wie ein geweihtes Wildschwein aus!«, ärgerte sich Bussardo darüber, dass sich der Mensch so schnell von ihm ab- und Gandulf zugewandt hatte.

Während Alfons in Richtung Heimat krabbelte, betrachtete ihn Gandulf voller Wohlwollen. »Ein 42-Ender«, zählte er und lächelte. »Das bedeutet, dass er mir ein langes Leben und die unumschränkte Herrschaft über alle Ahnungslosen wünscht!«, erklärte er seinen Kollegen.

Auch Beate entdeckte den wandelnden Tannenstrauch. Als sie sah, dass die Tiere ihm folgten, betrachtete sie ihre Aufgabe als erledigt und ging ins Bett.

Alfons bewegte sich entlang der Büsche auf die Straße zu. Als er sie erreicht hatte, richtete er sich auf.

Genau in dem Moment nahte ein Polizeiwagen. Drinnen saßen Gruber und Gratzke. Gruber kurbelte das Fenster runter. »Irgendwelche Schwierigkeiten?«

»Wie kommen Sie darauf?«, entgegnete Alfons unwirsch und warf die Tannenzweige weg.

»War nur so ein Gedanke!«, war das Letzte, was Gruber sagen konnte, bevor er prustend abtauchte.

»Werden Sie wieder von Tieren verfolgt oder belästigt?«, fragte Gratzke nach Recht und Ordnung.

»Ja!«, sagte Alfons mit Nachdruck.

»Wollen Sie Anzeige erstatten?«

»Nein!«, antwortete Alfons, während er die Blätter abstreifte.
»Wenn ich Ihnen noch eine persönliche Frage stellen darf: Was machen Sie da?«, fragte Gratzke, der zwischendurch seinen Kollegen vor einem Erstickungsanfall retten musste.
»Survivaltraining!« Alfons war stolz auf seine spontane Antwort.
»Wieso bin ich nicht selbst drauf gekommen!« Gratzke schlug sich gegen die Stirn. Mit einem »Erkälten Sie sich nicht und weiterhin viel Erfolg!«, verabschiedete er sich von Alfons, richtete seinen darniederliegenden Kollegen auf und fuhr davon.

Rin ins Vergnügen!

Woran erkennt man, dass eine Spinne ihr Unwesen getrieben hat? Kenner der Gruselliteratur und des Schockerzelluloids erwarten Leichen mit herausquellenden Augen und angstverzerrten Gesichtern, verpuppte Schafe, schreckliche Krankheiten und grässliche Todeskämpfe. »Wenn ich das doch könnte!«, seufzte Esmeralda, als sie sich im Kamin abseilte, und machte dann doch das Übliche. Sie füllte die Fenster mit ihren Netzen, damit auch der Blindeste sah, dass sie sich hier niedergelassen hatte. Viele Spinnfäden später war alles so weit vorbereitet, dass Alfons mitsamt den Herrschern kommen konnte.

Sie setzte sich an ein Fenster zum Garten hin, von wo aus sie alles überblicken konnte. Vor Erschöpfung hielt sie nur noch ein Äuglein offen und träumte davon, eine Killerspinne zu sein. Plötzlich schreckte sie auf. Eine Hummel flog gegen das Fenster. »Wie kommt man hier rein?«, wollte sie wissen.

»Durch den Schornstein!«

»Da wird man doch schmutzig!«, meinte der eitle Fratz.

»Dann bleib halt draußen!«

Hätte sie im Normalfall auch getan. Aber sie wollte unbedingt die mittlerweile berühmte Esmeralda näher kennen lernen und wagte den Flug durchs schwarze Loch. Als das die anderen Kleinflieger mitbekamen, wollten plötzlich alle Esmeralda einen Besuch abstatten. Im Nu summte, brummte und pssste es im ganzen Haus.

Die Kriecher und Krabbler waren stinksauer auf Esmeralda. »Das hätte ich nicht von dir gedacht!«, empörte sich eine Raupe. »Den Luftikussen vor uns Bodenständigen den Vorrang zu geben!«

»Ich fresse euch genauso gerne!«, versicherte sie ihr.

»Das kann jede sagen!« Die Raupe blieb verschnupft.

»Komm rein, dann beweis ich's dir!«
»Und wie, bitte schön, soll ich das machen?«
»Frag einen Vogel, ob er dich mitnimmt!« Esmeralda hatte so langsam die Schnauze voll.
»Du weißt genau, dass der mich frisst!«
»Für manche Ziele lohnt es sich, Opfer zu bringen!«
»Findest du dich eigentlich lustig?«, giftete die Raupe.
»Nein!«, antwortete Esmeralda knapp und wandte sich ihren Gästen zu.
»Aber ich!«, platzte die Raupe raus und lachte sich halbtot. Keiner weiß warum, aber Raupen sind halt so.

Die Flieger nahmen alles in Augenschein, selbst die Netze, wenn auch mit aller gebotenen Vorsicht.
»Du wohnst nicht schlecht!«, musste sogar die Stubenfliege zugeben, die einige Zeit in einem Möbelhaus verbracht hatte.
»Zu viel Braun, zu wenig Grün, keine Farbe!«, hielt die Biene dagegen.
»Wie sind denn so deine Fangergebnisse?«, erkundigte sich die Hummel.
»Wenn ihr mich regelmäßig besuchen kommt, sicher noch viel besser!«, antwortete Esmeralda und lächelte.
»Hast du keine Angst vor dem Menschen?«, wollte ein Schmetterling wissen, der schon viel Schreckliches über ihn gehört hatte.
»Ne, aber der vor mir!«, stellte Esmeralda in aller Bescheidenheit fest.
So ging die Plauderei hin und her, bis Freddy die Sache in die Hand nahm. Marienkäfer haben den Ruf, süße, hübsche und nützliche Tierchen zu sein. Doch den genießen sie nur bei den Menschen. Von den Tieren werden sie gefürchtet. Nicht ihrer Kräfte, sondern ihres Mundwerks wegen. Sie besitzen die Fähigkeit, einem die Worte gleich mehrfach im Munde rumzudrehen. Sie hören damit auch dann nicht auf, wenn ihnen Unbill droht. Das Ende vom Lied ist immer dasselbe: Schnapp! Was zwar nicht sehr nett, aber ausgesprochen effektiv ist.
»Wir brauchen deinen Rat«, eröffnete Freddy Esmeralda. Seine Flugbegleiter summten zur Bestätigung.

»Bislang haben wir dich gegen unsere Führer verteidigt«, fuhr er fort. »Aber das wird zunehmend schwieriger. Wir können sie nicht ständig brüskieren.« Dazu machte er ein sehr angestrengtes Gesicht.

»Was wollt ihr?« Esmeralda versuchte es kurz zu machen.

»Wie kommst du drauf, dass wir was wollen?« Freddy blickte sie erstaunt an. »Unter uns Tieren gibt es kein Muss. Alle können tun, was ihnen beliebt!« Dazu flog er zwei Loopings.

So langsam verstand Esmeralda, worauf er hinauswollte. »Was haltet ihr von folgendem Angebot: Ich fange euch zukünftig nur noch in Designernetzen, das heißt Form und Material sind allererste Sahne!«

»Habt ihr das gehört?«, strahlte Freddy. »Ich habe es immer gesagt, Esmeralda hat ein Herz für die Kleinen.«

Ein paar Tiere waren von dem Vorschlag angetan. Die meisten fanden ihn indiskutabel. Die ersten Streikaufrufe wurden laut.

»Einen Moment!«, schrie Freddy. »Wir stehen erst am Anfang der Verhandlungen.« Er wandte sich wieder Esmeralda zu.

»Wir wissen dein Angebot zu schätzen. Aber findest du es fair, nur für die Großen Trampolinnetze zu bauen?«

»Um es ein für alle Mal klarzustellen, die haben meine Netze missbraucht!«

»Das ist höchst betrüblich!«, bedauerte Freddy. »Ich glaube im Namen der hier Anwesenden zu sprechen, wenn ich dir versichere, dass die Spielnetze, die du für uns baust, zu keinem anderen Zweck verwendet werden!«

So langsam wurde es Zeit ihm das Maul zu stopfen, indem sie ihn sich in ihres stopfte. »Ich soll nur noch Spielnetze bauen?«, fragte sie zur Sicherheit nach.

»Dein Angebot ist so was von großzügig!«, sagte Freddy tief bewegt. »Ich wage fast nicht es anzunehmen!«

»Ich denke überhaupt nicht daran!«, empörte sich Esmeralda. »Ich habe ganz gewiss nicht vor, freiwillig zu verhungern. Mein letztes Angebot: ein Spielnetz!«

»So langsam kommen wir uns näher!«, stellte Freddy anerkennend fest. »Doch gestatte mir eine Frage: Sind wir dir so wenig wert?«

»Wenn es kaputt ist, repariere ich es euch. Aber dafür müsst ihr für ausreichende Nahrung sorgen!«, bot sie ihnen an.

Die allermeisten Tiere waren von Esmeraldas Großzügigkeit höchst beeindruckt. Doch Freddy bremste ihre Euphorie. »Ihr habt völlig recht, wir befinden uns auf dem richtigen Weg. Jetzt müssen wir uns nur noch darüber einig werden, wer auf den Speiseplan kommt.«

»Von mir aus kann sie so viele Marienkäfer fressen, wie sie will!«, meinte ein Spatz.

Dieser Vorschlag fand die Zustimmung aller. Mit einer Ausnahme: Freddy!

»Ich bin aufrichtig glücklich darüber, dass eine so starke Konsensbereitschaft besteht. Nur müssen wir auch an Esmeralda denken. Marienkäfer machen nicht satt! Lasst uns einen Weg finden, wie wir ihren Speiseplan noch nahrhafter gestalten können«, gab er zu bedenken.

Da kein Tier einen anderen Vorschlag unterbreitete, beraumte er eine Beratung an und erkor das Schlafzimmer zum Versammlungsort.

Esmeralda flehte sie an: »Macht es draußen. Bald kommt der Besitzer. Und wenn er euch hier erwischt, ist es um euch geschehen!«

Einige Tiere zögerten. »Alter Verhandlungstrick!«, versicherte ihnen Freddy. »Einen auf Zeitdruck machen, um faule Kompromisse zu schinden!«

Die Flieger verschwanden im Schlafzimmer und Esmeralda setzte sich wieder an ihren Aussichtsposten. Wo blieben die bloß? Da! Alfons schwankte im Gefolge seiner Herrscherkollegen durch das Gartentor auf das Haus zu. Bussardo spielte mal wieder den großen Überflieger und flog aufs Dach. Was insofern blöde war, als Esmeralda jetzt nicht mehr aus dem Haus rauskam. Sie sah sich nach einem Notausgang um. An einem großen, eisernen Kerzenständer, der auf der Kommode stand, blieb ihr Blick hängen. Sie legte einen Faden um ihn, führte ihn über den Deckenbalken und befestigte ihn an der Terrassentür.

Alfons war fertig mit der Welt, seinen Nerven und den Kräften. Er musste unbedingt schlafen. Doch zuvor wollte er noch etwas Spaß: Zur Glastür rein, das Gewehr von der Wand nehmen, sich umdrehen und dann »Peng, peng, peng!« Ein Kinderspiel!

Doch schon bei der Tür begann der Ernst. Erst ging sie schwer und dann sehr leicht auf. Kurz darauf zertrümmerte der Kerzenständer die Scheibe und schwang wieder zurück. Alfons erstarrte. Jemand war im Haus! Ein Einbrecher? In seinem Zustand wagte er sich nicht hinein und lief hinters Haus.

Die Krabbler und Kriecher nutzten die offen stehende Tür und machten Esmeralda ihre Aufwartung. »Warum nicht gleich so?«, meinte die Raupe, als sie an ihr vorüberkroch. Eigentlich hatte Esmeralda vorgehabt, sich schleunigst aus dem Haus zu entfernen. »Bleibt draußen!«, flehte sie die Ankömmlinge an.

»Bei dir sind wohl nur Flieger willkommen?«, fragte ein Breitmaulfrosch spitz.

»Wir haben ein Wörtchen mit dir zu reden!«, verkündete Bernadette, die Blattlaus. Sie hatte einen Sommer mit Freddy am selben Strauch verbracht. Erst hatte er sie angebaggert. Nicht sexuell oder so. Nein, der Schweinehund wollte sie ganz und gar. Doch sie hatte sich als ebenbürtige Gesprächspartnerin erwiesen. Inzwischen hatten ihre Wortgefechte einen legendären Ruf. Bernadette führte mit großem Vorsprung.

»Was du mit Freddy ausgehandelt hast, kannst du bei uns vergessen. Wir Kriecher und Krabbler lassen uns nicht so leicht über den Tisch ziehen!«, stellte sie von vornherein klar und machte es sich auf einem Hibiskus bequem.

»Ihr bekommt zwei Spielnetze!«, bot Esmeralda ihnen schweren Herzens an.

Bernadette zog die Stirn kraus. »Damit du mal eine Ahnung davon bekommst, wie sehr du daneben liegst: Wir verlangen nicht gerade, dass du für jedes Tier ein Netz seiner Wahl baust. Aber irgendwo in der Nähe werden wir uns treffen müssen!«

Esmeralda verschlug es die Sprache. Sie hielt Ausschau nach Alfons. »Mein letztes Angebot: drei Netze!«

»Auch wenn es sich um ein völlig inakzeptables Angebot handelt, so hast du unsere Großzügigkeit richtig eingeschätzt und ein Anfang ist gemacht. Ein Punkt ist allerdings noch offen und bedarf einer Vorabklärung: die Maschengröße!«, teilte ihr Bernadette mit. Esmeralda blickte sie verständnislos an.

»Ist doch klar, wenn die Maschen zu groß sind, können wir nicht springen!«, klärte Bernadette sie auf.

Jetzt verstand Esmeralda. »Einen Zentimeter und keinen Millimeter weniger«, bot sie an. Sie dachte im Traum nicht daran, ihr Häschenmaterial für solche Vergnügungen zu opfern.

Jedes Tier verlangte einen Maschendurchmesser entsprechend seiner Körpergröße und alle lagen weit über der von Bernadette. Als sich ein Kompromiss bei acht Millimetern anbahnte, intervenierte die massiv. »Nicht so schnell!«, schrie sie. »Wir alle wollen Netze, die höchsten Sicherheitsansprüchen genügen. Und welche Netze sind die sichersten? Natürlich die engmaschigen! Lasst euch nicht von Esmeralda eine Entscheidung aufdrängen, die euren Lebensinteressen diametral entgegensteht!« Darauf berief sie ebenfalls eine Beratung im Schlafzimmer ein.

Da an Bernadettes Argumenten meist etwas dran war, folgten ihr die allermeisten Krabbler.

Das Gedränge im Schlafzimmer hielt sich in Grenzen. Die einen weilten unter der Decke, die anderen auf dem Boden.

Bei den Fliegern waren die Beratungen ins Stocken geraten. Niemand war bereit, sich zu den Marienkäfern auf die Speisekarte setzen zu lassen. Freddy hatte gerade in einer eindrucksvollen Rede viele Gründe dafür angeführt, warum er erst zum Dessert serviert werden dürfe. Doch seine Mitflieger blieben bei der Ansicht, er sei die ideale Vorspeise.

»Ich vernehme mit Freuden, dass du mit gutem Beispiel vorangehst!«, freute sich Bernadette.

»So bin ich nun mal! Die einzige, die mich dazu bewegen könnte ihr den Vortritt zu lassen, bist du!«, lächelte Freddy sie an.

Bernadette war geschmeichelt. »Danke! Danke! Aber Ehre, wem Ehre gebührt!«

Der verbale Schlagabtausch wäre noch ewig weitergegangen, wenn nicht die Flieger die Idee mit der Maschengröße aufgenommen hätten, um dadurch das Verspeisproblem zu lösen.

»Mindestens elf Zentimeter!«, verlangte ein Pfauenauge und zeigte allen wieso.

»Zweiundzwanzig Zentimeter!«, wollte die Blindschleiche sichergehen und legte sich quer.

Esmeraldas Flehen: »Macht, dass ihr rauskommt! Sonst bringt er euch alle um!«, blieb unerhört.

Alfons war um das Haus geschlichen, hatte zu jedem Fenster hineingespäht und einen sehr versponnenen Einblick bekommen. Ihm kam ein Verdacht. Er kroch zur Terrassentür und lugte hinein. Der Kerzenständer hing frei in der Luft. Alfons wunderte sich schon lange nicht mehr über solche Wunder, sondern wusste, wem er sie zu verdanken hatte. Seine Müdigkeit wich einer riesengroßen Wut. Er wagte sich ins Haus, schloss leise die Tür, stellte ein Bild vor das Loch, packte das Gewehr in die eine und den Kerzenständer in die andere Hand und durchsuchte sein Haus. Als er die Treppe zum Obergeschoss hinaufging, vernahm er eigenartige Geräusche, die immer lauter wurden, je höher er stieg.

Oben angelangt, lugte er in sein Schlafzimmer. So viele Kleintiere auf einmal hatte er noch nie gesehen. Würde das ein Freudenfest geben! Zwar befanden sich auch all seine Kleider in dem Raum, aber bei der Vorfreude auf den vieltausendfachen Tod wurde ihm warm ums Herz. Er zog die Tür mit einem Ruck zu und rannte nach unten, um sich mit Exekutionsmaterial zu versorgen. Alsbald kam er mit einer sehr großen Spraydose zurück. »Zu schade, dass ich nicht bei dem Massensterben zusehen kann!«, bedauerte er sich und hielt die Düse gegen das Schlüsselloch. Die Dose funktionierte einwand- und FCKW-frei. Die Tiere zogen sich in den hinteren Teil des Zimmers zurück. Eine besonders resistente Mücke wagte sich vor. »Ausgezeichnetes Material!«, musste sie zugeben. »Schneller Tod!«

Unter den Tieren drohte Panik auszubrechen. Freddy saß starr in einer Ecke und zitterte. Chemie verursachte bei ihm Allergien. Bernadette schüttelte den Kopf. »Völlig verweichlicht! Keinen Mumm in den Knochen! Ich zeig dir, wie man mit so was fertig wird!«, und schrie: »Alle Resistenten folgen mir!«

Ameisen, Kakerlaken und Läuse setzten sich in Marsch. Kurz darauf hatte das erste Tier das Schlüsselloch erreicht, dann das zweite ... Im Nu war es verstopft.

Alfons wunderte sich, wieso das Spray plötzlich nach außen drang. Er blinzelte durchs Schlüsselloch und wurde einer

Ameise ansichtig, die ihm unters Lid schlüpfte. Nachdem er sie beseitigt hatte, versuchte er mit einem Schraubenzieher das Loch freizulegen. Die Schlüssellochhocker machten vorübergehend Platz, nahmen ihn aber alsbald wieder ein. Alfons holte einen Bohrer und bohrte ein Loch in die Tür. Durch dieses kam eine Wespe geflogen und stach ihn in die Nasenspitze. Geistesgegenwärtig hielt er einen Finger auf das Loch. In den stach ihn eine Kollegin. Er nahm ihn schnell weg, um weiter zu sprühen. Dieses Mal verwehrte ihm ein Regenwurm den Einlass. Alfons versuchte ihn herauszuziehen, doch der Kerl war zu schmierig. »Ich kriege euch!«, schrie er und bohrte weitere Löcher in die Tür. Als er genug von den Stichen hatte, lief er nach unten, um sich wirksamere Gerätschaften zu holen.

Nichts Gutes kommt von oben

Gandulf, Jonny und Bussardo waren sich noch nie so einig gewesen wie in punkto Alfons. Endlich mal ein Mensch, der wusste, wie man tierischen Herrschern begegnete, der es an Ehrfurcht und Respekt nicht mangeln ließ.
Sie und ihre wichtigsten Gefolgsleute standen beisammen und beratschlagten. »Ist er nicht nett?«, stellte Elisabeth immer wieder fest und verdrehte die Augen.
»Wenn ich euch erwische!«, drohte ihr Jonny im Scherz und wackelte mit den Hauern.
»Das wäre zu schön!«, seufzte sie hingebungsvoll.
»Er gehört zu den wenigen Menschen, die auf der Entwicklungsleiter nicht allzu weit unterhalb von Hirschen stehen«, zollte ihm Gandulf Anerkennung.
»Und was ist mit Bussarden?«, fragte der König der Lüfte drohend.
»Die haben sie auch schon bestiegen!«, konzedierte Gandulf.
»Ganz oben zu sein ist nicht einfach!«, gab ihnen Jonny recht. »Vor allem, wenn man wie ich nicht vollkommen schwindelfrei ist!« Mein Gott, was war er heute wieder für ein Scherzkeks.
»Ganz oben bist du erst, wenn du ein Geweih trägst. Da kannst du jedes ernst zu nehmende Tier fragen!«, bedauerte ihn Gandulf.
Jonnys gute Laune war noch nicht ganz dahin. »Du glaubst, dass du über mir stehst?«
»Alles, was ich sage, ist, dass die Menschen noch höchstens eine Million Jahre brauchen, bis sie uns eingeholt haben.«
»Das hört sich schon anders an!«, beruhigte sich Jo.
Alfons kam gerade durch das Wohnzimmer gerast. Alle drei nahmen sogleich ihre Herrscherposen ein und grüßten ihn huldvoll.
Just in dem Moment kletterte eine winzig kleine Maus aus ei-

nem Loch im Boden. Sie musste mehrmals piepsen, bis sie von den Großen erhört wurde. »Der will uns alle umbringen!«

»UNS nicht!«, stellte Bussardo höhnisch richtig.

»Hau ab, du störst bei einem Staatsakt!«, machte Jonny sie an.

»Ich bin der festen Überzeugung, dass er lediglich bei euch Einfluss zu gewinnen versucht«, stellte Gandulf in aller Deutlichkeit fest.

»Mit Spraygas? Du hast sie wohl nicht alle!«, widersprach das Mäuschen, zog sich aber zur Vorsicht in ihr Loch zurück.

Bussardo machte ein nachdenkliches Gesicht. »Könnte es nicht sein, dass er versucht, uns unser Volk wegzunehmen?« Wenn es um Macht ging, war er mehr als hellhörig.

»Da kennst du unser Volk noch nicht gut genug. Es ist uns treu ergeben!«, beruhigte ihn Gandulf.

»Zudem, die Kleinen kriegst du nicht so leicht rum.«, fügte Jonny hinzu.

»Aber Fakt ist, dass er sich in unsere Herrscherangelegenheiten einmischt und unser Volk um sich geschart hat!«, beharrte Bussardo. Und das stimmte natürlich auch wieder.

»Wir laden ihn zu einer Konferenz der Herrscher ein«, schlug Gandulf vor.

»Und wenn er nicht kommt, dann hau ich ihm meine Hauer aber so was von in den ...«

»Untersteh dich!«, unterbrach ihn Elisabeth.

»Man wird ja wohl noch einen Diskussionsbeitrag leisten dürfen«, maulte Jo.

Somit blieb es bei Gandulfs Idee, und die Herrscher grinsten um die Wette in das Haus hinein.

Alfons hielt abrupt inne. Zwar war er mit dem Kleingesocks noch nicht fertig, aber dieses selten hässliche Schweinepaar, der dämliche Hirsch und der grässliche Pleitegeier boten sich ihm auf dem Präsentierteller dar. Eine solche Gelegenheit durfte er sich nicht entgehen lassen. Er packte das Gewehr, hielt es hinter seinem Rücken versteckt, und schritt pfeifend auf die Glastür zu. Mit einem Ruck öffnete er sie, legte blitzschnell an, zielte und drückte ab. Nichts! Scheiße – die Munition befand sich im Schlafzimmer. Also doch zuerst das Kleingesocke. Er packte seine Vernichtungsutensilien zusammen und rannte wieder die Treppe hoch.

Die drei starrten noch auf die Glastür, als er schon längst verschwunden war. Keiner wusste so recht, was er dazu sagen sollte.
»Glaubt ihr, er wollte uns töten?«, fragte Bussardo.
»Nein!«, beruhigte ihn Gandulf. »Er wollte uns einen Ehrensalut schießen!«
»Mitten auf die Stirn?«, hatte Jonny so seine Zweifel.
»Er ist kurzsichtig!«, vermutete Elisabeth.
»Wie kann man nur so blöde sein!«, rief die kleine Maus aus ihrem Loch heraus. »Ich weigere mich zu glauben, dass ich solche Herrscher wie euch verdient habe. Ihr seid ...!« Mehr war von ihr nicht mehr zu hören, weil ein kräftiger Fußtritt ihr Löchlein verschloss.

Esmeralda hatte inzwischen einen Plan ausgeheckt, wie sie Alfons daran hindern konnte, ihre Mittiere auszulöschen.

Nachdem Alfons die Treppe hochgestürmt war, kam sie aus ihrem Versteck hervor und legte auf dem Boden eine Schlinge aus. Mit dem Faden kletterte sie die Wand hoch, führte ihn über einen Holzbalken, flitzte mit ihm durch den Türspalt, den Alfons aus Versehen offen gelassen hatte, ins Freie und befestigte ihn an Jos rechtem Hinterlauf.

Jetzt musste Alfons nur noch in die Schlinge treten. Der Rest war nicht ganz einfach. Wie brachte sie Jonny dazu, im rechten Moment loszurennen, so dass Alfons hochgezogen wurde?

Sie brauchte einen Helfershelfer!

Es war weder Zufall noch Schicksal, dass just in diesem Moment der Feuersalamander vorbeikam. Der Kerl hatte einfach einen Riecher für Stunk.

»Du kommst gerade recht!«, begrüßte ihn Esmeralda freudig.

»Wieso, brauchst du jemand, der dich von dir erlöst?«, machte er seinem Ruf alle Ehre.

»Ich komm drauf zurück«, versicherte sie ihm. »Im Moment wäre es mir allerdings lieber ...«, und sie erläuterte ihm ihren Plan.

Esmeralda versteckte sich auf der Vorhangstange. Als Alfons das Wohnzimmer betrat, gab sie dem Feuersalamander ein Zeichen und er näherte sich Jonny. »Hey Alter, gut dass ich dich sehe. Aber eine so fette Sau wie dich kann man ja nicht übersehen!«

Jo wollte losstürmen. Doch Elisabeth gemahnte ihn seiner herrschaftlichen Würde. »Blamier mich nicht vor dem Menschen!«

Esmeralda teilte dem Feuersalamander aufgeregt mit, dass Alfons der Schlinge immer näher kam. Der ließ sich jedoch nicht aus der Ruhe bringen.

»Deine Olle ist zwar unersättlich. Aber sie bringt es nicht! Du kannst die Vettel zurückhaben.«

Auf so was reagiert jede Sau: Elisabeth vorneweg, und Jonny hintendrein.

Herr Kernicke konnte nicht mehr schlafen. Sein Archeerlebnis ging ihm durch den Kopf. Stand etwa das Weltende bevor? Nein – wahrscheinlich hatte er nur lebhaft geträumt. Er ging zum Fenster, um sich dessen zu versichern, und konnte es nicht fassen. Jetzt war Alfons' Haus die Arche! Er traute Gott ja allerhand zu, aber das?!

»Alfons hat sich zwei Wildsäue, einen Hirsch und einen Geier angeschafft!«, rief er seiner Frau zu.

»Wo ist der Elefant?«, murmelte sie.

»Welcher Elefant?« Herr Kernicke reckte den Hals. »Da ist keiner!«

»Auch kein bengalischer Tiger?«

»Willst du mich verscheißern?«

»Du mich etwa nicht?«, fragte sie und stellte sich neben ihn.

»Und was ist das?« Er deutete auf Alfons' Garten.

Es war nicht die Antwort, die Frau Kernicke schwerfiel, sondern das zu glauben, was sie sah. Aber so ergeht es den meisten, wenn ihr Weltbild zusammenbricht. »Der hat sie nur hergeschafft, um nachher Treibjagd auf sie zu machen!«, versuchte sie es zu retten.

»Die spielen!«, zerstörte er es wieder. Es sah so aus, als ob er recht hätte: Die Schweine tobten ausgelassen im Garten umher.

Das Timing wäre perfekt gewesen. Doch Alfons hatte im letzten Moment innegehalten. Da war noch was. Bloß was? Er blickte zum Fenster hinaus und sah mit Entsetzen, wie die Wildsäue seinen Zierrasen verwüsteten. Nur der Hirsch stand da wie vom Donner gerührt. Warum hatte er bloß keine Munition zur Hand? Es war zum Heulen! Richtig! Das war es gewesen – er hatte in der Küche Patronen versteckt.

Während es in der Küche klirrte und klapperte, breitete Esmeralda erneut eine Schlinge aus. Den Faden verband sie dieses Mal mit dem rechten Hinterlauf Gandulfs. Anschließend zog sie sich wieder auf ihre Kommandoposition zurück. Als Alfons glückstrahlend mit seinen Patronen aus der Küche kam, gab sie dem Feuersalamander das Zeichen.

»Weißt du eigentlich selbst, dass du ein Dummschwätzer bist?«, begann der mit Gandulf zu plaudern.

»Selbstverständlich!«, konterte dieser auf seine unnachahmlich geistvolle Art.

»Welche deiner Inkompetenzen ärgert dich am meisten: Impotenz, Klugscheißerei oder was sonst?«

»Ich habe mich mit mir abgefunden und versöhnt!«, gab ihm Gandulf Nachhilfe in positivem Denken.

»Du gehst dir nicht auf den Sack?«, fragte der Feuersalamander ungläubig.

»Seltenst!«

»Wie kann man nur so unkritisch sein!«

»Ich würde es eher als tolerant bezeichnen!« Gandulf blickte ihn wohlwollend an.

Alfons näherte sich der Schlinge.

»Jetzt mach endlich!«, deutete Esmeralda dem Feuersalamander an.

Zum ersten Mal in seinem Provoleben kam der ins Schwitzen. Ihm fiel nichts mehr ein, womit er Gandulf auf die Sprünge helfen konnte. Zudem hatte ihn Bussardo entdeckt, der seiner habhaft werden wollte. In seiner Not kletterte er an Gandulfs Hinterlauf hoch und machte es sich zwischen seinem Gehänge bequem.

Bussardo setzte sich neben Gandulfs Bauch und hielt nach

diesem Dreckskerl Ausschau. Gandulf wurde unruhig und machte einen Schritt nach vorn. Genau zum rechten Zeitpunkt. Die Schlinge legte sich um Alfons Bein. Nach dem nächsten Schritt lag er auf dem Bauch.

Bussardo watschelte unter Gandulfs Unterleib und reckte den Hals. Der Satansbraten musste sich hier irgendwo versteckt halten!

»Ich fände es gut, wenn du meine Intimsphäre respektieren würdest!«, bat Gandulf mit um Fassung ringender Stimme und machte einen weiteren Schritt.

Alfons linkes Bein ging in die Höhe. Er drehte sich auf den Rücken, doch der Aufwärtsdrang seines Beins hielt an. Eine abgrundtiefe Unruhe bemächtigte sich seiner.

Der Feuersalamander wandte sich Bussardo zu. »Brauchst dich nicht zu genieren: Alle wissen, dass du auf seine Eier stehst!«

»Treib's nicht zu weit!«, warnte ihn dieser und öffnete den Schnabel.

»Verschwindet!«, zischte Gandulf und tänzelte nervös auf den Gartenausgang zu. Plötzlich spürte er einen Zug am rechten Hinterlauf. Verwundert drehte er sein Haupt dem Schmerz zu, konnte aber nichts sehen. Ob ihm der Feuersalamander eine Verletzung zugefügt hatte? Gandulf begann zu schwitzen und seine Sprache verlor zunehmend an Geist. »Du schmutzumrandeter Wackelpopo!«, beschimpfte er den Feuersalamander.

Der Feuersalamander hatte leider keine Zeit, sich um Gandulf zu kümmern, sondern war in ein sehr persönliches Gespräch mit Bussardo vertieft. »Junge, es ist Zeit für dein Coming out. Du darfst auch mal bei mir knabbern!«, ermunterte er ihn.

Bussardo konnte dem Angebot nicht widerstehen und pickte voller Wut nach dem Quälgeist. Gandulf machte einen gewaltigen Satz nach vorn. Jetzt hatte nur noch Alfons' Kopf Bodenkontakt.

»Finde ich gut, dass du dich öffentlich bekannt hast!«, lobte der Feuersalamander Bussardo.

»Habe ich nicht!«, verwehrte sich dieser gegen die ungeheuerliche Unterstellung.

»Ihr habt's doch auch gesehen, dass er gerne einen lutscht!«, wandte sich der Feuersalamander an die Schweine, die sich wieder zu ihnen gesellt hatten.

»Man könnte es meinen!«, musste Jonny zugeben.

»Auf jeden Fall ist er spitz«, sagte Elisabeth, wobei sie offen ließ, was sie damit meinte.

»Haut ab!«, brüllte Gandulf, den die Schmerzen im Hinterlauf so langsam verrückt machten, und drehte sich um die eigene Achse. Alfons hatte den letzten Bodenkontakt verloren. Der Zug am Bein wurde so groß und der Schmerz so stark, dass Gandulf eine Kehrtwendung machte. Alfons konnte sich jetzt mit den Händen abstützen. Er begann aus Leibeskräften um Hilfe zu schreien. Elisabeth machte sich Sorgen und trabte zur Glastür.

»Ich will den unverschämten Streifenlurch und nicht die Eier!«, erklärte Bussardo derweil seinem Kollegen Jo. Der trottete daraufhin ebenfalls unter Gandulfs Bauch. Gandulf, der um die Kraft seiner Hauer wusste, tippelte aufgeregt umher und stieß nicht gerade tischfeine Verwünschungen gegen seine Kollegen aus.

Esmeralda hatte inzwischen ihren Beobachtungsposten verlassen, war zu einem Baum gekrabbelt und hatte einen Faden um den Stamm gelegt. Dort wartete sie auf eine günstige Gelegenheit, um den Faden an Gandulfs Hinterlauf zu kappen und mit dem ihren zu verknüpfen.

Elisabeth kam zurück und berichtete freudestrahlend, dass sich Alfons untertänigst vor ihnen verbeuge. Die Herrscher hielten für einen Moment inne und nickten hoheitsvoll in dessen Richtung. Mit seinem »He, ihr beiden, wollt ihr nicht mal gleichzeitig lutschen?« beendete der Feuersalamander den Staatsakt. Es knallte gewaltig, als Bussardo und Jonny mit den Köpfen zusammenstießen.

»Nur nicht drängeln! Es kommt jede und jeder dran!«, beruhigte sie der Feuersalamander. Gandulf war einer Panik nahe.

Esmeralda nutzte die Verwirrung, krabbelte zu Gandulf hin, verband ihren Faden mit dem Gandulfschen, und kappte die Fersenfessel.

Augenblicklich verspürte Gandulf die ungeheuere Leichtigkeit des Seins und hatte nur noch einen Wunsch: Weg! Mit einem gewaltigen Satz sprang er über die Hecke. Seine Kollegen nahmen sogleich die Verfolgung auf. Sie konnten den Feuersalamander unmöglich so ungeschoren davonkommen lassen.

Esmeralda begab sich wieder ins Wohnzimmer. Alfons hing wie ein Kronleuchter am Gebälk. Sie nickte ihm kurz zu, krabbelte zum Schlafzimmer hoch und verkündete voller Stolz: »Ihr könnt rauskommen! Er kann euch nichts mehr antun!«

Sofort machten sich die Tiere daran, die Stöpsel und Klebebänder durchzufressen, mit denen Alfons die Türlöcher verstopft hatte.

Bald darauf durchquerten die ersten Kriegsgefangenen das Wohnzimmer, unter ihnen Bernadette und Freddy. »Dich würde ich nicht einmal mit Handschuhen anfassen!«, verkündete sie Alfons und machte sich über einen Kaktus her.

»Ihm geht es sicher genauso!«, meinte Freddy.

»Was ihn von dir unterscheidet!«, schmunzelte sie.

Die meisten straften Alfons mit Verachtung und belegten ihn mit Beschimpfungen wie »Glotz nicht so blöde!« oder Verwünschungen wie »Mögen deine Kinder alle so aussehen wie du!«

Ein Ameisentrupp nahm gar einen Umweg in Kauf: Wand hoch, Balken rüber, Brust runter, Rücken rauf und das ganze wieder zurück. Eine Ameise allein kann einen schon ganz ordentlich kitzeln und drei noch viel mehr. Wenn man aber wie Alfons an Bauch und Rücken besonders kitzelig ist, dann ist ein ganzer Trupp die größte Lachnummer weit und breit. Alfons lachte zwar nicht, legte aber einen ekstatischen Ausdruckstanz hin.

Esmeralda sah's mit Wohlgefallen. Der Faden hielt sogar dieser Bewährungsprobe stand.

Eins war klar: Alfons' Vergehen gegen die Tierheit hatte die höchste aller Strafen verdient. »Ich küsse ihn zu Tode!«, bot sich Schneckchen an. Ihr Antrag wurde jedoch abgelehnt.

»Gut abgehangen schmeckt er am besten!«, meinte eine Fliege. Die Frischfleischfraktion war zwar gegenteiliger Ansicht, doch um des lieben Friedens willen erhob sie keine Einwände und die letzten Tiere verließen das Haus.

Da hing er nun, einsam und verlassen. »Das ist ein Scherz!«, versuchte Alfons seine Lage auf die leichte Schulter zu nehmen. Doch ihm war nach allem, nur nicht nach Lachen zumute. Er war so wütend, dass er die Wände hätte hochgehen können, wenn er nicht schon oben gehangen wäre. Er spürte sein Gehirn. Es wog schwer und drückte fürchterlich. Trotzdem fasste er den richtigen Gedanken. »Runter, und zwar schnell!« Wenn er bloß gewusst hätte, wie er das anstellen sollte.

Im Fernsehen hatte er mal einen Mann in einer ähnlichen Lage gesehen. Der hatte seinen Oberkörper nach oben gereckt, sich mit den Händen hochgezogen, und sich dann von seinen Fesseln befreit.

Seinen Kopf konnte er zu einem Nicken bewegen. Doch sein Oberkörper kam nicht gegen die Schwerkraft an. Also ließ er den Kopf wieder hängen und sah sich nach einer anderen Lösung um. Das Telefon! Blöderweise stand es zwei Meter entfernt auf der Kommode. Er begann mit den Armen vor- und zurückzupendeln. Ganz langsam kam Schwung in die Sache und er dem Telefon immer näher.

Bald hielt er das Schnurlose in den Händen. Doch das nächste Unglück nahte schon: Ihm drohten die Sinne zu schwinden. Er brauchte augenblicklich Hilfe, also rief er notgedrungen die Polizei an.

»Wachtmeister Gruber!«, meldete sich sein Freund und Helfer.

»Hier spricht Künkelin!«

»Nett, von Ihnen zu hören. Wie geht's denn so?«

»Überfall!«, kürzte Alfons das Begrüßungsritual ab.

»Wann, wo, von wem, was?« Gruber wusste, wie man mit ihm zu reden hatte.

Alfons zögerte. Sein Verstand sagte nein, sein schmerzender Körper brüllte ja. »Ich hänge an der Decke! Kommen Sie sofort!«, beschränkte er sich aufs Wesentliche.

Alfons erhielt keine Antwort. Wie sollte er auch? Gruber lief gerade Gefahr, von einem abscheulichen Lachkrampf hingerafft zu werden.

»Was fällt Ihnen ein, mich auszulachen?«, brüllte Alfons ins Telefon und versuchte das Telefon zu erwürgen. Dabei entglitt es ihm und fiel auf den Boden, zum Glück mit der Sprechseite nach oben.

»Hier spricht Gratzke«, meldete sich der Hauptwachtmeister. »Wie ich vernommen habe, hängen Sie an der Decke. Würden Sie mir liebenswürdigerweise mitteilen, wo genau sich die Schlinge befindet?«

»Was tut das zur Sache?«, brüllte Alfons laut und deutlich.

»Wenn Sie mit dem Hals in der Schlinge stecken, ist die Mordabteilung dafür zuständig. Wenn sie sich am Unterleib befindet, die Sitte, und wenn Sie rundum zugeschnürt sind, die Postabteilung.«

Alfons riss sich zusammen. »Ich hänge an den Beinen!«

»Wie genau?«, fragte Gratzke weiter.

»Am linken Knöchel.«

»Haben Sie Schweißfüße?«, lautete Gratzkes nächste Frage.

»Ob ich was ...?« Alfons konnte nicht weiterreden.

Gratzke blieb ganz ruhig. »Haben Sie oder haben Sie nicht?«

»Ja!«, heulte Alfons ins Telefon.

»Dann ist alles klar: Sie rufen die orthopädische Klinik an. In diesem Fall ist sie Ihr Ansprechpartner!«, sagte Gratzke und legte auf.

Ungläubig hörte Alfons es tuten. Das alles konnte nicht wahr sein, das gab es schlichtweg nicht. Er wollte nicht sterben. Mit verschwommenem Blick suchte er das Zimmer nach einem Rettungsanker ab und fand ihn in Gestalt eines Besens. Also wieder geschwungen und den Besenstiel gepackt. Mit ihm vollbrachte Alfons ein zirkusreifes Kunststück: Er wählte Siggis Telefonnummer.

»Komm sofort her!«, kreischte er.

»Schrei mich nicht so an!«, schrie Siggi zurück. »Zudem befinde ich mich gerade in einer wichtigen Besprechung.« Um dies zu unterstreichen, gab er seiner neuen Mitarbeiterin einen Kuss. Gerade hatte er ihr gezeigt, was er unter Corporate Identity verstand.

»Wenn du nicht kommst, sterbe ich!«, weinte Alfons.

»Red nicht daher! So lieb hast du mich nun auch wieder nicht!«, stellte Siggi nüchtern fest.

»Ich hänge mit den Beinen an der Decke!«, jammerte Alfons.

»Wieso machst du auch dieses bescheuerte Yoga-Zeugs?«

»Die Spinne war's. Sie hat mich an einem Faden hochgezogen!«, stellte Alfons richtig.

Für Siggi stand außer Zweifel, dass sein Bruder jetzt völlig hinüber war. Andererseits war die Gegend wirklich nicht geheuer.

»Du musst mich retten!«, wiederholte Alfons auf herzerweichende Weise sein Anliegen.

»Ich will aber auch nicht sterben!«

»Sterben muss jeder!«, versuchte Alfons seinen Bruder zu beruhigen.

»Aber nicht heute!«, wandte Siggi ein.

»Bitte!« Alfons schluchzte und begann vor lauter Krämpfen zu röcheln.

Was blieb Siggi anderes übrig? Er durchstöberte seine Waffensammlung und lud seinen Wagen voll. Vielleicht hatte er Glück und Alfons war lediglich übergeschnappt. Wenn nicht, dann waren Rambos Aktionen ein Dreck gegen das, was ihm bevorstand.

Mit gezückter Pistole betrat er Alfons' Anwesen. Kein Ungeheuer ließ sich blicken. Er schlich zum Haus und gelangte unversehrt an die Glasfront. Dort erblickte er ein grässliches Monster. Nein, das war Alfons, der ihn mit großen Kuhaugen anglotzte. »Alfons!«, schrie er und zwängte sich durch die Tür.

Alfons antwortete nicht. Dazu war er schon zu abgehangen. Siggi wollte noch retten, was zu retten war. Er stellte einen Stuhl neben Alfons, stieg drauf und wollte den Faden durchschneiden. Im letzten Moment hielt er inne. Auch wenn es nur ein Meter war: Einen freien Fall auf den Kopf soll man nicht unterschätzen. Er zog sich die Hose aus, schlang die Hosenbeine um Alfons und sich und verknotete sie hinter Alfons Rücken. Ein Schnitt und Alfons war frei.

Doch steh mal auf einem Stuhl mit so einer Last. Siggi geriet ins Schwanken. »Halt still!«, schrie er in Alfons' Schritt.

Alfons mobilisierte seine letzten Kräfte und umklammerte mit den Beinen den Hals seines Bruders. Siggis Nase war jetzt so tief in Alfons' Schritt vergraben, dass er zu ersticken drohte.

»Lass sofort los!«, keuchte er. Vergebens. Mit der letzten Sauerstoffreserve schaffte er es bis zum Sofa und ließ sich drauffallen. Da lagen sie nun und keuchten um ihr Leben. Alfons durchzuckten immer wieder Krämpfe und Schauer. Siggi nahm ihn in die Arme und hielt ihn eng umschlungen. Endlich schien das Schlimmste überstanden. Alfons' Körper kam nach und nach zur Ruhe. Doch etwas Schlimmes schien seine Seele zu belasten. Er wollte reden, begann aber stattdessen zu weinen.

»Mir kannst du es doch sagen!«, versicherte ihm Siggi und drückte ihn noch fester an sich.

Unter Schluchzen stieß Alfons hervor: »Warum habe ich gegen dieses Kleinvieh keine Chance?«

Siggi fand diese Frage gar nicht so dumm. Er dachte darüber nach und je länger er dachte, umso philosophischer wurde ihm ums Herz. »Keiner hat gegen die eine Chance – gegen Viren, Bakterien, Mücken, Schnecken …«, setzte er zu einer längeren Erklärung an.

»Wieso Schnecken?«, unterbrach ihn Alfons kreischend.

»Die fressen dir jeden Salat!«, erläuterte ihm Siggi.

»Ich werde ihnen allen den Garaus machen!«, schrie Alfons, rappelte sich vom Sofa auf und stierte mit blutunterlaufenen Augen im Wohnzimmer umher. »Pst!«, machte er, packte eine Sprayflasche, die auf dem Couchtisch stand, schlich sich zu einer Pflanze und sprühte sie gnadenlos ein. Anschließend warf er sich auf den Boden und suchte fieberhaft nach einem Opfer, fand aber keins.

Als Siggi das so sah, kam ihm eine Erkenntnis: Alfons hatte sich erhängen wollen, es in seiner geistigen Umnachtung jedoch verkehrt herum versucht.

Plötzlich spürte er, wie seine Nasenschleimhäute anschwollen. Siggi war gegen Insektenmittel allergisch und bekam Atembeschwerden. »Hör sofort damit auf!«, röchelte er. Doch Alfons dachte nicht daran. Nach dem nächsten Sprüher sprang Siggi auf, packte die Flasche und entwand sie ihm. »Jetzt ist endgültig Schluss!«, schrie er. Alfons streichelte ihm verständnisvoll über den Kopf, ergriff eine Fliegenklatsche und ging damit auf die Jagd.

So konnte es nicht weitergehen. Siggi rief Hilde an. Schließlich hatte sie und nicht er Alfons versprochen, ihm in schlechten Zeiten beizustehen. »Bring du ihn wieder zur Vernunft!«, flehte er sie an.
»Wo nichts war, kann man auch nichts wiederherstellen!«, brachte diese die Unmöglichkeit des Unterfangens auf den Punkt.
»Dann hol ihn ab!«
»Ich soll dieses Haus noch einmal betreten? Da wäre ich ja wohl noch verrückter als er!«
Auch das verstand Siggi. Was er nicht verstand war, dass sie einfach auflegte.

Alfons schlug gerade wie ein Wilder mit seiner Fliegenklatsche auf einen Kaktus ein. Der verfing sich darin, wurde in die Luft katapultiert und ging auf Alfons' Haupt nieder. Er zog ihn sich aus der Kopfhaut und schleuderte ihn unter Gebrüll weit weg. Der Kaktus landete einen, allerhöchstens zwei Zentimeter neben Siggi.
Der ergriff daraufhin erneut den Hörer und rief einen Kollegen an, der für seine einfallsreichen und wirksamen Methoden zur Lösung menschlicher Probleme bekannt war. Dieser hörte sich die Sachlage an und wusste sogleich Rat. »Einbetonieren!«
»Das kann ich meinem Bruder doch nicht antun!«, äußerte Siggi Bedenken.
»Das übernehmen wir!«, offerierte ihm der Kollege. Siggi wollte es sich überlegen.
Alfons hatte sich derweil wieder der Sprayflasche bemächtigt. Damit sein Bruder nichts von dem Sprühsound mitbekam, begleitete er jeden Sprayer mit einem infernalischen Geschrei.
Siggi wusste jetzt endgültig, dass es an der Zeit war, Alfons an einen Ort des Friedens und der Abgeschiedenheit zu bringen. Er hielt sich ein Taschentuch vor die Nase und schlich sich an Alfons heran. Der Raubüberfall klappte problemlos. Siggi entriss ihm die Dose und schrie: »Schluss! Schluss! Schluss!«
»Ist ja gut!«, beruhigte ihn Alfons, nahm ihn bei den Schultern und setzte sich mit ihm aufs Sofa. »Wir müssen einen Plan machen, wie wir dieses Viehzeugs ausrotten«, erläuterte er ihm

»Ich muss nach Hause und du in die Irrenanstalt!«, brüllte Siggi.
Alfons lächelte ihn nachsichtig an und lehnte sich entspannt zurück. Plötzlich klatschte er in die Hände und biss in die Luft.
»Was ist?«, fragte Siggi ängstlich.
»Das!«, erklärte ihm Alfons und streckte die Zunge heraus. Auf ihr lag ein winzig kleines Etwas. Ob es mal ein Mückchen, ein Staubkorn oder eine Bakterie gewesen war, konnte man nicht mehr ausmachen.
»Bitte lass uns gehen!«, flehte Siggi seinen Bruder an.
»Ich soll meinen Feinden kampflos das Feld überlassen?« Alfons blickte ihn ungläubig an.
»Hier ist nichts und niemand!«
Genau in dem Moment kam eine Stubenfliege auf sie zugeflogen. Ihr Leben währte noch allerhöchstens dreißig Sekunden. Sie hatte sich von ihren Liebsten mit dem für Fliegen wichtigsten Rat verabschiedet: »Wenn ihr so richtig in der Scheiße steckt, dann seid ihr auf dem richtigen Weg!« Alfons ergriff die Spraydose und hielt auf die Fliege. Deren Leben dauerte dennoch bis zum natürlichen Ende, denn im letzten Moment entriss Siggi seinem Bruder die Dose und besprühte lang und ausgiebig sein linkes Nasenloch.
Danach herrschte sehr lange Ruhe, wenn man vom Husten, Würgen und Ringen nach Luft einmal absah.

Kampf um die Schnecke

Siggi saß völlig erschöpft auf dem Sofa und beobachtete Alfons, der schon wieder das Wohnzimmer nach seinen natürlichen Feinden absuchte.
»Jetzt setz dich doch endlich mal hin, ich muss mit dir reden!«, schrie er ihn an.
»Pssst!«, machte Alfons und erstarrte zur Salzsäule.
»Da ist nichts, absolut rein gar nichts!«, versuchte Siggi ihm klarzumachen.
»Das ist ja das Eigenartige!«, flüsterte Alfons. »Irgendwas stimmt hier nicht!«
»Das einzige, was hier nicht stimmt, bist du!«
»Pssst!« Alfons legte einen Finger auf den Mund und lauschte.
»Geh sofort in die Klapse!«, flehte Siggi.
»Du meinst, nicht über Los?«, sagte Alfons und lächelte, wenn auch nur für einen kurzen Augenblick. Er sah seinen Bruder scharf an. »Du siehst mitgenommen aus. Soll ich dir ein Beruhigungsmittel holen?«
»Mir?!« Siggi konnte es nicht fassen. »Du brauchst eins! Was heißt eins! Eine Apotheke voll brauchst du!«
Alfons ging nicht weiter darauf ein, sondern legte ein Ohr gegen die Glasplatte und verharrte für eine Weile in dieser Stellung. Dazu murmelte er immer wieder: »Eigenartig, eigenartig!«, und schüttelte den Kopf.
»Was ist eigenartig?«, fragte Siggi, so ruhig er konnte.
»Ist dir schon aufgefallen, dass sich hier kein einziges Monster mehr befindet?«
»Na und?«
»Die haben sich zurückgezogen, um einen Plan für das letzte Gefecht auszuhecken.« Alfons wusste es ganz genau.
Siggi erhob sich. »Wenn ich dir beweise, dass sich hier im

Raum noch Tiere befinden, gehst du dann freiwillig in die Psychiatrie?«

Alfons dachte kurz nach, nickte, setzte sich aufs Sofa, legte beide Arme auf die Rückenlehne und sah mit süffisantem Grinsen zu, wie sein Bruder jeden Winkel durchstöberte.

Sie beide schienen wirklich die einzigen Lebewesen in diesem Raum zu sein. Erst ganz zum Schluss entdeckte er an einem Benjamini Schneckchen, das ihm sogleich freudig entgegenschleimte. Es hatte sich gerade so richtig vollgefressen und ein Nickerchen gemacht. Jetzt war es wieder so fit, dass es mindestens ein Jahr von Liebe und noch mal Liebe leben konnte.

»Und was ist das?!«, triumphierte Siggi und hielt sie seinem Bruder entgegen.

Der schnellte von seinem Sitzplatz hoch und stürmte ihm entgegen. »Gib sie sofort her!«, schrie er und streckte eine Hand aus.

»Erst gehst du zum Nervenarzt!«

»Gib sie mir, oder ...!« Alfons kam einen Schritt näher.

»Oder was?«

Alfons Gesicht verzerrte sich zu einer Grimasse, die auch Dr. Frankenstein überzeugt hätte, dass er noch weiter experimentieren müsse.

»Dann friss sie!«, forderte ihn Siggi auf, der um Alfons' Ekel vor dieser Delikatesse wusste.

Doch Alfons streckte die Zunge heraus. »Leg sie drauf!«, züngelte er.

Siggi war sich unschlüssig. Alfons schloss derweil die Augen und reckte ihm verzückt seinen Kopf entgegen. »Los!«, lispelte er. Siggi wandte sich angeekelt ab. »Ich bring sie jetzt in den Garten!«, erwiderte er und ging zur Glastür.

Alfons sprang ihn von hinten an und versuchte, der Schnecke habhaft zu werden. Siggi schüttelte ihn ab, so dass er zu Boden fiel, und entschwand im Garten. Alfons rannte zum Sofa, ergriff Siggis Pistole und folgte ihm. »Halt!«, schrie er. Siggi nahm keine Notiz davon und ging weiter. »Noch einen Schritt und ich schieße!« Siggi drehte sich um und sah seinen eigenen Bruder auf ihn zielen. »Du würdest mich doch nicht wegen einer Schnecke töten!«, stammelte er ungläubig.

»Lass es nicht darauf ankommen!«, lautete Alfons' Antwort.
Siggi wandte sich ab und ging weiter. Eine Kugel schlug direkt neben seinem Fuß im Boden ein.

Herr Kernicke war schlagartig wach. Er rüttelte so sehr an seiner Frau, dass ihr nichts anderes übrig blieb als die Augen zu öffnen. »Es hat geknallt!«, raunte er ihr zu.
»Hier haben viele einen Knall!«, sagte sie teilnahmslos.
Ein zweiter Knall. Beide sprangen aus dem Bett, liefen zum Fenster und wurden Zeugen eines dramatischen Schauspiels.
Siggi und Alfons standen einander gegenüber. Alfons hielt eine Pistole in der Hand und Siggi Schneckchen. »Gib sie her!«, befahl Alfons und näherte sich seinem Bruder.
»Noch einen Schritt und ich fresse sie!« Siggi führte Schneckchen zum Mund.
»Wage es nicht!«, drohte Alfons und zielte mit der Pistole auf Siggis Kopf.
»Wir müssen sofort was tun!«, raunte Herr Kernicke aufgeregt seiner Gemahlin zu.
»Die tun sich schon nichts!«, sagte Frau Kernicke mit wenig Überzeugungskraft und umklammerte den Arm ihres Gatten.
»Aber dem Schneckchen!« Herr Kernicke versuchte sich zu befreien.
»Du bleibst hier!«, entschied sie.

»Wenn du sie mir gibst, bekommst du alles, was du willst!«, versprach Alfons.
»Erst in die Klapse!« Siggi ließ nicht mehr mit sich handeln.
»Anschließend!«
»Zuerst!«
So kamen sie auch nicht weiter.
»Sie gehört mir!«, versuchte es Alfons mit einer neuen Taktik.
Schneckchens Herz machte Freudensprünge.
»Hast du dafür eine Quittung?«
»Gott hat sie mir geschenkt!«, offenbarte Alfons.
»Aber du glaubst doch gar nicht an Gott!«, sagte Siggi mit sanfter, eindringlicher Stimme.
»Wenn du mir die Schnecke gibst, gehe ich mit dir nach Rom

und bitte den Papst, uns von unseren Sünden zu erlösen!«
»Du bist evangelisch!«, hielt Siggi dagegen.
»Ich habe dich zum letzten Mal gewarnt!«, schrie Alfons und schoss ihm zwischen die Beine. »Die Schnecke!«
»Nein!«
»Ich schieße höher!«
»Leck mich!«
»Mich auch!« Das kam von Schneckchen.
»Die Schnecke!« Das von Alfons.
»Nein und nochmals nein! Das Einzige, was du von mir bekommst, ist eine Zwangsjacke. Die Farbe kannst du dir selbst auswählen.«
Alfons spannte den Hahn. Siggi nahm die Schnecke, setzte sie sich auf den Kopf und wandte sich dem Ausgang zu. »Wenn du sie willst, dann schieß sie runter!«, lauteten seine Abschiedsworte.
Alfons überlegte nicht lange. Doch es machte lediglich »klick!« Erhobenen und geschmückten Hauptes verließ Siggi den Garten.
Alfons lief neben ihm her und flehte ihn an. »Du kannst mich doch nicht mit den Bestien alleine lassen!« Doch Siggi verzog keine Miene. Nur als Alfons versuchte, sich an Schneckchen zu vergreifen, schlug er ihm so auf die Nase, dass sich Alfons rücklings auf den Boden setzte.
Er wollte sich erheben, doch sein Kreislauf war dagegen. Er fiel um und landete auf dem Rücken. Da lag er nun, hilflos wie ein gewendeter Maikäfer, und zuckte ab und an konvulsivisch mit seinen Gliedmaßen.

»Wir müssen ihm helfen!«, flüsterte Frau Kernicke ihrem Mann zu.
»Das Beste ist, wir lassen ihn in Ruhe!«, flüsterte er zurück.
»Ich weiß, er ist nicht nett zu Schnecken. Aber jetzt hilf endlich!«, fuhr sie ihn an.
»Nicht nett! Er killt sie!«, empörte sich Herr Kernicke.
»Ist das ein Grund, dasselbe zu tun?«
»Ich tu keiner Schnecke was zuleide!« Herr Kernicke wusste selbst, dass dieser Konter nicht besonders gut gewesen war.

Daher beugte er sich ihrem Willen und gemeinsam begaben sie sich zu Alfons, der immer noch unbewegt dalag und vor sich hinstierte.

»Kann ich Ihnen helfen?«, fragte Frau Kernicke.

Alfons blickte zu ihr hoch und jammerte: »Ich will sie wiederhaben!«

»Ihre Frau kommt sicher zurück!«, tröstete sie ihn.

»Siggi hat mir die Schnecke weggenommen!« Alfons konnte nicht weiterreden, weil er anfing zu heulen.

Herrn Kernicke kamen ebenfalls die Tränen, Tränen der Rührung. Er hatte es immer gewusst. Im Grunde ihres Herzens lieben alle Menschen Schnecken. Manche haben das nur vergessen. »Es gibt noch so viele andere Schneckchen. Und die eine ist so lieb wie die andere!«, versuchte er ihn zu trösten.

Alfons hatte Mühe zu antworten. »Aber ich will nur sie!«, brachte er schließlich hervor.

»Ich kann Sie verstehen …«, zeigte sich Herr Kernicke angetan.

Seine Frau stieß ihn in die Seite. »Jetzt lass ihn doch mal in Ruhe!«

»Siehst du nicht, wie ich ihn aufbaue?«

Sah sie nicht. Zumal Alfons begann, die Zähne zu fletschen, zu schmatzen und ein Gelübde abzulegen. »Lieber Gott, ich verspreche dir, dass ich jede Schnecke, die du mir bescherst, zweiunddreißigmal zerbeißen werde, bevor ich sie schlucke!«

Herr Kernicke war tief enttäuscht. Für einen Moment hatte er gedacht, Alfons würde sich in der höchsten Not zu den wahren irdischen Werten bekennen. »Wagen Sie ja nicht, auch nur einer Schnecke was zuleide zu tun!«, drohte er ihm und forderte seine Frau auf: »Komm, wir gehen!«

»Wir können ihn unmöglich in diesem Zustand alleine lassen!«

»Dann hol den Pfarrer! Der soll ihm die letzte Ölung verabreichen. Ich stifte auch ein paar Liter Altöl!«, entgegnete er wütend.

»Hast du schon mal darüber nachgedacht, was es mit dem Spruch ›Du sollst deinen Nächsten lieben wie dich selbst‹ auf sich hat?«, fauchte sie ihn an.

»Selbstverständlich! Deswegen gehe ich jetzt. Würde ich ihn lieben, würde ich mich hassen. Und dann müsste ich ihn hassen. Da ich an mir liebe, dass ich ihn hasse, bekommt er genau das, was er verdient!« Herr Kernicke blickte seine Frau sehr weise an.

»Blödes Geschwätz!«, zeigte sich diese von ihrer uneinsichtigen Seite. »Wir nehmen ihn mit zu uns!«

»Spinnst du!«, entfuhr es Herrn Kernicke.

Alfons zuckte zusammen. Er musste wieder weinen. »Alle wollen mich töten!«, jammerte er.

»Machen Sie sich nichts draus!«, lächelte Herr Kernicke.

So langsam wurde es Frau Kernicke zu viel. Sie stritten sich wirklich selten, aber wenn, dann richtig. »Freundchen, jetzt halt aber mal den Rand!«, gab sie ihrem Gatten einen gut gemeinten Rat.

Herr Kernicke durfte nicht nachstehen. »Meine Ränder halten noch immer von selbst«, sagte er und bemühte sich um einen spöttischen Gesichtsausdruck.

»Was soll das heißen?«, wollte sie wissen.

Während die beiden ihr Gespräch vertieften, richtete sich Alfons mühsam auf. »Niemand liebt mich!«, wehklagte er kniend und heulte Rotz und Wasser.

Doch die Kernickes hatten im Augenblick wirklich keine Zeit für ihn.

»Du schaffst das Kunststück, dich wie eine Karikatur deiner selbst zu verhalten!«, sagte sie.

»Was du für eine Karikatur hältst, ist in Wahrheit ein richtiger Mann. Und so einer macht dir Angst!«

»Ich habe mein ganzes Leben immer nur das Beste gewollt!«, wehklagte Alfons.

»Ich soll vor dir Angst haben?« Frau Kernicke lachte schrill. »Ihr seid doch nur deshalb Männer, weil ihr nicht Manns genug seid, eine Frau zu sein!«

»Das ist das Unlogischste, Bescheuertste und Widersinnigste, was ich jemals gehört habe!«, ereiferte sich Herr Kernicke.

»Das liegt nur daran, dass du nie dir selbst zuhörst!«

»Meiner Mami habe ich immer Strümpfe geschenkt und meinem Vati Socken!«, versuchte sich Alfons Gehör zu verschaffen.

»Ist ja gut!«, beruhigte sie ihn und tätschelte das gebeugte Haupt.
»Hören Sie nicht auf sie. Erstens weiß sie nicht, was sie redet, zweitens ist es Lüge, und drittens reiner Mist!«, schrie Herr Kernicke Alfons an.
Dem versiegten vor Schreck die Tränen. Er blickte mit großen Augen zwischen beiden hin und her. »Mein Herz!«, stammelte er.
»Schenken Sie es doch ihr, dann hat sie wenigstens einen Hauch davon!«, keifte Herr Kernicke.
»Das geht zu weit!«, zischte sie mit aschfahlem Gesicht. »Nimm das sofort zurück!«
»Ich denke nicht daran, die Wahrheit zu verleugnen!«
»Mein Herz!«, wehklagte Alfons erneut.
»Nimm es sofort zurück!«
»Nein!«
»Mein Herz!«
»Ruhe!«, musste er sich von zwei Seiten gleichzeitig anhören.
Die Streithähne standen sich von Angesicht zu Angesicht gegenüber. »Leck mich!«, raunte sie ihm zu.
»Nach dir!«
»Das hättest du gerne!«, entgegnete sie höhnisch.
»Du doch auch!«, setzte er noch eins drauf.
Beide starrten sich mit undurchdringlicher Miene an. »Mein letztes Angebot!«, sagte sie mit Verachtung in der Stimme.
»Gleichzeitig!«
Herr Kernicke dachte einen Moment nach, dann nickte er zum Einverständnis.
Alfons lag zusammengekrümmt auf dem Boden. Als Herr Kernicke ihn rüttelte, schlug er die Augen auf und stöhnte.
»Ich rufe den Notarzt!« Frau Kernicke wollte zum Haus rennen.
»Ist nicht nötig!«, flüsterte Alfons und richtete sich langsam auf. »Nur Ruhe und etwas zu trinken.«
»Wir bringen Sie in Ihr Haus!«, bot sich Herr Kernicke an.
»Ich will nicht zu den Monstern!«, jammerte er und wieder rollten ihm Tränen über die Wangen.

»Schaffen Sie es bis zu uns?«, fragte ihn Frau Kernicke. Alfons nickte. Ihr Mann blickte sie entgeistert an. »Dafür du zuerst!«, sagte er voller Verachtung.

»Also gut!«, willigte sie ein. Daraufhin schleppten sie ihn gemeinsam zu sich nach Hause.

Der Feind auf meinem Sofa

Beate traute ihren Augen nicht, als ihre Eltern den Horror in Person ins Wohnzimmer schleppten. »Was habt ihr denn mit dem vor?«, fragte sie in der Hoffnung, eine grauenerregende Antwort zu erhalten.

»Frag sie!«, schnaufte Herr Kernicke und blickte vorwurfsvoll seine Frau an. Die antwortete erst, nachdem sie Alfons auf dem Sofa abgesetzt hatten. »Aufpäppeln und dann wieder nach Hause schicken.«

Beate konnte es nicht fassen. »Ihr gewährt Hitler Unterschlupf?!«

»Beate, bitte!« Frau Kernicke wandte sich Alfons zu, der mal wieder zu heulen begann. »Es wird alles wieder gut!«, versuchte sie ihn zu trösten.

»Adolf weint, weil ihm sein Gas ausgegangen ist«, giftete Beate.

Frau Kernicke holte tief Luft, doch ihr Gatte kam ihr zuvor. »Du vergleichst Dinge, die nicht miteinander zu vergleichen sind!«

»Was glaubt denn ihr, was in seinen Spraydosen ist?«, fragte sie in die Runde.

Da Herrn Kernicke keine Antwort einfiel, die ihm einen Punktgewinn eingebracht hätte, schwieg er.

»So fertig, wie der ist, tut der keiner Fliege mehr was zuleide!«, versuchte Frau Kernicke ihre Tochter zu besänftigen.

Doch Beate stand der Sinn nicht nach Sanftmut. »Du möchtest also als Krankenschwester von Hitler in die Geschichte eingehen!«, schürte sie die Stimmung.

Frau Kernicke begnügte sich mit einem »Beate, du nervst!«

»Lass sie, wir kümmern uns später um ihn!«, flüsterte Esmeralda, die sich sicherheitshalber auf Beates Rücken versteckt hatte, ihrer Freundin ins Ohr.

»Ihr könnt ruhig schlafen gehen, wir passen auf ihn auf!«, übersetzte Beate.
Frau Kernicke sah ihre Tochter eindringlich an. »Wenn er morgen früh tot ist ...«
»Dann hat ihn sein gerechtes Schicksal ereilt und der Teufel ihn zu sich gerufen. Der will sich nämlich zur Ruhe setzen und sucht einen Nachfolger«, vollendete Herr Kernicke ihre Ausführungen.
»Schluss jetzt!«, beendete Frau Kernicke die Diskussion und beugte sich zu Alfons hinab, dessen Körper heftige Schauer durchfuhren. »Ich bring Ihnen einen Beruhigungstee!«, sagte sie und tat es auch, beobachtet von den Argusaugen ihrer Lieben. Dann drückte sie Alfons in die Kissen und verabschiedete sich mit einem »Gute Nacht!«
Beate setzte sich in den gegenüberliegenden Sessel. Herr Kernicke war sich unschlüssig, ob er gehen oder bleiben sollte. Als er jedoch sah, dass Esmeralda oberhalb von Alfons' Kopf auf der Sofalehne Stellung bezogen hatte, ging auch er ins Bett.

Er betrat das Schlafzimmer und konnte es nicht fassen. Sein Weib schlief, während er noch innerlich bebte. Er brauchte Beistand und schüttelte sie. Sie öffnete ein Äuglein, packte ihr Kopfkissen und legte es sich über den Kopf. Herr Kernicke entzog es ihr mit einem Ruck. »Gib es sofort wieder her!«, jammerte sie.
»Nirgendwo steht, dass man zu jedem nett sein muss!«, machte er den Eröffnungszug.
»Ich glaube, in der Bibel steht so ein Spruch!«, antwortete sie lahm.
»Erstens bis du aus der Kirche ausgetreten und zweitens meinst du hoffentlich nicht dieses Masogeschwätz, dass du jeden, der dir eine scheuert, auffordern sollst, dich zusammenzuschlagen!«
Frau Kernicke wandte sich ihm zu. »Ich glaube, wenn man nett zu anderen Menschen ist, dann sind sie es ebenfalls!«
»Für die Guten mag das stimmen. Aber die Bösen lassen dich in einem fort nett sein, ohne dass sie dir was dafür geben. Und wehe, du willst doch mal was von ihnen. Dann bist du egois-

tisch, berechnend, wirst als Verbrecher eingesperrt oder als Revoluzzer erschossen!«

Ihr Gesicht machte nicht unbedingt den Eindruck, als ob sie die ganze Tragweite dieser niederschmetternden Sachlage begriffen hätte. »Ich bin dir noch was schuldig«, kam sie auf ihre Abmachung zu sprechen und hob die Bettdecke.

Herr Kernicke stand vor einer schwierigen Entscheidung. Einerseits hatte die Diskussion gerade erst begonnen. Andererseits war das Angebot allzu verlockend ...

Trotz bester Vorsätze war Beate eingeschlafen. Dafür übernahm Esmeralda den Wachdienst. Um ganz sicher zu gehen, begann sie, Alfons ans Sofa festzuspinnen. Sie fing bei seinen Füßen an und arbeitete sich schnell nach oben.

Alfons spürte ein Kribbeln in der Knieregion. Er schlug die Augen auf. Nein, da kribbelte nichts drinnen, da krabbelte etwas an ihm rauf! Erst wollte er fliehen und schreien, dann aber riss er sich zusammen und wartete ab.

Esmeralda war nur noch ein kleines Stück von seiner linken Hand entfernt und zögerte. »Mir passiert schon nichts!«, sprach sie sich Mut zu und krabbelte auf die Handfläche. Im nächsten Augenblick hatte Alfons sie fest im Griff und seine Hand drückte mit aller Gewalt zu. Doch sein Gehirn schaltete den Pressimpuls wieder aus. »Ein schneller Tod wäre viel zu schön für sie!«, gab es zu bedenken.

»Dafür wäre sie länger tot!«, antwortete der Impuls und betätigte erneut die Presse.

»Wir töten sie gemeinsam auf die brutalste Weise!«, schlug das Gehirn vor.

Esmeralda spürte, dass die nächste Pressung sie zerquetschen würde. Wie gerne hätte sie sich noch von Beate verabschiedet!

Alfons' Hände waren sich unschlüssig, bis Alfons ihnen wunderschöne Kindheitserlebnisse ins Gedächtnis rief. Was hatte es ihnen doch für Spaß bereitet, Tieren Beine und Flügel auszureißen! Jetzt erinnerten sie sich auch an die vielen lustigen Massaker und erklärten sich mit dem qualvollen Töten einverstanden.

Ganz vorsichtig schlüpfte Alfons aus dem Kokon und erhob sich still und leise. Esmeralda verhielt sich ruhig. Sie wusste, eine falsche Bewegung und es war vorbei.

Auf Zehenspitzen verließ Alfons das Haus und schlich zu seinem Anwesen. Er nahm Esmeralda mit ins Schlafzimmer, dorthin, wo die Tragödie begonnen hatte, setzte sich auf die Bettkante und betrachtete das Monster von allen Seiten. »Hat die ekelhafte Beine!«, dachte er und riss ihr mit einem Ruck eins aus. Esmeralda zuckte und ruckte, als ob ihr letztes Stündlein geschlagen hätte. Alfons erschrak. So schnell durfte sie nicht sterben. Zum Glück beruhigte sich das Biest wieder. Er überprüfte, ob das Zimmer irgendwelche Fluchtmöglichkeiten bot, verschloss die Tür und brachte sicherheitshalber am Kamin ein Gitter an. Er war sich sicher: Sein Haus war eine Festung, aus der es kein Entrinnen gab. Vergnügt setzte sich Alfons an seine Hausbar und schenkte sich einen Whisky ein. Während er trank, dachte er darüber nach, wie er Esmeralda am qualvollsten martern könnte. Am besten wäre es, jemand aus der pharmazeutischen oder Kosmetikindustrie zu fragen. Die machten mit Tieren ständig solche Sachen. Einstweilen würde er sich mit Beinausreißen begnügen. Eigentlich hatte er schon jetzt wieder Lust. Aber er beschloss, das Vergnügen in die Länge zu ziehen und noch ein Weilchen zu warten.

Beate wachte auf, weil es so still war. Alfons, vor allem aber Esmeralda waren verschwunden. Sie rief nach ihr, erhielt jedoch keine Antwort. Sie suchte im Haus. Nichts. Sie lief in den Garten. Nichts als saublöde Stille. Im Schutz der Sträucher näherte sie sich Alfons' Wohnzimmer. Der Hausherr saß an seiner Bar, prostete sich zu und machte einen mehr als zufriedenen Eindruck. »Hoffentlich stößt er nicht auf Esmeraldas Tod an!« Ihr kamen die Tränen. Sie versuchte ins Haus zu gelangen, doch alles war verschlossen.

So griff sie zu einer anderen Taktik und warf aus ihrem Versteck Steinchen gegen das Wohnzimmerfenster. Alfons horchte kurz auf und trank dann weiter. Nach dem nächsten Wurf öffnete er die Glastür einen Spalt und rief in die Nacht »Für wie blöde hältst du mich?« und schloss sie grinsend wieder.

In diesem Moment erreichten die drei Herrscher Alfons' Garten. Sie waren zurückgekehrt, um endlich die Konferenz abzuhalten. Da standen sie nun, und weil keinem was Besseres einfiel, außer mal hier, mal dort ein Häppchen zu fressen, taten sie es auch. Beate wusste was Besseres. »Verschwindet, sonst tötet der euch!«, rief sie ihnen zu. Aber welcher Potentat lässt sich schon was sagen?
»Die will ihn für sich alleine haben!«, mutmaßte Jonny.
»Meinst du?«, fragte Bussardo, der auf der Spitze des Strauchs saß und sich verschluckte. So was hörte er überhaupt nicht gerne.
Alfons blickte in den Garten und war verblüfft. Was wollten die schon wieder? Dann sah er es: Das Pack fraß seinen Garten leer! Zum Glück war sein Doppelläufer geladen. Er öffnete die Tür so weit, dass der Lauf durchpasste, und legte an.
Beate rannte zu den Tieren, schubste sie und schrie: »Haut sofort ab!« Doch die kümmerten sich nicht weiter um die Göre, befanden sie sich doch mitten in einem feierlichen Staatsakt, und sahen Alfons freundlich und würdevoll an.
Der überlegte kurz, ob er nicht einfach abdrücken sollte, ließ aber Gnade vor Recht ergehen und gewährte Beate noch mal Aufschub.
Bussardo hielt es nicht mehr aus und kam Alfons entgegengeflogen. Der zog das Gewehr nach oben, blieb jedoch am Verschlusshaken der Tür hängen. Bis er es enthakt und wieder angelegt hatte, saß Bussardo schon auf dem Lauf. Vor Schreck warf Alfons das Gewehr von sich und zog sich ins Wohnzimmer zurück. »Du Angsthase!«, schimpfte er mit sich, nahm all seinen Mut zusammen, öffnete die Tür, trat ins Freie und – wagte sich einfach nicht weiter. Bussardo saß auf dem Gewehrlauf und strahlte ihn an. Wer noch nie einen Bussard hat strahlen sehen, kommt auch nicht ohne weiteres darauf, dass sie es können.
Alfons versuchte ihn zu verscheuchen, machte »ksch, ksch!«, wedelte mit den Händen und trampelte mit den Füßen.
Bussardo verstand ihn sofort. Er begann ebenfalls mit einem Begrüßungstanz, sprang in die Luft, spreizte sein Gefieder und gab Krächzlaute von sich.

Seine Mitpotentaten konnten da keinesfalls zurückstehen und führten vor, was ein rechter Begrüßungsschwof ist. Jonny hüpfte im Kreis, wälzte sich im Gras, strampelte mit den Beinen und schnorchelte aus Leibeskräften. Gandulf benahm sich wie ein Schaukelpferd und röhrte aus vollem Halse. Beate lief zwischen ihnen umher und versuchte sie wegzuscheuchen.

Alfons nutzte einen sehr hohen Sprung von Bussardo aus, packte das Gewehr, ohne in seinem Twist innezuhalten, und verfolgte mit dem Gewehrlauf Bussardos Gehüpfe. Gleich würde er auf dem Boden landen ...

Just in diesem Moment kam die Eule angeflogen. Sie trug im Schnabel einen ganz besonders großen Strauß Gänseblümchen. Damit die Blümchen nicht vorzeitig welkten, hatte sie sie mitsamt der Erde ausgegraben.

Alfons hörte die Flügelschläge, blickte vorsichtshalber nach oben und erhielt den Blumengruß. Wenn er gewusst hätte, dass nur nasse Erde sein Haupt bedeckte, wäre er sicher nicht so erschrocken und hätte das Gewehr nicht abermals fallen lassen. So aber tat er es und griff sich mit beiden Händen ins Gesicht.

Beate lief zu ihm hin, packte das Gewehr, schlüpfte durch die Tür und machte sich sogleich auf die Suche nach Esmeralda.

Ihr Herz machte Freudensprünge, als die ihr durch die Schlafzimmertür hindurch entgegenmaulte: »Wird auch langsam Zeit!« Der Türschlüssel steckte und kurz darauf hielt sie ihre Esmeralda in den Händen. »Weinst du?«, stellte diese eine ziemlich überflüssige Frage.

Beate beantwortete sie mit einem Schluchzen. Und sie schluchzte noch mehr, als sie entdeckte, dass der Ärmsten ein Bein fehlte. »Das wächst nach!«, beruhigte sie Esmeralda.

»Ehrlich?« Beate musste vor Glück schon wieder schluchzen.

Als Beate Schritte hinter sich vernahm, war es schon zu spät. Alfons packte sie mit der einen und das Gewehr mit der anderen Hand. »Hau ab!«, schrie Beate Esmeralda zu. Die zögerte.

»Bitte, geh!«, flehte Beate. Esmeralda tat es schweren Herzens. Alfons schoss hinter ihr her, fehlte aber weit. Er stieß Beate ins Schlafzimmer und verschloss die Tür. Wegen der Spinne machte er sich keine Sorgen: Aus seinem Haus gab es kein Entkommen.

Die Herrscher hatten sich zu einer Beratung zurückgezogen.
»Du bist schuld daran, dass er geflohen ist!«, zeterte Jo mit Bussardo. »So wie du getanzt hast, musste es ihm ja schlecht werden!«
Gandulf war ganz anderer Meinung. »Sein Verschwinden hängt mit dem kleinen Mädchen zusammen.«
»Du meinst, sie hat ihn sich gekrallt?«, fragte Bussardo.
»Ganz offensichtlich stehen sie in einer engen Beziehung zueinander!«, präzisierte Gandulf.
»Erzählt das bloß nicht Elisabeth, das bricht ihr das Herz!«, bat Jo seine Kollegen.
Da alle drei wussten, dass Herrschen dort endet, wo der weibliche Körper beginnt, verschoben sie einstweilen die Konferenz und machten sich auf den Heimweg.

Alfons suchte währenddessen Esmeralda. In der Küche bekam er einen Riesenschreck. Er hatte vergessen, den Abzugsschacht abzusichern. Die Schlitze waren zwar sehr schmal, aber zur Vorsicht schaltete er den Ventilator ein und suchte weiter.
Esmeralda, die sich in der Küche, genauer gesagt in einem Fleischwolf versteckt hatte, kam hervorgekrochen. Als sie den laufenden Ventilator sah, kam ihr eine Idee. So schnell sie konnte krabbelte sie zum Kamin zurück, befestigte einen besonders starken Faden am Gitter, eilte mit diesem zum Ventilator und schob ihn in die Rotationsblätter. Diese erfassten den Faden und zogen ihn an. Daraufhin flitzte Esmeralda zum Gitter zurück und sah mit Freuden, wie es sich zu wölben begann.
Alfons vernahm eigenartige Geräusche aus der Küche. Er ging hin und erblickte einen dampfenden Ventilator. Zuerst dachte er, es hätte Esmeralda erwischt. Doch woher rührten dann die knirschenden Geräusche aus dem Wohnzimmer? Als er es betrat, erhielt er prompt die Antwort: Das Kamingitter kam ihm entgegengeflogen.
Obgleich er einen Superstart hinlegte, war Esmeralda schon im Schacht verschwunden. Alfons raufte sich die Haare. Er hatte sie in der Hand gehalten! Ein kräftiger Druck und der Alptraum wäre vorüber gewesen. Er verstand seine Hände, die ihm links und rechts eine scheuerten. »Ich hab doch noch das

Mädchen!«, versuchte er sie zu besänftigen. Nach vier weiteren Ohrfeigen gaben sie Ruhe und ihm eine letzte Chance.

Als er die Schlafzimmertür öffnete, sah Beate ihn prüfend an, dann strahlte sie. »Sie ist einfach cleverer als Sie«, tröstete sie ihn und fügte hinzu: »Ich gehe jetzt!«

»Du bleibst so lange da, bis die Spinne wieder hier ist!«, befahl ihr Alfons.

»Wohl zu viel Fernsehen geguckt?«

»Dir werde ich dein freches Maul schon noch stopfen!«

»Wissen Sie, dass das Freiheitsberaubung ist?«, versuchte Beate ihm die Tragweite seines Tuns klarzumachen.

»Na und?«

»Dafür kommen Sie in den Knast!«

Aber auch das kümmerte Alfons wenig.

Beate versuchte es anders. »Vielleicht wissen Sie, wie man Spinnen dazu bringt zu kommen? Ich hab keine Ahnung!«

Aber Alfons. »Ich öffne das Fenster und du rufst sie!«

Beate blickte ihn nachsichtig an. »Ich glaube, Sie verwechseln Spinnen mit Hunden!«

»Glaubst du, ich weiß nicht, was zwischen euch abläuft!«, protzte er mit seiner Beobachtungsgabe und führte sie zum Fenster. Er öffnete es, legte seine Hände um ihren Hals und sagte: »Ruf sie, sonst ...!«

Beate kam eine Idee. So laut sie konnte, rief sie nach Esmeralda. Alfons hielt ihr schon nach der ersten Silbe den Mund zu. »Leiser!«, verlangte er und nahm seine Hand wieder von ihrem Mund.

»Spinnen sind schwerhörig!«, klärte sie ihn auf.

Derweil war Esmeralda schon die Wand hochgeklettert und saß auf dem Fenstersims. »Hier bin ich!«, flüsterte sie.

Beate erschrak fast zu Tode. Sie musste sie unbedingt von hier weglotsen. »Esmeralda ist sicher schon bei meinen Eltern und holt sie her!«

Alfons war inzwischen alles egal. »Die sollen nur kommen. Dann sperre ich sie auch mit ein.«

Glücklicherweise verstand Esmeralda Beate sofort und seilte sich an der Hauswand ab.

Menschenrettung

So schnell sie konnte, krabbelte Esmeralda zu den Kernickes. Während Herr Kernickes sich vor dem Schlafzimmerfenster reckte, erklomm sie den Sims. »Komm ja nicht rein!«, fuhr er sie an. Eine Spinne am Morgen und auch noch auf nüchternen Magen war eindeutig zu viel. Esmeralda krabbelte dennoch auf ihn zu. Erst wollte er sie mit den Händen verscheuchen, aber so mutig war er dann doch nicht. Also schloss er kurzerhand das Fenster.

Warum konnten die Erwachsenen kein Spinnesisch und waren auch noch so schwer von Begriff? Es war zum Verzweifeln!

In dem Moment tauchten Punki und Lothar auf. Punki hatte vergessen, ob er zu Beate oder sie zu ihm kommen wollte, ebenso, ob gestern, heute oder morgen. »Totale Alzheimer!«, diagnostizierte Lothar.

»Hier und heute stimmen immer!«, stellte Punki klar.

Esmeralda seilte sich in Eilgeschwindigkeit auf seine freie Schulter ab. »Schön, euch zu sehen!«, begrüßte sie die beiden.

»Kann ich leider nicht sagen. Du Pissnelke wirst von Tag zu Tag hässlicher, ist echt widerlich!«, grüßte Lothar zurück.

»Ey, hattest du nicht mal mehr Krabbler?« Punki nahm Esmeralda in die Hand und streichelte sie.

»Hat sie doch nur gemacht, um uns nicht so viel Hässlichkeit auf einmal anzutun.« Lothar neigte manchmal zur Eifersucht.

»Echt super lustig!«, meinte Punki trocken und streichelte ihren Hinterleib.

Esmeralda berichtete ihnen in aller gebotenen Kürze von Alfons und Beate.

»Das bedeutet Krieg!«, quietschte Lothar.

»Der hat echt 'nen Hau weg!«, stimmte Punki ihm zu. »Ich sag dem mal, was Sache ist!«

Esmeralda hatte mehr als nur einen Zweifel daran, dass er ein ebenbürtiger Gegner war. »Erzähl's Beates Eltern. Die sollen sie holen!«, bat sie ihn.

»Eltern bringen's nicht, und du bringst es auch nicht. Was für ein Glück, dass ich gekommen bin!« Lothar blickte sie herausfordernd an.

»Oldies machen echt nur Scheiß!« Punki wusste es genau, schließlich hatten seine Eltern sich ebenso unermüdlich wie erfolglos seiner Erziehung angenommen.

»Ihr bekommt beide eins auf die Nuss und das war's dann auch schon!« Esmeralda blieb bei ihren Bedenken.

Punki traf eine schnelle Entscheidung. »Ich geh jetzt zu dem Macker, um mit ihm in Peace zu reden, eine Friedenspfeife zu rauchen und 'ne geile CD anzuhören!«

Lothar wand sich vor Ekel. »Der ist so was von Flowerpower! Das hältst du im Kopf nicht aus!«

Punki kümmerte sich nicht weiter um die tierischen Einwände, sondern steckte Lothar und Esmeralda unters Hemd, ging zu Alfons' Haus und läutete.

Der spähte hinter dem Vorhang hervor. Fasching war vorbei, das Gruselkabinett machte sicher keinen Betriebsausflug und Ungeziefer duldete er nicht einmal in seinem Garten, geschweige denn im trauten Heim. Er dachte nicht daran, die Tür zu öffnen.

»Ey, Alter, spiel nicht den Komposti. Entweder kommt Beate zu mir oder ich zu ihr. Capisco?«, rief Punki.

Nichts tat sich.

»Hast echt 'nen tierischen Eindruck gemacht!«, piepste Lothar.

»Du kotzt mich an: immer nur 'ne große Klappe, immer nur negativ!«, maulte Punki. Da aber blöde rumzustehen auch nicht das Wahre war, legte er einen Rap hin. »Ey, Mann im Haus, lass sofort Beate raus, sonst komm ich zu dir, du Maus!« Er kam immer mehr in Fahrt. Sein Body begann zu shaken, seine Stimme wurde immer louder, und der Rhythmus zu einem, bei dem man einfach mitmuss.

Alfons konnte widerstehen. Mit großen Augen sah er dem Hampelmann bei seinem Gezappel zu. Als dessen Gekreische jedoch Triebwerklautstärke annahm, musste er handeln, wollte er nicht Beates Eltern auf dem Hals haben. Er öffnete die Tür und fuhr Punki an. »Was willst du?«

»Beate! Aber dalli!«

»Das Mädchen wohnt da drüben!« Alfons deutete zu Kernickes Haus.

»Erzähl keine Storys!« Punki blieb wie ein Drücker vor der Tür stehen.

Frau Kernicke blickte zum Fenster hinaus und sah Punki. Solche bunten Freunde hätte sie dem gar nicht zugetraut. »Was macht eigentlich Alfons?«, dachte sie und eilte ins Wohnzimmer. Er war weg.

»Macht nichts, da haben wir schon eine Sorge weniger«, war der einzige Kommentar ihres Mannes, der gerade dazukam.

»Wo ist Beate?«, fragte sie.

»Keine Ahnung. Komm, beeil dich – einkaufen!«

Frau Kernicke holte ihre Tasche.

Alfons betrachtete sich den Kakadu ein ganzes Weilchen. Dann sagte er kurz und bündig: »Komm rein und überzeug dich selbst!«

Punki zögerte. Es gab zu viele Psychos auf der Welt.

»Was ist nun?« Alfons war im Begriff die Tür wieder zu schließen.

»Hosenscheißer!«, zischte Lothar.

»Keine Angst, ich bin bei dir!«, beruhigte ihn Esmeralda.

Punki trat ein.

Alfons überlegte sich fieberhaft, was er mit diesem Typen anstellen sollte. Vielleicht ging alles ganz einfach über die Bühne. Und wenn nicht? Er führte ihn durchs Haus. Als sie beim Schlafzimmer ankamen, sagte Alfons nur: »Das ist das Schlafzimmer!«, und wollte weitergehen.

»Zeigen!« Punki hielt ihn am Ärmel fest.

Alfons wischte die Finger weg und sagte voller Abscheu: »Wir haben es wohl mit einem kleinen Spanner zu tun, der nicht weiß, was sich gehört!«

»Hör mal, Opa, deine Nullnummern interessieren mich nicht 'nen feuchten«, sagte Punki und blieb stehen.

Ob edel im Gemüte oder blöde im Gehirn, das war nicht die Frage. Alfons musste was tun. Er zog ein Messer und deutete auf die Schlafzimmertür. »Hier rein!«

»Ey, Alter, quatsch kein Kino. Haste Probleme? Dann geh zum Sozialfreak in der Klapse. Klaro?«, sagte Punki, wich aber vorsichtshalber einen Schritt zurück.

Alfons hielt nicht viel von Psychologen. »Leg dich auf den Boden!«

»Biste schwul?«, fragte Punki und machte einen weiteren Schritt.

Alfons antwortete nicht, sondern folgte ihm und setzte ihm das Messer an die Kehle.

»Tritt ihm in die Eier!«, empfahl ihm Lothar.

»Du hast leicht reden!«

»Was hast du gesagt?«, fragte Alfons und drückte noch mehr zu.

»Ey, Mann, du leidest wohl an Verfolgungswahn. Ich quatsch doch nicht mit jedem!«, antwortete Punki und ging in die Knie. Dann lag er bäuchlings da.

»Die Hände auf den Rücken!«

»Mit dir spiel ich aber nicht ›Backe backe Kuchen‹!« Punki tat's doch.

Alfons holte eine Schnur aus der Hosentasche, band Punkis Hände zusammen und knebelte ihn mit einem Tuch.

Esmeralda und Lothar war es gelungen, sich unbemerkt auf der zweitobersten Treppenstufe zu verstecken. Gerade rechtzeitig, denn Alfons tastete Punkis Körper ab. Dann packte er ihn am Hosenboden und schleifte ihn zu Beate ins Zimmer.

»Ohne mich ist der verloren!«, raunte Lothar Esmeralda zu, sauste hinterher und versteckte sich in Punkis Hosenbein.

Alfons setzte Punki vor einen Heizkörper und band ihn daran fest. Dann schaltete er die Heizung ein. Zu Beate sagte er: »Und bei dir werde ich auch gleich neue Saiten aufziehen«, schloss die Tür und ging zur Bar, um sich einen Drink zu genehmigen.

Punki und Beate versuchten sich zu verständigen. Doch mehr als ein gegenseitiges Anmampfen war nicht drin. Lothar war gefragt. »Echt Alter, hast mal wieder alles vermasselt!«, höhnte er, kroch aus dem Hosenbein und nagte die Handfesseln durch. Kurz darauf war Punki und wenig später auch Beate frei.

»Nichts wie raus!« Punki zerrte an der Tür.

»Ich glaube, es ist besser, wir verbarrikadieren uns!«, meinte Beate.

»Spinnst du, wir wollen doch raus!«

»Und er zu uns rein!«

»Auch wenn's beschissen ist, aber zumindest im Moment hat sie recht!«, überwand Lothar seine Vorurteile gegenüber Frauen.

Gemeinsam schoben sie das Bett vor die Tür. Sie waren gerade damit fertig, als Alfons die Treppe hochkam. Er schloss die Tür auf und drückte. Nichts tat sich. »Macht sofort auf, sonst komme ich!«, schrie er.

Punki wollte ihn auf die mehrfache Unlogik seiner Äußerung hinweisen, doch Beate hielt ihm den Mund zu. »Der soll glauben, dass wir nicht mehr hier sind. Vielleicht macht er dann was Unüberlegtes!«

»Das macht der doch schon die ganze Zeit!«, flüsterte er zurück.

Alfons begann sich gegen die Tür zu werfen. Nach dem dritten Versuch schob sich das Bett nach hinten. »Gleich hab ich euch!«, kündigte er an, erhielt aber weiterhin keine Antwort. Die beiden saßen auf dem Boden und stemmten sich gegen das Bett. »Lange können wir ihn nicht mehr aufhalten!«, flüsterte Beate Punki zu.

»Der hat ein Messer!« Punki war nahe dran hysterisch zu werden.

»Und ein Gewehr!«, fügte Beate hinzu.

Punki begann ohne Vorwarnung »Hilfe!« zu schreien.

»Ist der peinlich!«, sagte Lothar und kroch unter ein Kopfkissen.

Alfons erschrak. Er lief nach unten und schaltete die Stereoanlage auf volle Lautstärke: Volksmusik.

Er musste den Kerl zur Ruhe bringen. Die Spraydosen! Wenn sie den Tieren zum ewigen Schlaf verhalfen, dann hatten sie sicher auch auf Menschen eine beruhigende Wirkung. Er packte eine, rannte wieder nach oben und hielt sie gegen das Schlüsselloch.

»Sag ihm, dass er die Musik ausmachen soll, sonst bekomm ich die Krätze!«, jaulte Lothar.

Punki hatte derweil das Schreien eingestellt und zu schnüffeln begonnen.

»Wir müssen das Loch abdichten!«, sagte Beate und hustete.

»Du spinnst wohl. Das ist Speed pur!«, entrüstete sich Lothar, der mit vorgereckter Nase unter dem Kissen hervorkam. Er und Punki begannen sich darum zu streiten, wer zuerst ans Schlüsselloch durfte.

Punki setzte seine Masse ein. Wenn er auf was stand, dann auf Insektenvernichtungsmittel. Er zog den Duft in tiefen Zügen ein. »Ey, Mann, das turnt an!«, rief er Alfons zu.

»Lass mich mal!«, verlangte Lothar und hampelte aufgeregt auf dem Bett herum. Endlich durfte er ran. »Frag den Alten, ob er nicht was mit Fichten- oder noch besser mit Kiefernnadelduft hat«, bat er Punki.

»Ey, Mann, haste nicht was mit mehr Natur in der Bottle?«, schrie der nach draußen.

Alfons war verblüfft. Meinte der das im Ernst oder war das nur eine Finte? Er hielt sich die Dose an die Nase und drückte ab. Erst bekam er keine Luft mehr, dann musste er wie wild niesen und schließlich fühlte er sich ganz anders. »Dir Haschbruder werd ich's zeigen!«, brüllte er und sprühte weiter.

Beate beobachtete das Ganze mit Skepsis und Erstaunen.

»Willste auch mal?«, bot ihr Punki das Schlüsselloch an.

Doch Beate stand nicht auf Schnüffeln, sondern hielt sich ein Taschentuch vor die Nase. Als Punki schließlich begann, zur Musik zu klatschen, mitzusingen und Alfons Komplimente zu machen – »Ey, Mann, mach die Musik lauter, is echt geil!« –, während sich Lothar auf dem Bett in wilden Zuckungen erging, wusste sie, dass sie etwas unternehmen musste. Sie drückte ein Kopfkissen gegen das Schlüsselloch. Alfons benutzte die anderen Löcher. So trieben sie ein ganzes Weilchen das Sprayspiel die Tür rauf und runter. Da Alfons immer wieder erfolgreich einen Sprüher setzen konnte, begann Beate ein neues Spiel.

»Hast du Streichhölzer?«, fragte sie Punki, der in glückseligem Zustand auf dem Bett lag. Bedauernd schüttelte er den Kopf. Doch schon im nächsten Moment erhellte sich sein Gesicht und er zog ein Feuerzeug aus der Tasche. »Aber dafür das!«, lachte er sich einen.

»Echt lustig!«, seufzte Beate und nahm es. Erst ließ sie Alfons sprühen, dann hielt sie die Flamme gegen das Einsprühloch. Der Feuerschweif blieb im Rahmen des Üblichen, ebenso die Explosion. Auch die Verbrennungen waren höchstens zweiten Grades. Lediglich Gesicht und Oberkörper waren pechschwarz. Alfons' Schmerzgeschrei allerdings überschritt kurzfristig die zulässigen Grenzen.

Die größten Verletzungen jedoch trug Alfons' Seele davon. Das hätten sie ihm nicht antun dürfen. Jetzt war endgültig Schluss! Und niemand konnte ihm vorwerfen, er hätte es nicht im Guten versucht. Aber wer Hass sät ... Er rannte die Treppe hinunter und schulterte Axt und Gewehr.

Esmeralda hatte sich im Erdgeschoss schon auf sein Kommen vorbereitet und Fäden um eine Reihe von Gegenständen gelegt. Als Alfons durchs Wohnzimmer eilte, spürte er ein Ziehen am Knöchel. Egal. Nach dem nächsten Schritt hörte er hinter sich ein Geräusch. Er drehte sich blitzschnell um. Zum Glück war das Gewehr schussbereit. Noch ehe die Vase den Boden erreicht hatte, war sie schon tot. Alfons fluchte. Eine tote Vase war nun mal keine gute Vase. Er nahm Abschied von dem teuren Stück und eilte weiter.

Inzwischen klebte ihm der Wandbehangsfaden am Bein. Alfons arbeitete sich gegen den Widerstand nach vorn, so dass ihn der fliegende Teppich im Rücken traf und auf den Bauch warf. Panik ergriff ihn, die sich aber infolge mangelnder Nervenmasse nicht weiter ausbreiten konnte. Irgendwas bedeckte ihn. Und eine Flunder war es sicher nicht. Dennoch richtete er sich auf. In der Küche fiel ein Kochtopf mit Geschepper auf den Boden. Er stand auf und drehte sich auf der Suche nach dem Übeltäter um die eigene Achse. Dabei schlug ihm der Benjamini ins Kreuz.

Alfons schwante, wer seiner Wohnungseinrichtung Leben eingehaucht hatte. Er suchte seinen Körper ab und ertastete tatsächlich einen Faden. Ganz sachte zog er daran. Welch eine Gemeinheit! Das zarte Band führte zu seiner besten und vollsten Whiskyflasche. Nachdem er vergebens versucht hatte den Faden zu zerreißen, schritt er auf die Flasche zu, um sie vor dem Fall zu bewahren. Ihm folgte der Bilderrahmen mit seinem Portrait.

Derweil befand sich Esmeralda schon in der Küche. Zum Glück lief der Ventilator auf Hochtouren, zog auf Anhieb den Faden ein und Alfons die Beine weg, so dass er auf den Bauch fiel. Langsam aber sicher rutschte er über das Parkett auf die Küche zu. Die Whiskyflasche, genauer gesagt der unversehrte Hals, folgte ihm. Erst an der Küchentür gelang es ihm, sich vorübergehend festzuhalten. Doch seine verschwitzten Hände rutschten langsam aber sicher ab. Er ließ los und wurde gegen den Einbauschrank gezogen. Er wusste, das war seine letzte Chance, mobilisierte noch einmal all seine Kräfte und stieß sich mit beiden Beinen ab. Der Ventilator riss aus der Verankerung und landete wild um sich schlagend dicht neben ihm. Doch davon bekam Alfons schon nichts mehr mit. Er war ohnmächtig geworden.

Esmeralda machte sich sogleich an die Arbeit.

Als Alfons erwachte, fühlte er sich nicht nur wie gerädert, sondern war es auch in gewissem Sinn. Seine Arme waren weit von ihm gestreckt festgebunden. Dafür baumelten seine Beine in der Luft. Alfons war gegenüber solchen Freiheiten inzwischen äußerst misstrauisch geworden. Richtig! Zwei Fäden verbanden sie mit dem Abzugshahn des Feuerwerfers, dessen Düse auf ihn gerichtet war.

Esmeralda war unterdessen zu ihren Freunden geeilt. »Ihr könnt rauskommen!«, schrie sie, so laut sie konnte, um die Volksmusik zu übertönen.

»Du musst mir bloß noch sagen wie!«, antwortete Beate, die an der verschlossenen Tür rüttelte.

»Komm doch du, mein Naschmäulchen!«, kreischte Lothar, der sich auf dem Heimweg von seinem Trip befand.

»Ey, Leute, macht nicht so ein Theater!«, maulte Punki und kuschelte sich unter die Decke.

So sehr Beate an der Tür rüttelte, sie gab nicht nach. »So langsam finde ich es ziemlich langweilig hier!«, meint sie dazu. Und das war nicht das einzige, was sie fand. Sie hatte Angst. Esmeralda konnte es ihr nicht verdenken. Wenn der Typ wieder freikam, dann ... »Ich bringe Hilfe!«, versprach sie ihr und ließ Beate schweren Herzens zurück.

Alfons setzte auf die Nägel seines rechten Fußes. Mit ihnen wollte er den Faden an seinem linken Bein durchtrennen. Blöderweise trug er Socken zu den Sandalen. An sich war das korrekt. Schließlich war er weder Jesus noch sonst ein Hippie. Aber versuch mal mit den Zehen einen Socken auszuziehen.

Während er sich abmühte, kam Esmeralda angetrabt. Sie überprüfte noch einmal die Fäden, ignorierte Alfons' sprachliche Entgleisungen und verschwand durch den Ventilatorenschacht.

Tierfreunde

Eins war Esmeralda jetzt klar: Lass Menschen Menschen helfen und du hast den Salat! Wahrscheinlich konnten sie nicht einmal was dafür, sondern waren und blieben eine Fehlentwicklung der Tierheit. Also: Zurück zum Ausgangspunkt, hin zu den Tieren in den Wald!

Zugegeben, noch immer hatten nicht alle erkannt, was sie an Esmeralda hatten. Aber erstens gibt es immer Dödels und zweitens brauchen manche einfach länger. Nur, die Zeit drängte, und sie musste ihre Mittiere dazu bringen, dass sie ihr halfen, Beate zu befreien. Zumal sich Esmeralda sicher war, dass bei den Menschen herausgerissene Gliedmaßen nicht wieder nachwuchsen.

Auf ihrem zeitraubenden Weg von Versteck zu Versteck traf sie den Feuersalamander.

»Du siehst aus, als seist du dir selbst begegnet!«, begrüßte er sie.

»Viel schlimmer, deine Kinder sind mir gerade über den Weg gelaufen!« Esmeralda wusste, was Feuersalamander brauchen. Der strahlte. »Wie wär's mal wieder mit einer Provo-Action?«

»Da wüsste ich was!«, sagte Esmeralda und erzählte ihm von ihren Sorgen. Das Wichtigste und Schwierigste war, die Tiere so schnell wie möglich zu aktivieren. Der Feuersalamander wusste, wie man das zu bewerkstelligen hatte.

Als erstes begab er sich zu Jonny. Der durchwühlte gerade die Erde nach Trüffeln. Doch was er auch erschnüffelte, nichts stellte ihn zufrieden.

»Was hier so stinkt, bist du!« Der Feuersalamander hatte seine Gesprächsposition auf einem Baum bezogen.

Jo schenkte ihm nicht einmal einen Augenaufschlag, sondern steckte den Rüssel noch tiefer in die Erde.

»He, Alter, brauchst dich nicht zu genieren. Das mit deiner

Alten war nicht so gemeint. Wenn du es mal wieder nicht bringst, helfe ich dir gerne aus!«

Das war um einige Klassen besser, fand auch Jonny, der abrupt seine Suche einstellte und den Baum hochstierte. »Dir fällt auch nichts Neues ein!«, meinte er hoheitsvoll und wandte sich einem jugendlich frischen Löwenzahn zu.

»Ich wollte ja nur wissen, ob du alleine zur Versammlung gehst?«

Jonny ließ vor Schreck – alle können bestätigen, dass ihm so was noch nie passiert war – ein Löwenzähnchen fallen.

»Welche Versammlung?«, stotterte er.

»Sag bloß, du Penner weißt nicht, dass Gandulf eine um drei an den drei Buchen abhält?«

»Ich bin schon auf dem Weg!«, tobte Jonny und war im Begriff loszustürmen.

»Bussardo hält seine um halb drei ab«, verriet ihm der Salamander.

»Du meinst, ich soll dahin gehen?«, fragte Jonny verwirrt und sah sich nach Elisabeth um.

Der Feuersalamander hatte es sich nicht so schwer vorgestellt. »Geht ein Herrscher zu den Versammlungen anderer Herrscher?«

»Und ob!«, schrie Jo und trabte los, kam aber kurz darauf wieder zurück. »Wo tagt Bussardo?«

Der Feuersalamander war am Verzweifeln. Zum Glück kam in diesem Moment Elisabeth angetrabt. »Du siehst aus, als hättest du zwei Stunden Kinder gehütet! Aber da dem nicht so ist, wirst du bald noch schlimmer aussehen!«, kündigte sie Jonny an.

Jonny war aus dem Häuschen. Links und rechts revolutionierte es und er sollte ... NEIN! »Ich muss um vier eine Versammlung abhalten!«, schrie er.

Wäre nicht Elisabeth gewesen, der Feuersalamander hätte die Krätze bekommen. »Deine Versammlung findet natürlich um zwei statt!«, entschied sie weise, nachdem er sie aufgeklärt hatte.

»Die mach ich fertig!«, strahlte Jonny. Was war er doch für ein hinterlistiger Herrscher!

»Dann hast du anschließend noch viel mehr Zeit, um auf die Kleinen aufzupassen!«, schränkte Elisabeth seine Freude ein.

Der Feuersalamander atmete auf und verabschiedete sich mit einem »Aber wascht euch vorher, ihr Stinker. Sonst verduften alle!«

Zum Glück war Gandulf nicht ganz so daneben. »Soll ich dir mal wieder die Eier kraulen?«, begrüßte ihn der Feuersalamander.

Gandulf, der auf einer Waldlichtung stand und sich in tiefenphilosophischen Gedanken erging, schenkte dem kleinen Wicht ein mildes Lächeln. »Wenn du willst, kannst du mir meine Geweihspitzen polieren!«, schlug er hintersinnig vor.

»Darüber lässt sich reden, aber erst nach der Versammlung!« Gandulf legte die Ohren an, hielt aber seine Gefühle unter Kontrolle. »Du gehst also auch zu Jonnys Versammlung?«

»Ne, um zwei ist mir zu spät! Ich gehe zu der von Bussardo, die ist schon um halb!«

»Warum kommst du nicht zu meiner? Die ist schon um eins.«

»Trittst du zusammen mit dem Kastratenchor auf?«

»Schon möglich!«

»Hört sich nicht schlecht an. Mal sehen!« Und schon war der Feuersalamander verschwunden.

Bei Bussardo war des Feuersalamanders größtes Problem, einen sicheren Ort zu finden, von dem aus er sich mit ihm gefahrlos unterhalten konnte. Zum Glück erleichterte ihm Bussardos Standort die Suche. Der thronte majestätisch auf einem Felsen und blickte über sein Reich.

»Bussi, alte Schleiereule, wo ist denn dein Chef?«, begrüßte ihn der Feuersalamander aus einer Steinspalte.

Bussardo rückte lediglich seinen Hintern zurecht und reckte den Schnabel in die Höhe.

»Wieso lässt du es eigentlich zu, dass die Eule allein zur Versammlung geht? Bist du amtsmüde?«

Bussardo erschrak so, dass er beinahe das Gleichgewicht verloren hätte. Die Eule hatte ihn hintergangen! Sie hatte gesagt, sie würde nur ... pflücken gehen. Dabei wollte sie seinen Posten pflücken! In Bussardos Herzen wüteten Stürme. »Sie kündigt mein Kommen an!«, brachte er hervor.

»Ist nicht sehr klug. Jetzt hauen alle ab!«, hatte der Feuersalamander so seine Bedenken. Die Spalte hielt, was sie versprach. Bussardos Schnabel war zu kurz.

Just in dem Moment kam die Eule angeflogen, setzte sich neben ihn und lugte ebenfalls in den Spalt. »Hast du mein Kommen angekündigt?«, fragte Bussardo sie. Die Eule war über die Frage keineswegs verwirrt. »Natürlich!«

»Wo halten sie sich auf?«

»Mal hier, mal dort, mal ...«, dachte sie laut nach. Sie hatte sie auch schon woanders gesehen. Bloß wo?

Wenn Bussardo nur gewusst hätte, ob sie dasselbe meinten. Mit der nächsten Frage wollte er sich Klarheit verschaffen. »Sind Jonny und Gandulf auch schon dort?«

»Ich habe ein paar Bienchen, Hummeln, Schmetterlinge und ...«

Dem Feuersalamander wurde es zu dumm. Das konnte noch Stunden dauern. »Geht ihr Dödels auf Jonnys Versammlung um zwei oder auf die von Gandulf um eins?«

Bussardo legte einen Senkrechtstart hin und verkündete: »Bussardo, euer oberster Herrscher, hält heute um halb eins eine Versammlung ab!«

»Na also, wieso nicht gleich!«, dachte der Feuersalamander und wusste, dass er seine Aufgabe hervorragend erledigt hatte.

Das hatte er in der Tat. Als die Herrscher hören mussten, dass die anderen ihre Versammlungen zu Schleuderzeiten anboten, flogen beziehungsweise galoppierten alle noch mehrere Runden, um mit der allerletzten Sonderzeit aufzuwarten. Den Vogel schoss Bussardo ab, der zwei Wochen vor unserer Zeit bot.

Auf die Dauer nerven solche Wald- und Wiesenverkäufer, wenn man in Ruhe schlafen, arbeiten, sich lieben oder auch bloß gegenseitig fressen will. So bekam jeder der Regenten eins auf die Mütze. Da die Kleinen ihre Wurfgeschosse gleichmäßig verteilten, war es erstens gerecht und zweitens reine Gewohnheitssache.

Für alle Untertanentiere war klar: Treffpunkt war um zwölf

am Weiher, also sofort. Die Potentaten unterließen es, die Probe aufs Exempel zu wagen, und begaben sich direkt dorthin.

Jubel brandete auf, als sie sich gleichzeitig ihrem Volke näherten. Ein »Heil dir, Johannes!« vermischte sich mit »Bussi, Bussardo!« und ging schließlich in ein orgiastisches Gestöhne über.

Kaum waren die letzten Furzer verstummt, begann die Versammlung protokollgemäß mit einer Publikumsbeschimpfung. Beinahe hätte Bussardo mit Jonny gleichgezogen. Doch dessen »Verschwindet, und zwar auf der Stelle!« war einfach überzeugender.

Esmeralda, die im Hintergrund blieb, konnte kaum an sich halten. Ihr brannte die Zeit unter den Nägeln.

Zum Glück brachte das Eichhörnchen die Dinge in Bewegung. »Luschis, was liegt an?«

Die Frage kam für alle drei überraschend. Sie blickten einander an und sahen nur dumme Gesichter. »Glaubst du, dass ich dir das verrate?«, höhnte Jonny.

»Wenn nicht, nehme ich dir alle Nüsschen weg!«, drohte ihm das Eichhörnchen.

Jonny wurde bleich. Diesen Rothäuten war alles zuzutrauen. »Bussardo wird es euch sogleich mitteilen!«, kam ihm Elisabeth mal wieder zu Hilfe.

Bussardo blickte hilflos in die Runde und sagte: »Ich will mit euch über ... über ...« Sein Blick blieb an der Eule hängen, die ihm zu Hilfe kam und »Gänseblümchen« soufflierte. Und ohne zu wissen wieso, vollendete Bussardo seinen Satz mit »... Gänseblümchen sprechen!«

Alles verstummte und blickte ihn gespannt an. Jedes noch so brisante und heikle Thema war an diesem Ort angesprochen worden. Doch über Gänseblümchen hatte noch niemand je ein Wort verloren. So sehr Bussardo auch nachdachte, ihm fielen dazu nur Gefühlsausbrüche ein, die eines Herrschers unwürdig waren.

»Gänseblümchen sind wunderschön!«, flüsterte ihm die Eule zu. Doch dieser Satz wollte nicht über seinen Schnabel kommen. War auch nicht nötig. Denn plötzlich richteten sich alle Augen auf die Eule, die so was von verlegen wurde. Sie nahm all ihren Mut zusammen und richtete Worte voller Anmut an ihre Mittiere. »Wenn es einem richtig schlecht geht und man ganz, ganz lange Gänseblümchen ansieht, dann geht es einem gleich wieder besser.«

»Du meinst, das Wesen der Gänseblümchen offenbart die Kraft der Heilung?«, fragte sie der alte philosophische Bulle. Die Eule verstand ihn zwar nicht, wusste aber, dass er recht hatte und nickte ihm zu.

»Wenn ihr ein Gänseblümchen wahrhaftig gesehen habt, dann habt ihr alles, dann habt ihr Gott gesehen. Halleluja!«, verkündete die Made. Auch ihr nickte die Eule zu.

Das Volk war beeindruckt und stimmte in ein »Juhu!« ein. Nachdem der Jubel verklungen war, ergriff Gandulf das Wort. »Lasst uns auf unser eigentliches Thema zurückkommen: Wir haben diese Versammlung einberufen, um zu erfahren, welche Nöte und Sorgen euch plagen!«

»Meine Alte kriegt schon wieder Junge!«, beklagte sich ein hohlwangiger Mäuserich.

»Und ich habe mir gestern den Magen am Klee verrenkt!« So, wie das Häschen sich krümmte, nahm ihm das jeder ab.

»Was machst du auf meinem Kleefeld?«, fuhr Jonny es an.

»Was soll das Geschwätz?«, schimpfte ein Wiesel. »Entweder ihr sagt jetzt, was ihr von uns wollt, oder ihr trollt euch mit einem Satz heißer Ohren!«

Der Zeitpunkt für Esmeraldas Auftritt war gekommen. Sie ließ sich von einem Baum herab, so dass sie wie ein Mikrophon über der Menge hing, und schrie: »Ich muss euch was Wichtiges erzählen ...«

»Dass du gleich tot bist! Fangt sie!«, unterbrach Jonny sie.

»Wenn du nicht ruhig bist, gibt's eine aufs Maul!«, rief ihn der Feuersalamander zur Ordnung.

Es war das erste Mal, dass Jonny bei der Verfolgung gegen einen Ameisenhügel rannte. Seinen Kopf hatte er schnell wieder befreit. Aber es zog sich hin, bis er jede Ameise davon überzeugt hatte, dass sie sich zum Teufel scheren möge. So konnte Esmeralda ungestört weiterreden. »Der neue Mensch bereitet sich darauf vor, uns alle zu töten.«

Ein »Huch!« ging durch die Menge, wobei die Eule am lautesten schrie.

»Bleibt von seinem Haus weg, dann passiert euch nichts!«, wiegelte Bussardo das Problem ab.

»Ich glaube, dass er bald hierher kommt, um uns zu töten!«, widersprach ihm Esmeralda.

Das »Huch!« war dieses Mal noch viel lauter.

»Der neue Mensch ist ein ehrenwerter Mann!«, befand Gandulf. »Und ich muss es wissen, weil ich die Ehre hatte, ihn kennenzulernen.«

»Er tötet jedes Tier!«, wandte Esmeralda ein.

»Alles, was er macht, ist, sich und uns vor so einem gemeingefährlichen Bastard wie dir zu schützen!«, zischte Gandulf ihr zu.

Viele Tiere waren verwirrt. So aggressiv kannten sie Gandulf nicht. »Was ist denn mit dir los?«, fragte ihn Bussardo flüsternd.

»Wenn wir nicht aufpassen, dann müssen wir Herrscher alleine gegen diesen Menschen kämpfen!«, flüsterte der zurück.

»Das ist doch lächerlich!« Wenn sich Bussardo einer Sache sicher war, dann dieser.

»Viele von euch haben schlimme Erfahrungen mit dem neuen Menschen gemacht!« Esmeralda blickte auffordernd in die Runde. »Erzählt darüber!«

Ein ohrenbetäubendes Klagegeschrei hallte durch den Wald. Zahllose tragische Geschichten wurden vorgetragen. Anschließend kehrte für einen Moment Schweigen ein. Gandulf ergriff das Wort. »Ich bedauere zutiefst euer Schicksal. Dennoch bleibe ich bei meiner Meinung und ich werde euch auch erklären, wieso. Diese Spinne ist nicht nur falsch – das sind sie alle –, sondern sie will uns obendrein menschen!« Das lauteste jemals gehörte »Huch!« ging durch die Menge. Wenn es eine Beleidigung gab, dann diese.

Die einfachste Kategorie von Schimpfworten sind Tierbezeichnungen. Eine Kuh darf man berechtigterweise als »Blindschleiche« bezeichnen, wenn sie um die Hand eines Hirschhornkäfers anhält. Schon viel schlimmer sind die minotaurischen Beschimpfungen. »Was bist du doch für ein Mino!«, sagt man beispielsweise zu jemand, der sich am liebsten selber frisst. Zu menschen beginnt es dann, wenn zum Beispiel einer vorhat, die Erde in die Luft zu sprengen, um Platz für seine Nachkommen zu schaffen.

»Zugegeben, der neue Mensch hat Fehler wie wir alle auch. Aber die wahren Bösewichte sind seine Nachbarn, die Vasallen Esmeraldas. Sie sind es, die zusammen mit dieser Spinne unseren Untergang planen.«, fuhr Gandulf fort.

Wenn es jemals eine überzeugende politische Theorie gegeben hatte, dann diese. Sie hatte alles, was exzellente politische Theorien auszeichnet. Sie war an den Haaren herbeigezogen, lieferte einen Bösewicht und machte einen selbst zum Opfer.

Wären die Tiere Menschen gewesen, so wäre es um Esmeralda geschehen gewesen. Aber sie waren nun mal ungläubig und schwer von Begriff und erwarteten eine Stellungnahme von Esmeralda.

»Es stimmt, dass ich diese Menschen mag. Sie sind nett, lassen uns in Ruhe und helfen uns.«

Jonny war inzwischen wieder aufgetaucht, hatte sich kurz briefen lassen und ergriff sogleich das Wort. »Dass ich nicht lache: Die ließen mich letzten Herbst unbehelligt ihren Apfelkomposthaufen leerfressen. Anschließend hatte ich schreckliche Bauchschmerzen!«

Die einzige, die »Huch!« brüllte, war die Eule. Die anderen Tiere lachten.

Esmeralda griff den Stimmungsumschwung auf. »Nennt mir ein Verbrechen von ihnen, das vergleichbar ist mit denen, die der neue Mensch begangen hat.«

Gandulf versuchte zu retten, was zu retten war. »Ich erinnere mich genau, dass der Mann mal auf einen Wurm getreten ist. Der Ärmste machte noch lange danach einen ziemlich geknickten Eindruck!«

Ein markerschütterndes »Huch!« entrang sich der Eule Mund.

»Noch einen Ton!«, drohte Bussardo.

»Welchen?«, schluchzte sie mit Tränen in den Augen, tat ihm auch sogleich den Gefallen und schlug vierzehn auf einmal an. Bussardo war fassungslos.

Gandulf ließ sich durch solche Störungen nicht aus der Ruhe

bringen.«»Schneckchen hat mir erzählt, dass er es nicht über die Straße gehen lassen wollte. Ein grässlicher Fall von Freiheitsberaubung!«

»Ich habe mich beklagt, dass er sich dafür nicht küssen lassen wollte!«, stellte es richtig.

»Und hat das Mädchen nicht eines der größten Verbrechen begangen und schon so vielen Blümelein den Hals gebrochen?«, wechselte Gandulf schnell das Thema.

»Wenn die mir noch mal mein Futter klaut, hau ich ihr meine Hauer in ...!«, weiter kam Jonny nicht, weil ihn alle auslachten.

Gandulf ergriff die Gelegenheit um genau das Richtige zu verkünden. »Wir erlauben euch – und glaubt uns, wir haben es uns bei diesem Entschluss nicht leicht gemacht – mit dem Menschen zu tun, was ihr für richtig haltet!« Seine Mitregenten nickten zum Zeichen ihres Einverständnisses gewichtig mit dem Haupt.

Aufbruchstimmung machte sich breit. Esmeralda musste etwas tun. »Wartet noch ganz kurz!«, bat sie alle. »Wisst ihr, warum die drei Feiglinge uns alles aufbürden wollen? Dieser Mensch hat schon mehrmals auf sie geschossen. Sie haben schlichtweg Muffe! Ich finde, dass sie sich und uns gegenüber verpflichtet sind ihre verlorene Ehre wiederherzustellen!«

»Wie soll ich etwas verlieren, was ich noch nie besessen habe!«, höhnte Jonny.

»Auch wenn es mich ungeheuer viel Kraft kostet, so bin ich dennoch bereit: Ich verzeihe ihm!«, erklärte Gandulf.

Bussardo durfte selbstverständlich auch nicht fehlen. »So einer kann meine Ehre überhaupt nicht wiederherstellen!«

Die drei sahen einander an und beglückwünschten sich zu ihrem politischen Talent.

»Und was ist mit unserer Ehre?«, fragte eine kleine Laus.

Gandulf reagierte augenblicklich. »Hiermit verbiete ich dem neuen Menschen von heute an bis in alle Ewigkeit, noch einer Fliege, geschweige einer Laus was zuleide zu tun!«

»Das musste mal gesagt werden!« Jonny nickte ihm anerkennend zu.

»Mehr könnt ihr wirklich nicht von uns verlangen!«, fügte Bussardo hinzu.

Damit war auch dieses Problem vom Tisch. Dachten sie zumindest. Doch die meisten Kleintiere besaßen nicht den Hauch von politischer Kultur. Sie piepsten: »Vertreibt ihn! Vertreibt ihn!« Und es wurden immer mehr.
»Ihr wollt, dass ich mich umbringe?«, jammerte Jonny.
»Was soll ohne mich aus euch werden?«, wollte Gandulf wissen.
Bussardo jammerte nicht. Jetzt war endgültig seine Stunde gekommen. »Ihr wollt, dass ich eure Ehre wiederherstelle?«, brüllte er. Und das Volk rief »Ja!«
»Ihr wollt, dass der neue Mensch euch nie mehr was zuleide tut?« Und das Volk rief abermals »Ja!«
»Ihr wollt, dass ich ihn vertreibe?« Das »Ja!« steigerte sich zu einem frenetischen Schrei.
Jonny und Gandulf sahen erst einander und dann Bussardo an. So ganz proper war der noch nie gewesen. Aber dass er zu einer solchen Steigerung fähig war, hatten sie ihm nicht zugetraut.
»Dann folgt mir, mein Volk!«, schrie Bussardo mit überkippender Stimme. »Und ich verspreche euch, unter meinem Befehl werdet ihr das Schlachtfeld als Sieger verlassen! Jede Tierart stellt ein Heer. Abmarsch sofort!«
So blöde war der doch nicht, erkannten seine beiden Partner, stellten sich notgedrungen neben ihm auf und nahmen ebenfalls eine martialische Haltung ein. Bussardo breitete seine Schwingen aus und reckte den Schnabel senkrecht in die Luft. Sein größter Herrscherwunsch war dabei, in Erfüllung zu gehen.
»He, Schrumpfköpfe!«, summte eine Biene. »Wisst ihr, was das bedeutet?«
So viele Zungen hatten die Herrscher noch nie auf einmal gesehen.
Das Bienchen erläuterte ihnen die Botschaft. »Ihr geht alleine. Und zwar sofort!«
»Geht in Ordnung!«, erklärte sich Gandulf einverstanden. Ein klein wenig zu schnell.
»Was genau werdet ihr tun?«, wollte Freddy wissen.
»Wir treten in Friedensverhandlungen mit ihm.«

»Das heißt, ihr labert und fresst euch den Bauch voll!«, stellte Bernadette fest.

»Wir werden ihm unsere Situation verdeutlichen und nahebringen.«

»Wir geben dem Frieden eine Chance!«, fügte Jo ergriffen hinzu.

»Und was ist mit unserem Wohlergehen, unserer Sicherheit, unserem Leben?«, fragte Esmeralda nach.

»Die lagen uns immer am Herzen und werden uns immer am Herzen liegen!«, antwortete Bussardo mit viel Herz in der Stimme.

»An euer Herz leg ich nicht einmal meinen Arsch! Ich habe genug von euch!«, verabschiedete sich der Feuersalamander. Er war nicht der einzige. Alle gingen. Jedes Tier brachte den Herrschern auf seine Weise zum Ausdruck, was es von ihnen dachte, und das freundlichste war »Nullkommanichtse!« Schon bald waren die drei allein. Selbst Elisabeth brachte die Kinder vor dieser Schmach in Sicherheit. Nur die Eule war noch zugegen.

»Endlich haben wir unsere Ruhe!« Jo versuchte einen glücklichen und zufriedenen Eindruck zu machen.

»Sie können nichts dafür, ihnen fehlt die tiefere Einsicht!«, erkannte Gandulf.

»Wo kämen wir hin, wenn wir anfangen würden, dem Volk nachzugeben. Da verliert es doch jeglichen Respekt!«, bereicherte Bussardo das Gespräch.

»Ihr seid dumm!«, unterbrach sie die Eule. Drei Augenpaare blickten sie verwundert an.

»Wer hat dich denn gefragt!«, fuhr Bussardo sie verärgert an.

»Ich mich!«

»Wenn du dich fragen könntest, dann müsste es dich doppelt geben. Und da es niemand gibt, der so blöde ist wie du, kannst du dich nichts fragen, also halt die Klappe!«, fegte Bussardo sie an. Eigentlich tat es ihm schon in dem Moment leid, in dem er das gesagt hatte. Aber die erlittene Schmach war zu groß gewesen.

Die Eule sah sich verwundert nach allen Seiten um, konnte sich aber nicht finden und erklärte: »Dann gehe ich eben allein den Mann vertreiben!«, und flog davon.

»Dann lass dich doch umbringen, du blöde Gans!«, rief ihr Bussardo hinterher.

»Es gibt noch andere Eulen!«, tröstete ihn Jonny.

Bussardo nahm nur noch mit halbem Herzen an den Beratungen teil. Immer wieder musste er an sie denken. Das Leben mit ihr war ... unbeschreiblich, eines ohne sie ... unvorstellbar. Er musste sie retten! Mit einem Blitzstart schwang er sich in die Lüfte und flog ihr hinterher. Seine Mitregenten blickten ihm kopfschüttelnd nach. »Ich hab's gewusst, dass es so kommen wird, wenn auch nicht, dass es *so* kommen wird!«, lautete Gandulfs orakelhafter Kommentar.

»Gehn wir was fressen!«, schlug Jonny vor.

»Wenn es ihm gelingt, den Menschen zu vertreiben, sind wir weg vom Fenster!«, sagte Gandulf nachdenklich.

»Schafft der nie!«, war sich Jonny sicher.

»Und wenn doch?«

Das stimmte nun auch wieder, und im Schweinsgalopp beziehunsweise Hirschgetrabe stürmten ihm die beiden hinterher.

Aller guten Dinge sind drei

Wenn eines so sicher war wie das Rülpsen einer Wildsau, dann, dass die Eule in ihrer Dummheit alles daransetzen würde, sich von Alfons umbringen zu lassen.
 Bussardo flog schneller.
 Hoffentlich entdeckte sie unterwegs ein, zwei, viele Gänseblümchen, die sie dem neuen Menschen mitbringen wollte. Wenn nicht? Bussardo flog wie ein Pfeil. Endlich tauchte das Haus auf. Er umrundete es. Niemand war zu sehen. »Eule, komm sofort her!«, brüllte er. Bei der zweiten Runde flötete er: »Eulchen, wo bist du?« Doch kein »Ich glaube hier!« Nicht einmal ein »Juhu!« Gar nichts. Bussardo flog jetzt dicht über dem Boden und versprach zum Glauben an die Gänseblümchen zu konvertieren, wenn sie ihm einen juhute. Nichts! Sie durfte, konnte nicht tot sein! Schließlich vergeht kein Unkraut und schon gar nicht eine doofe Eule. Vielleicht hatte der neue Mensch sie gefangen und verging sich gerade an ihr. Bussardo hörte den ohrenbetäubenden Lärm der lustigen Volksmusik. Wenn der von Eulchen stammte, dann ... Ihm kamen die Tränen. Er guckte zu jedem Fenster rein, sah aber nichts von Bedeutung, bis er zum Küchenfenster gelangte. Dort erblickte er den Schwarzen Mann. Gehörten er und der neue Mensch zusammen? Egal, vielleicht konnte er ihm weiterhelfen. Er setzte sich auf die Wassertonne, die davor stand, und fragte ihn: »Haben Sie zufällig eine blöde Eule gesehen?«
 Alfons, der am Spülstein stand und sich von den Rußspuren der Spraydose und des Flammenwerfers befreite, blickte auf und stellte seine Waschung ein. Der Aasgeier auf der Wassertonne ging vor. Warum stand der Flammenwerfer bloß an der Wand? Er musste den Vogel bei Laune halten. Alfons forderte Bussardo zu einem Tänzchen auf, indem er zu hüpfen begann und dabei seine Arme flegelhaft auf- und niederschwang.

Währenddessen bewegte er sich rückwärts auf die Wand zu.

Bussardo kam dieser Schwofstil bekannt vor. So tanzte doch der neue Mensch! Stand er etwa in Kontakt mit den Mächten der schwarzen Magie? Wenn ja, dann taten sich ganz neue Möglichkeiten auf. »Wir müssen unbedingt miteinander reden!«, versuchte er ihm klarzumachen.

Alfons war nur noch einen Meter vom Flammenwerfer entfernt. Er spürte seine Knochen, Bänder, Sehnen, eben alles, was weh tun kann. Endlich hatte er die Wand erreicht. Er griff hinter sich. Blöderweise erwischte er sein Flammmobil so unglücklich, dass es umfiel. Er ging in die Hocke und führte einen Kosakentanz vor. Mit dem Flammenwerfer in der Hand hoppelte er im Tiefgang auf das Fenster zu.

Bussardo nahm hoheitsvoll Alfons' untertänigste Annäherungen entgegen. Plötzlich kam die Eule angeflogen, setzte sich neben ihn, und begrüßte ihn mit einem »Juhu!« Bussardo war erst überrascht, dann stocksauer. Da macht man sich Sorgen und weshalb? Wegen nichts! »Geh zum Teufel!«, herrschte er sie an.

»Da komme ich gerade her! Sag mal, hast du mich vielleicht gefunden?«, fragte sie ihn.

Darauf gab es nur eine Antwort. »Nein!«

»Schade!«, seufzte die Eule. »Als du gesagt hast, dass es mich nicht doppelt gibt, habe ich mich gefragt, ob es mich überhaupt gibt.« Sie zupfte dabei ein Federchen aus ihren Kleid.

»Leider!« war alles, was Bussardo dazu sagte.

Inzwischen war Alfons bei der Spüle angelangt und brachte den Flammenwerfer in Position.

»Immer wenn ich bei den Gänseblümchen bin, vergesse ich mich. Und da passiert es sicher oft, dass ich ohne mich zurückfliege. Ich habe mich vorhin dort gesucht und nicht gefunden.« Die Eule breitete bekümmert ihre Schwingen aus und warf einen Blick auf die Unterseite.

»Dann such weiter und stör mich nicht!«, fuhr Bussardo sie an.

»Wo?«

»Frag Esmeralda! Oder den Teufel!«, schrie Bussardo.

Inzwischen hatten sich viele Kleintiere im Garten eingefunden und beobachteten aufmerksam das Geschehen. »Warum ist er so gemein zur doofen Eule?«, fragte ein kleiner Hornisserich seinen Großvater.

»Bussardo weiß insgeheim, dass er genauso blöde ist, und er lässt seinen Ärger darüber an ihr aus!«, erklärte der weise.

»Aber das ist doch ziemlich clever von ihm!«, meinte der Kleine.

»Das ist leider auch so ziemlich das einzige!«, seufzte Großvater.

In dem Moment schnellte Alfons nach oben, schob mit aller Gewalt die Düse des Flammenwerfers durch das Fliegengitter hindurch und drückte auf den Hebel.

Die Eule konnte später auch nicht mehr sagen, wieso sie das getan hatte. Aber etwas in ihr sagte: »Stoß ihn in die Tonne!« Und genau das tat sie, wobei sie hinterrücks runterkippte. So erwischte der Feuerstrahl nur noch Bussardos Schwanzgefieder. Alfons hielt den Feuerstrahl tiefer. Das Wasser verdampfte zusehends. Bussardo lag zusammengekrümmt auf dem Grund der Tonne und hielt die Luft an.

Die Eule schrie ohrenbetäubende Juhus und vollführte akrobatische Flugkunststücke, um Alfons' Aufmerksamkeit auf sich zu lenken. Was ihr auch gelang. Da ihm die Krähe als Suppeneinlage sicher war, wollte er zuerst diese Eule rupfen und richtete den Flammenwerfer auf sie. Warum hatte er bloß das Heimmodell gekauft und nicht das Profigerät »Zum ewigen Frieden«! Der Flammenstrahl reichte einfach nicht weit genug. Zudem begann die Halterung zu glühen, und Alfons musste einen Topflappen holen.

»Bitte helft ihm!«, bat die Eule die Kleinen.

»Je größer, umso blöder!«, vermittelte der Hornisserich dem Kleinen noch schnell eine wichtige Lebenserfahrung und durchquerte ungestreift das Loch im Fliegengitter, dicht gefolgt von seinem Enkel.

Der Alte setzte sich Alfons auf die Unterlippe, und der Junge kroch ihm ins rechte Nasenloch. Alfons ließ zwar augenblicklich den Topflappen fallen, kam aber dennoch zu spät.

Zum Glück sind Hornissenstiche nicht übermäßig tödlich. Dennoch stand Alfons noch geraume Zeit später der Sinn nicht nach Küssen, und die Nasenatmung bereitete ihm erhebliche Schwierigkeiten.

Bussardo hatte sich so klein wie möglich zusammengerollt und fühlte sich wie eine Suppeneinlage, die darauf wartet gar zu werden. Erst als ihn die Eule in ihren Krallen hielt und mit ihm aus der Gefahrenzone flog, merkte er, dass er noch lebte. »Wenn du willst, kannst du jetzt wieder atmen!«, rief sie ihm zu.

In der Tat. Bussardo hatte es schlichtweg vergessen. Nachdem er sich verschluckt, gehustet, geröchelt und die ersten drei Atemzüge genommen hatte, rief er der Eule zu: »Lass mich sofort los!«

Prompt erfüllte sie ihm den Wunsch. Äußerst unsanft landete Bussardo im Kreis der Seinen.

»Ohne Showeinlage geht es bei dir wohl nie!«, machte Jo ihn an. »Kannst du nicht ganz normal Scheiße bauen?« Er blickte zustimmungsheischend in die Runde.

»Besser so, als eine feige Sau wie du!«, sagte eine Blaumeise und drückte damit die Meinung aller Untertanen aus. Der Hirschhornkäfer setzte noch eins drauf und intonierte: »Heil dir, Bussardo!« Sogleich stimmten die anderen Tiere mit ein. »Er lebe hoch, dreimal hoch!« Alle wussten, wie Jo darauf reagieren würde.

»Bleib hier!«, kreischte Elisabeth und stellte sich ihm in den Weg. Doch für Jo gab es kein Halten mehr. Wie eine gesengte Sau raste er in Alfons' Garten.

»Sofort kommst du zurück!«, schrie Elisabeth in den höchsten Tönen und galoppierte hinterher. Doch Jonny wollte seine Staatsmelodei nicht an diese Pflaume verlieren. Wenn er nur gewusst hätte, wie er es dem Menschen zeigen konnte. Da ihm nichts Besseres einfiel, beschloss er einstweilen vor Elisabeth zu flüchten und rannte wie ein Blöder um das Haus herum. Da Elisabeth außer Form war, vergrößerte sich der Abstand zwischen ihnen zusehends. Auch ihr »Warte nur, bis du nach Hause kommst!« und »Noch ein Schritt und du bist allein erziehender Vater!« konnten ihn nicht zum Innehalten bewegen. Im Gegenteil!

Alfons hatte sich ein Moskitonetz übergeworfen, das Gewehr

geholt und erwartete die Schweine am Küchenfenster. Er erwischte zwar nur ein Ringelschwanzspitzchen, aber der Anfang war gemacht. Jonny quiekte wie ein Stall voller Frischlinge und legte noch einen Zahn zu.

Elisabeth verlor endgültig den Anschluss. Zudem war ihr aufgegangen, dass sie sich genauso blöde verhielt wie ihr Alter. Unvorstellbar, aber wahr. Sie machte kehrt und trabte in entgegengesetzter Richtung ums Haus. Beim ersten Zusammentreffen verfehlten sich die beiden. Bei der zweiten Runde stieß das Schweinepaar so mit den Köpfen zusammen, dass sie umfielen.

Sie lagen so ungünstig, dass Alfons sie vom Küchenfenster aus nicht erwischen konnte. Er ging ins Esszimmer und öffnete das dortige Fenster einen Spalt. Doch bis er angelegt hatte, war eine Formation Stechmücken in den Raum gelangt. Mit Kennerblick hatten sie sogleich erkannt, dass das Netz unten einen Spalt freiließ, und diese Einflugschneise genommen. Die einen legten Rouge auf Alfons' Augenlider; die anderen nahmen sich des noch ungestochenen Nasenlochs an. Alfons schoss weit daneben.

Wahrscheinlich wäre das Schweinepaar noch lange zum Ausruhen liegengeblieben. Doch die Frischlinge erinnerten sie quiekend an ihre Elternpflichten. »Wir haben Hunger!«, schrien sie. Und die Macht der Gewohnheit ließ die Eltern im halbohnmächtigen Zustand aufstehen und davonwanken.

Zur Entschädigung wurden sie von ihrem Volke begeistert empfangen. Niemand mehr, der »Heil dir, Bussardo!« rief. Alle Heils gehörten wieder Jonny.

Bussardo verstand die Welt nicht mehr. »Meine Aktion zur Errettung des Staates war origineller und qualitativ besser!« reklamierte er.

»Mist ist Mist!«, erklärte ihm ein Frosch.

»Und was ist mit dir, du Feigling?«, wandte sich der Feuersalamander Gandulf zu. »Willst du uns nicht schützen?«

»Ich glaube nicht, dass die bisherigen Aktionen viel zu eurem Schutz beigetragen haben!«, meinte dieser.

»Das erwartet auch niemand von euch. Zu mehr als Nullnummern seid ihr sowieso nicht im Stande. Aber die wollen wir sehen!«

Alle Tiere sahen Gandulf erwartungsvoll an. Der fühlte sich zunehmend unwohl in seiner Haut. »Ich könnte euch in die Strategie des Partisanenkampfes einführen!«, versuchte er sich aus der Affäre zu ziehen.

Doch niemand zeigte Interesse. Gandulf wusste, wollte er auch weiterhin Herrscher bleiben, dann musste er ran. Er betete darum, dass Alfons noch für ein Weilchen kampfunfähig war, damit er zwei Runden um das Haus galoppieren und ihm zum Abschied einen röhren konnte.

Doch als Gandulf elegant über die Hecke setzte, machte ein hervorstehender Ast seinen Plan zunichte. Er erwischte ihn so unerquicklich in den Weichteilen, dass der Schmerz seinen Denkapparat lahmlegte, dafür seinen Beinen Flügeln verlieh. Sein Vorwärtsdrang wurde alsbald von einer efeuberankten Gitterwand gestoppt. Sein Geweih verhakte sich darin so gründlich, dass er weder vor noch zurück konnte.

Alfons hatte seine Augen inzwischen mit essigsaurer Tonerde auf Schlitzgröße erweitert. Auf der Suche nach einem sicheren Schutz war er auf die ideale Kleidung gestoßen. »Wieso bin ich nicht schon früher draufgekommen?«, ärgerte er sich und zog sie an.

Mit dem Gewehr in der einen und dem Hirschfänger in der anderen Hand trat Alfons ins Freie. Keines der Tiere hatte jemals ein solches Wesen gesehen. Die meisten Menschen wahrscheinlich auch nicht. Wer trägt schon im Garten einen Taucheranzug mit Sauerstoffflasche und Gummistiefeln?

Sogleich machten sich mehrere Geschwader auf, Alfons am Königsmord zu hindern, fanden jedoch keinen Einlass. Alfons näherte sich Gandulf mit gezücktem Dolche. Der zerrte mit übertierischen Kräften am Gitter, brachte aber dennoch weder einen Fort-, geschweige denn einen Rückschritt zustande!

Die zweite Sturmfront stellten die Freaks aus dem Untergrund. Sie trugen den Boden unter Gandulfs Füßen ab, um dessen Haupt in einen Befreiungswinkel zu bringen.

Die Nachhut flehte Bussardo und Jonny an, sie mögen ihrem Kollegen helfen. »Das kann ich euch nicht antun!«, erklärte Bussardo ihnen. »Nach seinem Tod braucht ihr einen würdigen Nachfolger!«

Jonny war entrüstet. »Ich tu die ganze Zeit nichts anderes!« Sogleich gab er Gandulf weitere aufmunternde Ratschläge. »Mehr in die Knie, den Kopf in den Nacken und jetzt ziehen! Ziehen hab ich gesagt! Du stellst dich aber auch an!«

»Ihr seid zwei feige Scheißer!«, teilte ihnen eine Seidenspinnerraupe im Namen aller mit.

»Scheißen ist gesund!«, lenkte Jo das Gespräch in die richtigen Bahnen. »Am besten geht es, wenn du dich erst lockerst, dann ...«

Esmeralda erreichte erst jetzt das Kampffeld.

»Du musst uns helfen Gandulf zu befreien!«, flehten die Tiere sie an.

Jonny war gegenteiliger Meinung. »Sie ist an allem schuld!«, grunzte er und wollte losstürmen. Doch die Stecher beriefen sogleich eine gattungsübergreifende Konferenz auf seinem Rüssel ein. »Noch einen Schritt ...«, teilte ihm deren Chairman mit.

Jonny hielt nach Elisabeth Ausschau. Immer dasselbe, wenn man sie mal brauchte ... Überhaupt, was ging ihn das ganze Gedönse an. Er schnüffelte den Boden nach Leckereien ab.

Bussardo blieb in aller Seelenruhe sitzen und wartete darauf, dass der natürliche Ausleseprozess seinen Lauf nahm.

Es wurde Zeit für Esmeralda. Alfons befand sich nur noch wenige Meter von Gandulf entfernt. Sie befestigte einen Faden an Jonnys Bein, krabbelte damit zu Alfons, kletterte an dessen Rücken hoch und wickelte ihn um den Atmungsschlauch.

»Renn los!«, schrie sie Jo zu.

»Du hast mir nichts zu sagen. Mir hat überhaupt niemand was zu sagen!«, schrie er zurück, vergewisserte sich aber vorsichtshalber, ob Elisabeth ihn gehört hatte, und blieb stehen.

Alfons spürte nach dem nächsten Schritt, dass etwas an seinem Schlauch zog. Und er vermutete gleich das Richtige. Alsbald fand er den Faden und schnitt ihn durch. Noch zwei Meter. Esmeralda spielte ihre letzte Trumpfkarte aus. Sie träufelte Lösungsmittel auf den Schlauch. Ein winzig kleines Löchlein tat sich auf. Die Stunde der ultrakleinen Flieger war gekommen.

Die ersten fünfzig schluckte Alfons runter. Bei den nächsten hundert musste er husten. Doch die Taucherbrille füllte sich mehr und mehr. Blind taumelte er auf Gandulf zu.

Der steckte inzwischen bis zu den Knien im Boden. Vor lauter Angst begann er mit dem Kopf zu wackeln, und plötzlich war er frei. Gerade noch rechtzeitig. Alfons schoss blindlings seine Flinte leer und machte Gandulf dadurch zum Siebenender. Dann warf er sich mit gezücktem Dolch nach vorn. Daneben.

»Spieß ihn auf!«, forderten viele Gandulf auf.

»Ich kann nicht!«

»Versuch es wenigstens!«

Gandulf schloss die Augen und rannte mit gesenktem Haupt los. Daneben. Er erwischte das Gitter weiter unten. »Oh nein, nicht schon wieder!«, stöhnte das Volk. Zu früh. Gandulf ruckelte und zuckelte sein Haupt zweimal auf und ab und schon war er wieder frei. Nun wurde er natürlich von den Seinen mit einem transzendentalen Stöhner empfangen.

Alfons rappelte sich hoch, hetzte in sein Haus und begann jede, aber auch jede Ritze abzudichten. Er wusste, der Showdown stand bevor.

Kaminwärts

Erwartungsgemäß waren die Herren Politiker ein Flop gewesen, um genau zu sein ein Totalausfall. Was wie immer ein Anlass zur Schadenfreude war. »Du hättest dich klein machen und von hinten zustechen müssen!«, erklärte eine Stechmücke Jonny, wie man erfolgreich angreift.
»Bin ich eine Stechmücke oder du?«, empörte der sich. »Ich würde es dir gönnen!«, meinte sie und war von ihrer Großzügigkeit selbst gerührt.
»Du bist das Letzte, was ich jemals sein will!«, erklärte Jonny kategorisch.
»Wie du selbst zugibst: Es ist alles eine Frage des Wollens. Aber bitte, wenn du weiterhin eine dicke fette Sau sein willst, dann beklag dich nicht, dass du auch weiterhin eins auf die Schnauze bekommst!«, meinte sie und machte sich von dannen.
»Ich lass mir so lange auf die Schnauze hauen, wie es mir passt, verstanden!«, brüllte Jo ihr hinterher.
Doch das hörte sie schon nicht mehr. Sie hatte sich zu Gandulf gesellt, der gerade mit einem Spitzmäuserich diskutierte.
»Du musst einfach akzeptieren, dass du ein Versager bist!«, piepste ihm dieser aus den sicheren Tiefen seines Loches zu.
Gandulf blickte zu ihm hinunter und lächelte schwach. »Ich bin mir nicht sicher, ob ich dir uneingeschränkt zustimmen kann!«, wandte er ein. »Ich befleißige mich eines kooperativen Führungsstils, was bedeutet, dass mein Tun nicht unabhängig von deinem gesehen werden kann!«
»Wenn ich dich recht verstehe, dann willst du mir gerade sagen: Weil du eine Nulpe bist, bin ich auch eine?«, fragte der Mäuserich zur Sicherheit nach.
»Es lohnt sich immer, eine Sache aus den unterschiedlichsten Perspektiven zu betrachten!«, lautete Gandulfs Antwort.

Der Mäuserich legte seine Stirn in Falten, dann hellte sich sein Gesichtchen auf, und er rief in die Tiefen des Erdreichs. »Frau, du hast dich getäuscht. Ich bin gar kein Faulpelz! Mach in Zukunft Gandulf an, wenn ich den Müll nicht rausbringe!« Daraufhin wandte er sich wieder Gandulf zu. »Ich pflege neuerdings den kooperativen Gehorsamsstil!«

Es lag sicher an den Aufregungen der letzten Tage, dass Gandulf darauf nichts einfiel. Dafür aber der Mäusefrau. Sie drohte: »Es ist mir egal, wer von euch beiden den Dreck rausschafft. Hauptsache, in fünf Minuten ist er weg!«

Gandulf tat, als hätte er's nicht gehört und schlenderte zu Bussardo hinüber. Murrend machte sich der Mäuserich an die Arbeit.

Bussardo begegnete den Angriffen seiner Untertanen offensiv. »Ich habe mich zurückgehalten, um euch den Vortritt zu lassen!«, erklärte er den Umstehenden und -fliegenden seine Kampfstrategie.

»Das beste, was ein Dummkopf und Feigling tun kann!«, nickte eine Küchenschabe anerkennend.

»Ihr habt keine Ahnung. Was ich mache, ist clever, versteht ihr, C-L-E-V-E-R!«, vermittelte Bussardo ihnen lautstark die richtige Betrachtungsweise.

»Du bist nicht mal so clever, dass du weißt, wie blöde du bist!«, hatte die Ameise so ihre Zweifel.

Bussardo wandte sich enttäuscht von seinem Volke ab. Auch seine Mitpotentaten hielten Ausschau nach niveauvolleren Gesprächspartnern. Doch das Niveauvollste, was sie fanden, waren sie selber. Schicksalsergeben gesellten sie sich zueinander. »Lassen wir ihnen doch die Freude!«, meinte Gandulf und blickte in die Weiten des Weltalls. Jo stierte mit blutunterlaufenen Augen aufs Erdenrund. »Das war ein Hinterhalt. Und ich weiß auch, wer uns da hereingelockt hat! Esmeralda!«

»Du meinst, die wollte uns beseitigen, um selbst an die Macht zu kommen?« Vor Aufregung bekam Bussardo einen Schluckauf.

So weit hatte Jonny noch gar nicht gedacht. Zumindest nicht wissentlich. »Genau so ist es!«, lobte er Bussardo für seine schnelle Auffassungsgabe.

»Das würde aber bedeuten, dass Esmeralda schlauer ist als wir drei zusammen!«, gab Gandulf zu bedenken.

»Alles, was das bedeutet, ist, dass sie den Tod verdient hat, und zwar sofort!«, kreischte Bussardo.

»Sofort kann zu spät sein, wir töten sie am besten gleich!«, stimmte ihm Jonny in ohnmächtiger Wut zu und scharrte mit den Füßen. Auch Gandulfs Geduld näherte sich ihrem Ende. Die drei teilten sich das Revier auf und machten sich auf die Suche nach ihr.

Esmeralda sah Bussardo in die Lüfte steigen und versteckte sich vorsichtshalber unter der Wassertonne. Sie war enttäuscht, traurig und verzweifelt. Natürlich hatte sie nicht eine Sekunde lang geglaubt, dass es den Großen aufgrund von Klugheit gelingen würde Alfons zu vertreiben, aber doch gehofft, dass sie ihren Mangel an Verstand durch Kraft, Masse und Präsenz wettmachen würden. Pustekuchen! Hoffentlich ging es Beate nicht allzu schlecht. Alles in ihr drängte danach, zum Schlafzimmer hoch zu klettern. Aber Bussardo umrundete in einem fort das Haus, und sie wusste, nach wem er Ausschau hielt.

Plötzlich kam die Eule angeflogen, setzte sich auf den Tonnenrand und begann zu schluchzen.

»Was hast du?«, fragte Esmeralda leise.

Die Eule schreckte hoch und hielt nach ihrem Gesprächspartner Ausschau, konnte aber niemand entdecken. »Wer bist du?«, fragte sie mit viel Hoffnung in der Stimme.

»Esmeralda!«

»Schade!«, seufzte die Eule und schluchzte noch heftiger.

»Wen hättest du denn gerne?«

»Mich! Ich kann mich nämlich nirgendwo finden!«

»Bist du mit dem, was du hast, nicht zufrieden?«

»Doch, sicher, aber vielleicht bin ich in Wirklichkeit jemand ganz anderes und der ist ich? Und wenn mein wahres Ich keine Gänseblümchen mag, ...« Sie konnte vor Schluchzen nicht weiterreden.

»Sobald ich hier fertig bin, helfe ich dir dich zu finden!«, versprach Esmeralda.

»Das würdest du tun?« Die Eule strahlte und stieß ein so lautes »Juhu!« aus, dass alle Tiere für einen Moment hersahen.

»Sei ruhig! Niemand darf wissen, dass ich hier bin!«, flüsterte ihr Esmeralda zu.

»Du auch nicht?«

»Nein, nicht einmal ich!«

»Ist das aufregend!« Die Eule hatte noch nie eine so geheimnisvolle Geschichte erlebt.

»Wenn du mir hilfst, dann kommen wir umso schneller zum Suchen!«, versprach ihr Esmeralda. »Sieh mal nach, was der Mensch macht!«

Die Eule flog von einem Fenster zum andern. Gerade hatte sie Alfons entdeckt, als sich Bussardo zu ihr gesellte und sie unwirsch anfuhr: »Was machst du da?«

»Ich ... ich ... ich habe ein großes Geheimnis!«, erklärte sie ihm und machte zur Sicherheit »Psst!«

»Was für ein Geheimnis?« Bussardo roch Lunte.

»Ich suche mich. Willst du mir helfen?«

»Nein!«, lautete seine Antwort und er machte sich wieder an seinen Aufklärungsflug. Die Eule beobachtete Alfons noch ein Weilchen, flog dann zur Wassertonne zurück und erstattete Bericht. »Erst hat er sich entpuppt, und dann habe ich ihn nicht mehr gesehen.«

Esmeralda schwante Schlimmes. Und ihr waren alle Beine gebunden! »Flieg zu den Kleinen und sag ihnen, wenn sie Alfons vertreiben, dann bau ich ihnen so viele Trampolinnetze wie sie wollen!«, bat sie die Eule.

»Ist das ein tolles Geheimnis!«, freute sich diese und flog hin. Die debattierten gerade darüber, wer einen Menschen am besten fertig machen könne. »Wir Flieger werden mit dieser schönen und wertvollen Gabe geboren!«, warf Freddy in die Diskussion ein.

»Ich muss euch was Wichtiges sagen!«, unterbrach ihn die Eule.

»Der einzige, der hier was Wichtiges zu sagen hat, bin ich!«, stellte Freddy klar.

»Hört euch diesen Tiefflieger an!«, höhnte Bernadette. »Du glaubst doch selbst nicht, dass eure Sticheleien es mit der

Durchschlagskraft unserer Artillerie aufnehmen könnte. Schon die Kleinsten unter uns, zum Beispiel die Bakterien, können mehr ausrichten als ihr alle zusammen!«

Die Eule kam Freddys Antwort zuvor. »Ich habe ein Geheimnis!«

Die Kriecher, Krabbler und Flieger blickten augenblicklich zu ihr hin. Die Auseinandersetzung zwischen den beiden Maulhelden ging schon in die 93. Runde und war etwas langweilig geworden.

Freddy passte sich sofort dem Stimmungsumschwung an. »Da es sich eindeutig nur um ein Geheimnis für uns Überflieger handeln kann, mögen sich die Drecknasen schleunigst entfernen!«, verkündete er und wedelte mit den Flügelchen.

»Da jeder weiß, dass für euch Hohlköpfe alles ein Geheimnis ist und bleiben wird, kann die Nachricht nur für uns sein. Also macht jetzt 'ne Fliege!«, konterte Bernadette.

Verwirrt sah die Eule mal die eine, mal die andere Fraktion an und flog zwecks Entwirrung zur Tonne zurück. Alsbald konnte sie mit einer guten Nachricht aufwarten. »Das Geheimnis ist für alle da!«

»Dann verkünde es!«, erlaubte ihr Freddy.

»Einen Moment!«, fuhr Bernadette dazwischen. »Wenn es alle erfahren, dann ist das Geheimnis kein Geheimnis mehr. Und da die Freiflieger nichts für sich behalten können, darfst du es nur mir anvertrauen!«

Die Eule war über diesen Einwand so verwirrt, dass sie sich bei ihrem Weg zur Wassertonne erst einmal verflog. Als sie zurückkam, verkündete sie: »Es ist für die Herrscher geheim!«, und war froh, endlich die letzte Hürde genommen zu haben.

Es gab aber doch noch eine. »Was machst du eigentlich immer bei der Tonne?«, wollte Freddy wissen.

Die Eule legte dortselbst nochmals einen Zwischenstopp ein und kehrte mit zufriedenem Gesicht zurück. »Ich sehe nach, ob ich dort aufgekreuzt bin. Ich habe mich nämlich verloren.«

Nach dieser Erklärung durfte sie Esmeraldas Bitte vortragen.

Freddy und Bernadette waren sich sogleich einig. »Erst Netz, dann Hilfe!«

Esmeralda hatte genug von dem Palaver und beschloss Beate

im Alleingang zu retten. »Du nimmst mich unter deine Fittiche und fliegst zum Kamin hoch!«, bat sie die Eule.

»Glaubst du, dass ich mich dort versteckt habe?«, fragte diese erstaunt.

»Ich werde auf jeden Fall nachsehen!«, versprach ihr Esmeralda und krabbelte blitzschnell unter ihre Schwingen, woraufhin die Eule gen Kamin flog.

Auf dem saß schon Bussardo. »Ich muss mit dir reden!«, begrüßte er die Eule. Die wollte auf der Stelle kehrtmachen. Doch Esmeralda soufflierte ihr, was sie sagen sollte. »Warte, bis ich mich gefunden habe. Sonst redest du mit der Falschen!«, bat sie Bussardo.

»Hör endlich mit dieser Selbstfindungsnummer auf. Das war nur ein gelungener Scherz von mir!«, erwiderte er unwirsch.

Die Eule umkreiste ihn. »Mit wem hast du den Scherz gemacht? Mit mir oder meiner verlorenen Hälfte?«

Bussardo biss den Schnabel zusammen. Er brauchte sie, um an die alleinige Herrschaft über die Tiere zu kommen. »Ich werde Alfons vertreiben!«, verriet er ihr.

»Dafür baut dir Esmeralda sicher ein ganz tolles Springnetz, Juhu!«, beglückwünschte ihn die Eule und warf einen verstohlenen Blick in ihr Gefieder.

»Ich will aber keins, und jetzt setz dich endlich hin!«

Sie tat's. Bussardo beugte sich vor, sah sich zur Sicherheit noch mal um und erläuterte ihr dann seinen Plan. »Heute Nacht setzt du dich vor das Haus und schreist ohne Unterlass ›Juhu!‹ Und sobald der Mensch rauskommt, um nach dir zu sehen, macht er Bekanntschaft mit meinem Schnabel!«

»Ich will aber keine Salutschüsse!«, wehrte sich die Eule gegen dieses Angebot.

»Die bekommen nur Herrscher!«, versicherte er ihr.

»Vielleicht denkt er, dass ich einer bin?«

»Hältst du ihn für so blöde?«

»Du kennst meine andere Hälfte nicht!«

»Du machst es und damit basta!«, entschied Bussardo.

»Vielleicht hilft dir Esmeralda.« Die Eule machte ein geheimnisvolles Gesicht.

»Wie? Was? Wo ist sie?« Bussardo war aus dem Häuschen.

»Da wirst du nie drauf kommen!«, lächelte sie ihn geheimnisvoll an und spreizte unabsichtlich ihr Gefieder. Augenblicklich stürzte sich Esmeralda in den Kaminschacht. Bussardo versuchte sie sich zu krallen, erwischte jedoch lediglich die Eule, allerdings nur für einen kurzen Augenblick. Überrumpelt und erschreckt verlor sie ihr Gleichgewicht und fiel ebenfalls in den Kamin.

Ankunft der Gespenster

»Aus! Schluss! Vorbei!« Siggi sagte es sich immer wieder. Doch es half nichts. Er konnte seinen Bruder nicht vor die Schnecken gehen lassen. Hilde musste ran! Schließlich war sie so blöde gewesen, Alfons zu heiraten. Sie hatte die Wahl gehabt, er nicht.

Als er ihr sein Anliegen vortrug, stemmte sie sich zwar gegen die Eingangstür. Aber Siggi war nun mal um einiges kräftiger und schwerer als sie.

»Keine zehn Pferde bringen mich zu ihm zurück!«, schrie sie.

»Kein Problem!«, versicherte er ihr. »Unter der Motorhaube meines Autos stecken 290 PS!«

Doch auch eine solche Herde konnte Hilde nicht dazu bewegen sich umbringen zu lassen. Sie setzte sich in einen Sessel und forderte Siggi auf zu verschwinden.

Siggi hatte persönlich nichts gegen Hilde. Aber was sein musste, musste sein. Er knebelte und fesselte sie und verfrachtete sie in den Kofferraum seines Wagens. »Es tut mir echt Leid!«, versicherte er ihr immer wieder und fuhr mit ihr ins Grüne.

Als er an Alfons' Altersruhesitz angelangt war, checkte er die Lage. Kein Mensch war zu sehen. Er holte das zuckende Bündel aus dem Kofferraum und trug es in Richtung Haus. Im Garten erblickte er die vielen Tiere und war platt. Alfons hatte sich in einem Maße von Saulus in Paulus verwandelt, dass dagegen eine Geschlechtsumwandlung rein gar nichts war. »Sieh dir mal diese Tierchen an!«, forderte er Hilde auf.

Sie tat's mit Schrecken und unter wildem Gestrampel. Alles, wovor man sich fürchten konnte, hatte sich hier eingefunden: Bienen, Raubvögel, Läuse, Käfer …

Bussardo blickte erschrocken in das schwarze Loch. »Es war keine Absicht!«, krächzte er zur Entschuldigung in die Tiefe, erhielt aber keine Antwort. »Jetzt spiel nicht die beleidigte Leberwurst und sag schon was!« Doch der Kamin blieb stumm.

Unten angekommen, hatte Esmeralda die Parole »Verduften!« ausgegeben und den Esszimmertisch mit seiner tief herabhängenden weißen Blümchentischdecke zum Versteck auserkoren.

»Willst du, dass wir mein anderes Ich überraschen?«, fragte die Eule nach dem Sinn dieses Spiels.

»So in etwa!« Esmeralda wusste, wer sicher bald auftauchen würde, war gewiss nicht das Alter Ego der Eule.

Alfons hatte gerade den Plan gefasst, mit den Gören vor die Tür zu gehen, das Gewehr auf sie zu richten und Esmeralda ein Ultimatum zu stellen. Der Lärm kam ihm reichlich ungelegen. Verärgert und verängstigt machte er sich auf die Suche nach den Störenfrieden.

Vorsichtig näherte er sich dem Kamin, aus dem noch Asche stob und ohrenbetäubender Lärm dröhnte. Er kniete sich nieder, hielt das Gewehr in den Schacht und drückte ab. Für einen Moment war Stille, dann prasselte ein Schwall Bussardischer Schimpfworte auf ihn nieder. Alfons drückte ein zweites Mal ab. Der Lärm verstummte.

»Wieso bekommt Bussardo so viele Saluts?«, wollte die Eule wissen.

»Die beiden verstehen sich gut! Aber jetzt sei ruhig!«, flüsterte Esmeralda.

Alfons blickte sich im Zimmer um und entdeckte eigenartige rußige Fußspuren auf dem Teppich. Er folgte ihnen und näherte sich dem Esszimmertisch.

»Ist der mein anderes Ich?!« Die Eule war entgeistert.

»Nein!«, beruhigte sie Esmeralda.

»Ich will keinen Salut!«, jammerte die Eule.

Esmeralda erinnerte sich daran, auf dem Tisch eine Schale voller Obst gesehen zu haben. »Geh nach links, und wenn ich ›jetzt!‹ sage, ziehst du an der Decke!«, flüsterte sie der Eule zu.

Alfons war keine zwei Meter mehr vom Tisch entfernt. Das Gewehr hielt er schussbereit in der Rechten. Plötzlich machte die Tischdecke samt Obstschale eine Bewegung nach links. Er behielt die Nerven und schoss nach rechts. Inzwischen kannte er Esmeralda gut genug.

Doch die kannte ihn besser und sauste inmitten des davonkullernden Obstes davon. Im letzten Moment entdeckte Alfons die Spinne und schoss ihr hinterher. Das Orangenmus ließ er an der Vitrine kleben und nahm stattdessen die Verfolgung auf.

So übersah er die Eule, die unter der Decke steckte und glaubte, das Dunkel der Nacht sei Schutz genug. Nur war es so dunkel, dass selbst sie nichts sah. Sie tippelte vorwärts und stieß gegen ein Tischbein. Instinktiv pickte sie ihm zweimal kräftig in den Oberschenkel. Das störte das Tischbein nicht sonderlich, aber die Eule kam so zu zwei Sehschlitzen. Voller Entsetzen sah sie, dass ihr Versteck keines war, und machte sich hüpfend, watschelnd und flatternd auf die Suche nach einem neuen.

Esmeralda war in die Küche geflüchtet und saß in der Falle. Schmunzelnd legte Alfons das Gewehr an. Esmeralda sauste wie eine Wilde hin und her. Der erste Schuss ging knapp daneben. Plötzlich sah sie hinter Alfons ein Gespenst auftauchen. »Bitte dreh dich um!«, flehte sie ihn an. Doch er erhörte sie nicht. Sie krabbelte zum Fenster. Zum Glück war der Rollladen runtergelassen, so dass das Glas spiegelte. Und was Alfons darin zu sehen bekam, ließ sein Blut in den Adern gefrieren. Er drehte sich blitzschnell um und erschoss zwei Blümchen. In Erwartung eines erneuten Saluts schloss die Eule ihre Augen, spreizte die Schwingen und flog los.

Alfons hatte nie an Gespenster geglaubt. Gut, in letzter Zeit hatte er seine Einstellung zu Spinnen, Schnecken und anderen Horrorgestalten geändert. Als er die Flattergestalt auf sich zufliegen sah, wusste er, dass er weitere Grundüberzeugungen revidieren musste. Vor Schreck ließ er zuerst das Gewehr, dann sich selbst fallen und krabbelte um sein Leben. Doch finde mal einen Ort, an dem man sich vor Gespenstern in Sicherheit bringen kann!

Die Kernickes waren von ihrem Einkauf zurückgekehrt. Bei ihrem täglichen Plausch mit der Biene sah Frau Kernicke Siggi samt Gepäck Alfons' Garten durchschreiten.

Ihr Gemahl kam gerade die Treppe herunter. Sie zitierte ihn zum Fenster. Beide betrachteten andächtig das Schauspiel.

»Seine Frau kommt zurück!«, stellte sie fest.

Er zuckte zusammen, als Siggi Hilde etwas unsanft auf den Boden aufkommen ließ. »Von der Post ist der aber nicht!«

»Sie ist ja auch kein Paket! Aber hier wird mal wieder deutlich, dass Männer Frauen vor allem als Ware behandeln!«, stellte Frau Kernicke nüchtern fest.

»Ware ohne Wert ist im Grunde keine Ware!«, wandte Herr Kernicke ein. »Ich würde eher sagen, hier erkennt man besonders deutlich, dass Frauen eine Last und die Männer ihre Lastesel sind!«

Frau Kernicke dachte: »Gut gekontert!«

»Wo ist eigentlich Beate?«, fragte Frau Kernicke. »Ich habe sie heute noch gar nicht gesehen. Warst du nicht bei ihr?«

Herr Kernicke schüttelte den Kopf. Bevor er ihn ausgeschüttelt hatte, war Frau Kernicke schon nach oben geeilt und kam mit besorgtem Gesicht wieder zurück. »Sie ist weg! Und hat keine Nachricht hinterlassen!«

»Beate kommt so langsam in die Pubertät und wird selbstständig!«, erklärte ihr Gatte.

»Das hat nichts mit Selbständigkeit zu tun. So was macht man nicht!«, erwiderte sie zornig.

»Du willst bloß nicht, dass sie sich von uns löst!«, psychologisierte er.

»Ich wäre abartig, wenn ich das wollte. Wer will schon, dass ein Mensch, den man liebt, weggeht.« Sie begann zu schluchzen. Herr Kernicke nahm sie in die Arme. »Sie kommt sicher bald wieder!«

»Mir wäre es lieber, wenn sie jetzt hier wäre!« Frau Kernicke musste endgültig weinen.

»Esmeralda ist sicher bei ihr!«

»Willst du damit sagen, dass du der Spinne mehr vertraust als mir?«

»Natürlich nicht! Ich meine lediglich, dass ... der Kaffee fertig ist.« Er setzte sich so an den Tisch, dass er das Alfonssche Anwesen im Auge behielt, und sah, wie Siggi eindringlich auf Hilde einredete und ihr daraufhin den Knebel aus dem Mund nahm. Nach zwanzig Sekunden Lärmbelästigung, Erregung öffentlichen Ärgernisses und Stoff für viele Beleidigungsklagen steckte er ihn wieder rein und drehte sie mit dem Gesicht gegen die Glasfront.

Als Alfons auf der Suche nach seinem Seelen- und Lebensheil am Kamin vorbeikrabbelte, kam ihm ein verwegener Gedanke: In der Höhle sucht der Löwe zuletzt! Er kroch in die Feuerstelle und schichtete Holz um sich auf.

Bussardo, der noch immer auf dem Kamin saß, krächzte in die Tiefe: »Bist du das?«

Alfons vernahm die Frage als infernalisches Getöse. Er erschrak zu Tode und brüllte los. Bussardo erging es nicht besser, mit dem Unterschied, dass er vor Schreck das Gleichgewicht verlor und schnurstracks in den Schacht fiel. Alfons durchfuhr eine schreckliche Erkenntnis: Er befand sich in der Einflugschneise für Gespenster und eines war gerade im Landeanflug. Da er ihm keinesfalls im Wege stehen wollte, stürzte er mit einem Hechtsprung aus dem Kamin.

Wenn es für ihn überhaupt noch eine Rettung gab, dann lag sie im Freien! Er rannte zur Glasfront und sah sich Hilde gegenüber. Alles, nur das nicht! Wenn ihm die Gespenster und die Spinne ins Freie folgten, dann wäre das ihr gemeinsamer Tod. Er musste alleine mit ihnen fertig werden. Er winkte Hilde zu, sie solle wieder verschwinden, und machte kehrt. Nein, kein solcher Abschied! Es würde wahrscheinlich ihr letzter sein. Er kehrte zur Glasscheibe zurück und gab ihr einen Glaskuss. »Macht, dass ihr wegkommt!«, schrie er ihnen zu.

»Lass sie rein!«, schrie Siggi zurück.

»Bringt euch in Sicherheit!«, flehte Alfons sie inständig an und küsste seine Frau ein letztes Mal.

Währenddessen hatte Siggi den Spaten gepackt und holte aus. »Wenn du nicht augenblicklich aufmachst, schlag ich die Scheibe ein!« Da Alfons ihn gut genug kannte, um zu wissen, wozu der Kerl im Stande war, öffnete er die Tür einen kleinen Spalt und flehte ihn an. »Bitte geht, wenn euch euer Leben lieb ist!!«

Doch Siggis Eigenliebe hielt sich in Grenzen. Er schob den

Spaten in den Türspalt und erweiterte ihn, obwohl sich Alfons dagegenstemmte. Endlich war er breit genug. Siggi schob Hilde, die immer noch regungslos an der Glasscheibe lehnte, durch die Türöffnung in Alfons' Arme und zog die Tür hinter ihnen zu.

Immer drauf

Wo war bloß die Eule? Vorsichtig rief Bussardo nach ihr, erhielt aber keine Antwort. Sicher war sie schon tot. Auf Krallenspitzen verließ er den Kamin und machte sich auf die Suche nach einem Ausgang.

Die Eule hatte in Ermangelung einer besseren Idee wieder den Esszimmertisch zum Versteck auserkoren. Mucksmäuschenstill saß sie in ihrem Gespenstergewand darunter und linste durch die Sehschlitze.

Als plötzlich Bussardo angetippelt kam, war sie überrascht und erfreut. »Juhu!«, flüsterte sie ihm zu und bewegte ihre Schwingen. Bussardo wollte etwas sagen, irgendwohin fliegen, irgendwas tun. Aber seine Beine gaben nach. Dann wurde er ohnmächtig. Als er wieder erwachte, war es Nacht. Die Eule hatte sich auf ihn gesetzt und zupfte sachte an seinen Federn. »Bist du tot?«, fragte sie ihn besorgt.

»Ich glaube schon!«, antwortete er und fügte hinzu: »Bitte tu mir nichts, du Gott aller Götter!« Bussardo wusste, dass Speichellecken überall half.

»Kann ich dir helfen? Du darfst dir was wünschen!«, umsorgte sie ihn.

Bussardo hatte nur einen Wunsch. »Bring mich, wohin du willst. Eine einzige Bitte: Es darf dort keine Eulen geben.«

»Und Gänseblümchen?«

Bussardo stutzte. Irgendwie kam ihm die Stimme samt Botschaft bekannt vor. »Bist du das?«, fragte er misstrauisch.

»Ja, Juhu!«

»Mach sofort, dass du von mir runterkommst!«, tobte er und schüttelte sich. Doch die Eule wollte nicht und blieb huckepack auf ihm sitzen. Bussardo geriet an den Rand eines Nervenzusammenbruchs. Aber er riss sich zusammen. Er wusste, mit

Druck erreichte er bei ihr gar nichts. Also versuchte er es mit Einsicht.

»Sag mal: ›Ich bin der größte Idiot auf Erden!‹«, forderte er die Eule auf.

Die Eule wagte es. »Du bist der größte Idiot ...!«
»Nicht ich, du!«
»Hast du nicht gesagt, ›Ich bin ...?‹«
»Ich hab gesagt, du sollst es sagen!«
»Hab ich doch!?« Jetzt verstand die Eule gar nichts mehr.

Bussardo wiederholte es ganz langsam »Du bist der größte Idiot!«

Dieses Mal passte die Eule ganz genau auf. »Du bist der größte ...!«
»Nicht du, ich, verstehst du: ›Ich bin der größte Idiot!‹«
»Mach dir nichts draus, ich finde dich trotzdem süß!«

Bussardo wusste, mit wem sich nicht reden ließ, den musste man anschweigen.

»Schade, dass nicht ich unten bin und du oben bist!«, versuchte ihn die Eule aufzumuntern und wackelte schelmisch mit dem Hinterteil.

Auch dieser Vorschlag trug nicht wesentlich zur Verbesserung von Bussardos Laune bei. Er stemmte sich mit seiner Last hoch und begann zu laufen. Doch ständig stolperte er über das Tischtuch. Also versuchte er es mit Hüpfen. Aber hüpf mal mit einer Eule auf dem Rücken.

»Wenn ich hüpfe, dann hüpfst du auch!«, befahl er ihr, wenn auch ohne große Hoffnung, dass es klappen könnte. Doch zu seiner größten Überraschung schafften sie den Doppelhüpfer auf Anhieb so gut, dass sie zügig vorankamen.

Alfons hielt Hilde fest in seinen Armen und schloss die Augen. Doch Hildes Gezappel ließ keine Romantik aufkommen. Zudem drohte sie ihm zu entgleiten, und ihre Gesichtsfarbe näherte sich der Farbe Lila. Sogleich befreite er sie von ihren Fesseln. Sie versuchte zu sprechen. Aber ihr Mund war völlig ausgetrocknet. »Wasser!«, krächzte sie und besah sich entsetzt die apokalyptische Wohnraumgestaltung.

»Einbrecher!«, erklärte ihr Alfons, ergriff sein Gewehr, entsicherte es und wagte sich zwei Schritte auf die Küche zu. Daraufhin blieb er stehen, blickte sich hektisch nach allen Seiten um und machte den nächsten Schritt.

»Was ist?«, fragte Hilde voller Panik.

»Nichts!«, beruhigte er sie und nahm eine Rührt-euch-Haltung ein. Pfeifend ließ er seinen Blick durch das Wohnzimmer gleiten, erblickte dabei die letzte heile Whiskyflasche und ergriff sie. Hilde verabscheute Whisky. Doch jetzt floss er ihr wie Wasser durch die Kehle.

»Geht's wieder?«, fragte Alfons besorgt.

Hilde schüttelte den Kopf und nahm noch einen kräftigen Schluck. »Wir beide gehen jetzt auf der Stelle ganz weit weg von hier!«, sagte sie mit zarter Stimme und streckte ihm eine Hand entgegen.

»Genau das tun wir!«, stimmte ihr Alfons zu. »Es gibt zwar keinen Grund dafür, aber für dich tu ich alles!« Er nahm sie in den linken Arm, während er das Gewehr fest in der rechten Hand hielt.

In diesem Moment tauchte in der Wohnzimmertür etwas großes Weißes auf. Alfons schoss einhändig auf das Ungeheuer, das sogleich verschwand.

Hilde hatte die Faxen endgültig dicke. Sie stürzte zur Glastür und versuchte sie aufzuschieben. Doch Siggi hielt dagegen. »Lass mich sofort raus! Ich bleibe keine Sekunde länger mit diesem gemeingefährlichen Idioten in einem Raum!«

Doch weder ihr Heulen noch ihr Kreischen konnten Siggi erweichen. »Man haut nicht gleich bei der kleinsten Schwierigkeit ab!«, klärte er sie über ihre ehelichen Verpflichtungen auf.

Alfons kam ihr als Retter zu Hilfe. Er stellte sich neben sie und richtete das Gewehr auf seinen Bruder. »Du lässt uns sofort raus oder ...!«

Hilde blickte ihren Gatten erst verblüfft, dann bestürzt und schließlich voll ohnmächtigem Zorn an. »Ich habe endgültig genug von dir!«, kreischte sie und stürzte sich auf ihn. Alfons war von ihrem Angriff so überrascht, dass er das Gleichgewicht verlor und rücklings auf dem Boden landete. Im nächsten Moment lag sie auf ihm und bearbeitete ihn mit den Fäusten.

»Bist du verrückt geworden?«, fragte er sie völlig entgeistert.

»Ich? Du bist es doch, der hier 'ne Klatsche hat!«, empörte sie sich.
»Du ... du spinnst ja total!«, versuchte ihr Alfons klarzumachen.
»Nimm das sofort zurück!«, schrie Hilde.
»Ich denke nicht daran!«, lispelte Alfons, der gerade einen Schlag auf die Lippen bekommen hatte.
»Du wirst!« Hilde umklammerte seinen Hals und drückte zu.
Siggi wandte ob dieser ehelichen Meinungsverschiedenheit pietätvoll den Kopf ab und versuchte sich an den vielen Tieren zu erfreuen. Doch das Geröchel seines Bruders war nur schwer zu überhören.

Esmeralda saß inzwischen vor der Schlafzimmertür und versuchte mit den Eingeschlossenen zu kommunizieren. »Ich bin wieder da!«, begrüßte sie die Eingeschlossenen.
»Musst du mit der schlechtesten Nachricht zuerst kommen?«, freute sich Lothar.
»Wie geht's dir?«, wollte Beate wissen.
»Ausgezeichnet!«, überspielte Esmeralda ihre Gemütsverfassung.
»Ich mach mir solche Sorgen um dich!«, schniefte sie.
»Na ja, wenn ich bei dir wäre, ginge es mir auch besser!«, brummte Esmeralda.
Beate versuchte einen Finger durch eines der Sprühlöchlein zu stecken. Doch es war zu eng. Dafür kam bei ihr ein Spinnenbein zum Vorschein. Beate streichelte es sachte und liebevoll.
Von unten drang fürchterliches Geschrei nach oben. »Ich seh besser mal nach!«, meinte Esmeralda und zog das Bein zurück.
»Pass auf dich auf!« Beate musste es einfach sagen.

Idiotischerweise sah Siggi doch wieder rein. Alfons blickte ihn mit violett angelaufenem Gesicht und hervorquellenden Augen an. Es waren wohl die Blutsbande, die Siggis Verstand aussetzen und ihn sich durch die Tür zwängen ließen. Er versuchte Hilde von Alfons wegzuzerren. Doch ihre Kräfte waren übermenschlich. Er musste ihr in die Hand beißen, um Alfons aus ihrer erstickenden Umklammerung zu befreien. Während der nach Luft rang, suchte Hilde nach weiteren Worten. Bislang hatte sie Siggi und Alfons nachgewiesen, dass beide von einem schwachsinnigen und übergewichtigen Orang-Utan gezeugt worden waren. Doch bei ihrer Mutter rätselte sie noch herum. »Die war eine Wildsau. Nein, sie war eine schmierige, schleimige Schnecke!«

»Nimm das sofort zurück!« Alfons richtete sich aus seinem Koma auf und packte sie an der Gurgel.

»Ihr widerlichen Schleimscheißer!«, schrie Hilde, dann ging ihr die Luft aus. Siggi betätigte sich mal wieder als Lebensretter und schlug Alfons eine vor den Latz. Darauf versuchte er wieder Familienfrieden zu stiften und schrie: »Ihr spinnt alle beide!« Das hätte er besser nicht gesagt. Anschließend stritten sich vier Hände um seinen Hals.

Die Kleinen hatten es sich vor dem Fenster in der ersten Reihe bequem gemacht und sahen dem menschlichen Treiben aufmerksam zu. »Was tun die da?«, fragte Klein-Mausi ihre Mutter.

»Die pflanzen sich fort!«, antwortete diese aufrichtig und ehrlich, wie das unter Mäusen so üblich ist.

»Darf ich mitmachen?«, fragte die kleine Maus.

»Das gehört sich nicht für eine Maus!«

»Warum?«, fragte Klein-Mausi – was zeigt, dass auch Mäusekinder ins Fragealter kommen.

»Weil das unfair wäre. Die haben gegen uns keine Chance!«, erklärte ihr Vater.

»Ehrlich?« Mausilein konnte es nicht fassen. Aber im Leben aller Kleintiere kommt irgendwann der Moment, in dem sie mit dem Unglaublichen konfrontiert werden – mit ihrer Macht über die Menschen.

»Ich zeig dir, was er meint!«, sagte Mami, schlüpfte durch den Türspalt ins Haus und baute sich vor Hilde auf. Als die sie sah, stieß sie einen gellenden Schrei aus, ließ beide Hälse los – obwohl sie sie fest im Griff gehabt hatte – und wollte fliehen. Aber vier Männerhände zogen sie wieder in das Kampfgetümmel hinein.

Frau Kernicke hielt es nicht mehr aus, stand abrupt auf und eilte in Alfons' Garten. Ihr Gatte folgte ihr widerspruchslos. Die Volksmusik nahmen sie gelassen hin. Es schockierte sie auch nicht, die drei in einem Wrestlingkampf ineinander verwickelt zu sehen. Lediglich an der Auslegung der Regeln hatte Herr Kernicke einiges auszusetzen. »Das ist unfair!«, mischte er sich ein und entfernte Hildes Daumen aus Alfons' Auge.

»Verpiss dich, du …!« Der Rest des Satzes blieb unvollendet, weil Alfons Hilde zum Schweigen brachte. Als er der Kernickes gewahr wurde, machte er ein peinlich betretenes Gesicht und lächelte sie an. »Darf ich vorstellen: meine Frau, mein Bruder!«

»Angenehm, Kernicke!«

Die Kämpfer unterbrachen kurzfristig ihre Aktivitäten, um die Gäste zu begrüßen, nahmen sie aber gleich wieder auf. Eigentlich wollte Alfons noch etwas Erklärendes hinzufügen, aber Siggis Beinschere ließ es nicht zu.

»Wo ist Beate?«, wollte Frau Kernicke wissen.

Alfons, der sich mühsam befreit hatte, lächelte beide etwas gezwungen an. »Altes Familienspiel, hält fit!«

»Wo ist unsere Tochter?«, wiederholte Herr Kernicke die Frage.

»Einen Moment!«, sagte Alfons und zog seine Frau an den Haaren. Die rettete ihre Haarpracht durch einen Magenschlag. Alfons hatte erreicht, was er wollte: Er konnte nicht mehr sprechen. Als es mit dem Atmen wieder klappte, wollte er von seinem Bruder kampfunfähig geschlagen werden und packte ihn an den Haaren. Herr Kernicke ergriff seinen Arm. »Wo ist sie?«

»Was weiß ich? Verschwinden Sie auf der Stelle. Sonst erstatte ich Anzeige wegen Hausfriedensbruch!«, tobte Alfons, worauf ihn Hilde in den Schwitzkasten nahm und zudrückte.

Die Kernickes sahen ein, dass von denen keine Hilfe zu erwarten war. Sie gingen in den Garten und riefen nach Beate.

Das Doppelgespenst

Nachdem sich das Doppelgespenst von dem Schrecken über den Schuss erholt hatte, setzte es seine Suche nach dem Ausgang fort. »Weißt du, was ich gerade gedacht habe?«, fragte die Eule Bussardo.
»Nein!«
»Aber ich!«, erklärte sie ihm stolz.
»Sag' mir lieber, wo es hier rausgeht!«, forderte sie Bussardo auf.
»Links herum! Ich glaube, dass du meine verlorene Hälfte bist.«
Bussardo hielt mitten in der Linksdrehung inne und blieb in der Wohnzimmertür stehen. »Ich? Nie!!«, kreischte er mit überschlagender Stimme.
»Du meinst, ich bin deine verlorene Hälfte?«
Hilde erblickte sie als erste und erstarrte zur Salzsäule. Siggi bekam nichts mit, weil Alfons' Hinterteil seinen Kopf bedeckte. Und Alfons schrie, heulte und lachte in einem.
Bussardo erschrak dermaßen, dass er mit einem Affenzahn durch den Raum peste, bis er mal wieder gegen eine Wand stieß. »Du sollst mir doch sagen, wo es nach draußen geht!«, schimpfte er mit der Eule.
»Immer an der Wand lang!«, holte diese es nach.
Bussardo hatte an der Wegbeschreibung so seine Zweifel. »Wenn ich doch nur sehen könnte!«, klagte er.
»Mach doch wie ich Löcher rein!«, schlug ihm die Eule vor.
»Geht ganz einfach. Du musst nur mit dem Schnabel ...«
»Halt ihn und zwar sofort!«, keifte Bussardo. Da er unmöglich zugeben konnte, dass die Eule cleverer war als er, machte er eine 90-Grad-Wendung und marschierte feste drauf los, bis ihm wieder eine Wand im Weg stand.
»Du hättest in die andere Richtung gehen müssen. Hier

kommt eine Wand!«, erklärte ihm die Eule sein schmerzhaftes Zusammentreffen.

»Kam!«, korrigierte Bussardo sie und seufzte gottergeben. »Wenn du so schlecht führst, dann muss ich es eben selber tun!« Sprach's, pickte drei Löcher in die Blümchentischdecke und erblickte Alfons. Das genügte. Bussardo hüpfte in Riesensätzen durch die Wohnung. Die Eule war begeistert.

Frau Kernicke schaute sich verzweifelt im Garten um. Plötzlich entdeckte sie Esmeralda, die zur Verandatür herausgekrabbelt kam. Drin waren alle so mit sich und dem Gespenst beschäftigt gewesen, dass niemand von ihr Notiz genommen hatte.

Frau Kernicke beugte sich zu ihr runter. »Wo ist Beate?«

Herr Kernicke blickte misstrauisch seine Frau an, die wiederum Esmeralda beobachtete. Als diese auf das Schlafzimmerfenster zu krabbelte, folgte sie ihr. »Sie führt uns zu Beate!«, teilte sie ihrem Mann mit.

»Lass den Quatsch, Spinnen können sich nicht mit Menschen verständigen!«, sagte er und blieb stehen.

»Und was ist mit Beate?«

»Du weißt genauso gut wie ich: Die tut nur so, als ob sie mit ihr reden könnte!«

»Dann tue ich jetzt auch so, als ob!«, antwortete sie und lief hinter ihr her. Schicksalsergeben folgte Herr Kernicke den beiden. Esmeralda kletterte zum Fenstersims des Schlafzimmerfensters hoch und blieb dort sitzen. »Da drin ist sie!«, rief Frau Kernicke ihrem Gatten zu. »Hol eine Leiter!«

Herr Kernicke blickte zum Fenster hoch. »Ich weigere mich aus philosophischen, moralischen, theologischen und schlichtweg vernünftigen Gründen, mir von einer Spinne etwas sagen oder zeigen zu lassen!«

»Wenn du mir nicht augenblicklich hilfst, dann rede ich aus philosophischen und allen sonstigen Gründen keinen Ton mehr mit dir!« Frau Kernicke erweckte überzeugend den Anschein, dass sie es auch so meinte.

Herr Kernicke trollte sich und kam mit einer Leiter wieder. Unter Protest kletterte er hoch, und weil er den Fensterladen nicht aufbekam, unter Protest wieder runter. Er holte den Spaten und stieg murrend die Leiter wieder hoch, hebelte den Fensterladen auf, schlug das Fenster ein und stemmte die Bretter weg, die Alfons von innen angebracht hatte.

Als erstes erschien Punki. Für einen Moment hatte Herr Kernicke mit dem Gleichgewicht zu kämpfen. »Wäre ich ein Reaktionär, dann würde ich sagen, Esmeralda hat uns zu einem ihrer weitläufigen Verwandten geführt!«, rief er seiner Frau zu.

»Gehörst du auch zu dem Komiker?«, fragte ihn Punki.

Herr Kernicke schüttelte den Kopf und deutete auf seine Frau. »Hast du Beate gesehen?«, rief diese hoch.

Die Antwort erschien im Fenster und begrüßte sie mit einem »Hallo!« Beate nahm überglücklich Esmeralda auf die Hand und streichelte sie.

»Was macht ihr hier?«, wollte Frau Kernicke in Ermangelung einer besseren Frage wissen.

»Was macht man wohl in einem Schlafzimmer?«, fragte Punki zurück.

Frau Kernicke war sich nicht sicher, ob sie diese Aussage mehr pubertäts- oder wahrheitsmäßig einordnen sollte.

In diesem Moment tauchte Lothar auf der Fensterbrüstung auf. Sein Gesichtchen war noch spitzer als sonst. »Scheiß Stoff!«, murmelte er. »Hab ich Kopfweh!«

»Was ist denn das?«, fragte Herr Kernicke völlig entgeistert.

»Ein Bonsaipunk mit einem Wucherschwanz!«, lächelte Beate. Frau Kernicke war überrascht. So viel Pubertät hatte sie nicht erwartet.

»Jetzt mal im Ernst: Warum seid ihr hier?«, fragte ihr Vater.

»Unser netter Nachbar hat uns eingesperrt und wollte uns gegen Esmeralda austauschen!«, berichtete Beate.

Herr Kernicke bekam die große Wut. Seine Frau konnte ihn kaum zurückhalten. »Jetzt beruhig dich erst mal!«, bat sie ihn.

»Du wirst sehen, ich bekomme noch ein Magengeschwür, Asthma und Bluthochdruck!«

»Du kommst die Leiter runter und dann beratschlagen wir gemeinsam, was wir gegen diesen Herrn unternehmen!«, schlug sie unbeeindruckt vor.

»Ich komme nur, wenn du mir versprichst, dass du mindestens genauso wütend auf ihn bist wie ich!«, verlangte er.

»Sei versichert, im Vergleich zu dem, was ich mit ihm vorhabe, haben deine Pläne den Friedensnobelpreis verdient.«

Alle sechs begaben sich zur Terrasse und sahen ins Wohnzimmer. Die drei Menschen hielten sich eng umschlungen, während um sie herum ein aufgeblähtes Tischtuch Bocksprünge machte.

»Was machen die da bloß?«, wollte Herr Kernicke von seiner Frau wissen.

»Ich glaube, sie spielen Gruseln!«, vermutete sie.

»Und jetzt?«, fragte Herr Kernicke in die Runde. Kein Mensch sagte was. Dafür hatte Esmeralda mal wieder eine Idee. »Glaubst du, dass es unsere Herrscher überleben, wenn sie dich und Punki sehen?«, fragte sie Lothar.

»Ey, Tante, die ham schon dich überstanden! Was soll danach noch kommen?« Das Argument war nicht von der Hand zu weisen.

»Kannst du sie für ein Weilchen ablenken? Sie dürfen sich aber nicht bewegen«, machte Esmeralda Punki in groben Zügen mit ihrem Plan vertraut.

»Ist easy. Lothar quatscht denen total die Ohren voll!«, meinte er und schlenderte zu den Kings und der Queen hinüber.

Esmeralda krabbelte ins Wohnzimmer und machte sich vorsichtig an Siggi ran. Der beachtete sie nicht, sondern war gläubig geworden und in ein Gebet versunken. So konnte ihm Esmeralda ohne Mühe eine Schlinge ums Bein legen. Mit dem Faden rannte sie ins Freie.

»So viele Nullen auf einmal hab ich noch nie gesehn!«, begrüßte Lothar die Großen. Doch der Spruch hatte einen so ellenlangen Bart, dass ihn niemand auch nur eines Blickes würdigte. »He, ihr Arschgeigen, wenn ihr nicht herglotzt, gibt's was auf die Schnauze!«, kreischte er.

»Jetzt halt mal den Mund!«, sagte Elisabeth, ohne ihre Augen von der Terrassentür abzuwenden.

Lothar konnte es nicht fassen: Die reagierten überhaupt nicht! Aber wie sollte er als Stadtratte wissen, wie der tierische Herrscheralltag aussieht? »Ihr seid echt cool!«, meinte er anerkennend.

Jonny, Elisabeth und Gandulf wandten sich ihm gleichzeitig zu – das hatte ihnen noch niemand gesagt – und machten verblüffte Gesichter. Sie hatten in ihrem Leben schon viel Ungewöhnliches gesehen, aber das ... »Wer hat denn dich verbrochen?«, fragte ihn Jonny.

»Ey, Alter, 'n echt geiles Styling tät dir auch nicht schaden!«, meinte Lothar.

»Die arme Mutter!«, seufzte Elisabeth.

»Mein Oller ist noch schräger drauf!«, beruhigte sie die Ratte.

Während die Herrschaften mit Lothar plauderten, schlich sich Esmeralda von hinten an sie heran und legte Siggis Faden um Gandulfs linkes Hinterbein, eine Schlinge um Elisabeths Fesseln und eine dritte um Jonnys Stampfer. Mit den beiden losen Fäden krabbelte sie zum Haus zurück, um weitere zarte Bande zwischen Mensch und Tier zu knüpfen.

Das Doppelgespenst hatte gerade den Ausgang erreicht, als es Esmeralda begegnete.

Ausgang hin, Eingang her, Bussardo machte auf der Stelle kehrt und hechtete hinter ihr her, um sie endlich ihrer wohlverdienten Strafe zuzuführen. Doch sein momentanes Gesamtgewicht schränkte seine Beweglichkeit derart ein, dass Esmeralda keine Schwierigkeiten hatte, dem Gespenst zu entkommen und den elisabethanischen Faden an Alfons' Bein zu knoten und Jonny mit Hildes Stampfern zu verbinden.

Die Menschen befanden sich jetzt inmitten eines Dreifrontenkriegs: Sie mussten sich eines Gespenstes, einer Killerspinne und einander erwehren. So was zerrt vielleicht an den Nerven! Alfons schien endgültig den Verstand verloren zu haben und versuchte sich auf das Gespenst zu werfen. Siggi hielt ihn verzweifelt zurück. Er hatte panische Angst davor, das Gespenst könnte Alfons ebenfalls in eines verwandeln. Und die Vorstellung, Alfons würde ihn des Nachts heimsuchen, war Alptraum hoch zehn.

Nachdem Esmeralda ihr Werk vollbracht hatte, eilte sie zur Terrassentür. Alfons entledigte sich seines Bruders und hechtete hinter ihr her. Doch Siggi bekam ihn gerade noch an den Beinen zu fassen. Hilde nutzte die Chance, überstieg die beiden, und wäre als erste im Freien gewesen, wenn ihr nicht Punki entgegengekommen wäre. So machte sie kreischend kehrt und lief direkt auf das Gespenst zu. In ihrer Auswegslosigkeit entschied sie sich für einen Ohnmachtsanfall und fiel auf die Männer drauf.

So bekam sie zum Glück nicht mit, wie das Doppelgespenst über sie hinweg ins Freie hüpfte. Bussardo wollte nicht von Esmeralda lassen. Aber wo war sie? »Sollen wir nicht ein bisschen fliegen?«, schlug die Eule vor.

Bussardo, der sich nur noch auf den Oberschenkeln vorwärtsschleppen konnte, war alles recht, sogar eine solch hirnrissige Idee. Aber ein paar Bedenken musste er schon noch loswerden. »Es wird nicht funktionieren! Oder hast du schon mal einen Doppeldeckervogel gesehen?«

»Das ist aber schade!«, meinte die Eule, spreizte ihre Schwingen und bewegte sie auf und ab. Bussardo tat es ihr gleich und schon flogen sie.

Die Potentaten erhielten gerade von Lothar eine Einführung in den Rattenrap, als sie ein Rauschen in der Luft vernahmen. Sie sahen hoch, erschraken zu Tode und rasten augenblicklich los. Nach wenigen Metern verspürten alle drei ein heftiges Ziehen am linken Hinterlauf und kamen nur noch mühsam vorwärts. »Nicht schon wieder!«, stöhnte Gandulf, der mit diesem Schmerz unliebsame Erinnerungen verknüpfte. Elisabeth blickte zu seinem Gehänge hin. »Da ist aber niemand!«

»Aber dort!« Jo deutete mit seinen Hauern hinter sich.

Die drei Menschen folgten ihnen in Rückenlage mit den Beinen voraus und schrien unverständliches Zeug. »Aua!«, »IIII!«, »Kreisch!« »AOXQR!« Letzteres stammte von Alfons. Die Tiere schleppten sich weiter. »Was wollen die von uns?«, fragte Elisabeth und sah sich ängstlich um.

»Wahrscheinlich eine Konferenz mit uns abhalten«, vermutete Jo.

»Auch wenn ihre Haltung sehr demutsvoll ist, so schlage ich in Anbetracht des Gespenstes vor, dass wir unseren Weg fortsetzen!«, keuchte Gandulf.

Doch kurz darauf war Schluss. Sie konnten nicht mehr!
»Das Gespenst hat uns verhext!«, wehklagte Elisabeth.
»Wenn ich an das letzte Mal denke, als ich diese Schmerzen hatte ...«, sagte Gandulf.
»Hör endlich mit deinen blöden Eiern auf. Die nerven!«, unterbrach ihn Jo.
»Hättest du mich ausreden lassen, dann hätte ich meinen Satz folgendermaßen vollendet: ... dann kann ich mir sehr gut vorstellen, dass hinter all dem Esmeralda steckt«, entgegnete Gandulf spitz.
»Du meinst, sie ist das Gespenst?«, fragte Elisabeth ungläubig.
»Nein, aber für unsere Hinterlaufschmerzen verantwortlich. Für das Gespenst habe ich momentan noch keine Erklärung!«, musste Gandulf zugeben und blickte sich nach ihm um. »Im übrigen, es ist weg!« Daraufhin forderte er Jo auf: »Sieh mal, ob an meinem Hinterlauf ein Faden befestigt ist!«
»Eigentlich nein!«, stellte Jo fest.
»Und uneigentlich?«
»Nur ein dünnes Fädchen!«
Gandulf zog hörbar die Luft ein. »Genau dieses Fädchen lässt mich von einem der Menschen nicht loskommen!«
»Nie und nimmer!«, erklärte Jo kategorisch.
»Ich beweise es dir!« Gandulf sah, dass sich die drei Menschen aufgerichtet hatten. »Renn los!«, forderte er Jo auf. Der tat's und Hilde lag wieder flach.
»Was machen wir jetzt?«, fragte Elisabeth, die diese Demonstration voll überzeugt hatte.
»Wir gehen zu den Menschen hin und bitten sie die Fäden zu zerschneiden!«, schlug Elisabeth vor, die es auch noch aus anderen Gründen zu Alfons hinzog.
»Ist das nicht zu gefährlich?«, fragte Gandulf besorgt.
»Ich lasse mir den Faden nur von Bussardo durchpicken!«, erklärte Jo.
»Wo ist er eigentlich?«, fragte Elisabeth und suchte den Himmel nach ihm ab. Als sie ihn nicht sah, begann sie nach ihm zu rufen. Zögernd stimmten Jonny und Gandulf mit ein.

Bussardo konnte sie leider nicht hören. Das Doppelgespenst befand sich nämlich hinter dem Haus, genauer gesagt auf dem Komposthaufen. Nach dem exzellenten Start hatten sich einige Probleme ergeben, die hauptsächlich auf mangelnde Koordinierung zurückzuführen waren: Wie links ist »jetzt links!«, und vor allem wie tief ist »tiefer!«?

»Du bescheuerter Geisterflieger!«, zeterte Bussardo.

»Du hast gesagt ›tiefer!‹«, rechtfertigte sich die Eule.

»Ich habe mit keinem Buchstaben erwähnt, dass du einen Sturzflug machen sollst!«

»Wie buchstabiert man ›Sturzflug‹?«, fragte die Eule interessiert.

Bussardo war von der Frage so verblüfft, dass er zu buchstabieren begann: »S – T – U ...« Er brach ab und wechselte das Thema. »Bei ›drei‹ fliegen wir los! Eins, zwei, drei!« Er breitete seine Schwingen aus und begann mit ihnen zu schlagen. Die Eule blieb bewegungslos sitzen. »Was ist denn?«, fuhr er sie an.

»Kommt nach drei Ulm oder Innsbruck?«, ließ diese ihn an ihren Gedanken teilhaben.

»Wenn du nicht sofort losfliegst, dann ...«

»Was kommt nach drei?« Wenn die Eule etwas wissen wollte, dann wollte sie es wissen!

Bussardo wusste, er musste. »Vier, hörst du, vier! Aber jetzt dalli!«

Die Eule gehorchte, wenn auch unter Vorbehalt. »Bist du dir sicher? Gestern war es doch noch Ulm!« Bussardo antwortete nicht. »Im Winter sieht es auch anders aus als im Sommer!«, fand sie selbst die Erklärung.

Je höher sie stiegen, umso deutlicher vernahm Bussardo die verzweifelten Hilferufe seiner Kollegen, und mit mächtigem Flügelschlag eilte er stolz zu Hilfe.

Ende gut ...

»Bleib hier! Wir hängen an den Tieren fest!«, versuchte Siggi Hilde klarzumachen, die ihr Heil in der Flucht suchte.

»Du vielleicht, ich nicht!«, schrie sie ihm im Davonrennen zu, fiel auf die Nase, heulte, fluchte und kehrte äußerst missmutig zu den Ihren zurück. »Ich will nicht sterben!«, jammerte sie ein ums andere Mal und wollte sich auch nicht von Alfons trösten lassen. Nein, von ihm auf keinen Fall.

Inzwischen hatten die Tiere herausgefunden, wer mit wem in Verbindung stand. »Bin ich aufgeregt!«, sagte Elisabeth. Sie verspürte einen kleinen Stich von Eifersucht, als sie Jonnys Bändeleien mit Hilde gewahr wurde. Nur Gandulf und Siggi nahmen ihr Joint Adventure gelassen hin.

»Das Gespenst kommt wieder!«, begrüßte Hilde das Tischtuchmonster kreischend, als es über dem Hausdach auftauchte und auf sie zu kam. Alle sechs suchten den kürzesten Weg in die Sicherheit, und der befindet sich nun mal direkt vor der Nase. Es kam zu einer Massenkarambolage zwischen Mensch und Tier. Die Menschen klammerten sich an den Tieren fest und ließen nicht mehr los. Die Herrscher wollten nur noch zurück in die heile Natur und hielten direktamente darauf zu.

»Was haben die bloß – ich sehe kein Gespenst!«, stellte Bussardo fest, nachdem er sich nach allen Seiten umgesehen hatte.

»Die spielen Gespensterverstecken!«, erklärte ihm die Eule und besah sich voller Wohlwollen das menschlich-tierische Treiben.

»Von wegen! Die halten ohne mich eine Versammlung ab! Wartet nur ...«, zürnte Bussardo und machte sich sogleich an die Verfolgung.

Plötzlich wurde die Eule zweier wunderschöner Gänseblümchen gewahr. Das führte zu erneuten Koordinierungsproblemen, denen jedoch ein Ast ein Ende bereitete. Bussardo konnte sich daran festhalten, die Eule verlor ihr Gleichgewicht, purzelte von Bussardos Rücken und saß plötzlich neben ihm.

Bussardo spürte etwas Unheimliches an seiner Seite. Das konnte nur das Gespenst sein. Augenblicklich stieg er mitsamt der Blümchentischdecke in die Höhe. Die Eule blickte ihm verblüfft nach, überlegte sich, was sie tun könnte, und entschied sich für das Vernünftigste: nach den Gänseblümchen sehen.

Die Kernickes hatten ihre Beratungen schon des längeren eingestellt. Erstens waren sie überflüssig geworden, und wer lässt sich zweitens so ein Schauspiel entgehen?

»So sieht es also in Alices Wunderland aus!«, staunte Herr Kernicke.

»Das glaubt mir niemand!«, gab sie ihm recht.

»'ne echt geile Show!«, musste sogar Punki zugeben.

Beate strahlte: »Die kommen sicher nie wieder!«, und gab Esmeralda einen Kuss.

Auch Lothar und Esmeralda arbeiteten das Erlebte auf. »Hab schon ganz andere Sachen gesehen!«, stellte Lothar klar.

»Du darfst eben nicht so oft in den Spiegel sehen!«, schlug Esmeralda ihm vor.

»Dafür, dass du 'ne Niete bist, warst du gar nicht so schlecht!«, musste sogar er anerkennen.

»Du bist ausbaufähig!«, gab sie ihm das Kompliment zurück, verstummte und dachte über alles nach. Genau betrachtet war ihre Mission ein Flop gewesen. Sie wusste immer noch nicht, warum sie so gefährlich war. Zum Ausgleich kuschelte sie sich ganz fest an Beate ran, schlief augenblicklich ein und träumte von … Ist ja auch egal!

Kaum war der Spuk vorbei, machte die Natur wieder einen völlig unschuldigen Eindruck.

»Wie wär's mit einer Tasse Kakao?«, schlug Frau Kernicke vor.

Punki sah sie mit großen Augen an.

»Ich meine Whisky!«, korrigierte sie sich.

»Echt ätzend. Habt ihr keine reine Milch?«

»Doch, natürlich!«, beteuerte sie schnell.

Gemeinsam gingen sie in Richtung Heimat. »Wieso musste das gerade uns passieren?« Herr Kernicke blickte seine Gemahlin fragend an.

»Wäre es dir lieber gewesen, wenn es jemand anderes erlebt hätte?«, fragte sie zurück.

Herr Kernicke war sich nicht sicher und schwieg.

Gruber und Gratzke fuhren die Straße entlang und begegneten dem tierisch-menschlichen Zwangssextett genau in dem Moment, als es in der Wiese verschwand. Gruber suchte die Bremse, fand sie aber erst nach einigen Mühen. Eins war klar: Was sie gesehen hatten, hatten sie nicht gesehen, weil sie so etwas nicht gesehen haben konnten. Andererseits – irgendwas hatten sie gesehen. Und was sieht man auf Straßen? Richtig! »Das waren eindeutig mehr als dreißig Stundenkilometer!«, bemängelte Gruber.

»Und ohne Kennzeichen!«, stellte Gratzke fest.

»Ohne TÜV!«

»Ohne Sicherheitsgurte!«

Jetzt wussten sie es: Sie hatten weder Tiere noch Menschen gesehen, sondern verkleidete Autos. Sogleich nahmen sie die Verfolgung auf.

Damit ist die Geschichte eigentlich zu Ende. Für alle Freunde des Happy Ends sei noch hinzugefügt: Nachdem es mit der Untertanenliebe nicht so hingehauen hatte, fand Bussardo seine wahre Bestimmung darin, als Gespenst Angst und Schrecken zu verbreiten, auch wenn er nie dahinterkam, wie er das schaffte.

Das Sixpack fand so Gefallen aneinander, dass es viel gemeinsam unternahm, insbesondere Jagd auf Spinnen. Gruber und Gratzke kamen ihnen zwar immer wieder auf die Schliche, konnten sie aber nie fassen.

Der Fuchs verliebte sich in eine Füchsin mit einem Wahnsinnsschwanz und alsbald waren sie ein Paar. Hasi brachte ihren Kindern das Laufen bei und erzähte ihnen unzähligen Gute-Nacht-Geschichten.

Die Eule hielt anfangs noch häufig Ausschau nach Bussardo und ihrer verlorenen Hälfte. Aber schon bald hatte sie keine Zeit mehr dafür. Zum einen brauchten die Gänseblümchen sie. Zum anderen wurde sie mit 101% – es stimmt, ich habe es selbst dreimal nachgezählt – zur neuen Herrscherin aller Tiere gewählt. Und es überraschte keinen, dass sie sich als die beste aller HerrscherInnen erwies.

Der Maulwurf tauchte am Ende seiner erfolgreichen Flucht in der Nähe von Neuseeland wieder auf. Genau an der Stelle, wo er durch die Erde stieß, saß eine allerliebste Schnecke. »Bist du aber stürmisch!«, begrüßte sie ihn voller Bewunderung.

»Ich bin auch der kleine grüne Steinbeißer!«, schäkerte er und kniff schelmisch ein Auge zu. Es war Liebe auf den ersten Blick.

Zugegeben, das Ende ist etwas albern. Aber ist das nicht das ganze Leben?

Sonst gibt es nichts zu berichten. Was Esmeralda macht? Also das ist nun wirklich eine andere Geschichte!